ABHANDLUNGEN

AUS DEM

STAATSWISSENSCHAFTLICHEN SEMINAR

ZU

STRASSBURG i. E.

HERAUSGEGEBEN

VON

G. F. KNAPP UND W. WITTICH.

HEFT XXVIII.

FRITZ RÜHE:

DAS GELDWESEN SPANIENS SEIT DEM JAHRE 1772.

STRASSBURG

VERLAG VON KARL J. TRÜBNER

1912

DAS GELDWESEN SPANIENS SEIT DEM JAHRE 1772.

VON

FRITZ RÜHE.

STRASSBURG
VERLAG VON KARL J. TRÜBNER
1912

M. Du Mont Schauberg, Straßburg.

VORWORT.

Die vorliegende Arbeit ist in der Absicht geschrieben worden, durch die Begriffe und Gesichtspunkte, welche Georg Friedrich Knapp in seiner „Staatlichen Theorie des Geldes“ geschaffen hat, einigermaßen Klarheit in das fast undurchdringliche Geldwesen Spaniens zu bringen. Es soll hiermit ein Versuch gemacht werden, den Kreis der Darstellungen zu erweitern, welche bisher nach der neuen Auffassung vom Gelde entstanden sind.

Wie Professor Knapp selbst einen Überblick über die Entwicklungsgeschichte der Geldsysteme Englands, Frankreichs, des Deutschen Reiches und Österreichs gegeben hat, einige seiner Schüler bereits die staatlichen Zahlungsmittel der Schweiz, der Vereinigten Staaten von Amerika, Italiens und Indiens behandelt haben, so wird im Folgenden angestrebt, die verschiedenen Entwicklungsstufen des spanischen Geldwesens seit dem Jahre 1772 zu erklären.

Spanien stand zu Ausgang des 18. Jahrhunderts und im Laufe des 19. Jahrhunderts auf einer tieferen Stufe der Geldentwickelung wie wohl alle bisher unter dem neuen Gesichtspunkt dargestellten Staaten. Wiederholte Kriege mit dem Auslande und den Kolonien, ständige innere Unruhen, Bürgerkriege und finanzielle Nöte machten häufig eine Unterordnung der geldpolitischen Zwecke unter die finanzpolitischen nötig; und in dem bunten Wechsel der Verhältnisse mag es wohl begründet sein, wenn die spanische Geldentwicklung bis zur Wende des neuen Jahrhunderts nicht in der Vollkommenheit erscheint wie in den andern Staaten.

Dagegen bildet das spanische Geldwesen mit seinen vielfachen Geldformen und mit den verschiedensten Stufen der

Entwickelung einen, wenn auch schwierigen, doch um so dankbareren Gegenstand zur theoretischen und praktischen Untersuchung. Jedoch dürfte wohl nur die Herleitung des Zahlungswesens aus einer staatlichen Betrachtungsweise und die Auffassung des Geldes als eines Geschöpfes der Rechtsordnung die Möglichkeit gewähren, die komplexen Geldsysteme Spaniens in ihren einzelnen Stadien zu verfolgen und zur Erkenntnis der spanischen Währungsverhältnisse zu gelangen.

Wie es beinahe ausgeschlossen ist, von einem andern Standpunkt aus das spanische Geldwesen im Zusammenhang darzustellen, wird wohl dadurch bewiesen, daß über das gesamte spanische Zahlungswesen der älteren Zeit von 1772 bis 1868 überhaupt keine Monographien bestehen und daß die Literatur über die Zeit seit dem Jahre 1868 nur einzelne Seiten der spanischen Währung behandelt.

Als Material wurden daher für die Periode bis 1868 fast ausschließlich Gesetze und Verordnungen der spanischen Regierung verwendet; für die neuere Zeit standen mir neben dem amtlichen Material namentlich Werke spanischer Autoren zur Verfügung, in welchen jedoch größtenteils der Gegenstand vom rein metallistischen Standpunkt erörtert ist.

Ferner wurden mir bei meinem Aufenthalt in Madrid und Barcelona von den Direktoren mehrerer Banken sowohl über die älteren Zustände des Zahlungswesens wie über die jetzigen Währungsverhältnisse in liebenswürdigster Weise Auskünfte erteilt, wofür ich diesen Herren zu großem Danke verpflichtet bin.

Zeitlich wurde in dem Augenblick eingesetzt, in welchem Spanien von der Gewichtszahlung zur Stückzahlung, also erst zu einem neuzeitlichen Geldwesen, überging. Dann wurden besonders beleuchtet die Gewaltmaßregeln des spanischen Staates den notalen Zahlungsmitteln gegenüber, die schlimmen Wirkungen des Bimetallismus, die sich bis zum Jahre 1867 in einem Abströmen der Silbermünzen, seit dieser Zeit in einem Abfluß des Goldgeldes zeigten, ferner die schon frühzeitig beginnende große Verschuldung Spaniens an das Ausland und ihre Folgen für die Währung.

Aus diesem größeren historischen Ganzen ließ sich erst die neuzeitliche Verfassung der spanischen Zahlungsmittel und der Verfall der seit 1883 bestehenden notalen Silbervaluta verstehen.

Wie aber das spanische Geldwesen in jüngster Zeit eine vollständige Änderung erfuhr und geradezu ein Musterbeispiel dafür bildet, daß unterwertige notale Geldarten durchaus im Inlande genügen und aus zerrütteten Währungsverhältnissen durch Devisenpolitik geordnete Zustände geschaffen werden können, ist im letzten Teil der Untersuchung auszuführen versucht worden.

Entstanden ist die Arbeit im staatswissenschaftlichen Seminar der Herren Professoren G. F. Knapp und W. Wittich zu Straßburg i. E. Auch an dieser Stelle sei es mir gestattet, meinem hochverehrten Lehrer Professor Knapp meinen herzlichsten Dank auszusprechen für das rege Interesse und die teilnehmende Unterstützung, die er mir dabei jederzeit zuteil werden ließ.

Straßburg i. E., im September 1911.

Fritz Rühe.

LITERATUR.

Gesetzsammlungen.

Nueva Recopilacion de las leyes de España. Madrid 1755.

Novísima Recopilacion de las leyes españolas. Madrid 1805.

Coleccion de decretos reales de España. 1808—1847.

Coleccion legislativa de España. 1848—1910.

Traductor monetario al nuevo sistema de pesetas (enthaltend die Dekret des Finanzministeriums und die Kompensationstabellen des neue Münzsystems) zusammengestellt von Sanlucar de Barrameda. Madri 1870.

Leyes organicas, estatutos y reglamento del Banco de España. Madri 1907.

Spezial-Werke und -Abhandlungen.

Josef Alonso Ortiz, Ensayo economico sobre el sistema de la moneda papel y sobre el credito publico. Madrid 1796.

José Canga Argüelles, Diccionario de hacienda con aplicacion á Españ Madrid 1833. 2 Bände.

Josef Salat, Tratado de las monedas de Cataluña con instrumentos justi ficativos. Barcelona 1818.

Francisco Paradaltas, Tratado de monedas. Barcelona 1847.

Resumen de los informes sobre la cuestion monetaria elevados al Excm Sr. ministro de Hacienda por la direccion general de consumos, casa de moneda y minas. Madrid 1862.

Joaquin Aldamar, Breve reseña historico-critica de la moneda española Madrid 1862.

Vicente Vazquez Queipo, La cuestion del oro. Madrid 1861.

— La crisis monetaria española. Madrid 1866.

— La cuadruple convencion monetaria é imposibilidad actual de su adopcion en España. Madrid 1867.

— Memoria sobre la reforma del sistema monetario de la isla de Cuba Madrid 1844.

A. Heiss, Descripcion general de las monedas Hispano-Christianas desde la invasion de los Arabes. 1865.

Joaquin María Sanromá, La cuestion monetaria en España. Madrid 1872

— La conferencia monetaria de 1881. Madrid 1881.

Vicente Orti y Brull, La cuestion monetaria, Madrid 1893.

Raimundo Fernandez Villaverde, La cuestion monetaria (enthalten in den „Memorias de la real academia de ciencias morales y politicas, Band VII. Madrid 1893).

— Proyecto de ley para regulizar y mejorar el cambio exterior y para procurar el restablecimiento de la circulacion de la moneda de oro. Madrid 1903.

Federico G. Patón, La fabricacion de las monedas. Madrid 1903.

Joaquín Sanchez de Toca, El oro, la plata y los cambios. Madrid 1904.

Eleuterio Delgado y Martin, Los cambios. Madrid 1904.

José M. Jiménez y Rodriguez, Estudio critico sobre la crisis monetaria. Madrid 1905.

E. J. Lacombe, La cuestion de los cambios. Barcelona 1905.

Eduardo Sanz y Escartin, La moneda y el cambio en España. Madrid 1905.

Francisco Gil y Pablos, Estudio sobre la moneda y los cambios. Madrid 1906.

Villar Grangel, El problema de los cambios. Madrid 1906.

Andrés Barthe y Barthe, Cuáles son los medios que podrían ponerse en practica para mejorar nuestra circulacion monetaria. Madrid 1893.

— Estudio critico de la crisis monetaria. Madrid 1905.

— El problema monetario en España. Madrid 1908.

Edmond Théry, Le problème du change en Espagne. Paris 1901.

Emanuel Fochier, La circulation fiduciaire et les crises du change en Italie et en Espagne (Studie VI in „Questions monétaires contemporaines". Paris 1905).

Bertrand Nogaro, Le problème du change espagnol, extrait de la Revue économique internationale", Oktober 1910. Brüssel.

Alfred Hennicke, Die Entwickelung der spanischen Währung von 1868 bis 1906. Berlin u. Stuttgart 1907.

Otto Heyn, Kritische Erörterung des Projektes der Beseitigung des Goldagios in Spanien (enthalten in Conrads Jahrbüchern, III. Folge, Band 25. 1903).

Zeitschriften und Jahresberichte.

Gazeta de Madrid, Einzelnummern verschiedener Jahrgänge seit 1780.

El Economista, Jahrgänge 1892—1911.

Revista de economia y hacienda, Économiste européen, Économiste français } Einzelnummern verschiedener Jahrgänge.

Geschäftsberichte der Bank von Spanien.

— der Deutschen Überseeischen Bank.

Deutsches Handelsarchiv (1892—1910).

INHALTSVERZEICHNIS.

I. Kapitel.

DIE ENTWICKELUNG DER SPANISCHEN STAATLICHEN ZAHLUNGSMITTEL VON 1772—1848.

§ 1.

DER ÜBERGANG VON DER GEWICHTSZAHLUNG ZUR STÜCKZAHLUNG.

Über die dem Zustand des spanischen Geldwesens am Ausgang des 18. Jahrhunderts voraufgegangene dreihundertjährige Entwickelung will ich im Rahmen dieser Arbeit einen kurzen Überblick geben; denn alle bis zum Jahre 1772 erlassenen Münzgesetze basierten wesentlich auf einem 1497 gegebenen Münzgrundgesetze.

Erst seit dem Ende des 15. Jahrhunderts konnte man von einem Geldwesen des Gesamtstaates Spanien sprechen, und die ältesten Dokumente und Gesetze über Münzen Spaniens datieren aus dieser Zeit.

Die seit dem Jahre 1469 ehelich verbundenen Majestäten Ferdinand V. von Aragonien und Isabella I. von Kastilien vereinigten im Jahre 1479 die Kronen beider Länder und schufen damals in dem national geeinten Staate eine geschlossene Zahlgemeinschaft.

Nach der 1492 erfolgten Eroberung von Granada und der Vertreibung der Mauren, deretwegen ihnen Papst Innocenz VIII. den Titel „Katholische Könige“ zuerkannte, stellten sie in ihren Landen die öffentliche Ordnung, einheitliche Gesetzgebung und Verwaltung her.

Gleich in den ersten Jahren ihrer gemeinsamen Regierung widmeten sie sich der Regelung des bisher sehr zerrütteten Geldwesens. Nach verschiedenen vorbereitenden Gesetzen über

Maße, Gewichte und Münzen erließen sie am 13. Juni 1497 die Pragmatica von Medina del Campo, welche gesetzliche Vorschriften über das gesamte Zahlungswesen des Landes enthielt. Diese Münzgesetzgebung wird allgemein als die interessanteste und vollendetste der damaligen Zeit betrachtet.

Für die spätere Geldverfassung Frankreichs vom Jahre 1803 soll man die Pragmatica von Medina del Campo zum Vorbild genommen und ihre ökonomisch-administrativen Grundlagen adoptiert haben.

Gesetz 65 der Pragmatica nahm die Münzhoheit als integrierenden Bestandteil der Souveränität für die Krone in Anspruch und erklärte alle bisher bestehenden „Machtvollkommenheiten betreffs eigenmächtiger Prägungen von Münzen" seitens großer Herren und Klöster für nichtig.[1]) Der Staat übernahm die Herstellung von Geldstücken in den sieben Münzstätten von Burgos, Granada, Toledo, Sevilla, Cuenca, Segovia und Coruña.

Jedweder konnte Gold, Silber und Billon in Werteinheiten Geldes frei ausprägen lassen. Doch während Gold und Silber unbegrenzt in Geld zu verwandeln (hylisch) waren, war Billongeld, eine Mischung aus Kupfer und feinem Silber, Sperrgeld. Es sollten nicht mehr als 10 Cuentos = 10 Millionen Maravedis „ohne königliche Erlaubnis und speziellen Befehl davon geprägt werden, damit nicht mehr davon kursiere, als für den kleinen Verkehr und Handel nötig sei."[2])

[1]) Vor der Regierung der Katholischen Könige, unter Heinrich IV., war das Münzregal an große Herren verpfändet worden, und man hatte in 150 Münzstätten geprägt. Colmeiro, Historia de la economia politica, Teil I. S. 434.

[2]) Selbst die Billonmünzen geringer Geltung wurden damals vollwertig hergestellt. Münzbillon enthielt 7 Granos ($^{7}/_{288}$) fein Silber, den übrigen Teil an Kupfer. Weil auch Private Billongeld herstellen lassen konnten, hat man die ältere spanische Währung öfters wohl mit Unrecht trimetallistisch genannt. Wenn auch jetzt und später mehrmals Privaten besondere Lizenzen zur Prägung von Billongeld erteilt wurden, so war der davon herzustellende Betrag gesetzlich immer begrenzt worden. Billon war nicht hylisch. — Auch waren nach unserer Auffassung die alten spanischen Billonmünzen bis 1743 nicht Scheidemünzen, da sie unbeschränkt in Zahlung zu nehmen waren.

Die Mannigfaltigkeit der in den bisher getrennten Staaten umlaufenden Münzen ersetzten die Katholischen Könige durch wenige Geldstücke, durch halbe, ganze und doppelte Golddukaten, die man wegen ihres hohen Gehaltes „Excelentes“ nannte, durch Silberrealen und deren Teilstücke und durch Billonmünzen, „Blancas“ mit Eigennamen.

Basis des Münzsystems bildete die kastilische Mark (= 230,0465 g) als Gewichtseinheit.

Aus der Mark Gold, $23^3/_4$ Karat fein ($^{95}/_{96}$), wurden geprägt $65^1/_3$ Excelentes und proportional halbe und doppelte Excelentes; aus der Mark Silber, 11 Dineros 4 Granos fein ($^{67}/_{72}$), wurden 67 Realen und im gleichen Verhältnis halbe, viertel und achtel Realen hergestellt. Die Mark Münzbillon wurde zu 192 Blancas ausgebracht. Zwei Blancas waren in ihrer Geltung gleich einem Maravedi, der die Werteinheit des Staates bildete.

Der Maravedi wurde zur Zeit der Katholischen Könige nicht real dargestellt, wie es vorher in den einzelnen Landesteilen, in Kastilien und Aragonien, geschah. Er konnte nur im rekurrenten Anschluß an die bisher in Kastilien unter Heinrich IV. (1454—1474) geltende Werteinheit gleichen Namens definiert werden. Hiernach bildeten 34 neue $34^8/_{13}$ alte, oder 2210 Maravedis der jetzigen Epoche waren gleich 2250 älteren Maravedis.

Verfolgen wir den Zusammenhang des damaligen Maravedi mit früheren Werteinheiten weiter in die Vergangenheit, so kommen wir bis auf den einst autometallistisch verwendeten römischen Aureus.

Nach Alois Heiss (cf. Descripcion general de las monedas Hispano-Christianas desde la invasion de los Arabes) sollen die Fürsten von Kastilien bis zum Jahre 1085 keine eigenen Münzen geprägt, sondern den gotischen Sueldo (Solidus) zu ihren Zahlungen benutzt haben. Diesen wiederum hatten die Goten von den Römern übernommen; sie stellten unter dem Namen Sueldos Goldstücke vollkommen äquivalent den römischen Aurei her, die von Konstantin (seit 312 n. Chr.) bis zum Untergang des byzantinischen Reiches keiner stofflichen Änderung unterlagen.

Im Anschluß an diese Werteinheiten ließ Alfons VI. von Kastilien (1073—1109) unter dem Namen „Maravedis" völlig gleiche Goldstücke prägen, und zwar 6 aus der römischen Unze oder 72 aus dem römischen Pfund.[1]) Aber auch noch im 11. bis 13. Jahrhundert scheinen Aurei, Solidi und Maravedis autometallistisch in Spanien verwendet worden zu sein. Die Dokumente der damaligen Zeit enthalten bei Angaben von Zahlungen unterschiedslos die Worte Goldtalente, Pfund und Unzen Goldes, Aurei, Solidi und Maravedis[2]) und weisen auf einen innigen Zusammenhang zwischen Gewichts- und Werteinheit hin. So wird z. B. berichtet, daß die Kirche von Santiago im Jahre 1129 einen kostbaren Kelch kaufte, der 700 Maravedis wog und für den sie 800 Unzen Silbers gab.

Im Laufe der Zeit unterlag der als Werteinheit erwählte und zunächst als Goldquantum von $23^3/_4$ karätigem ($^{95}/_{96}$ fein) Golde mit dem Gewicht einer sechstel Unze dargestellte Maravedi den stärksten Veränderungen; sein spezifischer Gehalt wurde stets kleiner. Ja, der Maravedi Spaniens, den Lord Liverpool in seinem „Letter to the King" vom Jahre 1805 mit Recht als markantestes Beispiel mittelalterlicher Münzverschlechterung bezeichnet, wandelte sich von einer Gold- in eine Silbermünze, von einer Silber- in eine Billonmünze.

Auf die unter Alfons XI. im Jahre 1349 als Gewichts-

---

[1]) Colmeiro, Historia de la economia politica en España, Teil I, S. 147 und S. 425.

[2]) Der Name Maravedi ist unzweifelhaft maurischen Ursprungs. Teils leitete man ihn von der maurischen Dynastie der Almoraviden ab, welche im 11. Jahrhundert fast das ganze maurische Spanien eroberten und den von ihnen geprägten Münzen ihren Namen beilegten. In Kastilien soll man den Namen Maravedi für den bisher verwendeten Sueldo im Jahre 1072 übernommen haben. Nach einer anderen, etwas phantastischen Erklärung der Etymologie des Wortes ist Maravedi, in lateinischen Texten „Marabutinus", verstümmelt aus Botino (Beute) Maurorum, weil die Spanier bei ihren Kämpfen gegen die Mauren häufig den von ihnen verwendeten Goldstücken ähnliche Münzen zwischen der Kriegsbeute fanden.

einheit erwählte kastilische Mark (230,0465 g) bezogen, hatte der Maravedi nach den Berechnungen von Roman Martinez de Montados folgende Entwickelung:

Es konnten hergestellt werden:

Zur Zeit:

Alfons VI. (1085)	48 Mrs.	aus der Mark Goldes $^{989}/_{1000}$ fein[1])
Alfons X. (1252—1264)	130 „	„ „ „ Silbers $^{930,55}/_{1000}$ fein, wobei der Übergang vom Goldmaravedi zum Silbermaravedi auf Grund des Anschlusses 1 Gold Mr. = 6 Silber Mrs. vermittelt wurde,
Alfons XI. (1324—1350)	130 Mrs.	aus der Mark Silbers vom Feingehalt $^{930,55}/_{1000}$
Heinrich II. (1369—1379)	200 „	
Johann I. (1379—1390)	250 „	
Heinrich III. (1390—1407)	500 „	
Johann II. (1407—1454)	1000 „	
Heinrich IV. (1454—1474)	2250 „	

Der Begriff der Werteinheit war vollkommen unabhängig vom Gehalt und konnte unter den Katholischen Königen, da sie nicht real dargestellt wurde, nur historisch definiert werden.

Gesetzmäßig waren zu ihrer Zeit in Maravedis alle Wertberechnungen anzugeben; in einer königlichen Verordnung über die Normierung der Preise vom Jahre 1501 wurde ausdrücklich verfügt: „Keiner soll für eine Ware den Preis in einer andern Werteinheit angeben, nicht etwa in Realen oder halben Realen, sondern alle Preise sind in Maravedis festzusetzen.“ Ebenso waren im Jahre 1497 alle größeren Münzen auf ein Vielfaches dieser Werteinheit proklamiert worden.[2])

Jedoch trotz Proklamation und trotz Verwendung geformter Stücke mußte die Wage im Zahlungsverkehr beibehalten werden.

---

[1]) Zwecks leichterer Vergleichung haben wir den in Karat und Dineros angegebenen Feingehalt in Tausendstel umgerechnet.

[2]) 1 Excelente (Dukat) war begültigt auf 375 Mrs.
1 Real „ „ „ 34 „
siehe Nueva Recopilacion, Buch V, Titel XXI, Gesetz 1 u. ff.

Gesetz 7 der Pragmatica von Medina del Campo ordnete an, daß alles Gold- und Silbergeld bei Zahlungen nach dem Gewicht angenommen werden sollte. Für Billongeld genügte bloße Abzählung der Stücke; ihr stofflicher Gehalt war nicht bestimmend für ihre Geltung. Bei Zahlungen mit Gold- und Silbermünzen aber war das tatsächlich im Augenblick ihrer Übergabe vorhandene Gewicht, nicht die ursprüngliche Begültigung, maßgebend. Es bestanden also damals in Spanien für Münzen aus edeln Metallen morphisch-pensatorische Zahlungen.

Unter den Nachfolgern der Katholischen Könige fanden nun dauernde Änderungen des spezifischen Gehaltes der Münzen statt. Bei den Billonmünzen äußerten sich diese in der Änderung des Münzfußes wie in der Minderung des Zusatzes an feinem Silber; schließlich wurden diese Münzen von geringer Geltung nur noch aus reinem Kupfer in Stücken von 1 Maravedi, 2 Maravedis oder Ochavos und 4 Maravedis oder Cuartos hergestellt.

Bei den Münzen aus Edelmetall wandte man aber fast ausschließlich die sogenannten „Augmentationen“ an. Bei gleichbleibendem Gewichte erhielten sie häufig, wenn auch meist erst innerhalb längerer Perioden, einen stets höheren Zahlwert. So wurde der Goldescudo, der 1523 an die Stelle des Golddukaten gesetzt worden war und der bis zum Jahre 1848 stets den achtundsechzigsten Teil der Mark bildete,

im Jahre 1537 auf 350 Maravedis
1566 auf 400 „
1609 auf 440 „
1642 auf 550 „
1643 auf 612 „ begültigt.

Von 1643—1772 fanden weitere bedeutende Augmentationen des Escudo statt.[1])

Diese altertümliche Sitte, die Geltung der Goldstücke zu verändern, hat zu der Annahme geführt, man habe in Spanien in den Goldmünzen Handelsmünzen gehabt; man begründete es

---

[1]) Der Feingehalt der Goldmünzen blieb in der Zeit von 1537 bis 1772 gleich; er betrug 22 Karat ($^{916,66}/_{1000}$).

mit der oftmaligen Wertsteigerung und damit, daß im Gepräge bis zum Jahre 1810 die Geltung in Werteinheiten nicht ausgedrückt war. Diesen Ansichten können wir uns aber nicht anschließen, denn durch Gesetze war stets angeordnet worden, daß der Goldescudo für so und so viele Werteinheiten von öffentlichen Kassen und im Privatverkehr in Zahlung zu nehmen sei.

Sein Wert schwankte nicht, und er war in das Geldsystem fest eingefügt.

Noch unter den Katholischen Königen traten wenige größere Silbermünzen à 8, 4 und 2 Realen auf; sie hießen Pesos, halbe und viertel Pesos und wurden namentlich seit den Zeiten Karl I. (1516—1556) geprägt. Da der Silberreal auf 34 Maravedis proklamiert war, galt der Peso zunächst 272 Maravedis. Auch bei diesen großen Silbermünzen fand eine Änderung des Metallgehaltes kaum statt, man wechselte aber im Laufe der Zeit öfters die Begültigung in Werteinheiten, jedoch weniger häufig als beim Goldgelde.

Während nun die Münzen in der Proklamation zu den verschiedenen Zeiten sehr variierten, hielt sich die von den Katholischen Königen angeordnete pensatorische Zahlungsmethode in ihrer ganzen Primitivität fast dreihundert Jahre.

Noch im Jahre 1731 führte man für das ganze Reich fünf einheitliche Gold- und Silbermünzgewichte, „Dinerales“, aus gedrehtem Messing ein, um die in einfachem Verhältnis zur Gewichtseinheit stehenden Münzen zu wiegen. Da für die Goldmünzen und Silbermünzen absolute Gleichheit des Gewichtes herrschte, genügten für die Stücke

zu 8, 4, 2 und 1 Escudos aus Gold
„ 8, 4, 2, 1 und ½ Realen aus Silber

fünf Geldgewichte.

Der jeweilige Gewichtsverlust wurde gleichfalls durch fünf besondere Gewichte aus Messingblech reguliert und bei jeder Zahlung abgezogen. Diesen kleinen Geldgewichten war kraft Gesetzes ein genauer Wert beigelegt, der ihnen im Gewicht der geformten Gold- und Silberstücke entsprach.

Gesetzlich wurde 1731 angeordnet, daß Goldgeld, falls die

Abnützung unter dem Wert eines halben Silberrealen betrage,[1]) ohne Abzug passieren solle. Hiermit führte man das Passiergewicht ein, das sich aus der pensatorischen Geldverfassung später in die Chartalverfassung einschlich.

Betrug die Abnützung des Goldgeldes gleich dem Wert eines halben Silberreal, so wurde dieser Betrag bei der Zahlung abgezogen, und bei höherem Gewichtsverlust wurde für jeden viertel Silberreal der entsprechende Abzug gemacht. In gleicher Weise wurden beim Silbergelde Gewichtsfehler reguliert.[2])

---

[1]) Der Wert des halben Silberrealen, der damals auf 10 Cuartos oder 40 Mrs. begültigt war, wurde ebenso wie der des viertel Silberrealen durch die unten beschriebenen Geldgewichte festgestellt.

[2]) Vor dem Regierungsantritt der Katholischen Könige hatte man die Gewichtsverluste der Münzen mit Getreidekörnern bemessen, wodurch natürlich bei der verschiedenen Größe und Schwere derselben häufig Streitigkeiten entstanden waren. Die Katholischen Könige schufen besondere Geldgewichte, doch wurden trotzdem Geldstücke in den verschiedenen Landesteilen mit den verschiedensten Gewichten gewogen. Um eine Gleichmäßigkeit darin einzuführen, setzte das Dekret vom 15. 11. 1730 fest, daß in dem ganzen Gebiet des spanischen Reiches zur Wägung von Gold- und Silbermünzen keine andern Gewichte gebraucht werden sollten als die nach der kastilischen Mark regulierten und die Geldfehlgewichte Kastiliens. Alle fremden Gewichte für die Münzwägung wurden verboten.

Durch Dekret vom 31. 8. 1731 wurden neue einheitliche Geldgewichte allgemein eingeführt. Die größeren Münzgewichte waren folgendermaßen markiert:

V000 d. Gewicht d. Golddoblon à 8 Escudos u. d. 8-Realenstückes aus Silber
0000 „ „ „ „ „ 4 „ „ „ 4- „ „ „
00 „ „ „ „ „ 2 „ „ „ 2- „ „ „
0 „ „ „ Goldescudo „ „ 1- „ „ „
1/2 „ „ „ 1/2- „ „ „

Die kleinen Geldfehlgewichte aus Messingblech hatten folgende Markierungen und entsprachen den folgenden Werten:

	Abzug beim Goldgeld	Abzug beim Silbergeld
0000	5 Realen plata provincial (80 Cuartos),	5 Cuartos
00	2 1/2 „ plata provincial (40 Cuartos),	10 Maravedis
0	20 Cuartos,	5 „
1/2	10 „	Nichts
1/4	5 „	Nichts

Vom Autometallismus unterschied sich diese Gewichtszahlung in morphischen Zahlungsmitteln dadurch, daß die in Münzform auftretenden Gold- und Silberstücke infolge ihrer ursprünglichen Proklamation und des erhobenen Schlagschatzes einen höhern Wert repräsentierten als die gleichen ungeformten Metallquanten.

Wenn man in Spanien die pensatorischen Zahlungen so lange Zeit aufrecht erhielt, so geschah es mit Rücksicht auf den Auslandsverkehr, wie aus der Behandlung der Kupfermünzen und der seit Anfang des 18. Jahrhunderts geprägten unterwertigen Silbermünzen hervorging.

Im Jahre 1707 hatte nämlich Philipp V., um kleines Silbergeld im Lande festzuhalten, Silbermünzen von geringerem Gewicht und Feingehalt eingeführt, als der Norm der baren Silberrealen entsprach. Diese doppelten, einfachen und halben Provinzial-Realen brauchten gesetzmäßig bei Zahlungen nicht zugewogen zu werden. Es genügte ebenso wie für die Kupferstücke einfache Abzählung. Auf ihre Abnützung legte die Regierung kein Gewicht, da sie wohl einsah, daß es im inländischen Verkehr nur auf zirkulatorische Brauchbarkeit der Zahlungsmittel, nicht aber auf eine reale Befriedigung durch Geldstücke ankomme.

Für die baren, auch im Auslandsverkehr verwendbaren Münzen wollte der Staat eine stoffliche Befriedigung gewahrt wissen, um den Inhabern solcher Stücke, namentlich wohl aber dem Fiskus selbst, Verluste zu ersparen. Er wollte einen sichern Auslandsabsatz von Geld als Ware nicht durch die fortschreitende Abnützung erschweren. Selbst aber für Vollhaltigkeit der Münzen zu sorgen und so Opfer auf sich zu nehmen, dazu konnten sich die spanischen Regierungen nicht emporschwingen.

Erst verhältnismäßig spät, im Jahre 1747, machte der spanische Staat den ersten Versuch, zur Chartalität des gesamten Münzwesens zu gelangen. In der Pragmatica vom 22. Dezember 1747 wurde auf Vorschlag der 1730 gegründeten ständigen Kammer für Handels- und Geldwesen (Junta general de comercio y moneda) bestimmt, daß die seit der letzten Umprägung des Jahres 1728 hergestellten und in Zukunft zu prägenden Münzen im Handel nach ihrem proklamierten Wert ohne Gewichtsprüfung anzunehmen seien, „wofern sie nicht beschnitten seien und am Rande ein unversehrtes Ränftchen oder den intakten Lorbeerkranz trügen". Man wollte, so hieß es in dem Gesetze, die Praxis Frankreichs, Italiens und Portugals befolgen, denn in jenen Ländern würden Geldstücke, die rund und nicht beschädigt seien, nach ihrer Geltung ohne Wägung angenommen.

Da nun aber die alten vor 1728 geprägten Münzen ohne Lorbeerkranz und Ränftchen zum größten Teil nicht eingezogen waren und weiter bei Zahlungen zugewogen werden sollten, hatte man chartale Zahlungsweise bei neuen und pensatorische Verwendung alter Münzen, wodurch eine genaue Stückeprüfung stets nötig und der gesamte Zahlungsverkehr sehr gestört wurde.

Diesem Zustand suchte das Gesetz vom 29. Mai 1772 ein Ende zu machen, welches die Einziehung und Umprägung alles alten Gold- und Silbergeldes anordnete. Das Hauptziel der hierdurch eingeleiteten Reformen des Geldwesens für den innerstaatlichen Verkehr bestand darin, die Wägung des Geldes bei Zahlungen endgültig abzuschaffen, wie es Artikel 16 der Pragmatica ausdrücklich hervorhob.[1])

„Es solle, so lautete es in dem Artikel, der Gebrauch von Gewichten für das Geld aufhören, da diese unnötig, wofern die Münzen kreisrund seien. Es habe sich auch eine Verschiedenheit und Ungleichheit von Geldgewichten insofern zum Schaden des gutgläubigen Publikums bemerkbar gemacht, als viele Leute andere Gewichte bei der Empfangnahme des Geldes als bei der Aushändigung benützten. Deshalb sollten alle Geldgewichte, die man bisher notwendigerweise gebraucht habe, innerhalb der für die Umprägung festgesetzten Frist an die Münzstätten abgeliefert werden."

Für die Geltung auch des baren Geldes war seitdem in Spanien nicht mehr der tatsächlich vorhandene Metallgehalt, nicht mehr die stoffliche Beschaffenheit der Münzen, sondern ihre Chartalität, ihre rechtliche Eigenschaft als staatliche Zahl-

---

[1]) Siehe auch Novísima Recopilacion de las leyes españolas, Buch IX, Titel 17, Gesetz 14.

marken wesentlich. Häufig haben die spanischen Regierungen später Gelegenheit genommen, auf das Jahr 1772 hinzuweisen, in welchem Carl III. den Münzen Geltung kraft „timbre publico“, d. h. kraft staatlichen Stempels, verschafft habe.

Die durch das Währungsgesetz angeordnete bequemere Art der Zahlung durch Abzählung brach sich im Lande sehr bald Bahn. Die letzte königliche Verfügung an Staatskassen, wonach Annahme von Geld nach dem Gewicht verboten wurde, datiert vom 6. November 1782. In ihr wurde allen Schatz- und Steuerbeamten befohlen, auf keinen Fall Goldgeld bei Abgaben Privater der Wägung zu unterziehen, wofern es intakten Aufdruck und Rand habe und nicht begründeter Verdacht vorliege, daß man das Gewicht in betrügerischer Absicht verändert und vermindert habe. Silbergeld scheint damals schon allgemein nach der Proklamation genommen worden zu sein, da ausdrücklich die Wägung von Goldgeld verboten wurde.

So war erst am Schluß des 18. Jahrhunderts in Spanien ein Standpunkt erreicht, daß man von modernem Gelde dort sprechen konnte, jene höhere Stufe der Chartalität, auf der die fortgeschritteneren Kulturstaaten schon längst standen.

War die Abschaffung der Wägung im Zahlungsverkehr der offen ausgesprochene Zweck der Münzreformen für die innerstaatlichen Zahlungen, so hatte die Regierung bei der nun angeordneten Änderung der Zahlungsmittel auch Ziele, die durch den Auslandsverkehr bedingt waren. Sie wollte den Export spanischen Geldes nach dem Auslande erschweren.

Wiewohl Artikel 5 der Pragmatica vom 29. Mai 1772 feierlich erklärte, alles neue Geld solle den einmal bestehenden Feingehalt wie das bisherige Gewicht behalten und die Umprägung nur den Zweck größerer Vollkommenheit aller Münzen haben, war vorher eine davon abweichende Verordnung an die Münzstätten ergangen. In der (im Archiv der Münze zu Madrid erhaltenen) Reservatverfügung vom 21. Mai 1772 waren die Münzstätten angewiesen worden, den hohen Feingehalt der Geldstücke von 22 Karat für Goldgeld und 11 Dineros für Silbergeld (= $916^2/_3$ Tausendstel feinen Metalles für beide Geldarten) herabzusetzen, um einen Geldexport nach dem Auslande zu erschweren. Die Verfügung lautete, „eine der Hauptursachen für die Tilgung alles zirkulierenden Geldes sei die, den Feingehalt der neuen Münzen mit dem der ausländischen Münzen in ein richtiges Verhältnis zu bringen, indem man dem spanischen Gelde denselben Kredit verschaffe. So befolge man das Beispiel anderer Nationen, welche in ihren Gesetzen für Geld einen höheren Feingehalt angäben, als es wirklich habe. Es sei nötig, die schädliche Differenz zu beseitigen, welche im Gehalte zwischen heimischem und fremdem Gelde bestehe und von der die Ausländer so viel Vorteil hätten.“

Nun hatte tatsächlich im 18. Jahrhundert, für welches über Spaniens Geldwesen genaue Forschungen durch Vicente Vazquez Queipo gemacht wurden, spanisches Geld im Auslande einen Kurs, der uns heute fast unverständlich erscheint. Der Geldhandel mit den beiden Ländern England und Frankreich, welche für Spanien besonders in Betracht kamen, vollzog sich in durchaus ungewöhnlichen Formen.

Unter normalen Verhältnissen konnte der Kurs für Wechsel zwischen dem damaligen Silberland Spanien und England wie Frankreich, welche in der betrachteten Zeit vor 1772 gleichfalls Silberwährung hatten, nicht erheblich vom Münzpari abweichen.

Man hatte jedoch im Handelsverkehr seit 1730 ein „kommerzielles Wechselpari“ erwählt, welches gegenüber den Valuten Frankreichs wie Englands ganz erheblich zu Ungunsten des spanischen Geldes vom Münzpari abwich. Dieses durch den Handelsbrauch tarifierte, gewohnheitsrechtliche Pari des spanischen Silbergeldes lag französischem Gelde gegenüber 7½% unter dem Münzpari; im Zahlungsverkehr mit England betrachtete man sogar einen Stand der spanischen Valuta als Pari, der 11½% unter dem Münzpari lag.[1])

[1]) Von 1730 bis 1772 wurde die Mark Silber 11 Dineros ($^{916,66}/_{1000}$) fein zu 170 Realen in Spanien ausgebracht. Die französischen Münzstätten prägten in derselben Zeit aus der Mark Silber gleichen Feingehaltes 49 Livres 18 Sous und zahlten den Metallhändlern dafür 48 Livres 9 Sous. Der spanische Wechseldoblon, eine ideelle Rechnungseinheit

Die spanische Regierung des Jahres 1772 war nun der irrigen Ansicht, daß spanisches Geld deshalb einen so tiefen Kurs in jenen Ländern habe, weil man es an Geld messe, das tatsächlich einen geringern Gehalt, als gesetzlich vorgeschrieben sei, habe. Sie glaubte, die für Spanien schädliche Valuta-Differenz durch heimliche Änderung des Feingehaltes der Münzen beseitigen zu können.

Die wahren Gründe für den Tiefstand der spanischen Valuta dürften jedoch in ganz andern Momenten zu suchen sein. Der Wechselkurs hing in erster Linie von Angebot und Nachfrage nach dem fremden Gelde auf der Börse ab. Die Spanier hatten aber bei ihren großen, ihnen aus Amerika zuströmenden Reichtümern an Gold- und Silbergeld einen Konsum ausländischer Produkte und eine Nachfrage nach englischen und französischen Manufakturen, die ins Ungemessene gingen. Das Verlangen nach Wechseln auf England und Frankreich war im 18. Jahrhundert in Spanien deshalb ganz bedeutend. Hatte so schon der spanische intervalutarische Kurs gegen England und Frankreich stets die Neigung, unter dem Münzpari zu stehen, so wurde durch die in Spanien erlassenen Exportverbote von Gold- und Silbergeld der Geldausfuhrpunkt bedeutend verschoben. Die Spanier hatten nicht nur teure Transportkosten, sondern auch die hohe Prämie für Kontrebande von Geld zu tragen; die sehr gesteigerten Unkosten änderten daher das Wechselpari zu Ungunsten der spanischen Valuta, die nur unter großen Verlusten im Auslande anzubringen war.

---

gleich 60 Realen 8 Maravedis, hatte demnach ein Münzpari von 16 Livres 2 Sous 7 Deniers, während das kommerzielle Wechselpari nur 15 Livres oder $7^1/_2$ % weniger als das Münzpari betrug.

Münzpari gegenüber englischem Silbergelde war seit 1730 1 Peso fuerte = 54 Pence. Als kommerzielles Wechselpari aber betrachtete man die Relation

1 Peso de cambio (ideelle Einheit = 15 Realen 2 Marav.) = 36 Pence
oder 1 Peso fuerte = 47,8 „

Der Peso fuerte wurde also durch das Wechselpari mit 6,2 Pence oder mit $11^1/_2$ % zu niedrig bewertet. Cf. Memoria sobre la reforma del sistema monetario de la isla de Cuba von Vazquez Queipo, Nota 1, S. 1.

Die Ursachen für den ungünstigen Preis des spanischen Geldes im Auslande waren dem König Carl III., der damals Spanien beherrschte, durchaus nicht klar. Er sah sie nur in der Differenz des Metallgehaltes ausländischem Gelde gegenüber und fälschte, wie es Chevalier in seinem Werke „La Monnaie“[1]) nannte, als letzter aller zivilisierten Regenten heimlich das Geld.

§ 2.

DER ZUSTAND DER METALLVALUTA ZU AUSGANG DES 18. JAHRHUNDERTS.

Bis zum achten Jahrzehnt des 18. Jahrhunderts charakterisierte sich das Geldwesen Spaniens als Münzwesen, es war ausschließlich metallisch.

In den Jahren 1772—1786 wurde die gesamte Metallvaluta neu geordnet; sämtliche Gold-, Silber- und Kupfermünzen erhielten einen neuen stofflichen Gehalt.

Bevor wir uns aber zu einer Darstellung der Währung Spaniens nach dem Jahre 1786 wenden, müssen wir einige Vorbemerkungen darüber machen, wie Spanien im Geldwesen mit seinen Kolonien zusammenhing und welche Unterscheidung der Geldarten dadurch bedingt wurde.

Bis zu dem im Jahre 1825 endgültig vollzogenen Abfall seiner größten überseeischen Besitzungen bildete das Mutterland Spanien eine Zahlgemeinschaft mit seinem gesamten Kolonialreich.

Dies bestand zu Ende des 18. Jahrhunderts aus den vier Vizekönigreichen Neu-Spanien mit der Hauptstadt Mexiko, Peru mit der Hauptstadt Lima, Neu-Granada mit der Hauptstadt Santa Fé de Bogota und dem Reiche del Rio de la Plata mit Buenos-Aires als Hauptstadt. Dazu kamen die Statthalterschaften und Kommandanturen Guatemala, Chile, Cuba, Luisiana und Florida, die Insel San Domingo, Venezuela und die Philippinen.

Spanisch-amerikanische Münzstätten befanden sich in Mexiko, Chile, Peru und in Neu-Granada, während in Spanien

[1]) Michel Chevalier, „La Monnaie“, Sektion II, Kapitel I, Seite 51. Paris 1866.

selbst seit 1730 Gold- und Silbermünzen nur in Madrid und Sevilla, Kupfermünzen in Segovia geprägt wurden.[1])

Philipp V. hatte nun eine Scheidung zwischen solchen Münzen vorgenommen, welche nur im Mutterlande herstellbar und kursfähig waren und solchen, die im Gesamtstaate geprägt wurden und dort zirkulieren durften. Die von ihm eingeführten unterwertigen Silbermünzen hatten seit 1707 nur in der Halbinsel Spanien Geltung. Ebenso ließ er im Jahre 1742 kleine Goldmünzen herstellen, Veintenes, die einen geringeren spezifischen Gehalt als die größeren Goldstücke hatten und deren Prägung und Umlaufsfähigkeit auf das Mutterland beschränkt wurde.

Beide Arten, notale Silber- und Goldmünzen, wurden „provinzielle" Münzen genannt, wobei Spanien als Provinz im Gegensatz zum Gesamtreich, Spanien und (West-)Indien, aufgefaßt wurde. Die Chartalverfassung des provinziellen Geldes dehnte sich also nicht auf die Kolonien aus; für dieses Geld bildete „Indien", wie das Kolonialreich damals stets benannt wurde, Ausland.

Ebenso war Kupfergeld zunächst nur in der spanischen Halbinsel kursfähig und wurde im überseeischen Reiche nicht hergestellt. Im spanischen Amerika hatte sich der Verkehr vertragsmäßig für die kleinsten Zahlungen Zahlungsmittel in gezeichneten Blechmarken, in Eiern und Talglichtern wie in Kakaokörnern erwählt.[2])

---

[1]) Im Jahre 1819 wurde eine zweite Münzstätte für Kupfergeld in Jubia errichtet.

[2]) Vazquez Queipo berichtet: Den Mangel an Kupfergeld hatte man auf dem ganzen amerikanischen Kontinent wie in Cuba lange Zeit durch vertragsmäßige Zeichen ersetzt, z. B. in Habana durch gezeichnete Blechplatten, in Puerto-Principe durch Eier und Talglichter, im Innern des Festlandes durch Kakaokörner. Privatleute maßten sich das Recht an, kleines Geld zu schaffen, womit sie die Regierung nicht versorgte.

Durch Dekret vom 21. 5. 1821 wurde der Kurs des Kupfergeldes auch für die Kolonien angeordnet. Tatsächlich blieb aber diese Anordnung wie auch eine spätere, oft wiederholte königliche Verfügung vom 14. 4. 1829, welche den Gebrauch von Kupfergeld in Cuba bestimmte, ohne jeden Erfolg. Die Kolonialverwaltung widersetzte sich ihr, da sie bei der starken

Im Unterschiede zu den provinziellen Münzen wurden die großen, im Gesamtreiche geprägten und zirkulierenden Gold- und Silbermünzen „nationale“ Geldstücke genannt.[1])

Als Rechnungseinheit hatte sich im Gesamtstaate seit 1497 der Maravedi erhalten. Im Laufe des 18. Jahrhunderts war man zwar im Privatverkehr dazu übergegangen, Preise in größeren Einheiten, in Pesos, Escudos und Realen anzugeben, doch hatte Ferdinand VI. in der Pragmatica vom 2. Februar 1747 befohlen, alle Rechnungen unter Privaten wie im Verkehr mit den Staatskassen sollten in Maravedis aufgestellt und alle Staatsabgaben in ihnen berechnet werden. Denn der Maravedi, so erklärte der König, sei das älteste Geld Spaniens und solle unverändert als Rechnungseinheit beibehalten werden.

Münzeinheit und Rechnungseinheit fielen aber seit dem Jahre 1737 nicht mehr zusammen. Münzeinheit war kraft des Gesetzes vom 16. Mai 1737 der Real de Vellon, das 34-fache des Maravedi.

Diesen Vellonrealen hatte man als ideelle Einheit schon seit dem 17. Jahrhundert im Rechensystem verwendet und 1737 die kleinste real dargestellte provinzielle Silbermünze, den halben Provinzialrealen, in Übereinstimmung mit ihm gebracht und auf ihn begültigt.

Da vorher der Peso in 8 schwere oder mexikanische Realen geteilt wurde, von nun an 20 neue Realen einen Peso ausmachten, so unterschied man seitdem Silberrealen von hohem

---

Unterwertigkeit der Kupfermünzen Einfuhr von falschem Kupfergeld und überhaupt Überwucherung des Verkehrs mit Kupfermünzen befürchtete. Queipo, Memoria sobre la reforma del sistema monetario de la isla de Cuba, S. 88.

[1]) In den älteren Münzgesetzen war die Beschränkung in der Prägung und Umlaufsfähigkeit provinzieller Münzen auf Spanien allein wiederholt ausgesprochen (Novísima Recop. Buch IX, Titel 17). — Das Dekret vom 21. Mai 1821 wiederholte die Anordnung, daß nur nationales Geld in den Kolonien zirkulieren sollte, mit den Worten: Die Geldstücke sollen in der Halbinsel und in den überseeischen Gebieten uniform sein, soweit sie nationale Gold- und Silbermünzen wie Kupferstücke sind. (Decretos reales de España, Jahrg. 1821.)

Gewicht und Feingehalt und Vellonrealen von niedrigem Feingewicht durch die Epitheta „de plata“ und „de vellon“.[1])

Erst durch Dekret vom 25. September 1799 wurde befohlen, daß in allen Rayons der staatlichen Finanzverwaltung die Rechnungsführung in der Münzeinheit, im Realen de Vellon, zu geschehen habe und daß mit der bisher beobachteten Praxis, nach Maravedis zu rechnen, gebrochen werden sollte.[2]) Werteinheit war seitdem der Real de Vellon.

Wenden wir uns nun zu dem Münzsystem, wie es nach den im Jahre 1772 eingeleiteten und im Jahre 1786 abgeschlossenen Reformen bestand, so zeigt sich folgendes Bild.

Es wurden geprägt:

1. Goldmünzen.

a) Nationale Münzen.

	Münzfuß.	Geltung.
Der Doblon à 8 Escudos oder die Onze, auch Quadrupel genannt.	$8^1/_2$ Stück auf die Mark:	320 Realen Vn.
Der Doblon à 4 Escudos oder die $^1/_2$ Onze.	17 " " " "	160 " "
Der Doblon à 2 Escudos oder Ochentin (Achtziger).	34 " " " "	80 " "
Der Escudo oder Cuarenten (Vierziger).	68 " " " "	40 " "

[1]) Dieser Gegensatz fiel erst im Jahre 1848 fort, da von diesem Jahre an Silbermünzen nur einer Sorte geprägt wurden.

Gleichzeitig sei hier darauf hingewiesen, daß Vellonrealen nicht Bronzemünzen wie die früheren spanischen kleinsten Werte waren, sondern Realen de Vellon bedeuteten Realen von geringhaltigem Silber (nicht Bronze- oder Kupferrealen, wie man häufig Reales de Vellon übersetzt findet).

[2]) Novís. Recopil. Buch X, Titel 17, Gesetz 14.

b) Provinzielle Münze.

	Münzfuß.	Geltung.
Der Veinten (Zwanziger) oder Escudillo oder Peso duro de oro.	131, 66 Stück auf die Mark:	20 Realen V^n.

2. Silbermünzen.

a) Nationale Münzen.

	Münzfuß.	Geltung.
Der Peso fuerte oder Duro, im Auslande auch Piaster genannt.	8½ Stück auf die Mark:	20 Realen V^n.
Der ½ Peso od. Escudo.	17 „ „ „ „	10 „ „
Der ¼ Peso oder die Peseta columnaria, auch Peseta mexicana genannt, weil namentlich in Mexico geprägt.	34 „ „ „ „	5 „ „
Der ⅛ Peso oder Real columnario oder Real de plata mexicana.	68 „ „ „ „	2½ „ „
Der 1/16 Peso od. Realito columnario.	136 „ „ „ „	1¼ „ „

b) Provinzielle Münzen.

	Münzfuß.	Geltung.
Die Peseta provincial, auch Peseta Sevillana genannt.	38½ Stück auf die Mark:	4 Realen V^n.
Die ½ Peseta provincial.	77 „ „ „ „	2 „ „
Der Real de vellon oder Realito.	154 „ „ „ „	1 „ „

3. Kupfermünzen.

Der Doppel-Cuarto mit der Geltung von 8 Maravedis.
„ Cuarto „ „ „ „ 4 „
„ Ochavo „ „ „ „ 2 „
„ Maravedi „ „ „ „ 1 Mr.

34 Maravedis bildeten wie bisher die Münz- und nach 1799 auch die Rechnungseinheit, den Realen de Vellon.[1])

Für die platischen Beziehungen des spanischen Geldes zum Metall führen wir die nach dem Jahre 1786 herrschenden Verhältnisse an, da in der Zeit von 1772—1786 namentlich mit Rücksicht auf den Auslandsverkehr darin sehr bedeutende Veränderungen vorgenommen wurden.

Wie aus dem Münzfuß ersichtlich ist, bestand zwischen den großen und kleinen Silber- und Goldmünzen durchaus keine Proportionalität des Gewichtes. Auch bei den Kupferstücken bestand kein reines Gewichtssystem, denn es wurden aus der Mark à 4608 Granos[2]) 38 Stück zu 8 Maravedis, 85 Stück zu 4 Maravedis, 187 Stück zu 2 Maravedis und 408 Stück zu 1 Maravedi hergestellt.

Später prägte man in den Jahren 1819—1838 in den beiden Kupfergeld-Münzstätten von Jubia und Segovia gleich proklamierte Kupferstücke mit ganz verschiedenem Gehalt aus, ein Beweis, wie wenig man in Spanien damals auf den Gehalt der notalen Münzen sah, gleichzeitig aber, wie wenig Wert man auf Einheitlichkeit im Geldwesen legte.[3])

---

[1]) Der größte Teil des spanischen Reiches umfaßte die kastilische Währung. Daneben bestanden noch einige Provinzialwährungen, z. B. in Aragonien, Catalonien, Mallorca, Navarra und Valencia, die aber nur auf früher effektiv dargestellten Rechnungsmünzen und auf Kupfermünzen basierten. Zahlungen waren gesetzlich immer nur in denjenigen Gold- und Silbermünzen zu leisten, die der Staat wirklich für das gesamte Reich ausgeprägt und in Kurs gelassen hatte. Deshalb soll hier nur von der für Spanien maßgeblichen Währung, der kastilischen, gesprochen werden. Von dem Gelde der spanischen Provinzen werden nur die katalonischen Kupfermünzen und Kupfergeldnoten später behandelt, da diese Geldarten im 19. Jahrhundert allein von dem Provinzialgelde Spaniens einen breiten Raum in der Zirkulation einnahmen.

[2]) Die kastilische Mark (230,0465 g) blieb bis zum Jahre 1861 Gewichtseinheit für die Münzprägung. Die Mark war eingeteilt in 8 Unzen, die Unze in 8 Ochavas, die Ochava in 6 Tomines, der Tomin in 12 Granos, die Mark hatte also 4608 Granos.

[3]) In Jubia wurden 1819—1838 aus der Gewichtseinheit Kupfers geprägt: $42\frac{2}{3}$ Stück zu 8 Mrs. $85\frac{1}{3}$ Stück zu 4 Mrs.
$170\frac{2}{3}$ „ „ 2 „ $341\frac{1}{3}$ „ „ 1 Mr.

Als Münzmetall war das Gold für große Stücke zu 320, 160, 80 und 40 Realen vn in einer Feinheit von 21 Karat ($^{875}/_{1000}$), für die kleinen provinziellen Goldstücke zu 20 Realen vn in einer Feinheit von 20 Karat $1^{1}/_{2}$ Granos ($^{849}/_{1000}$) angenommen. Nationale Silbermünzen waren 10 Dineros 20 Granos ($^{902,77}/_{1000}$) fein, provinzielle Silbermünzen hatten den Feingehalt von 9 Dineros 18 Granos ($^{812,43}/_{1000}$).[1]

Das Vielfache der Werteinheit in nationalen Münzen stellte als Stoff einen andern Gegenstand dar als das Vielfache der Einheit in provinziellen Münzen. Ihre Geltung beruhte eben auf besonderer Anordnung des Staates und nicht auf dem Metallgehalt.

Lange Artikel sind in der Pragmatica von 1772 dem Gepräge der einzelnen Münzen gewidmet. Wir wollen nur kurz angeben, daß die im Gesamtreiche kursierenden Münzen auf dem Avers den Namen des Königs mit dem Zusatze „Dei Gratia Hispan. & Indiarum Rex“ führten, während die allein für den innerstaatlichen Verkehr berechneten Münzen nur den Namen und die Bezeichnung „D. G. Hispan. Rex“ aufwiesen. Außerdem unterschieden sich die nationalen Silbermünzen von den provinziellen dadurch, daß auf ihnen allein das königliche Wappen auf dem Revers von 2 Säulen eingefaßt war, die durch eine Fahne mit der Inschrift „Plus ultra“ verbunden waren.

In diesem Zusammenhange möchten wir darauf hinweisen, daß das bloße äußere Zeichen der Säulen für die spanischen Piaster als Handelsmünzen besonders in Betracht kam. Die Völker des Orients zogen die Säulenpiaster aus alter Gewohnheit und wegen des hohen Feingehaltes allen andern gleichartigen Silbermünzen ohne Säulen im Gepräge vor.

Indem wir nun zu den genetischen Beziehungen des Geldes zum Metall übergehen, bemerken wir, daß der traditionelle

[1]) Der Feingehalt wurde (wie früher in Frankreich und in den andern romanischen Ländern) in Spanien bis zum Jahre 1848 in Karat und Granos für Goldstücke, in Dineros und Granos für Silberstücke angegeben. Dabei drücken 24 Karat à 4 Granos feines Gold, 12 Dineros à 24 Granos feines Silber aus.

Bimetallismus auch jetzt beibehalten wurde. Gold und Silber blieben in Werteinheiten Geldes unbeschränkt ausprägbar. Die Herstellung der Münzen verblieb wie stets zuvor dem Staate, doch kaufte er jede Menge eingereichten Goldes und Silbers zu festen Preisen an. Artikel 8 der Pragmatica von 1772 erklärte: „Es bleibt befohlen, daß alles Gold- und Silbergeld für Rechnung der königlichen Finanzen und nicht für Privatleute hergestellt wird, daß man aber Privaten die Metalle abkaufen soll, die sie zu den königlichen Münzstätten bringen, nachdem man den vorgeschriebenen Feingehalt hergestellt hat."

Wer eine Mark Münzsilbers zu den Münzstätten brachte, bekam 157,59 Realen vn, der Lieferant einer Mark Münzgoldes erhielt 2565,81 Realen vn. Der Staat prägte dagegen aus der Mark legierten Silbers (der Münzfuß wurde in Spanien stets nach dem bereits legierten Metall angegeben) 170 Realen vn, aus der Mark legierten Goldes 2720 Realen vn.

Als Schlagschatz wurden bei Lieferung von Silbermünzen 7,87 % erhoben, bei der Lieferung von Goldmünzen wurden 6 % als Schlagschatz abgezogen. Aus dem unmäßig hohen Schlagschatz kann man wohl die Absicht des damals finanziell sehr geschwächten Staates erkennen, das Münzregal fiskalisch auszunützen. Hatten einst die Katholischen Könige auf alle Landesherrnabgaben (derechos de señoreaje) für Münzprägung verzichtet und nur die Fabrikationskosten (derechos de braceaje) mit ½ % beim Goldgelde und 1 % beim Silbergelde erhoben, so sahen die Bourbonen im 18. Jahrhundert in Spanien den Schlagschatz als eine reiche Quelle für die Staatskasse an.[1])

Um des Schlagschatzes nicht verlustig zu gehen, hatte die Regierung sogar Dechartalisierung von Münzen und industrielle Verwendung beschnittener oder befeilter Münzen verboten. Es war befohlen worden, alle beschädigten oder brüchigen Münzen dürften nicht Juwelieren verkauft werden, sondern sollten als Barrenmetall zu den Münzstätten gebracht werden.

---

[1]) Der Schlagschatz der Münzhäuser in Spanien betrug z. B. 1799: 452 197 Realen vn (Canga Argüelles sub „Braceaje y señoreaje", Diccionario de Hacienda, 1833).

Um die für die Ausmünzung und den Ankauf von Gold und Silber maßgeblichen Relationen beider Metalle zu erkennen, können wir jedoch nur die feinen, nicht die bereits legierten Metalle berücksichtigen, wie man es oft in Spanien irrtümlich getan hat; denn Gold- und Silbermünzen hatten seit 1772 nicht den gleichen Feingehalt. Der Staat prägte aus der Mark Feinsilber 188,315 Realen vn, aus der Mark Feingold 3108,57 Realen vn, so daß aus einem Gewichtsteil Goldes 16,508 mal so viel Werteinheiten hergestellt wurden als aus einem Gewichtsteil Silbers.

Für die Metalllieferanten ergab sich unter Berücksichtigung des Schlagschatzes ein Verhältnis des Ankaufs beider Metalle von 1 : 16,8.

Sämtliche Goldmünzen waren bares Geld. Auch die kleinen provinziellen Goldmünzen waren im Jahre 1779 infolge Heraufsetzung ihres Zahlwertes zum Bargelde erhoben worden. Ja, sie hatten sogar einen etwas höheren spezifischen Gehalt bekommen als die großen nationalen Goldstücke. Der Grund dafür lag darin, daß es dem Staate bei der mehrfachen Augmentation und Veränderung der kleinen Goldmünzen nicht gelang, sie in ein richtiges Verhältnis zum nationalen Gold- und Silbergelde zu bringen. Bei der damals noch recht unvollkommenen Einrichtung der Münzstätten und der Schwierigkeit, kleine Goldstücke herzustellen, soll, wie berichtet wird, der Staat nur verhältnismäßig wenig davon haben prägen lassen.

Sie waren wegen ihrer geringen Größe, der leichten Verlierbarkeit und wegen der starken Abnützung beim damaligen Publikum auch nicht beliebt.

Die nationalen Silbermünzen waren bar, die silbernen Provinzialpesetas, halben Provinzialpesetas und Realen de Vellon dagegen waren notal. Der Staat, welcher die provinziellen Silbermünzen allein herstellte, prägte mehr Werteinheiten in solchen Stücken aus der Gewichtseinheit, als die hylogenische Norm für die Verwandlung des Silbers in Geld angab.[1])

---

[1]) Die notalen Silbermünzen waren $^3/_5$ % leichter als die baren Silbermünzen.

Eine Sperrung oder Kontingentierung war für notales Silbergeld gesetzlich nicht vorgeschrieben worden.

Wie die unterwertigen Silbermünzen, so waren Kupfermünzen Geld nur durch die Proklamation, sie waren nicht frei ausprägbar und ohne Beschluß des Staates nicht vermehrbar.

Da Gold und Silber zu festem Preise in Werteinheiten spanischen Geldes jederzeit zu verwandeln waren (Chrysolepsie und Argyrolepsie), so bestanden für beide Metalle untere Preisgrenzen.

Während nun aber der Staat mit dem Übergang von der pensatorischen zur Chartal-Verfassung verständlicherweise das Passiergewicht bei allen, auch bei den orthotypischen, Münzen hatte fallen lassen, so konnte er sich andererseits bei der seit Ende des 18. Jahrhunderts chronisch werdenden Finanznot nicht dazu aufschwingen, unter finanziellen Opfern für vollwichtige Münzen zu sorgen. Der Fiskus war nicht bereit, den durch Abnützung entstandenen Metallverlust sich aufzubürden und gab abgenutzte Stücke ohne Rücksicht auf deren Gewicht stets wieder aus. Es bestanden also obere Preisgrenzen für Edelmetalle (Hylophantismus) bis 1881 niemals in Spanien, da an Vollwichtigkeit der umlaufenden Münzen bis dahin nicht zu denken war. Kein Inhaber der annähernden Anzahl von Werteinheiten in Münzen, die ursprünglich aus der Gewichtseinheit Goldes oder Silbers hergestellt wurden, war sicher, die Gewichtseinheit feinen Goldes oder Silbers damit zu besitzen.

Auch scheint der spanische Staat namentlich Goldgeld gesetzwidrig gleich unterwichtig in Zirkulation gesetzt zu haben. Nach vielen von Lord Castlereagh in London im Jahre 1818 und durch Bonneville in Paris im Jahre 1806 angestellten Untersuchungen spanischer Goldonzen ergab sich, daß spanisches Goldgeld de facto immer geringeren Metallgehalt hatte, als ihm kraft Gesetzes entsprach.[1])

[1]) Die Norm, nach der das frei ausprägbare Metall Gold in Werteinheiten zu verwandeln war, lautete kraft des Münzgesetzes: jeder Real vn muß aus $\frac{1}{3108,57}$ Mark oder $\frac{4608}{3108,57}$ Granos feinen Goldes her-

Zwar zog der spanische Staat ganz vereinzelt unterwichtige Münzen — wie z. B. im Jahre 1816 die vollständig abgenutzten Silberrealen — ein, im allgemeinen galt aber für das Schatzamt wie für sämtliche Staatskassen die Verordnung, daß nur diejenigen Stücke nicht wieder ausgegeben werden sollten, die das Gepräge vollständig verloren hatten.

Andererseits hielt der Staat den Grundsatz der chartalen Geltung vollkommen aufrecht. Geldstücke, welche durch natürliche Abnützung an Gewicht eingebüßt hatten, wurden unbedingt an Staatskassen wieder angenommen. Nur solche Münzen, welche beschnitten oder willkürlich beschädigt waren, wurden bei Präsentation an öffentlichen Kassen dechartalisiert und zerschnitten den Inhabern zurückgegeben.[1])

Das Verfahren des spanischen Staates, stark abgenutzte Münzen an seinen Kassen wieder auszugeben, war für den inneren Verkehr unschädlich; konnte man doch auf einen sichern Absatz der Münzen beim Staate rechnen. Für den Auslandsverkehr, für die Aufrechterhaltung der Wechselkurse barg es jedoch große Gefahren in sich, da im Auslande platische und lytrische Beurteilung des spanischen Geldes zusammen auf den Kurs wirkten.

Wenn wir nun einen Blick auf die funktionellen Stellungen der Geldsorten werfen, so finden wir, daß sämtliche Gold- und Silbermünzen, auch die notalen Silbermünzen, obligatorisch und definitiv waren. Eine Einlösung der unterwertigen Silbermünzen in vollwertiges Geld war gesetzlich nicht vorgesehen.

Ebenso hatten sämtliche Gold- und Silbermünzen Kurantgeldeigenschaft. Die notalen Silbermünzen waren also auch schlechthin obligatorisch und hatten nach unserer Auffassung

---

gestellt werden, so daß der Real vn 1,481 Granos enthalten mußte. Nach den Untersuchungen spanischer Goldmünzen der damaligen Zeit kamen aber tatsächlich auf jeden Real vn der Geltung nur 1,461 Granos feinen Goldes im Durchschnitt.

[1]) Siehe auch Bestätigung dieser von den Staatskassen geübten Praxis in der kgl. Verfügung vom 9. 4. 1839. (Diccionario juridico von Massa y Sanguineti III, 767 S. 1858/64.)

den Charakter von Scheidemünzen deshalb nicht, weil ein Höchstbetrag für ihre zwangsweise Annahme (kritische Höhe) gesetzlich nicht festgelegt war. Nach der damals in Spanien herrschenden Ansicht waren sie Scheidemünzen, weil sie nicht einen ihrem Nennwert entsprechenden Metallgehalt besaßen. Ein späterer Versuch des Staates aus dem Jahre 1832, eine kritische Höhe für notales Silbergeld im Betrage von 400 Realen vn festzusetzen, scheiterte an dem energischsten Widerstand des Publikums.

Kupfergeld war dagegen nach dem Dekret vom 20. Oktober 1743 Scheidegeld; das Münzgesetz vom 5. Mai 1772 über Kupfergeld hielt die 1743 getroffenen Bestimmungen aufrecht. Bis zu dem recht hoch liegenden Betrage von 300 Realen vn mußten Kupfermünzen danach in Zahlung genommen werden.[1]

Der Grund für die Einführung von Beschränkungen des Kupfergeldes im Zahlungsverkehr war seinerzeit ein doppelter:

Wechsler und Kaufleute hatten Säcke voll Kupfergeld aufgespeichert und zwangen auf Grund seiner bisherigen Kurantgeldeigenschaft zur Annahme großer Summen davon, für Zahlungen in Gold- und Silbergeld nahmen sie eine Prämie. Einmal wollte nun der Staat einen Annahmezwang hoher Beträge in unterwertigem Gelde beseitigen.

Der zweite, durch die fiskalischen Interessen des Staates diktierte Grund lag darin, daß bei unmäßiger Ausgabe von Kupfergeld sich Stauungen in den Staatskassen bemerkbar gemacht hatten und daß man durch Repressivmaßregeln einer weiteren Anhäufung von Kupfergeld in staatlichen Kassen vorzubeugen suchte. Man wollte damals nicht die Zustände unter Philipp III. und Philipp IV. wieder heraufbeschwören, unter welchen die Staatskassen valutarisch nur in Kupfergeld[2]) zahlen

---

[1]) Das Dekret vom 20. 10. 1743 war das erste, welches überhaupt eine Beschränkung der Kupfermünzen im Zahlungsverkehr anordnete. Erst 1743 finden wir die ersten Scheidemünzen in Spanien.

[2]) Unter Philipp III. (1598—1621) wurden aus der Gewichtseinheit Kupfers doppelt so viel Werteinheiten hergestellt als bisher. Da der Staat damals selbst unmäßig Kupfergeld herstellte, Falschmünzerei und Einfuhr aus dem Auslande auch nicht wirksam verhinderte, strömte Kupfergeld

konnten und zu deren Zeiten Gold- und Silbergeld ein Agio von 10—50% hatte (1625 10%, 1637 25—28%, 1651 50%).

So verbot denn die Regierung 1743 unter Androhung schwerer Strafen, eine Prämie für den Tausch von Gold- und Silbergeld gegen Kupfergeld zu nehmen und setzte die Grenze für die obligatorische Annahme von Kupfergeld für den gesamten Zahlungsverkehr auf 300 Realen vn fest.[1])

Anstatt Kupfergeld einzuziehen, beschränkte der Staat Annahme von Kupfermünzen auch für die Staatskassen auf die festgelegte kritische Höhe.

Wir finden hier eine Eigentümlichkeit der spanischen Geldverfassung, die sich bis in die neuste Zeit aufrecht erhielt. In dieser Hinsicht wich der spanische Staat stets von den Grundsätzen ab, die in andern Staaten über die Stellung des Scheidegeldes herrschen. Denn wo eine durchgebildete Geldverfassung besteht, wird der Begriff des Scheidegeldes so aufrecht erhalten, daß beschränkter apozentrischer und parazentrischer Annahmezwang, aber durchaus unbeschränkte epizentrische Verwendung dafür gilt.

Bei einer andern Auffassung des Scheidegeldbegriffes hat der spanische Staat während langer Perioden den Verkehr mit Scheidegeld überschwemmt.

Da eine Einlösbarkeit von Kupfermünzen nicht bestand, sie also definitiv waren, konnten solche Maßregeln für den Verkehr nach dem Auslande dem Publikum großen Schaden bringen.

Für den Staat allerdings entsprang aus der übermäßigen Herstellung von Kupfergeld stets ein großer Gewinn, den er sich nicht entgehen lassen wollte.

Karl III. versicherte zwar in der Pragmatica von Aran-

---

auf gesetzlichem und ungesetzlichem Wege übermäßig in die Zirkulation. Während des größeren Teiles des 17. Jahrhunderts herrschte die Kupfervaluta in Spanien. „Der monetäre Zustand in dieser Monarchie ist unhaltbar, der Staat ist krank an Kupfer," so schrieb Davila, ein spanischer Schriftsteller und Politiker in der Mitte des 17. Jahrhunderts. Colmeiro, Historia de la economia politica en España, Teil II, Seite 494.

[1]) Novís. Recop., Buch IX, Titel 17, Gesetz 10.

juez am 5. Mai 1772, es solle nur so viel Kupfergeld hergestellt werden, als der kleine Handel benötige, da man in Zukunft die schweren Nachteile vermeiden wolle, welche zur Zeit die Überfülle von Kupfergeld bringe. Der kleine Handel war aber ein weiter Begriff, und in finanziellen Nöten griff der Staat in der Folgezeit stets auf die gute Einnahmequelle der Kupfergeldprägung zurück. Sicherte er sich doch selbst vor einem Währungsumschlag zur Kupfervaluta und vor hierdurch bedingten Verlusten durch Gewaltmaßregeln der Annahmebeschränkung.

Kommen wir nun zu der Währung Spaniens im engeren Sinne, zu demjenigen Gelde, welches der Staat für seine Zahlungen zu allerletzt bereit hielt und im Streitfalle als endgültig bezeichnete (valutarisches Geld), so können wir dies nur aus den jeweiligen Zahlungen der Staatskassen erkennen. Die Pragmatiken von 1772—1786 enthielten darüber nichts, sie gaben nur an, daß Gold und Silber zu definitiven Geldarten unbegrenzt ausgeprägt werden könnten, und zeigten ein bimetallistisches Geldsystem, wie es in Frankreich bestand.

Welche Geldart der Staat valutarisch und welche er im Gegensatz dazu akzessorisch behandeln wollte, das blieb vollständig dem freien Belieben der Regierung anheimgestellt.

Eine feste Währungspolitik befolgte nun der spanische Staat nicht, sondern er ließ sich — wenigstens bis zum Jahre 1848 — vollständig bei der Wahl der Valuta durch den Zustand seiner Kassen bestimmen. Der Staat zahlte endgültig mit demjenigen Gelde, welches ihm selbst in größerer Menge zufloß, wobei der finanzielle Vorteil ausschlaggebend war.

Bis zum Jahre 1786 strömte nun den staatlichen Kassen ganz vorwiegend Silbergeld zu und wurde deshalb auch vom Staate aufgedrängt; denn einmal bestanden die Einnahmen des spanischen Schatzamtes zum großen Teil aus den Erträgnissen der Minen Amerikas und diese wiederum meist aus Silbergeld. Zu einem stärkeren Zufluß von Silber- kam noch ein bedeutend größerer Abfluß von Goldgeld nach dem Auslande, namentlich nach England und Frankreich.

Spanien, im mehrhundertjährigen Besitz der reichsten Edelmetallminen der Welt, hatte gerade wegen der leichten Geldbeschaffung eine stets passive Handelsbilanz. Man hatte im Lande einen großen Luxus entfaltet und konsumierte gewaltig ausländische Produkte; andererseits hatte man die eigene Industrie und den Ackerbau vollständig vernachlässigt. Um das Defizit der Handelsbilanz zu begleichen, führte man vornehmlich Goldgeld aus wegen seines geringeren Volumens, der kleineren Transportkosten und namentlich wegen des leichteren Schmuggels.

Denn die damals vollständig von merkantilistischen Ideen beherrschte Regierung hatte durch häufige Exportverbote jegliche Geldausfuhr verboten. Daß diese Ausfuhrverbote aber niemals beachtet wurden, beweist gerade ihre häufige Wiederholung (siehe Geldexportverbote von 1767, 1780, 1784, 1786 Novísima Recopilacion Buch IX, Titel 13). Der Schmuggelhandel in Geld war sehr verbreitet, und die für Kapitalverbrechen geltenden gegen Geldschmuggel angedrohten Strafen schreckten gewerbsmäßige Schmuggler niemals von der Geldausfuhr ab.

Das Resultat der stärkeren Zufuhr von Silbergeld und des größeren Abflusses von Goldgeld mußte sein, daß Silber bisher immer mehr im Lande überwog und zu Zahlungen an den Staat verwendet wurde.

Infolgedessen erließ die Regierung, um Gold im Lande zu halten und um den Goldexport zu erschweren, im Jahre 1779 ein Gesetz, wodurch die Goldmünzen um $6^2/_3$ % höher begültigt wurden,[1]) während Silbermünzen ihre Geltung behielten.

[1]) Die Golddoblonen à 8 Escudos oder Onzen, welche seit 1737 301 Realen vn 6 Maravedis galten, wurden durch Pragmatica vom 15. 7. 1779 auf 320 Realen vn augmentiert, falls sie neueren Gepräges seit 1772 waren; die Teilstücke proportionaler Geltung wurden im gleichen Verhältnis höher begültigt. Die vor 1772 geprägten Onzen von höherem Feingehalt wurden auf 321 Realen vn 6 Maravedis im Zahlwert erhöht, so daß nach 1779 Goldstücke neuen und alten Gepräges mit folgender verschiedener Geltung kursierten:

	altes Gepräge	neues Gepräge
Doblon à 8 Escudos:	321 Realen vn 6 Mrs.	320 Realen vn
„ à 4 „	160 „ „ 20 „	160 „ „

„Es sollte das richtige Verhältnis von 1 : 16 für die Ausmünzung beider Metalle damit geschaffen werden, wie es bereits seit dem 1. August 1750 in den amerikanischen Münzstätten des Reiches der Fall sei,“ so lautete es in der Pragmatica.

Dies Ausmünzungsverhältnis wurde 1786 durch Verringerung des Feingehaltes von Goldgeld weiter zum Schaden des Silbers auf 1 : 16,508 geändert.

Diese letzte Änderung war nicht währungspolitischen Absichten der Regierung entsprossen, sondern war eine rein gegen England gerichtete Kriegsmaßregel.

Die durch Allianzvertrag seit 1761 verbündeten französischen und spanischen Regierungen suchten nämlich im Jahre 1786 dem verfeindeten England den Goldbezug zu beschneiden, Frankreich durch Herabsetzung des Gewichtes der Goldmünzen, Spanien durch Änderung des Feingehaltes. Die so veranlaßte Änderung des spezifischen Gehaltes der Goldmünzen war ursprünglich wohl nur als widerrufliche Maßregel in Spanien gedacht. Eine Ordonnanz darüber befindet sich überhaupt nicht in spanischen Gesetzbüchern, sondern wurde vom Staatsministerium als Reservatverfügung den Münzstätten mitgeteilt. Nach Beendigung des Krieges mit England ließ man jedoch diese durch einfachen Verwaltungsakt herbeigeführten Änderungen der Münzprägung bestehen.

Wie aber öfter in Spanien Maßnahmen, die nur aus bestimmten zufälligen Situationen hervorgegangen waren, unbeabsichtigte, nicht vorhergesehene Folgen hatten, so geschah es auch jetzt. Spanien mußte 1786 im sinkenden Übergange zur Goldwährung die traditionelle Silbervaluta aufgeben. Der Übergang war obstruktionell und soll sich sehr schnell vollzogen haben.

---

	altes Gepräge	neues Gepräge
Doblon à 2 Escudos:	80 Realen vn 10 Mrs.	80 Realen vn
Escudo:	40 „ „ 5 „	40 „ „
Escudillo:	21 „ „ 8½ „	20 „ „

Wenn auch Goldstücke alten Gepräges an Staatskassen bis zum Jahre 1792 eingezogen und in den Münzstätten umgeschmolzen wurden, so wurden sie doch nicht verrufen, so daß ein Teil davon (namentlich Escudillos à 21¼ Realen) noch in der letzten Hälfte des 19. Jahrh. zirkulierte.

Wie aus den Klagen der mit dem Staat in engster Verbindung stehenden Nationalbank hervorging, machten sich bald nach ihrer Gründung vom Jahre 1782 Schwierigkeiten bemerklich, Papiergeld in Silbergeld einzulösen; nach 1786 aber zahlte die Bank wie die Staatskassen endgültig nur in Goldgeld, da in die staatlichen Kassen fast nur Goldgeld eindrang. Denn die Inhaber von Geld wählten die jeweils günstigere Verwendung als Zirkulationsmittel oder als Ware, und so erfolgte die Erledigung des größten Teiles aller Zahlungen. Da Silbergeld als Ware vorteilhafter zu verwenden war, erhielt es ein positives Agio und schwand aus dem Verkehr.

Eine Berechnung des damaligen Münzwardeins Manuel Lamas läßt darauf schließen, in wie hohem Maße bereits 1792 die Goldzirkulation im Lande den Silberumlauf übertraf. Danach wurden in der Zeit 1772—1792[1]) in spanischen Münzstätten umgeprägt

1 286 229 142 Realen vn.

Davon waren

1 034 506 361 Realen vn in Goldgeld.
251 722 781 „ „ in Silbergeld.

Goldgeld war also mehr als vier mal so viel eingezogen und umgeschmolzen als Silbergeld. Letzteres brachte man aber namentlich seit dem Jahre 1786 nicht mehr zur Umprägung, da es zirkulatorisch schlecht verwendbar war.

Die hier angeführten Ziffern sollen zwar nicht die Totalität der Zirkulation im Jahre 1792, jedoch den größten Teil davon repräsentiert haben.[2])

---

[1]) Im Jahre 1792 sah man die Umprägung der alten vor 1772 geprägten Geldstücke als durchgeführt an, wiewohl noch ein Teil alter Münzen, deren Verrufung aber nicht stattfand, zirkulierte.

[2]) Humboldt schätzte die Edelmetallgeldzirkulation Spaniens für den Anfang der 80er Jahre des 18. Jahrhunderts auf ca. 1800 Millionen Realen vn.

Der Finanzminister Karl III., Miguel de Muzquiz, schätzte die spanische Geldzirkulation an Gold und Silber im Jahre 1782 auf 1800 Millionen Realen vn (Colmeiro, Econ. pol. II, S. 448). Wenn man die nicht eingezogenen alten Geldstücke berücksichtigt, wie den starken Silbergeldexport, namentlich nach 1786, so dürften die Angaben Manuel Lamas

Irrtümlich wird die Währung Spaniens bis zum Jahre 1868 fast allgemein als Silberwährung dargestellt. Daß aber der Staat nach 1786 nicht immer endgültig in Silber zahlte, dürfte aus mancherlei Anzeichen hervorgehen.

Aus den verschiedenen Rechenschaftsberichten der Finanzminister an die Krone im Ausgange des 18. Jahrhunderts über den finanziellen Stand der Staatskassen ergibt sich, daß den öffentlichen Kassen für Metallgeldzahlungen nur Gold- und notale Silber- und Kupfermünzen zur Verfügung standen.[1]) Die apozentrischen Zahlungen in Goldgeld sollen so weit gegangen sein, daß selbst die Militärkassen von der mit dem Zahlungsdienst betrauten Nationalbank in Goldgeld Zahlungen für Truppensold erhielten.

Da aber das im Verkehr notwendige Silbergeld wegen seiner Stückelung nicht entbehrt werden konnte, ergingen häufig Reklamationen der einzelnen Provinzialverwaltungen an das Finanzministerium mit dem Verlangen nach Silbergeld.

Der Staat stellte aber selbst bares Silbergeld kaum her, um nicht willkommener Lieferant der Silberspekulanten zu werden.

Denn die Wechsler und Warenimporteure suchten jetzt alle Silberpesos an sich zu reißen und mit Gewinn zu exportieren. Die Exportverbote richteten sich nun namentlich mit allem Nachdruck gegen die Ausfuhr von Silbergeld.[2])

---

mit diesen Schätzungen ungefähr übereinstimmen. Sie werden auch durch den Bericht der Direccion general de consumos, casas de moneda y minas (Madrid 1862, S. 67) bestätigt; dort werden die umgeprägten alten spanischen Gold- und Silbermünzen mit 317 Millionen Pesetas (oder ca. 1286 Millionen Realen) angegeben.

[1]) Nach einem Bericht über die Bestände an Metallgeld vom 30. 5. 1799 hatte das spanische Schatzamt 50000 Realen vn in Goldgeld, 59000 Realen in unterwertigem Billon- und Kupfergeld. Andere Berichte zeigen das gleiche Bild.

[2]) Schon am 15. Juni 1784 war verfügt worden, wenn je Erlaubnisscheine für Geldausfuhr durch die Behörden erteilt würden, so sollte man sie ausstellen mit der genauen Beschränkung auf Goldgeld, und keinenfalls sollten für Ausfuhr von großem Silbergeld Freischeine ausgegeben werden. Nov. Recop. Buch IX, Titel 13, Ges. 14. Die Beschränkungen der Ausfuhr auf Gold- und kleines Silbergeld wurden später wiederholt angeordnet.

Allein die Nationalbank erhielt das Privilegium der Silberausfuhr und zog aus diesem Monopol große Gewinne. Sie verkaufte Devisen an die Kaufleute, welche Zahlungen nach Silberländern zu machen hatten, gegen Silbergeld und führte Pesos aus. So wurden allein in den Jahren 1790 bis 1795 von der Bank 42 215 012 Silberpesos, eine für damalige Zeit ungeheure Summe, exportiert, wobei sie im Mittel 2 1/2 % verdiente. Ebenso zahlte der Staat seine Zinsen nach dem Auslande in Silbergeld, da er mit ihm dort mehr Werteinheiten tilgen konnte als mit Goldgeld.

So vollzog sich der Auslandsverkehr Spaniens durch Zahlungen in Silber, im Inlande waren bare Silbermünzen aber kaum mehr zu bemerken.

Spanien hatte bis zum Jahre 1823 Goldmünzen in valutarischer Stellung, akzessorisch behandelte der Staat bare und notale Silbermünzen, Kupfergeld und seit dem Jahre 1780 Papiergeld.

Welche Schicksale das spanische staatliche Papiergeld in den 70 Jahren seines Bestandes hatte, soll in Folgendem der Gegenstand unserer Darstellung sein.

§ 3.

DIE STELLUNG DES PAPIERGELDES IM GELDSYSTEM.

Papierne Zahlungsmittel waren in Spanien schon frühzeitig bekannt, doch nur als lokales Geld und eigentlich nur episodenhaft aufgetreten.

Wie Colmeiro in seinem Werke „Historia de la economia politica de España“[1]) berichtet, gab der Graf von Tendilla, welcher im Jahre 1483 auf königliches Gebot die Stadt Alhama gegen die sie belagernden Mauren verteidigte, im Namen des Königs Papierscheine aus, um den Sold der Truppen damit zu bezahlen. Er gebot, daß die Scheine von den Städtern zwangsweise angenommen würden, und verpfändete sein Wort, daß

---

[1]) Teil I, S. 503.

sie nach Aufhebung der Belagerung zum Nominalwert in Gold oder Silber eingelöst und an Staatskassen angenommen würden. Solange die Belagerung währte, wurden sie anstandslos vom Publikum akzeptiert und nach Aufhebung der Belagerung an den königlichen Kassen in Metallgeld eingelöst.

In ähnlicher Weise schuf Karl III. unter dem Zwange, Geld für den Krieg mit England aufzubringen, und auch in der Absicht der spätern Rückzahlung, papyroplatisches Geld in den königlichen Tresor- oder Schatzscheinen, „Vales reales" genannt.

Die erste Emission dieser Scheine erfolgte nicht durch den Staat selbst, sondern durch einige angesehene Bank- und Handelshäuser. Bei ihnen nahm der Staat im Jahre 1780 einen Kredit von 9 900 000 Pesos sencillos (der Peso sencillo war eine viel in Dokumenten verwendete, ideelle Rechnungseinheit, die in der früheren Geldverfassung real dargestellt war, und galt 15 Realen vn) auf und händigte ihnen den gleichen Betrag, also 148,5 Millionen Realen vn, in Schatzscheinen aus, um sie zum Nominalwert unter das Publikum zu bringen. Die einzelnen Stücke betrugen zunächst 600 Pesos.

Diese Scheine waren 4 %ige, auf den Namen ausgestellte, durch Indossament übertragbare [1]) Ordrepapiere, die jährlich an den dafür bezeichneten Kassen bei Gelegenheit der Zinszahlung umgetauscht werden mußten. In der Gazeta de Madrid, dem Regierungsblatte, waren die königliche Konsolidationskasse und 35 Provinzialkassen für Zinszahlungen und Aushändigung neuer Vales bestimmt.

Die Verzinsung, die Ordreklausel und die bei der ersten Emission zugestandene Bedingung der Rückzahlung nach 20 Jahren deutet wohl darauf hin, daß die Vales ursprünglich als Anleihetitel und nicht als endgültiges staatliches Geld, das Bestand haben sollte, gedacht waren.

Um aber trotz des damaligen Kriegszustandes mit England ihre schnelle Unterbringung im Publikum zu ermöglichen,

[1]) Die Zahlung in Vales mit Blankogiro wurde jedoch unter Androhung strenger Strafen verboten, da man „den guten Kredit dieses Papiergeldes nicht schädigen" wollte.

wurde erstens den emittierenden Häusern zugestanden, daß dieses Papiergeld an sämtlichen staatlichen Kassen wie Metallgeld in Zahlung genommen werden sollte. Hiermit erlangte es den Charakter staatlichen Geldes.

Zweitens wurde aber verfügt, daß die Vales im Handel und für Kaufleute obligatorisch seien.

Durch Dekret vom 30. August 1780 (und durch Verordnung über die Emission des Papiergeldes vom 20. September 1780) wurde eine Scheidung über ihre fakultative und obligatorische Annahme im Privatverkehr folgendermaßen getroffen.

Artikel IV der Cedula vom 20. 9. 1780 bestimmte, „man solle nicht verpflichtet sein, Vales im Kleinverkehr, bei Gehalts- und Lohnzahlungen anzunehmen“[1]). „Sonst“, so hieß es wörtlich weiter in den Worten des Königs, „soll sich niemand weigern, Vales plus fälliger Zinsen nach dem Nominalwert bei Zahlung jedweder Schuld, welche die Besitzer von ihnen kontrahiert haben, in Zahlung zu nehmen. Es ist gleichgültig, ob Schulden durch Dokumente, Anweisungen, Wechselbriefe oder auch unter der Bedingung eingegangen sind, daß Rückzahlung in Gold oder Silber geschehen muß, und in dieser Hinsicht sind bei Zahlungen, wie schon spezifiziert, besagte Vales zu halten und zu betrachten wie effektives Geld. Und ferner kann kein Wechselbrief mangels Zahlung protestiert werden, wofern dafür Vales angeboten werden, indem man den Schreibern verbiete, daß sie in diesem Falle zum Proteste schreiten. Ich erkläre aber weiter, daß jeder Kaufmann, der Annahme dieses Geldes verweigert und es durch Rückgabe diskreditiert, aus meinen Reichen vertrieben werden soll, ohne jemals wieder dahin zu gelangen, in ihnen direkt oder indirekt Handel zu treiben“.

Das Papiergeld hatte also zunächst unter gewissen Umständen Zwangskurs, d. h. es mußte unter Kaufleuten im Großverkehr und bei epizentrischen Zahlungen angenommen werden. Auch war es in solchen Fällen definitiv.

---

[1]) Diese Klausel wurde in alle späteren Cedulas aufgenommen, die über Emission von Vales erlassen wurden.

Bald nach seiner Ausgabe gelang es dem Staate aber nicht mehr, seine Annahme im Privatverkehr zu erzwingen. Es wurde akzessorisches Geld und war als solches befähigt, ein Agio zu erhalten.

Während des unglücklich verlaufenden Krieges mit England steigerte nun der Staat den Papiergeldumlauf durch weitere Emissionen, 1781 durch Ausgabe von 79 Millionen Realen vn; 1782 wurden 222 Millionen Realen vn unter das Publikum gebracht.

Um den Scheinen eine weite Verbreitung zu geben, wurden 1781 und 1782 kleinere Stücke zu 300 Pesos ausgegeben. Es glückte dem Staate jedoch nicht, sie auf dem Paristand mit dem Metallgelde zu halten, er konnte sie nur zum Kurswerte, mit einem negativen Agio von 18—25 %, an seinen Kassen ausgeben.

Im Jahre 1783 verschwand indes das negative Agio des Papiergeldes völlig, als es in Metallgeld einlösbar wurde. Vales wurden somit provisorisches Geld und bildeten das erste und einzige Beispiel einlösbarer spanischer Zahlungsmittel damaliger Zeit.

Mit der Einlösung wurde der am 17. Juni 1782 mit einem Aktienkapital von 300 Millionen Realen vn errichtete Banco Nacional de San Carlos betraut, welcher seine Operationen im Jahre 1783 begann.

Der Mangel einer das Geldwesen regulierenden Bank hatte sich in Spanien nach Untergang der im Jahre 1401 gegründeten Depositen-Bank von Barcelona[1]) im 18. Jahrhundert empfindlich geltend gemacht. Die Notwendigkeit, die Vales im gesamten Zahlungsverkehr zirkulieren zu lassen und ihnen

---

[1]) Barcelona hatte schon 6 Jahre vor Genua die erste öffentliche Wechsel- und Depositenbank besessen in der von dem letzten König der katalonischen Dynastie Martin I., dem Menschenfreundlichen, gegründeten „Taula de Cambi“ (taula = tabla = Brett oder Bank). Sie stand unter Aufsicht des Staates.

Siehe auch Colmeiro, Econ. pol. II. S. 502.

einen großen Zirkulationsradius auch in den Provinzen zu verschaffen, führte jetzt zur Gründung der Nationalbank[1]).

Das Dekret, welches die Errichtung der Bank verfügte und ihre Statuten festsetzte[2]), wies ihr folgenden Geschäftskreis zu:

Ihre erste Aufgabe sollte neben dem regulären Depositengeschäft der Diskont von Wechseln Privater und von Staatsschatzanweisungen zu einem 4%igen Zinssatz sein. Daneben wurde ihr als Hauptpflicht die Einlösung von Vales in Metallgeld auferlegt. Dann wurde sie mit der staatlichen Kassenführung für Heer- und Marinesachen und mit der Kapitalbeschaffung für öffentliche Arbeiten betraut. Viertens wurde sie verpflichtet, alle Wechselschulden an das Ausland gegen eine Gebühr von 1% zu regulieren. Wie schon bemerkt, konzedierte man auch der Bank das Privileg des Silbergeldexportes, um diesen innerhalb gewisser Grenzen zu halten. Alle andern Kauf-, Verkauf-, namentlich aber Spekulationsgeschäfte waren ihr verboten.

In den ersten Jahren ihrer Geschäftstätigkeit flossen der Bank reichlich Mittel zu, denn das Depositengeschäft nahm einen ungeahnten Aufschwung; viele bisher thesaurierten Kapitalien strömten in die Kassen der Bank. Auch dem Staate war es möglich, nach Beendigung des Krieges mit England beträchtliche Einlagen in die Bank zu machen. Der Handel dehnte sich nämlich, nachdem man den bisher auf Cadiz[3]) beschränkten Verkehr mit den amerikanischen Kolonien für sämtliche Hafenstädte freigegeben hatte, gewaltig aus, und

---

[1]) Der Gedanke der Errichtung einer Nationalbank, welche den Kurs der Vales aufrecht erhalten sollte, ging von dem Conde de Caburrus aus, demselben Finanzmann, welcher die Schöpfung der Vales angeregt hatte. Eusebio Maria del Valle, Curso de la politica economia, Madrid 1842. S. 274.

[2]) Novísima Recop. Buch IX, Titel 3, Gesetz 6.

[3]) Der Handelsverkehr mit den überseeischen Kolonien war zunächst auf Sevilla, später auf Cadiz beschränkt worden. 1785 wurde durch die „Ordenanza del libro comercio“ sämtlichen Hafenplätzen Spaniens der Handel mit den Kolonien freigegeben.

die Zolleinnahmen des Staates erreichten eine nie dagewesene Höhe.

Infolge des reichen Kapitalzuflusses war es der Bank leicht, die ihr zur Einlösung präsentierten Vales in Metallgeld zu zahlen[1]).

Bald erhielten die Papierscheine wegen der Leichtigkeit ihres Transportes von Ort zu Ort ein positives Agio. Dieses Agio betrug fast 10 Jahre lang, in den Jahren 1784—1793, 1½ % in Madrid und 2½ % in Cadiz, der damals bedeutendsten Handelsstadt Spaniens.

War die erste Emission auf Grundlage von Hinterlegung metallischen Geldes entstanden, so wurden alle weiteren Ausgaben der Vales direkt vom Schatzamt oder der Bank vorgenommen, ohne daß Metallgeld als Basis der Geldschaffung diente (sie waren autogenes Geld). Auch in dem Fortfall des Versprechens einer späteren Rückzahlung zeigte sich ein Fortschritt zum eigentlichen Papiergelde.

Infolge der Vorliebe des Publikums für Papiergeld, das bei den mangelhaften Verbindungsmitteln im ganzen Reiche viel leichter als Metallgeld zirkulierte, sah sich die Regierung zu weiteren Emissionen veranlaßt. Sie wollte, wie sie es in den betreffenden Dekreten aussprach, den im Lande brach liegenden Kapitalien eine nützliche Verwendung geben. Hatte doch auch der Inhaber von Papiergeld eine 4%ige Verzinsung.

Trotz der gewaltigen Zirkulation von ca. 534 Millionen Realen vn hielten sich die Scheine über dem Paristande, denn der König hatte ihre unbedingte Einlösung durch die Bank, pünktliche Zahlung der Zinsen und eine jährliche Amortisation von 15 Millionen Realen vn im Jahre 1787 angeordnet.

Ein völliger Umschwung in der Stellung des Staates den Vales gegenüber trat jedoch ein, als im Jahre 1793 der Krieg

[1]) Josef Monso Ortiz schrieb 1796 in seinem Buch über das Papiergeld: „Die Freiheit des Publikums, Vales bei der Nationalbank einzulösen, war niemals Anlaß, daß alle Inhaber von Vales zwecks Einlösung zur Bank eilten, sondern nur diejenigen, welche wegen unumgänglichen Bedarfs von Metallgeld dazu genötigt waren“.

mit Frankreich ausbrach. Ohne irgendwelche Berechnung und vollständig einsichtslos vermehrte jetzt der willensschwache König Karl IV. die Vales nur nach den Bedürfnissen der Staatskasse, indem er die Geldpolitik vollständig der Finanzpolitik unterordnete. Statt eines offenen Appells an die Steuerkraft der Einwohner, namentlich aber des unmäßig reichen Klerus, steigerte er den Papiergeldumlauf im Jahre 1794 um ½ Milliarde Realen vn.

Andererseits entzog der Staat der Nationalbank ihre Barbestände, so daß diese durch Reklamationen an den Staat auf die Unmöglichkeit der Einlösung von Vales hinwies. Infolgedessen wurde die Bank von der Pflicht der Einlösung des Papiergeldes entbunden. Damit wurden die Vales im Jahre 1794 abermals definitives Geld (da sie nicht einlösbar waren).

Sie bekamen jetzt wieder ein negatives Agio, das sich zwar zunächst in engen Grenzen hielt.

Der Staat steigerte jedoch bis zum Jahre 1799 die Zirkulation seines Papiergeldes ins Ungemessene, bis über 2¼ Milliarden, und verlor so vollständig die Macht darüber. Das Disagio stieg infolgedessen bedeutend.

Zwar wurde, um Papiergeld auf den Paristand mit dem Goldgelde zu bringen, im Jahre 1794 ein größerer Amortisationsfonds gegründet, man errichtete auch am 26. Februar 1798 eine besondere Amortisationskasse für Vales, für die viele Steuern und besonders der Erlös aus eingezogenen geistlichen, königlichen und privaten Gütern bestimmt waren. Zwar wurden die Zinsen bis zum Jahre 1808 pünktlich gezahlt und teilweise Amortisationen vorgenommen, doch all dieses vermochte nicht einen weiteren Kursfall der Scheine aufzuhalten.

Folgende Tabelle[1]) weist uns den ungefähren Kursstand der Vales an verschiedenen Orten des Landes wie die Höhe ihrer Emissionen und Amortisationen bis zum Jahre 1808 auf:

---

[1]) Die Zahlen sind den Angaben entnommen, welche Canga Argüelles in seinem Diccionario de hacienda con aplicacion á España unter dem Artikel „Vales reales“ macht.

Kursstand der Vales.

1780 Emission zu Pari.
1780—1782 18—25% negatives Agio.
1783 Paristand.
1784—1793 1½%-2½% positives Agio.
1794 ¼%—9% negatives Agio.
1795 9%—14% negatives Agio.
1796 12%—18% negatives Agio.
1797 16%—17% negatives Agio.
1798 17%—29% negatives Agio.
1799 Zwangskurs, Vales sind valutarisch, Goldgeld erreicht ein Agio bis 47%.
1800—1806 36%—49% negatives Agio.
1807 41%—51% negatives Agio.
1808 51%—58% negatives Agio.

Betrag des umlaufenden Geldes in Vales.

Emissionen bis	1784:	449905500 R. vn
Vermehrung	1788:	99000000 „ „
„	1794:	243000000 „ „
		270000000 „ „
„	1795:	450000000 „ „
„	1799:	796639500 „ „
	Sa.	2308545000 R. vn

Nach 1799 fanden Emissionen nicht mehr statt.

Amortisationen

bis zum Jahre 1788:	15003000 R. vn
1788—1808:	403563470 „ „
	418566470 R. vn

Der Umlauf war demnach 1808, als die Amortisation vorläufig eingestellt wurde:

1889978530 Realen vn.

Neben den großen Stücken zu 600 Pesos kursierten seit 1781 Abschnitte zu 300 Pesos, die man halbe Vales nannte, und seit 1794 namentlich Stücke zu 150 Pesos, die viertel Vales hießen. Immerhin waren aber die einzelnen Appoints noch zu groß, um für den gesamten Zahlungsverkehr in Betracht zu kommen.

In den Jahren 1794—1799 trat nun ein kaum glaublicher Anarchismus in der Zirkulation des Papiergeldes ein, der von einer vollständigen Ohnmacht des Staates seinem Gelde gegenüber zeugte.

Wie aus den Memorias der Finanzminister über das Budget hervorgeht, nahm der Staat bei Zoll-, Steuer- und sonstigen Zahlungen Vales zum Parikurse mit dem Golde in Zahlung[1]), vermochte aber nicht Vales wie Metallgeld aufzudrängen und ihre zwangsweise Annahme im Privatverkehr durchzusetzen. Der Finanzminister Diego Gardoqui stellte dem Könige im Jahre 1796 zwar vor, daß durch die Entrichtung der Zollabgaben in Papiergeld die Staatseinnahmen gewaltig sänken, daß man infolgedessen auch die Ausgaben in Vales zum vollen Werte bestreiten solle, sein Vorschlag fand aber bei der Krone kein Gehör.

Noch im Jahre 1798 zeigte das Finanzministerium[2]) dem Könige die Schwäche der Regierung in folgenden unverhüllten Worten: „Seine Majestät nehme Vales wie Metallgeld in Zahlung, und bei Zahlungen, welche der Staat mit ihnen mache, ziehe man immer das Agio ab, wie auch immer man dem Publikum zahle; die Agioteure machten Gewinne, und der Staat, welcher Metallgeld um jeden Preis brauche, verlöre.“

Ein Staat aber, der sich als Fiskus Zahlungen im notalen Papiergeld zum Parikurse mit dem baren Gelde gefallen ließ, ohne als oberster Gerichtsherr dasselbe bei seinen apozentrischen Zahlungen dem Publikum gegenüber durchsetzen zu können, dürfte in der Geschichte wohl fast einzig dastehen.

Der Großhandel, für den ja kraft Gesetzes das Papiergeld obligatorisch war, beachtete natürlich die gesetzlichen Vorschriften nicht und ahmte das Verhalten des Staates bei seinen Zahlungen insofern nach, als er Vales nur zum Kurswerte

---

[1]) So wurden z. B. folgende innere Anleihen aufgenommen, für die Metallgeld oder Vales nach ihrem vollen Kapital- und Zinswert eingezahlt werden konnten:

1795:	240	Millionen Realen vn
1797:	100	„ „ „
1798:	400	„ „ „

Wiewohl die Einzahlungen bei einem negativen Agio der Vales bis zu ca. 40% natürlich in Papiergeld geleistet wurden, garantierte der Staat Rückzahlung der Anleihen in Metallgeld.

[2]) cf. Memoria de Francisco Saavedra al Señor D. Carlos IV. (4. Mai 1798).

akzeptierte.[1]) So zahlte auch die Nationalbank 1795—1801 ihre Dividenden in Papiergeld zum Kurswerte.

Als im Jahre 1799 die finanzielle Not des Staatsschatzes ihren höchsten Gipfelpunkt erreichte,[2]) entschloß sich die Regierung, Papiergeld zu einem von ihr erwählten, höheren als dem börsenmäßigen Kurse aufzudrängen und den allgemeinen Zwangskurs zu dekretieren.

Durch Cedula vom 17. Juni 1799 wurde verfügt, daß Vales als effektives Geld anzuerkennen und zum festen Kurse von 6 % unter dem Nominalwert anzunehmen seien. Sie wurden damit zu einem neuen Wert proklamiert, der mit ihrem früheren Nominalwert nicht übereinstimmte.

Sämtliche Klauseln, durch welche man bisher Zahlungen in Gold oder Silber festgesetzt und Papiergeld kontraktlich ausgeschlossen hatte, wurden verboten und ihre Stipulation sollte als Verletzung der staatlichen Autorität und als Diskreditierung staatlichen Geldes bestraft werden.

---

[1]) Siehe: Informa de la comision especial de Hacienda von José Canga Argüelles, Cadiz 1812.

[2]) Hermann Baumgarten gibt in seiner „Geschichte Spaniens vom Ausbruch der französischen Revolution bis auf unsere Tage" (Leipzig 1865) Teil I, S. 109 folgende Schilderungen der damaligen finanziellen Lage des Staates:

„Die Vales verloren Anfang 1799 40 %. Die unglücklichen Beamten wurden seit Januar in diesem halb wertlosen Papier bezahlt und daneben mit den stärksten Mitteln zur Teilnahme an freiwilligen Anleihen und patriotischen Gaben gepreßt, während infolge einer Mißernte die Preise enorm in die Höhe gingen. Da geriet denn alle Welt in äußerste Consternation, als am 8. April eine neue Valesemission zu dem ungeheuren Betrage von 1060 Millionen verkündet wurde (nach Canga Argüelles wurden 1799 nur ca. 800 Mill. Realen vn tatsächlich emittiert). Der Kurs sank natürlich auf der Stelle noch tiefer. Im Mai erschien eine Verordnung, die Gehalte zu zwei Dritteilen in Bar zu zahlen. Aber schon im Juli bekamen die Beamten wieder nur Vales, und vom Mai bis Dezember wurden im Ganzen nur 3 Monate gezahlt, hauptsächlich in Vales. Alle nützlichen Unternehmungen des Staates hörten auf, und trotzdem stiegen die Preise der Baumaterialien und des Tagelohns wie der Lebensmittel zum Teil aufs Doppelte".

Waren Vales bisher im kleinen Verkehr fakultative Zahlungsmittel, so wurden sie nunmehr auch in ihm obligatorisch. Die Regierung gebot nämlich, „die vom Sold Lebenden, die Handwerker, Bauern, Tagelöhner, Kleinkrämer, Knechte und Diener sollten verpflichtet sein, für ihre Güter und bei kontraktlichen Zahlungen Papierscheine anzunehmen, da sie dieselben in einigen Einlösungskassen, deren Errichtung vorgesehen sei, im Notfalle in Metallgeld umwechseln könnten."

Alle bis zum Tage der Publikation der Cedula mit der Ausschlußklausel für Vales geschlossenen Kontrakte sollten, wie ausbedungen, in Gold- oder Silbergeld erfüllt werden; nach Veröffentlichung der Verordnung sollten derartige Kontrakte nicht mehr gültig sein. Dasselbe sollte bei Wechselbriefen geschehen.

Die strikte Durchführung des Zwangskurses glaubte man durch Androhung von Strafen sichern zu können. Konfiskation der Vales sollte denjenigen treffen, der sie ohne Not zum Wechsel zu den Reduktionskassen brächte, wiewohl er seine Zahlungen in Vales leisten könnte.

Da aber die für den kleinen Zahlungsverkehr berechneten Einlösungskassen nicht zur Errichtung kamen, sah sich die Regierung durch vielfache Reklamationen genötigt anzuordnen, das General-Schatzamt und die Heereskasssen sollten denjenigen Personen, die zum Wechseln wegen der Größe der Stücke gezwungen seien, Vales in Metallgeld einlösen, wofern nicht der Verdacht von Spekulation vorliege.

Die Einlösung war nun aber an den Vorbehalt geknüpft, „soweit es die Kassenbestände und die Verhältnisse der dazu bestimmten Staatskassen erlaubten". Diese waren jedoch damals so schwach, daß tatsächlich durch diesen bedingenden Passus Nichteinlösung dekretiert war.

Da sich nun aber der Staat gleichzeitig mit seinen eigenen Anordnungen in Widerspruch setzte, glückte es ihm nicht, den festen Kurs von Gold- und Silbergeld gegenüber dem Papiergelde aufrecht zu erhalten.

Der König erklärte nämlich, daß Vales bei Zahlung von Zöllen und Tributen nicht in Zahlung genommen würden. Ebenso schloß der Consejo de Castilla,[1]) der kastilische Staatsrat, welcher die Verordnung über den allgemeinen Zwangskurs veranlaßt hatte, Papiergeld für Zahlungen an die Stadtverwaltungen aus.

Infolgedessen erhob sich das Agio auf Gold- und Silbergeld bis zur immensen Höhe von 47 %, und nur die Agioteure profitierten von dem gesetzlich festgelegten Kurse, indem sie Vales billig aufkauften und, sich auf das Gesetz berufend, zur Annahme zwangen. Namentlich der Kleinverkehr, welcher wegen der Größe der Stücke Papiergeld ja kaum gebrauchen konnte, entledigte sich der Vales zu einem immer weiter sinkenden Preis gegen Metallgeld.

Für den internationalen Verkehr hatte die Dekretierung des Zwangskurses weittragende Folgen; denn nach dem Gesetz vom 17. Juni 1799 durfte Bezahlung in Metallgeld auf Wechsel gleichfalls verweigert werden, und Abmachungen, in Gold- oder Silbergeld nach dem Auslande zu zahlen, hingen nur vom guten Willen der Wechselschuldner ab und wurden gerichtlich nicht erzwungen. Die Ausländer erhöhten für den Absatz ihrer Waren nach Spanien die Preise, und der Handels- und Wechselverkehr mit dem Auslande begann nach den eigenen Worten der Regierung vollständig aufzuhören.

Die Inländer erhöhten gleichfalls für die aus dem Auslande bezogenen Rohstoffe und Fabrikate die Preise und entzogen sich andererseits ihren buchstäblichen Wechselverpflichtungen, in Gold oder Silber zu zahlen, Ausländern gegenüber vielfach. Die Prozesse häuften sich infolgedessen in Spanien.

Wenn wir hier den besonderen Fall der Preissteigerungen im Zusammenhang mit der Deklarierung des Zwangskurses haben, so ergab sich dies aus dem Verhalten des Staates, der sein eigenes Papiergeld von Zahlungen an Staatskassen vollkommen ausschloß und andererseits nicht die Macht hatte, eine zwangsweise Annahme des Papiergeldes im parazentrischen Verkehr zum proklamierten Werte durchzusetzen.

---

[1]) Die Consejos Spaniens stellten die Überbleibsel der inneren Verwaltung unter den Habsburgern vor und vertraten die Stelle von Ministerien in unserm Sinne.

Statt aber Finanzreformen vorzunehmen und im Bewußtsein verantwortlicher Leitung des Geldwesens die Papiervaluta durch unbeschränkte Annahme an Staatskassen und durch kraftvolle Durchführung des Zwangskurses aufrecht zu erhalten, überließ die Regierung das Papiergeld jetzt vollkommen sich selbst und wälzte Verluste durch Disagio auf das Publikum ab.

Durch Zirkularverfügung vom 7. April 1800 wurde Folgendes für die Zirkulation von Vales festgestellt: „Es bleibt von nun an im freien Belieben der Kontrahenten, den Ausschluß von Papiergeld im Zahlungsverkehr zu stipulieren.“

Demgemäß finden wir in den Wechselbriefen der damaligen Zeit stets die nunmehr als gültig anerkannte Sicherungsklausel: „Zahlen Sie an die Ordre von N. N. die Summe von X. Werteinheiten in barem Gelde mit Ausschluß jedes schon kreierten oder in der Folgezeit zu kreierenden Papiergeldes“. Diese Formel hielt sich Jahrzehnte lang in den Wechselformularen des Landes.[1])

Wenn aber aus Nachlässigkeit oder in zu großem Vertrauen auf den Schuldner der Ausschluß von Vales im Zahlungsverkehr nicht ausdrücklich hervorgehoben worden war, so konnten Schulden in Papiergeld zum vollen ursprünglich proklamierten Werte getilgt werden. Wie auch die Finanzkommission des Jahres 1812, welche sich mit der Regulierung des Papiergeldes befaßte, anerkannte, waren immer jene Privatleute großen Nachteilen ausgesetzt, die nicht klar bei ihren Pakten Ausschluß von Vales oder ihre Nichtannahme ausgedrückt hatten.

Die Rechtsordnung erkannte also das Papiergeld als obligatorisch und definitiv an, wenn Kontrakte auf lytrische Einheiten ohne Zusatz von Klauseln lauteten; waren dagegen Ausschlußklauseln festgesetzt oder Nichtannahme ausdrücklich hervorgehoben, so war Papiergeld nicht obligatorisch.

Diese Zwiespältigkeit der damaligen Rechtsordnung dürfte wohl die bis in die 60er Jahre des 19. Jahrhunderts sich häufig in Spanien findenden Abmachungen mitverschuldet haben, in

---

[1]) cf. auch A. Borrego: Der Nationalreichtum, die Finanzen und die Staatsschuld des Königreichs Spanien. (Ins Deutsche übertragen von Dr. Kottenkamp.) Mannheim 1834.

welchen Zahlungen in nach Eigennamen, Gewicht und Feingehalt genau bezeichneten Münzen und nicht in Werteinheiten festgelegt wurden.

Nun gab es aber noch Spezialfälle des Zahlungsverkehrs, bei denen Vales nicht ausschließbar, also schlechthin obligatorisch waren und nach dem proklamierten (por todo su valor) angenommen werden mußten.

Durch Dekrete vom 6. November 1799, vom 28. März 1801 und durch Verordnungen aus dem Jahre 1805 wurde verfügt: „Um die Zirkulation von Vales zu vermindern, wolle man zum Vorteil des Staates und der Untertanen gestatten, daß ewige und ablösbare Renten und Erbpacht sofort in Vales mit dem vollen Nominalwert getilgt werden könnten.“

Die so an die Amortisationskasse gezahlten Papierscheine wurden abgestempelt, wurden den Empfangsberechtigten ausgehändigt, blieben außerhalb der Zirkulation und dienten den Eigentümern als 4%ige Schuldtitel des Staates, bis sie amortisiert wurden. Später setzte man den Zins herab und gab den Besitzern für abgestempelte Vales 3%ige staatliche Rentenpapiere. So fand denn eine teilweise Rückbildung des Geldes in Anleihen statt.

Mit der Beibehaltung des Zwangskurses für Papiergeld in diesen zahlreichen Fällen verband also der Staat die Ablösung der Erbpacht und des Erbzinses. Alle ländlichen und städtischen Grundzinsen und Pachten, alle grundherrlichen und verwandten Auflagen zu Gunsten des Klerus, der Hospitäler und Stiftungen, des königlichen Hausgutes und privater Besitzer waren in Vales zum vollen Werte tilgbar. Sollte die Annahme von Papiergeld in solchen Fällen verweigert werden, so hieß es in den Dekreten, so könnte sie gerichtlich verlangt werden.

In dieser Verfassung blieben die Vales bis zum Jahre 1815. Der Staat nahm sie nur an der Amortisationskasse für Ablösung von Grundschulden an und schloß sie bei allen andern an den Staat gerichteten Zahlungen aus, im Privatverkehr hatten sie unter den angeführten Bedingungen Annahmezwang.

Während des Krieges mit Napoleon, in den Jahren 1808

bis 1814, wurden die Zinsen von 4% auf $1^1/_2$% reduziert, da die Fonds der Amortisationskasse größtenteils zu Kriegszwecken verwendet worden waren. Das negative Agio steigerte sich daher und schwankte

im	Jahre	1808	zwischen	50	und	66%
"	"	1809	"	66	"	72%
"	"	1810	"	$68^1/_2$	"	90%
"	"	1811	"	90	"	96%.

Im Jahre 1811 erkannten jedoch die Cortes von Cadiz die Vales als Nationalschuld an. Im Jahre 1812 wurde darauf eine Finanzkommission eingesetzt, welche Annahme des Papiergeldes für Steuern an staatlichen Kassen vorschlug. Infolgedessen hob sich der Kurs im Jahre 1813 auf 56% Perte.[1]) Die Beschlüsse der Kommission wurden jedoch nicht verwirklicht.

Erst nach Beendigung des Krieges mit Frankreich wurde die Annahmefähigkeit des Papiergeldes an Staatskassen weiter ausgedehnt. Durch das Finanzministerium wurde in einer allgemeinen Verfügung vom 10. Juli 1815 an die Generaldirektion der Steuern bestimmt, daß die Abgaben der Alcabala[2]) in Metallgeld oder in Vales nach dem Tageskurse des Kontraktschlusses gezahlt werden könnten. Andere Steuern und Zölle konnten aber vorläufig in Papiergeld nicht entrichtet werden.

Um aber aus den Vales ein Zirkulationspapier im Gegensatz zur unproduktiven Kapitalsanlage zu machen, ihre Tilgung zu erleichtern und ihren Kurs zu heben, beschloß die Regierung im Jahre 1818, sie vollständig in den Kreis der staatlichen Zahlungsmittel wieder aufzunehmen.

Die Regierung sah ein, daß mit pünktlicher Zinsenzahlung allein das Vertrauen des Publikums zu den Papierscheinen nicht mehr zu gewinnen war. Sie wollte jetzt durch ihre Annahme an allen Staatskassen und durch verstärkte Tilgung der gewaltigen Summe noch zirkulierender Vales ihren Zweck besser erreichen.

---

1) Der Kurs der Vales wurde in Prozenten des Verlustes notiert.

2) Die Alcabala war eine seit 1349 bestehende Verkaufs- und Umsatzsteuer von ursprünglich 10%. Später wurde sie auf 11, 12, 13 und 14% gesteigert.

(Die Zirkulation an Papiergeld betrug im Jahre 1818 noch 1739 Millionen Realen vn.)

Der damalige energische Finanzminister Martin Garay, welcher an die Regulierung der Staatsschulden überhaupt ging, veranlaßte daher folgende Konsolidation des Papiergeldes, welche durch Dekret vom 3. April 1818 verfügt wurde.[1])

Es wurde den Besitzern von Vales freigestellt, diese in konsolidierte und in nicht-konsolidierte Scheine bei den Staatskassen umzutauschen. Für jeden Vale zu 150 Pesos wurde ein konsolidierter zu 50 Pesos und ein nicht-konsolidierter zu 100 Pesos ausgegeben. Die größeren Stücke zu 300 und 600 Pesos wurden in gleicher Weise zu $^1/_3$ in konsolidierte, zu $^2/_3$ in nicht-konsolidierte Scheine verwandelt.

Die ersteren wurden weiter mit 4 % in Metallgeld verzinst, die letzteren blieben unverzinslich.

Bei Zahlungen für Zölle und Kontributionen und bei jeder Art von Abgaben an die Staatskassen wurden nun die konsolidierten Scheine kraft Gesetzes zu ihrem vollen Nennwert in Zahlung genommen. Doch um Stauungen von Papiergeld zu vermeiden und die Barzahlungen aufrecht erhalten zu können, nahm man nur den fünften Teil jeder an den Staat zu leistenden Zahlung in ihnen an, während die restlichen $^4/_5$ in Metallgeld zu entrichten waren.

Wenn der Betrag des Vale $^1/_5$ der schuldigen Summe überstieg, konnte nach königlicher Verfügung vom 17. Juli 1818 der Vale in Zahlung genommen werden, sobald der Steuerpflichtige auf den Wert der Spitze verzichtete.

Maßgebend für die Wahl des Verhältnisses der Annahme war wohl der Kursstand, der in den Jahren 1817 und 1818 20 %, also $^1/_5$ des Nominalwertes, betrug.

In dem damaligen Papiergelde Spaniens zeigte sich also ein staatliches Geld, das nicht in unbeschränktem Betrage wie Gold- und Silbergeld, auch nicht wie Scheidegeld gesetzlich bis zu einem bestimmten Betrage vom Staat angenommen wurde, sondern

---

[1]) Siehe Coleccion de decretos reales, Jahrg. 1818.

das durch sein Verhältnis zum baren Gelde bei epizentrischen Zahlungen beschränkt war (Geld proportional beschränkter staatlicher Akzeptation).

Diese proportionalen Annahmebeschränkungen notalen Geldes an Staatskassen wiederholten sich im Laufe des 19. Jahrhunderts mehrfach in Spanien, wenn man eine Anhäufung davon in den staatlichen Kassen vermeiden wollte.[1])

Die nicht-konsolidierten Scheine wurden ebenfalls zu einem Fünftel jeder Zahlung vom Staate akzeptiert. Doch wurden sie nicht zum Paristande angenommen, sondern zunächst mit 5 % über dem Kurswerte. Als Kurswert wurde vom Finanzminister der Börsendurchschnittskurs der ersten 15 Tage des vergangenen Monats als für den nächsten Monat geltend festgesetzt.

Da jedoch die Methode der monatlichen Kursfestsetzungen Unsicherheiten und Ungewißheiten über den voraussichtlichen Stand der Staatseinkünfte mit sich brachte, wurde bald der schwankende Anschluß des nicht-konsolidierten Papiergeldes an das valutarische Geld in einen festen verwandelt. Vom 1. November 1818 an nahm der Staat diese Scheine zum Kurse von 60 % Perte an.

Im Privatverkehr waren fortan Vales fakultatives Geld, und auch für die Zensualkontrakte, für die, wie wir gesehen haben, seit 1799 Papiergeld obligatorisch war, wurde im Jahre 1818 volle Freiheit garantiert. Waren in ihnen Klauseln auf Zahlung bestimmter Geldarten festgelegt, so sollte nunmehr die Schuldentilgung, wie vereinbart war, geschehen.

Die im Jahre 1818 nicht umgetauschten Vales, die man

---

[1]) cf. die Beschränkungen in der Annahme von Kupfergeld nach dem Jahre 1852 wie in der Annahme von Calderilla-Noten (Kupfergeldnoten).

Eine ähnliche Beschränkung, die sich allerdings noch auf die Art der an den Staat zu leistenden Zahlung erstreckte, hatten die im Jahre 1836 emittierten 120 Millionen Realen vn Schatzscheine. Sie wurden bei 8 namentlich aufgeführten Steuern (Konsumsteuern, Zöllen, Zehnten etc.) in Zahlung genommen gleich Metallgeld; doch mußte die eine Hälfte der Zahlung in Metallgeld entrichtet werden, die andere Hälfte konnte in Schatzscheinen (billetes de Tesoro) gezahlt werden.

fortan „Comunes“ nannte, verblieben in der Stellung von Staatsschuldtiteln und konnten zu Zahlungen an Staatskassen nicht mehr verwendet werden. Sie schieden damit aus dem Kreis der staatlichen Zahlungsmittel und wurden nur unter Privaten vertragsmäßig angenommen.

Seit dem Jahre 1824 fand eine umfangreiche Verwandlung des Papiergeldes in Staatsanleihen statt. Ein großer Teil der konsolidierten Vales wurde in das damals errichtete große Staatsschuldbuch eingetragen und in staatliche Buchschulden umgewandelt, ein anderer Teil wurde im Jahre 1831 in 4%ige innere konsolidierte Schuld konvertiert.

Doch noch weitere 20 Jahre hielt sich das Papiergeld im Verkehr,[1]) bis endlich im Jahre 1851 gelegentlich der Gesamtregulierung der Staatsschulden die noch bestehenden konsolidierten Vales zu 80% ihres Wertes in 3%ige konsolidierte Anleihen, die nicht konsolidierten in amortisable Anleihen umgetauscht wurden.

Man war jetzt dahin gekommen, daß man kein Staatspapiergeld mehr hatte, gegen das im Lande ein allgemeiner Widerwille entstanden war. In Zeiten politischer und finanzieller Krisen entstanden, war das Papiergeld durch die Haltung des Staates diskreditiert worden. Unmäßige Emissionen von Kassenscheinen und bedingte oder sehr beschränkte Annahme an Staatskassen, das waren die Gründe für die Paralyse des Papiergeldes.

Derartige Währungspolitik, die in einem geordneten Rechtsstaate aber nicht möglich ist, verurteilen auch wir ebenso unbedingt wie die Metallisten, während wir andererseits gern die Vorzüge staatlichen Papiergeldes anerkennen, das durch eine zielbewußte lytrische Verwaltung geregelt wird.

[1]) Wir übergehen hier die diversen Verfügungen der 20er und 30er Jahre über die Annahme von Vales an Staatskassen unter besonderen Bedingungen. Die wichtigste hiervon war wohl diejenige vom Dezember 1837, wonach nicht-konsolidierte Vales bei Bezahlung des ersten Achtteils der vom Staate eingezogenen und verkauften Nationalgüter à 66% des Nominalwertes vom Staatsschatz angenommen werden sollten.

§ 4.

DIE AUFNAHME FREMDEN METALLGELDES UND DAS ABSTRÖMEN DER SILBERMÜNZEN SPANISCHEN GEPRÄGES.

Kehren wir nun zur Metallvaluta zurück, so finden wir in der ersten Hälfte des 19. Jahrhunderts auch im Münzwesen eine vollkommene Indifferenz der spanischen Regierungen.

Das nach der Verordnung für die Münzstätten vom Jahre 1786 sich ergebende Ausmünzungsverhältnis von Gold- und Silbermünzen von 1 : 16,508 wurde trotz aller Nachteile, welche sich dadurch für den innern Umlauf ergaben, unverändert aufrecht erhalten. Der Mangel an großem Silbergeld, welches im Ausland als Ware viel besser zu verwenden war, wurde daher immer stärker.

Wiewohl die spanischen Silberpiaster in solcher Menge ausgeprägt waren, wie bis dahin keine andere Silbermünze der Welt,[1]) so waren in Spanien selbst in den ersten fünfzig Jahren des 19. Jahrhunderts Silberpiaster kaum in Umlauf.

Es kamen nun zwar stets starke Silbersendungen aus Mexiko und Peru, denn fast alle in den Kolonien gewonnenen Gold- und Silberbarren durchliefen Spanien in Münzform. Nachdem 1537 in Mexiko, später in den andern Kolonien königliche Münzstätten begründet waren, mußte denselben bei schärfster Strafe alles in den Minen der Länder neu gewonnene Silber und Gold zur Entrichtung des Quinto[2]) und zur Ausprägung

---

[1]) Nach einem Manuskript, welches sich in der Universitätsbibliothek von Santiago de Galicia befindet, wurden in Münzstätten Spaniens von 1690 bis 1822 geprägt: 60 232 008 Pesos fuertes in Goldgeld
1 380 255 776 „ „ „ Silbergeld.

Humboldt schätzt die nach Spanien 1492—1803 übersandten Gold- und Silberquanten des spanischen Amerika auf ca. 4500 Millionen Pesos fuertes. Der bei weitem größte Teil davon bestand in Silberpesos.

[2]) Der Quinto, welcher Name auch nach Herabsetzung der Abgabe auf ein Zehntel des Betrages (nach 1572) fortdauerte, wurde für die spanische Krone als Abgabe für Minenausbeutung von Privaten eingezogen. Er wurde, da man die Staatsabgaben leichter auf geprägte Münzen

eingeliefert werden — ausgenommen die zu Geräten und Schmucksachen verarbeiteten Edelmetalle. Ausfuhr von Metallbarren nach dem Auslande war verboten worden, sodaß ein indirekter Zwang, Edelmetall zu den Münzen zu bringen, vorlag. Da nun aber allein Spaniern der Handel mit den Kolonien erlaubt war,[1]) sie allein die überseeischen Gebiete gesetzlich mit Waren versehen durften, kamen die Edelmetallmünzen der überseeischen Gebiete zum größten Teil nach dem Mutterlande.

Aber einmal wurden die Geldsendungen aus den Kolonien zu Anfang des 19. Jahrhunderts infolge der dort ausbrechenden Unruhen und des Rückganges der Bergwerksbetriebe immer geringer. So gibt Canga Argüelles an,[2]) daß die Metallschätze, welche aus den überseeischen Besitzungen für die Staatskasse einliefen,

von 145 Millionen Realen vn im jährlichen Durchschnitt der Jahre 1793—1797

auf 76,65 Millionen Realen vn im jährlichen Durchschnitt der Jahre 1808—1814

gesunken waren[3]).

Die für Privatleute aus Amerika eingehenden Summen, die immer zum weitaus größten Teil in Silbergeld bestanden, verringerten sich in gleichem Maßstabe.

Dann wurde der ständige Debetsaldo der spanischen Handelsbilanz nur durch Export von Silbergeld beglichen. Nach offiziellen

als auf Barren erheben und registrieren konnte, mit dem Akte der Ausmünzung verbunden. Erst durch Dekret vom 8. 6. 1821 wurde der Quinto aufgehoben und dafür eine 3 %ige Steuer auf Einfuhr von Gold- und Silbergeld aus dem spanischen Amerika eingeführt. 1824 fiel auch diese Steuer fort.

[1]) 1552 und 1607 war dekretiert worden „um den Auszug von Geld aus den spanischen Reichen zu vermeiden, soll kein Ausländer für sich noch durch eine Mittelsperson Handel in Indien treiben dürfen noch Gold oder Silber in Barren kaufen können". Novís. Recop. Buch IX, Titel 8, Gesetz 4.

[2]) Diccionario de Hacienda con aplicacion à España, Teil I, S. 197.

[3]) Die Metallgeldrimessen für den Staatsschatz lieferten der Quinto, sonstige Abgaben und die für fiskalische Rechnung bearbeiteten Minen, deren Überschüsse nach Spanien zu übersenden waren.

Berichten sollen 1787—1795 781 Millionen Realen vn für den Warenimport-Überschuß an das Ausland in Silberpesos bezahlt worden sein.

Einen großen Einfluß auf die Zusammensetzung des spanischen Geldbestandes hatte der Verkehr mit dem Nachbarlande Frankreich, in welchem die gleiche Hylolepsie von Gold und Silber, doch zu einer für Silber viel günstigeren Relation (1 : 15 1/2) bestand. Die Franzosen machten daher sämtliche Metallzahlungen nach Spanien in Gold, während die Spanier nach Frankreich in Silber zahlten.

Für die Spanier entsprang ein Bruttogewinn von 6 1/3 %, wenn sie Silbergeld nach Frankreich exportierten, es dechartalisierten und in Werteinheiten französischen Silbergeldes verwandeln, damit Goldbarren ankaufen und diese im Heimatlande in Werteinheiten spanischen Geldes umsetzen ließen.[1])

Wie nach Frankreich, so wanderten die spanischen Silberpesos wegen ihrer guten platischen Verwendbarkeit besonders auch nach England. Lord Liverpool berichtete im Jahre 1805, daß zu Anfang des 19. Jahrhunderts die spanischen Pesos in England so verbreitet waren, daß sie die Bank von England im Einverständnis mit der Regierung massenweise zum festen Kurse in Zahlung gab und ebenso annahm. Er selbst richtete Vorstellungen an den König, die Regierung solle gegen die übermäßige Zirkulation spanischer Silberpesos energische Schritte ergreifen.

---

[1]) Die spätere mit der Münzregulierung beauftragte Kommission der Cortes vom Jahre 1834 bemerkte über den Geldverkehr Spaniens mit dem Auslande zu Beginn des 19. Jahrhunderts: Wenn die Franzosen Zahlungen in Metall nach Spanien zu leisten hatten, so brauchten sie in ihrem Lande nicht mehr als 5,25 Frcs. für 20 Realen vn aufzuwenden, selbst bei der damaligen Goldprämie von 1 %, wenn sie aber in Silber zahlten, so mußten sie 5,56 Frcs. für 20 Realen vn geben (in beiden Fällen unter Berücksichtigung des spanischen Schlagschatzes). So war es klar, daß Goldzahlungen nach Spanien für Franzosen vorteilhafter waren und umgekehrt Silberzahlungen nach Frankreich für Spanier. Der Silberauszug aus Spanien nach Ländern, in denen die Relation der gesetzlichen Ausmünzung für Silber noch vorteilhafter war als in Frankreich, mußte mindestens ebenso stark sein.

Namentlich aber nach Ostasien, nach Indien und vornehmlich nach China wurde spanisches Silbergeld exportiert. Der spanische Piaster vermittelte fast den gesamten Geldverkehr zwischen Europa und dem Orient und bildete außerhalb des Gürtels der großen europäischen Staaten das verbreitetste und beliebteste Geld der Welt.

In den orientalischen Staaten war der Silberpiaster nicht in Geldsysteme fest eingefügt, sondern wurde zum schwankenden Kurse als Handelsmünze gegeben und genommen.

In China z. B. waren die spanischen Säulenpiaster fast das einzige geformte Geld, welches die Eingeborenen akzeptierten, und hatten sich besonders seit dem Ausgang des 18. Jahrhunderts dort verbreitet. Die Silberpiaster spanischen Gepräges wurden von den Chinesen allen andern ebenso starken Silbermünzen und auch den Silberbarren vorgezogen. Welche Schätzung Säulenpiaster als Handelsmünzen dort genossen, bewiesen ihre Kurse. Der Piaster Carl III. (die Piaster Carl IV. und Ferdinand VII. waren gewöhnlich um einen geringen Bruchteil niedriger geschätzt) mit einem Münzpari von 5,42 Frcs. hatte in China lange Zeit einen Kurs von 6,25 Frcs. und stieg häufig in Chang-Hai bis auf 10 Frcs.[1])

So zirkulierten überall in der Welt die spanischen baren Silbermünzen, nur in Spanien selbst waren sie nicht zu finden.

Als akzessorisches Geld mit positivem Agio wurden sie im Lande kaum verwendet und sanken zu reiner Handelsware herab.

Erst die enge, zunächst unbeabsichtigte, dann durch die finanzielle Not Spaniens verursachte Verbindung mit Frankreich brachte Silbergeld wieder ins Land.

Wie auf die meisten andern Staaten, die sukzessiv Teile des Napoleonischen Kaiserreiches oder in Abhängigkeit von Frankreich gebracht wurden, das französische Geldsystem Einfluß gewann, so hatte auch in Spanien die Okkupation des Landes durch Napoleon die stärksten Wirkungen auf den Geldumlauf.

---

[1]) cf. Michel Chevalier, La Monnaie, Sektion IX, Kapitel VI, S. 343—349. Paris 1866.

In Spanien sah man sich anfänglich gezwungen, französische Münzen als spanisches Geld anzuerkennen.

König Karl IV. von Spanien und sein Sohn Ferdinand VII. traten im Jahre 1808, von Napoleon in Bayonne dazu genötigt, alle Rechte auf den spanischen Thron an Napoleon ab. Dieser setzte zunächst Murat als Statthalter in Spanien ein und erhob dann am 7. Juli 1808 seinen Bruder Joseph Napoleon zum Könige von Spanien und Westindien.

Die französischen Machthaber erließen sofort nach der Okkupation des Landes Verfügungen, wonach das französische silberne 5 Frcs.-Stück oder der Silber-Napoleon, wie man es in Spanien nannte, innerhalb Spaniens im gesamten Zahlungsverkehr zum festen Kurse zwangsweise angenommen werden mußte.

Murat tarifierte den Silber-Napoleon auf 18 Realen vn 25,479[1]) Maravedis, Joseph Napoleon setzte seine Geltung durch Dekret vom 5. September 1808 auf 18 Realen vn 12 Maravedis fest.

Der König Joseph Napoleon ließ sonst jedoch in der Geldverfassung des Landes keine Änderung eintreten, ließ Gold-, Silber- und Kupfergeld nach der bisherigen Norm prägen und ließ die Geltung der Münzen in Realen vn und den Real vn als Werteinheit bestehen. Er änderte nur das Gepräge[2]).

Gegen den „eingedrungenen König" erhoben sich nun die spanischen Lande von den Pyrenäen bis zur portugiesischen Grenze, vom Atlantischen Ozean bis zum Mittelmeer. In den einzelnen Provinzen wurden Junten (Kammern) mit Regierungsgewalt und in Sevilla eine Zentraljunta gebildet.

Während es nun den Franzosen gelang, die nördlichen Provinzen sich zu unterwerfen, vermochten sie nicht den Widerstand der Südprovinzen zu brechen. Die nördlich des Ebro

---

[1]) Der Maravedi wurde zuweilen auch nach Tausendteilen abgeteilt.

[2]) Die von Joseph Napoleon hergestellten Münzen trugen auf dem Avers sein Bildnis, auf dem Revers zeigten sie im mittelsten Wappenschilde den französischen Reichsadler damaliger Zeit, während die Säulen und Weltkugeln, die Zeichen spanischer Weltherrschaft, weggefallen waren. Neben dem Wappen war links und rechts die Geltung in Realen angegeben.

gelegenen Provinzen, Katalonien, Aragon, Navara und Viscaya wurden im Februar 1809 in 4 französische Militärgouvernements verwandelt. Ferner wurden die gesamten Einkünfte der besetzten Provinzen Salamanca, Toro, Zamora, Santander, Asturien, Burgos, Valladolid und Palencia für den Unterhalt der dort stehenden französischen Truppen verwendet[1]). Die Gegenden nördlich des Ebro und nördlich des Tajo mit der Hauptstadt Madrid standen unter französischer Herrschaft, während Südspanien von der Zentraljunta in Sevilla und später von einer durch die Zentraljunta mit der Exekutive betrauten Regentschaft von 5 Mitgliedern (im Namen des von ihr anerkannten Königs Ferdinand VII.) regiert wurde.

So unterstand Spanien 5 Jahre lang einer getrennten Rechtsprechung und Verwaltung. Im Namen beider Regenten wurden Münzen geprägt, und jede der beiden Regierungen schloß das Geld der andern vom Zahlungsverkehr in dem von ihr beherrschten Gebiete aus, so daß aus Spanien zwei gesonderte Zahlgemeinschaften wurden.

Die spanischen überseeischen Kolonien fuhren indessen fort, bis zu ihrer Unabhängigkeitserklärung im Jahre 1825 im Namen Ferdinand VII. Geld zu prägen, wiewohl Joseph Napoleon auch zum Könige von Westindien ernannt worden war.

Die für Ferdinand VII. amtierende Provinzialregierung errichtete nun, je nachdem es der Krieg gegen die Franzosen erforderte, an den verschiedensten Orten, in Barcelona, Cataluña, Mallorca, Gerona, Lerida, Reus und Tarragona Münzstätten und ließ besonders Kupfer- und notales Silbergeld herstellen.

In diesen Zeiten der Kriegs- und Finanznot wurde die funktionelle Stellung des Kupfergeldes geändert. Denn die Zentraljunta verfügte, es solle alles Geld nach der Norm der in Madrid geprägten Münzen hergestellt werden, doch solle man hinfort im Zahlungsverkehr keinen Unterschied zwischen Gold-, Silber- und Kupfergeld machen noch einer der Geldarten einen Vorzug geben. Kupfergeld wurde somit als Kurantgeld behandelt

---

[1]) cf. Hermann Baumgarten, Geschichte Spaniens, Teil I, S. 429.

und zirkulierte seit jener Zeit bis zum Jahre 1852 vollkommen wie Gold- und Silbergeld, ohne daß eine Beschränkung in der Höhe der Annahme erfolgte.

Außer den bisher geprägten Kupferstücken wurden in Katalonien jetzt Münzen zu 3, 4 und 6 Cuartos[1]) in Kupfer hergestellt, deren Kurs auf die vier katalonischen Provinzen beschränkt blieb.

Die Trennung des Landes in zwei Zahlungsgebiete ließ sich jedoch auf die Dauer nicht aufrecht erhalten. Wiewohl die in Cadiz amtierende Regentschaft in den Jahren 1811 und 1812 ausdrücklich gebot, das Geld des französischen Usurpators wie überhaupt französische Geldzeichen sollten im Lande nicht angenommen werden und keinen gesetzlichen Kurs haben[2]), so hatten ihre diesbezüglichen Verfügungen keine Wirkung.

Französiche Zahlungsmittel drangen im Laufe der Zeit in immer stärkerem Maße nach Südspanien ein und wurden wie in Nordspanien im Privatverkehr und auch von den Steuereinnehmern zu dem von Joseph Napoleon festgelegten Kurse genommen.

So sah sich infolgedessen die Regentschaft gezwungen, sämtliche französischen Gold- und Silbermünzen als staatliches Geld für Spanien anzuerkennen und einen Tarif dafür aufzustellen, der im ganzen Lande, auch von der Gegenpartei, anerkannt wurde.

Durch Dekret vom 4. September 1813[3]) verfügte die Regentschaft in Cadiz im Namen des in Valencay in Gefangenschaft sitzenden Königs Ferdinand VII. über die in Zukunft geltenden Regeln im Zahlungsverkehr folgendes:

„Angesichts der dringenden Vorstellungen Vieler über die unvermeidliche Notwendigkeit, bei der gegenwärtigen Lage des Landes das französische Geld anzunehmen,“ wird befohlen, daß

---

[1]) Man rechnete in Catalonien nach Cuartos und Pesetas, dem Vierfachen des Maravedi und Realen vn.

[2]) Salat, Tratado de las monedas de Cataluña, Barcelona 1818, Docum. 34.

[3]) Gazeta de Madrid vom 14. September 1813.

sowohl sämtliche vom eingedrungenen König geprägten Geldstücke wie französische Gold- und Silbermünzen überhaupt im gesamten Zahlungsverkehr angenommen werden.

Die vom König Joseph Napoleon hergestellten Geldstücke, welche den spanischen Münzen stofflich äquivalent waren, sollten die gleiche Geltung in spanischen Werteinheiten behalten wie spanische Münzen.

Das Geld des französischen Reiches sollte „für jetzt und in Zukunft“ zum festen Kurse nach folgendem Tarife angenommen werden:

a. Goldgeld.

Der Napoleon zu 20 Franken	= 75	Realen vn.		
„ „ „ 40 „	= 150	„ „		
„ Louis zu 24 Livres tournois	= 88	„	15	Ochavos [1]).
„ „ „ 48 „ „	= 177	„	14	„

b. Silbergeld.

1/4 Frank	= —		15	Ochavos.
1/2 „	= 1	Real vn	14	„
1 „	= 3	Realen „	12	„
2 „	= 7	„ „	8	„
5 „	= 18	„ „	12	„
1 Stück zu 1 Livre tournois und 10 Sous	= 5	„ „	9	„
1 „ „ 3 Livres „	= 11	„ „	1	„
1 Escudo „ 6 „ „	= 22	„ „	3	„

Im Jahre 1814, nachdem mit Frankreich Frieden geschlossen war und Ferdinand VII. von seinem ererbten Thron Besitz ergriffen hatte, erkannte der König diesen Tarif in vollem Umfange an.

So waren durch Befehl des spanischen Staates, durch einseitige Staatshandlung, nicht durch Vertrag mit Frankreich, französische Geldzeichen in das Münzsystem Spaniens aufgenommen worden und bildeten trotz des fremden Gepräges spanisches staatliches Geld. Spanien hatte von nun an einen ein-

---

[1]) Die Bruchteile des Realen vn sind in dem in der Gazeta de Madrid vom 14. September 1813 publizierten Tarif nicht, wie es sonst üblich war, in Maravedis, sondern in Ochavos = 2 Maravedis angegeben.

seitigen Synchartismus in Bezug auf französisches Gold- und Silbergeld.

Sowohl die alten französischen Geldstücke des Duodezimalsystems, die in Frankreich noch längere Zeit gesetzlichen Kurs hatten[1]), wie sämtliche seit 1803 hergestellten französischen Gold- und Silbermünzen wurden in das spanische Geldsystem aufgenommen. Sämtliche französischen Münzen waren definitiv, denn der spanische Staat ließ sich auf ihre Einlösung nicht ein. Auch waren sie ebenso wie alle spanischen Gold- und Silbermünzen Kurantgeld.

Französisches Goldgeld war so bewertet, daß der spezifische Gehalt höher war, als die hylische Norm für spanisches Goldgeld angab. 20 Franken in Goldmetall wurden an spanischen Münzstätten mit 76 Realen 20 Maravedis bezahlt. Man gab für Barrengold also schon mehr als für die in Münzform auftretenden französischen Goldstücke. Wenn demnach Franzosen jetzt nach Spanien in Goldgeld zahlten, hatten die Spanier davon Gewinn.

Umgekehrt war der französische Silbernapoleon dem baren spanischen Silbergelde gegenüber unterwertig. Als Silbermetall geschätzt entsprach ihm eine Bewertung von 17 Realen vn 24 Maravedis, in Übereinstimmung mit der hylischen Norm des spanischen Silbergeldes eine solche von 18 Realen 14 Maravedis. Der auf 18 Realen 24 Maravedis tarifierte Napoleon war folglich um 10 Maravedis zu hoch bewertet.

Im gleichen Verhältnis zu diesen beiden Haupttypen waren sämtliche französischen Goldmünzen in Spanien zu niedrig, sämtliche französischen Silbermünzen zu hoch bewertet[2]).

Durch diese Aufnahme der fremden Münzen in sein Geldsystem schädigte sich der spanische Staat schwer. Abgesehen

[1]) Die Goldstücke à 24 und 48 Livres tournois wurden in Frankreich durch Gesetz vom 29. 6. 1829, die Silberstücke à 3 und 6 Livres durch Gesetz vom 30. 5. 1834, die Silberstücke à 30 Sous durch Gesetz vom 10. 7. 1845 außer Kurs gesetzt (siehe: La monnaie, le crédit et le change von Aug. Arnauné).

[2]) Französisches Goldgeld war demnach für Spanien bares, französisches Silbergeld notales Geld.

von der unübersehbaren Mannigfaltigkeit der Geldarten und der schwierigen Berechnung in Bruchteilen lud er sich die Kosten der Abnützung des Geldes auf und ging selbst des Schlagschatzes verlustig. Denn bei den ungünstigen Ankaufspreisen der spanischen Münzstätten für Silberbarren brachte man jetzt Silber zu den Münzstätten Frankreichs, um Napoleons zu importieren. Ebenso ergaben sich für die Metallhändler gewinnbringende Geschäfte durch Ausfuhr vollwertiger Pesos und Einfuhr unterwertiger französischer Silbermünzen.

Zunächst nahm der Staat französisches Silbergeld — denn dies allein kam nach Spanien — durchaus nach der tarifmäßig festgesetzten Proklamation an. Im Laufe der Zeit drangen jedoch immer mehr abgeschliffene Silberstücke des alten französischen Systems in Spanien ein. Infolgedessen entschied sich der spanische Staat dafür, diejenigen alten französischen Silbermünzen, welche das Gepräge durch natürliche Abnützung verloren hatten, nur zum Preise von 20 Realen vn pro Unze an seinen Kassen anzunehmen. Er behandelte diese Stücke als morphisch-pensatorische Zahlungsmittel und bezahlte sie höher als zum Barrenwert, denn in den Schaden zwischen dem proklamierten und dem angegebenen Metallwert von 20 Realen vn pro Unze teilten sich der Staat und der jeweilige Inhaber[1]). Die Vergütung an Privatleute fand in Staatsschuldtiteln statt.

Von dem großen Umfange, welchen die kleinen Silbermünzen Frankreichs in der Zirkulation Spaniens einnahmen, zeugt die Angabe Canga Argüelles, wonach der spanische Staat im Jahre 1820 allein in halben Louis (Stücke zu 3 Livres tournois) 60 Millionen Realen vn eingezogen hatte. Hierfür hatten die Münzen Privatleuten

53,28 Millionen Realen vn in Metallgeld
5,4 „ „ „ in Staatspapieren

vergütet.

---

[1]) Die Ausfuhr dieser nicht mehr proklamatorisch geltenden Münzen wurde nur von Bilbao und San Sebastian aus gestattet und nur dann, wenn sich die betreffenden Inhaber zur Einfuhr des Äquivalents an kurshabendem Gelde verpflichteten. Col. de decretos reales, Jahrgang 1819.

Im Jahre 1823 wurden die Silbermünzen des alten französischen Münzsystems in Spanien außer Kurs gesetzt, da der Staat wegen der gewaltigen Abnützung derselben großen Schaden erlitten hatte.

Wenn nun die spanische Regierung geglaubt hatte, durch hohe Tarifierungen Silbergeld an sich zu ziehen, so mußte sie bald die Entdeckung machen, daß sich die Metallzirkulation des Landes dadurch nicht vermehrte, da die eigenen baren Silbermünzen in erhöhtem Maße abströmten. Man versuchte infolgedessen durch Erleichterung der Einfuhr Edelmetalle herbeizuziehen und durch verschärfte Ausfuhrverbote Gold- und Silbergeld im Lande zu halten. Seit dem Jahre 1818 wurden deshalb auf die Einfuhr von Gold- und Silberbarren aus dem Auslande keine Abgaben mehr erhoben. Ferner wurde, da wenig Edelmetall zu den Münzstätten gebracht wurde, im Juni 1818 aufs neue verfügt, daß Edelmetallausfuhr aus Neu-Spanien, Peru und dem übrigen spanischen Amerika auf keinen Fall gestattet sein solle und daß man in Spanien selbst keine Passierscheine für den Transport von Barren Goldes oder Silbers nach den Grenzen des Landes erteile. Ja, es wurden sogar die alten Gesetze der Jahre 1778 und 1784 bis zum Jahre 1846 aufrechterhalten, welche anordneten, daß nur die Zirkulation von kleinem Kupfer- und Silbergeld vollkommen frei und sein Transport von Ort zu Ort ohne Passierschein erlaubt sei.

Für die Versendung der Pesos fuertes und des Goldgeldes nach andern Orten des Landes brauchte man staatliche Erlaubnis, da der Staat den Transport des Geldes nach Hafen- und Grenzstädten und seine etwaige Ausfuhr beaufsichtigen und regulieren wollte.

Die viel angefeindeten und verschrieenen Geldexportverbote waren wohl den merkantilistischen Ideen entsprossen, daß ein Land um so reicher sei, je mehr Zahlungsmittel an edlen Metallen es besitze. Jedoch kann man in ihnen, wie sie in Spanien gedacht waren, einen für damalige Zeit verständlichen, ersten rudimentären Versuch exodromischer Währungspolitik erblicken.

Diskontpolitik und Devisenpolitik, Mittel, durch welche man heute die Wechselkurse zu nivellieren und dadurch den Geldexport zu verhindern sucht, waren damals noch gänzlich unbekannt.

Bedenken wir, daß notale Zahlungsmittel allein frei im Lande zirkulieren durften, daß für die unvermeidlichen Zahlungen ans Ausland die Kaufleute sich bei der Nationalbank Devisen kauften und daß die Bank allein Geld dafür exportieren durfte, so zeigt sich darin ein gewisser Ansatz zu einer wohl unbewußt betriebenen, doch fast modern erscheinenden Währungspolitik.

Jedenfalls war eine bessere Regulierung der Wechselkurse durch die Bank gegeben als durch viele zerstreute Kapitalien. Allerdings fehlte die letzte wichtigste Bedingung; der Staat oder die Bank mußte den Auslandsschuldnern fremde Devisen zu annähernd festen Kursen zur Verfügung stellen, da man eine Zahlung durch Bargeld nach dem Auslande durch Exportverbote erschwerte.

Denn was nützte dem Spanier die Barverfassung seiner Valuta, wenn er gesetzlich nicht nach dem Auslande Geld exportieren durfte?

Der Fehler lag eben darin, daß bei ständigem Machtwechsel der politischen Parteien, bei häufiger Änderung der Ministerien eine rationelle Währungspolitik nicht durchführbar war.

Dasselbe zeigte sich darin, daß der spanische Staat das schon zu hoch bewertete französische Silbergeld noch höher tarifierte und dadurch im Geldwesen in vollständige Abhängigkeit von Frankreich gelangte.

Nach Angaben des Finanzministers vom Jahre 1834, des Conde de Toreño, soll die Militärverwaltung des französischen Heeres, welches zur Unterdrückung der im Februar 1822 ausgebrochenen Revolution in Spanien lag, die provisorische Regierung Spaniens zur höheren Bewertung französischen Silbergeldes gezwungen haben[1]).

Die französischen Truppen bekamen namentlich Silber-Napoleons angewiesen, und es machten sich häufig Differenzen

[1]) cf. Verhandlungen der Cortes über eine Münzreform. Verschiedene Nummern der Gazeta de Madrid, Jahrgang 1834.

beim Wechseln gegen spanisches Landesgeld bemerklich. Die Militärverwaltung Frankreichs verlangte nun, daß man französischem Silbergeld einen Wert, ausgedrückt in Werteinheiten spanischen valutarischen Goldgeldes, beilege, der regulär und proportional dem Marktpreis sei und der dem allgemein etablierten Niveau für Silber entspreche.

Die provisorische Regierung Spaniens, die Junta provisional de España y Indias in Tolosa de Guipuzcoa, publizierte darauf am 13. April 1823 einen neuen Tarif für französisches Geld und befahl, daß „für jetzt und bis man unter bessern Umständen etwas Anderes beschließe", der französische Silber-Napoleon 19 Realen gelten solle. Alle andern französischen Gold- und Silbermünzen wurden proportional höher respektive niedriger proklamiert nach folgendem Tarif: 20 Frs. = 76 Realen vn, 10 Frs. = 38 Realen vn, 5 Frs. = 19 Realen vn, 2 Frs. = 7 Realen vn 20 Maravedis, 1 Fr. = 3 Realen vn 27 Mrs., $^{1}/_{2}$ Fr. = 1 Real vn 30 Mrs., $^{1}/_{4}$ Fr. = 32 Mrs.

Wie im Tarife des Jahres 1813 war französisches Goldgeld wiederum zu niedrig bewertet, französisches Silbergeld aber bedeutend höher, als der hylischen Norm spanischen Silbergeldes entsprach. Der Silber-Napoleon hatte eine um 20 Maravedis oder um den hohen Satz von $3^{1}/_{4}$ % zu hohe Geltung erhalten.

Der Agiotage war durch diese fehlerhafte Bewertung französischen Silbergeldes Tor und Tür geöffnet. Die Silberduros mit höherem Gehalt wurden zu hohen Preisen aufgekauft und eingeschmolzen, und selbst das Einschmelzen stark abgenutzter Stücke fand statt.

Dechartalisiert zu den französischen Münzstätten gebracht, wanderten frühere Duros als Napoleons nach Spanien zurück. Für die Metallhändler ergab sich aus dieser Operation ein Gewinn von 3,147 %.

Die Agiotage und die von den Cortes in Frankreich aufgenommenen Anleihen, welche in den Jahren 1820—1823 758 Millionen Franken effektiv nach Spanien zogen, veranlaßten ein so starkes Eindringen von Silber-Napoleons nach Spanien, daß es schon 1823 der Nationalbank wie den staatlichen Kassen nicht anders möglich war, als in Napoleons zu zahlen.

Französisches Silbergeld kam damals durch Obstruktion in valutarische Stellung, während spanische Goldmünzen akzessorisches Geld wurden.

Wie sich das Finanzministerium später äußerte,[1]) zirkulierten seit 1823 in allen Provinzen an großem Gelde nur noch Napoleons, und alle Preise bezogen sich nicht mehr auf spanisches Gold- oder Silbergeld, sondern auf das angenommene französische Silbergeld, und Wechselschulden, Gehälter und Steuern wurden größtenteils in Napoleons bezahlt.

Die Tarifierung durch die provisorische Regierung, eine Maßregel, die man als transitorische und widerrufliche zunächst angesehen hatte, war so von den weitgehendsten Folgen für das spanische Geldwesen.

Warum änderte aber, als kein politischer Zwang zur höheren Bewertung französischen Silbergeldes mehr vorlag, die wiedereingesetzte Regierung Ferdinand VII. den fehlerhaften Tarif nicht ab? Aus folgendem Grunde:

Im Jahre 1824 war die letzte Widerstandskraft der Spanier in den Kolonien zusammengebrochen, und die Unabhängigkeit von Kolumbien, Buenos Aires, Mexiko und Peru zum 1. Januar 1825 zur definitiven Tatsache geworden. Die Einnahmen aus den überseeischen Besitzungen hörten für den spanischen Staat auf, die ökonomischen Grundlagen Spaniens waren zerstört, der Staat sah sich vor die absolute physische Notwendigkeit gestellt, seine Totalexistenz zu erneuern und sein Dasein in anderer Weise zu begründen.

Aber anstatt die reichen Kräfte des eigenen Landes zu entfalten, statt durchgreifende Steuerreformen vorzunehmen, nahm der spanische Staat nun gewaltige Anleihen bei Frankreich auf und gab sich damit vollständig in die Hände seines mächtigen Nachbars.

Die französichen Kreditgeber lieferten aber das in Frankreich

---

[1]) Gazeta de Madrid vom 29. 3. 1847 und 2. 6. 1847.

valutarische Silbergeld nur unter der Bedingung, daß man ihm in Spanien einen höhern Wert als dem niedrig bewerteten spanischen Silbergeld beilege und die einmal bestehende Tarifierung aufrecht erhalte, die dem Weltmarktpreise für Silber eher entspreche.

Die Holländer, welche 1776—1806, die Engländer, welche 1820—23 dem spanischen Staate gewaltige Anleihesummen bewilligt hatten, zogen sich nach dem Abfall der spanischen Kolonien aus den spanischen Anlagen zurück, und nur die französischen Bankiers, welche noch immer eine hohe Meinung von dem Wohlstande der spanischen Nation hatten, schossen dem spanischen Staate die großen Summen vor, die er zur Deckung der jährlichen Defizits seines Staatshaushaltes benötigte.

So wurden vom spanischen Staat in den Jahren 1826—1834 folgende Anleihen in Paris aufgenommen:

1826:	105	Millionen	Realen	vn
1827:	400	"	"	"
1830:	293	"	"	"
1831:	631	"	"	"
1834:	400	"	"	"

Für das Geldwesen Spaniens hatten sie die Folge, daß französisches Geld vollkommen den spanischen Markt beherrschte und daß trotz ungünstiger spanischer Handelsbilanz Frankreich gegenüber der spanisch-französische intervalutarische Kurs fast ständig für Spanien günstig war.

Zwar hatte der spanische Staat versucht, Privatleute zu bewegen, Geld spanischen Gepräges zu schaffen und im Jahre 1824 unter Herabsetzung des Schlagschatzes auf 2,25 % beim Golde und auf 4,02 % beim Silber den Ankauf der Mark feinen Goldes mit 3040 Realen vn, der Mark feinen Silbers mit 181 Realen vn angeordnet,[1]) aber dieser Tarif blieb unwirksam, da es für die Spanier vorteilhafter war, sich für ihr Gold und Silber französische Silber-Napoleons zu beschaffen.

In den Jahren 1824—1833 wurde die ganz geringfügige

[1]) Federico G. Patón, La fabricacion de las monedas, Madrid 1903, Münztabellen I und II.

Summe von ca. 80 Millionen Realen vn an spanischen Münzstätten geprägt. Davon waren

44 380 500 Realen vn Goldgeld
35 757 718 „ „ Silbergeld.

Wenn Privatleute bare Silberduros überhaupt herstellen ließen, so geschah es wohl nur, weil sie den hohen Kurs der spanischen Silbermünzen als Handelsmünzen im Orient gewinnen wollten. In Spanien selbst wurden Duros oder Pesos zirkulatorisch nicht verwendet.

Aber auch Goldgeld bekam, nachdem die Silbernapoleons valutarisch geworden waren, ein inneres Agio. In den Jahren 1824—1848 hatten die großen Goldstücke zu 320 und 160 Realen vn ein durchschnittliches positives Agio von 6,2 ‰ und die kleinen Goldstücke von 80,40 und 20 Realen vn von 4 ‰.

Selbst aber das notale Silbergeld schwand während der Zeit von 1825—1841 aus der Zirkulation Spaniens. Dies wurde wiederum durch die Agioteure veranlaßt.

Wie im Mutterlande so hatte sich auch in Cuba nach dem Abfall Mexikos von Spanien ein gewaltiger Silbermangel bemerkbar gemacht. Silbergeld erhielt dort gegenüber dem valutarischen Goldgelde im Jahre 1825 ein Agio bis $12^{1}/_{2}$ %.[1]) Die

[1]) In Cuba hatte sich in den ersten Jahren des 19. Jahrhunderts, als man bei den bestehenden Geldexportverboten namentlich Goldgeld wegen seines geringeren Volumens ins Ausland schmuggelte, ein Kurs von 17 Pesos (340 Realen vn) für die Goldonze gebildet anstatt 16 Pesos, worauf sie nach der Pragmatica von 1779 begültigt war. Dieser Zustand wurde von der Kolonialverwaltung toleriert und gewissermaßen sanktioniert, indem sie an Staatskassen Onzen zu dem Wert von 17 Pesos annahm und ausgab.

Als mit dem Abfall der spanischen Kolonien aber sich der ganze ausgedehnte amerikanische Kontinent den Ausländern für den Edelmetallbezug öffnete, für sie kein Zwang mehr vorlag, Goldgeldschmuggel über Habana, die Hauptstadt Cubas, zu unternehmen, fielen die Gründe für eine höhere Bewertung der Onze fort. Die Kolonialverwaltung gab und nahm aber trotzdem viele Jahrzehnte lang die Onze zum Werte von 17 Pesos, so daß Silbergeld als Ware ihr gegenüber eine Agio von ca. 12 bis $12^{1}/_{2}$ % erhielt. Hatte Silbergeld an Gold gemessen in Spanien schon $6^{1}/_{4}$ % höhere Geltung als in Cuba, so kam hinzu, daß in Frankreich

große Not an kleinem Silbergelde und die geringe Kenntnis, welche die Cubaner von dem spanischen provinziellen Silbergeld hatten, veranlaßten nun die Cubaner, die spanischen Pesetas Sevillanas oder provinciales, welche Spanier importierten, zum gleichen Kurse anzunehmen wie die nationalen Pesetas columnarias von höherem Gewicht und Feingehalt. Die Stücke, welche in Spanien 4 Realen vn galten, wurden in Cuba mit 5 Realen vn in Zahlung genommen.

Geradezu gefördert und legalisiert wurde dieser höhere Kurs durch das ungesetzmäßige Verhalten der cubanischen Verwaltungen und Einnehmerämter, welche bei epizentrischen Zahlungen Pesetas Sevillanas zum Werte von 5 Realen vn annahmen.

Die Geldspekulanten benutzten dies, um Pesetas Sevillanas in Spanien aufzukaufen, sodaß diese in der damaligen Zeit, wiewohl sie unterwertige, notale Münzen waren, in Spanien ein inneres Agio von 6% erhielten.

Ein Verbot der spanischen Regierung vom 10. Mai 1827, Pesetas Sevillanas in Cuba einzuführen, blieb unwirksam, solange die cubanischen Staatskassen diese Stücke zum höhern als zum proklamierten Werte akzeptierten.

Durch Verordnung vom 21. Februar 1840[1]) verbot man in Cuba die Annahme der Pesetas Isabelinas (seit Regierungsantritt Isabella II. im Jahre 1833 geprägt), aus deren Gepräge deutlich hervorging, daß sie dem Einfuhrverbot des Jahres 1827 zum Trotz importiert und nicht in gutem Glauben angenommen waren. Man rief sie ein, und die Staatskassen nahmen sie nur zu 4 Realen vn an. Die so eingezogene Summe betrug 8 Millionen Realen vn.

Als man im Oktober 1841 die älteren Provinzialpeseten in Cuba zum Umtausch einrief und die Inhaber solcher Stücke mit 5 Realen vn pro Stück voll entschädigte, stellte sich her-

---

Silbermetall mit $6^1/_3$% höher bezahlt wurde als in Spanien. Und nach Bordeaux und andern Häfen Frankreichs wurde namentlich von Cuba aus Silber exportiert. Queipo, Memoria sobre la reforma del sistema monetario de la isla de Cuba, Madrid 1844. S. 4—9.

[1]) Queipo, Memoria sobre la reforma etc. S. 10 u. 14.

aus, daß in den Jahren 1825—1841 100 Millionen Realen vn in Peseten von Spanien importiert waren.

Aus solchen kaum glaublichen Ereignissen zeigt sich uns, wie ohnmächtig der spanische Staat damals war, der nicht einmal an seinen eigenen Kolonialkassen Annahme des Geldes nach dem proklamierten Werte durchsetzte.

Während so die Münzen spanischen Gepräges außer Landes gingen, suchte der spanische Staat durch weit ausgedehnten einseitigen Synchartismus Münzen anderer Staaten herbeizuziehen oder im Lande festzuhalten.

Schon in den Jahren 1785 und 1802 hatte man mit Portugal Reziprozitätsverträge geschlossen, wonach Zölle auf Ein- und Ausfuhr portugiesischen resp. spanischen Geldes wegfallen sollten. Infolgedessen wurden gewohnheitsmäßig von Portugal und Spanien die Münzen des Nachbarstaates akzeptiert; jedoch waren die Münzen Portugals in Spanien nicht obligatorisch, ja, stark abgenutzte Münzen wie die portugiesischen Silber-Cruzados nahm der spanische Staat nur zum Barrenwert mit 19½ Realen vn pro Unze an.

Im Jahre 1835 wurden jedoch sämtliche portugiesische Münzen in Spanien für obligatorisch erklärt. Die Regierung befahl am 15. November 1835, portugiesisches Geld sollte bei Kauf, Tausch und Wechsel jeder Art im gesamten Zahlungsverkehr angenommen werden.[1])

Die großen portugiesischen Goldmünzen à 24000, 12800, 6400, 3200 Reïs wurden tarifmäßig den spanischen Goldmünzen entsprechend begültigt mit 640, 336, 168, 84 Realen vn. Die kleinen Goldstücke dagegen zu 1600, 1200, 800 Reïs, die nach dem Wortlaut des Tarifs abgenutzt waren und infolgedessen Gewichtsmangel zeigten, wurden nach dem durch Untersuchungen festgestellten durchschnittlichen Metallgehalt tarifiert mit 40, 30, 20 Realen vn, also nicht proportional den großen Goldmünzen.

Ebenso wurden sämtliche Silbermünzen wegen der durchschnittlichen Abnützung nicht nach dem Münzpari neuer Stücke, sondern tiefer proklamiert, und zwar

[1]) Coleccion de decretos reales de España, Jahrgang 1835.

der neue Cruzado	zu	480	Reïs	mit	10	Realen	vn	
„ 1/2	„	„ 240	„	„	5	„	„	
„ 1/4	„	„ 120	„	„	2	„	17	Mrs.
Das Stück	„	60	„	„	1	„	8	„
100 Reïs	oder	1	Toston	„	2	„	4	„
50 „	„	1/2	„	„	1	„	2	„

Der spanische Staat wollte also bereits bestehende Gewichtsverluste fremder Münzen nicht tragen und behandelte kleine portugiesische Goldmünzen wie Silbermünzen zur Zeit der Aufnahme in sein Münzsystem als morphisch-pensatorische Zahlungsmittel.

Auch die portugiesischen Kupfermünzen erhielten gesetzlichen Kurs in Spanien nach folgendem Satze: 2 Veintenes = 8 Cuartos, 10 Reïs = 2 Cuartos, 5 Reïs = 1 Cuarto. Über die kritische Höhe ihrer Annahme wurde gesetzlich nichts festgelegt; man behandelte sie bis zum Jahre 1852 wie die eigenen Kupfermünzen, indem man sie unter Nichtbeachtung des Gesetzes von 1772 an Staatskassen wie im Privatverkehr unbeschränkt annahm.

Die Aufnahme portugiesischer Münzen in das spanische Geldsystem wurde durch die enge politische Verbindung Spaniens und Portugals endgültig veranlaßt, denn die militärischen Machthaber des mit Spanien zum Kampf gegen den spanischen Kronprätendenten Don Carlos vereinigten Portugal hatten auf eine gesetzliche Annahme portugiesischen Geldes gedrungen, um den Truppen Portugals einen sichern Absatz des Geldes zu gewährleisten.

Aus dem gleichen Anlaß wurden in Spanien die Gold- und Silbermünzen Englands, welches durch Truppen Spanien im Kampfe gegen die Carlisten[1]) unterstützte, tarifiert und ihre

[1]) Am 29. 3. 1830 war in Spanien die herrschende Thronfolgeordnung, das durch Philipp V. im Jahre 1713 eingeführte salische Gesetz, welches das weibliche Geschlecht von der Erbfolge ausschloß, von Ferdinand VII. aufgehoben worden. Nach Ferdinands Tode im Jahre 1833 trat Maria Christina, Ferdinands Gemahlin, im Namen ihrer unmündigen Tochter Isabella die Regentschaft an. Gegen die Regierung erhob sich Ferdinands Bruder Don Carlos als Kronprätendent, was zum Bürgerkriege, dem ersten Carlistenkriege

obligatorische Annahme im gesamten Verkehr befohlen. Englisches Geld wurde folgendermaßen proklamiert.[1])

a) Goldgeld.

1 Sovereign	= 92	Realen	vn	12	Mrs.
1/2 „	= 46	„	„	6	„

b) Silbergeld.

1 Krone	= 22	Realen	vn		
1/2 „	= 11	„	„		
1 Schilling	= 4	„		14	Mrs.
1/2 „	= 2	„		7	„

Portugiesische wie englische Münzen waren in Spanien definitiv und Kurantgeld.

Anstatt aber, wenigstens nach Beendigung des Carlistenkrieges im Jahre 1839, eine strenge Zentralisierung des Münzsystems vorzunehmen und fremde Münzen umzuprägen, ließ der spanische Staat den einseitigen Synchartismus mit Frankreich, Portugal und England bestehen und hatte so einen fast unübersehbaren Münzwirrwarr.

Außer diesen vom Staate akzeptierten Zahlungsmitteln kursierten die Gold- und Silbermünzen der früheren spanischen Kolonien, namentlich die Mexikos, als Handelsmünzen. Ein Gesetz vom 11. Oktober 1837 hatte, um den Handel mit den ehemaligen Kolonien zu beleben, die freie Zirkulation ihrer Münzen in Spanien gestattet, doch sollten sie nur als Ware und zum abgemachten Preise zirkulieren. Den Staatskassen war jedoch verboten, sie zu akzeptieren.[2]) Damit aber das Publikum genaue Kenntnis über den Wert dieser Handelsmünzen hätte, veröffentlichte die spanische Regierung von Zeit zu Zeit die Preise dafür.

---

der Jahre 1833 bis 1839, führte. Um den Infanten Don Carlos aus Spanien, den Infanten Don Miguel aus Portugal zu vertreiben, schlossen am 22. 4. 1833 England, Frankreich, Spanien und Portugal eine Quadrupel-Allianz.

[1]) Englisches Geld wurde nach dem genauen Wert, der ihm in Realen vn entsprach, tarifiert. Decretos reales, Jahrg. 1835.

[2]) Massa y Sanguineti: Diccionario juridico (1858/64) Teil III, S. 770.

Den weitaus bedeutendsten Umfang nahmen von all den fremden Geldarten die französischen Silbermünzen ein, welche valutarisches Geld in Spanien waren. Der Zustrom französischen Geldes nach Spanien hörte auch in den 40er Jahren des 19. Jahrhunderts nicht auf, da Frankreich gewaltige Kapitalien in Spanien anlegte.

So ist wohl auch nur erklärlich, daß trotz ständigen größeren spanischen Warenimportes aus Frankreich der französisch-spanische intervalutarische Kurs meist für Frankreich ungünstig lag.

In Madrid wurden die Wechselkurse für Paris bis zum Jahre 1847 in variabeln Einheiten von Livres tournois und Sous notiert, während als feststehend die alte Wechsel-Pistole (Doblon de plata antigua) betrachtet wurde. Die Wechsel-Pistole oder der Wechsel-Doblon, eine nicht real dargestellte Rechnungsmünze Spaniens im Betrage von 60 Realen 8 Maravedis, hatte in Beziehung zum französischen Gelde die Parität: 1 Doblon = 16 Livres 3 Sous. Der Kurs auf Paris stand jedoch fast ständig höher, d. h. er war für Frankreich ungünstig.

Immerhin bestanden, da in Frankreich und Spanien das gleiche synchartale Geld valutarisch behandelt wurde, keine bedeutenden Abweichungen von der Münzparität. Konnte doch Frankreich die Wechselkurse durch Übersendung von Silber-Napoleons automatisch regulieren; dann waren auch die Kosten der Versendung durch den Fortfall des Schlagschatzes auf ein geringes Maß beschränkt.

Einige Kurse, die den offiziellen Angaben der Gazeta de Madrid entnommen sind, mögen die Wechselkurse Spaniens gegenüber Frankreich veranschaulichen.

Der Kurs für 90-Tage-Wechsel auf Paris stand in Madrid

am	1. 7. 1842	1	Doblon	= 16	Livres	6	Sous
	1. 1. 1843	1	„	= 16	„	5	„
	2. 7. 1843	1	„	= 16	„	7	„
	1. 7. 1844	1	„	= 16	„	8	„
	1. 7. 1845	1	„	= 16	„	11	„

Auf den günstigen Stand des spanisch-französischen Kurses

mag wohl auch die Differenz im Diskontsatz gewirkt haben; denn während die Bank von Frankreich von 1820—1852 (mit Ausnahme des Jahres 1847) einen ständigen Diskontsatz von 4 % hatte, war der Wechseldiskont der Nationalbank von Spanien von 1838—1857 6 %.

Im Gegensatz zu den Wechselkursen auf Frankreich standen die Kurse der spanischen Valuta England gegenüber stets unter dem erwählten Wechselpari. Als Wechselpari mit England betrachtete man, wiewohl ein Münzpari mit dem Goldwährungslande England nicht bestand, die Parität des spanischen Wechselpiasters (Peso de cambio) gegenüber dem englischen Silbergelde. Der Wechselpiaster, eine ideelle Rechnungsmünze gleich 15 Realen vn 2 Maravedis, war nach der damaligen Anschauung äquivalent 41,7 Pence. In der Zeit bis 1847 erreichte aber der Kurs des Wechsel-Piasters in Madrid fast niemals einen höhern Stand als $38^1/_2$ Pence, wobei die Notierung in variabeln Einheiten englischen Geldes stattfand.[1])

Eine automatische Wechselkursregulierung gegenüber England war in dieser Zeit nicht möglich, und infolge großer Verschuldung Spaniens an England wegen größeren Warenimports dorther stand der Pesokurs stets unter dem Paristande, da auch die Kapitalbilanz zwischen Spanien und England für Spanien ungünstig war.

Wie schon aus den Notierungen der intervalutarischen Kurse in Madrid ersichtlich ist, bestand bis zum Jahre 1847 eine Regellosigkeit darin, daß man die Kurse auf verschiedene Länder nicht in Werteinheiten, ja nicht einmal in einer Wechseleinheit normierte.

In gleicher Weise benutzten die andern Handelsplätze

---

[1]) Der Kurs für 90-Tage-Wechsel auf London war z. B. am

1. 7. 1842	1 Peso de cambio	= 38 Pence
1. 7. 1843	1 „ „ „	= $37^1/_2$ „
2. 7. 1843	1 „ „ „	= $37^7/_8$ „
1. 7. 1844	1 „ „ „	= $37^7/_8$ „
1. 7. 1845	1 „ „ „	= $38^1/_{16}$ „

(Gazeta de Madrid).

Spaniens ohne feste Norm ganz verschiedene Wechseleinheiten und bedienten sich häufig imaginären Geldes, das mehr in Harmonie mit ganz alten Lokalpraktiken stand als die zur Zeit geltenden Münzen; wurde doch selbst der seit dem 16. Jahrhundert nicht mehr geprägte Dukat als Wechseleinheit vielfach verwendet.[1])

Erst durch königliches Dekret vom 18. Februar 1847 wurde angeordnet, daß die Wechselkurse Spaniens mit dem Auslande lediglich in Pesos fuertes à 20 Realen vn für die variable Menge von Werteinheiten der mit Spanien „wechselnden" Staaten notiert werden sollten.[2])

Es wurde also wieder eine besondere, von der kleinen Werteinheit abweichende „Wechseleinheit" geschaffen. Auch wich die Notierung von der heute gebräuchlicheren Praxis, die Werteinheiten des eigenen Landes als variabel anzunehmen, ab. Solange Madrid eine „plaza cierta" war, bedeuteten daher hohe Wechselkursnotizen der ausländischen Plätze einen günstigen Stand des valutarischen Geldes Spaniens.

Die Festsetzung des Peso oder Duro als Wechseleinheit hat häufig zu Unklarheiten über das valutarische Geld Spaniens geführt. Man hat daraus ableiten wollen, daß der Silberpeso im Jahre 1847 und später in Spanien valutarisch gewesen sei. Wie aber die Werteinheit nicht das valutarische Geld eines Landes angibt, sondern umgekehrt das valutarische Geld die

---

[1]) Der Dukat, eine Rechnungsmünze gleich 375 Maravedis (11 Realen 1 Maravedi) wurde besonders im Devisenhandel mit Brabant, Amsterdam und Hamburg gebraucht. Die wichtigsten ideellen Münzen für den Auslandsverkehr waren:

Der Golddoblon	= 75 Realen	10 Mrs.
Der Silber- oder Wechseldoblon	= 60 „	8 „
Der Silber- oder Wechselpeso	= 15 „	2 „
Der Wechseldukat	= 11 „	1 Mr.
Der alte Silberreal	= 1 Real	30 Mrs.

[2]) Im Dekret sind als mit Spanien wechselnde Staaten Belgien, die päpstlichen Staaten, die sardinischen Staaten, Frankreich, Hamburg, Holland, Neapel, Portugal, Rußland und England angeführt. Tatsächlich wurden aber in Madrid nur die Wechselkurse auf London und Paris notiert.

Werteinheit, so wurde die Wechseleinheit, als bloßes Vielfaches der Werteinheit, durchaus durch das valutarische Geld bestimmt.

Man mußte damals den Peso erst in Beziehungen zum valutarischen Silber-Napoleon bringen, da es Silberpesos kaum im Lande gab.

Denn bei den damaligen Ankaufspreisen der spanischen Münzstätten von 181 Realen vn für die Mark feinen Silbers war es für die Metallhändler bedeutend vorteilhafter, auf dem Londoner Silbermarkte Silber zu verkaufen als an spanische Münzstätten. Wie die Münzbehörde Madrids im Jahre 1847 anerkannte, konnte sich nämlich der spanische Silberproduzent durch den Verkauf einer Mark feinen Silbers in London und durch Umsetzung des Erlöses in spanische Werteinheiten 192 Realen vn beschaffen. Infolgedessen war die Prägung von barem Silbergelde in den Jahren 1844—1848 (bis April) fast ganz eingestellt worden. Es wurden in diesen $4^{1}/_{4}$ Jahren nur 1844990 Realen vn in Pesos und $^{1}/_{2}$ Pesos (Escudos) geprägt.

Infolge des so viel besseren Bezuges französischer Münzen und des hohen spanischen Schlagschatzes waren überhaupt in der Zeit von 1824—1848 die spanischen Münzstätten in fast vollständige Untätigkeit für Prägungen baren Geldes versetzt.

Nach dem Bericht der Generaldirektion der Münzen von 1862 stellten sich die Prägungen in der Periode von 1824[1]) bis 1848 folgendermaßen:

Goldgeld	279675920	Realen	vn
bares Silbergeld (Pesos und Escudos)	22617680	"	"
notales Silbergeld (Pesetas, $^{1}/_{2}$-Pesetas, Realen vn)	83627043	"	"

Die Ausmünzungen der notalen Silbermünzen, welche nur vom Staate hergestellt wurden, waren fast viermal so groß als die der baren Silbermünzen.

[1]) Seit 1824 kamen für Spanien die Metallsendungen der Kolonien nicht mehr in Betracht, sondern nur die in der Halbinsel Spanien vollzogenen Prägungen.

Ebenso waren die Prägungen der Kupfermünzen sehr stark;[1]) seit dem Jahre 1772 hatte der Staat 131 Millionen Realen vn an Kupfergeld hergestellt. Vor Stauungen von Kupfermünzen in Staatskassen hatte sich der Staat bisher dadurch geschützt, daß er seit dem Jahre 1825 Ein- und Ausfuhrzölle nicht mehr in Kupfergeld, sondern nur noch in Gold- und Silbermünzen annahm. Andererseits wurden die Gehälter der Beamten zeitweise, namentlich seit dem Jahre 1838, vollständig in Kupfergeld gezahlt.

So vollzog sich der Inlandsverkehr, da nicht genügend vollwertiges Geld im Lande war, zum großen Teil in Kupfer- und in notalen Silbermünzen, nach dem Auslande wurden die Zahlungen in valutarischen Silber-Napoleons geleistet.

Die spanische Regierung hatte zwar schon lange Zeit den frommen Wunsch, ihren alten beliebten Silberpeso in valutarische Stellung zu bringen. Dazu war jedoch eine vollständige Reformierung des Münzsystems nötig, die erst im Jahre 1848 erfolgen sollte.

---

[1]) Quecipo schreibt über Kupfergeld vor dem Jahre 1848 in seinem Werke „La cuestion del oro" Madrid 1861, S. 95. „Wiewohl gesetzlich die Annahme von Kupfergeld auf 300 Realen vn beschränkt war, so machte die übermäßige Emission von Kupfergeld diese Maßnahme dergestalt illusorisch, daß Kupfergeld in vielen Provinzen das ausschließlich zirkulierende Geld damals war."

II. Kapitel.

DIE DURCH DEN ANSCHLUSS AN DIE VERHÄLTNISSE DES EDELMETALLMARKTES VERANLASSTEN MANNIGFACHEN WÄHRUNGSÄNDERUNGEN DER JAHRE 1848—1868.

§ 5.

DAS MÜNZGESETZ VOM 15. APRIL 1848.

Die großen Nachteile der spanischen Geldverfassung, die für Silber so ungünstige Festsetzung des Verhältnisses der Ausprägung von Gold- und Silbermünzen und die zu hohe Bewertung des französischen Silbergeldes, riefen erst die Aufmerksamkeit der spanischen Regierung hervor, als die baren vollwertigen Silberduros fast vollständig aus dem Lande verschwunden waren.

Erst im Jahre 1834 präsentierte die spanische Regierung den Cortes durch den Finanzminister Conde de Toreno ein Projekt, nach welchem die Zirkulation des französischen Gold- und Silbergeldes mit dem 1. Januar 1835 in Spanien aufhören und damit der schädliche einseitige Synchartismus mit Frankreich beseitigt werden sollte. Gleichzeitig wurde vorgeschlagen, Gold und Silber in Übereinstimmung mit dem Marktpreis im Verhältnis von 1:16 auszuprägen und die unterwertigen Silbermünzen abzuschaffen. Die Cortes nahmen jedoch die Regierungsvorschläge nicht an.

Die politischen Ereignisse, der Carlistenkrieg und die darauf folgenden Kämpfe der Moderados und der Progressisten, hinderten darauf den Staat, sich von Neuem mit Währungsfragen zu beschäftigen.

Eine 1842 eingesetzte Währungskommission wiederholte die Vorschläge der Regierung vom Jahre 1834, aber auch ihre

Entwürfe über ein neues Münzsystem wurden ebenso wie spätere, im Jahre 1846 und 1847 von den Finanzministern vorgelegte Projekte[1]) nicht einmal im Parlament diskutiert. Infolge des ständigen Wechsels der Ministerien — im Jahre 1847 wechselte das Ministerium nicht weniger als vier Mal — kam es bis zum Jahre 1848 zu keinem endgültigen Münzgesetze.

Die Anträge der Finanzminister liefen sämtlich darauf hinaus, einen Modus zu finden, der dem Silber den Weg zu den staatlichen Münzstätten erschließen sollte. Silbergeld sollte in valutarischer Stellung bleiben, da man den Währungsanschluß an Frankreich, den mächtigen Gläubiger Spaniens, nicht aufgeben wollte. Frankreich war für Spanien die Handelsvormacht, auf die es besonders angewiesen war.

Alle die Entwürfe und Vorschläge der 30er und 40er Jahre hatten aber nur die Verwirrung im Geldwesen eine Zeitlang vermehrt.

Endlich kam unter dem Finanzminister Bertram de Lis unter gehöriger Unterzeichnung der Königin Isabella II. am 15. April 1848 ein neues Münzgesetz hervor.

Im Vorwort zum Gesetze wurden wie in den früheren Projekten die Motive zur Währungsreform und die drei Kardinalfehler des bestehenden Münzsystems angegeben.[2])

Erstens, so hieß es, verschwänden die feinen vollwichtigen Münzen Spaniens, und dafür überschwemmten abgenutzte Stücke das Land.

Der Grund hierfür war, daß der spanische Staat niemals abgeschliffene Münzen eingezogen, sondern stets wieder ausgegeben hatte. So war es ganz natürlich, daß die neu emittierten

---

[1]) Am 31. Mai 1847 war ein Währungsprojekt vorgelegt worden, welches eine vollständige Kopie des französischen Münzsystems ins Auge faßte. Da aber dadurch eine allgemeine Herabsetzung der spanischen Münzen im Gehalt vorgesehen war, erhob sich eine heftige Opposition dagegen, so daß das Projekt im Parlament überhaupt nicht beraten wurde. cf. auch Joaquín María Sanromá, La cuestion monetaria en España, Madrid 1872, S. 43.

[2]) Münzgesetz vom 15. April 1848, siehe Gazeta de Madrid vom 16. April 1848.

Münzen wegen ihres höheren Gehaltes exportiert wurden und aus dem Verkehr schwanden. Hatte doch der spanische Staat seit dem Jahre 1792 auch keine allgemeine Umprägung mehr vorgenommen.

Namentlich die kleinen nationalen Silbermünzen, die Pesetas columnarias und deren Bruchteile, hatten einen gewaltigen Gewichtsverlust. Diese seit dem Abfall der Kolonien nicht mehr geprägten Stücke hatten, wie sich bei Untersuchungen durch die Münzbehörde herausstellte, den ganz fabelhaften Satz von 12 % durch Abnützung verloren.[1])

Für den Auslandsverkehr waren sie natürlich nicht mehr zu gebrauchen. Man wies sie daher im Privatverkehr zurück, wiewohl sie obligatorisch waren und die Regierung wiederholt gebot, es solle niemand dieses Geld, „das gesetzlichen Kurs" habe, ablehnen.

Als zweiten Fehler erkannte man die im Vergleich zu den Marktpreisen für Gold zu hohe Relation der gesetzlichen Ausmünzung für Gold- und Silbermünzen von 1 : 16½.[2]) „Dies habe nicht wenig dazu beigetragen," so motivierte man die Reform weiter, „das nationale Silbergeld aus dem Lande zu vertreiben. Infolgedessen sei man zu einer Tarifierung von französischem Silbergelde gekommen, die absurd sei. 20 Realen vn in Napoleons stellten 474²¹/₂₇ Granos fein Silber dar, während 20 Realen vn in spanischem baren Silbergelde 489⁷/₁₇ Granos fein Silber ausmachten. Daher habe sich wieder ein forcierter Export spanischen Silbergeldes ergeben; die entstandene Lücke

---

[1]) Die vollwichtigen Pesetas columnarias waren mit Gewinn nach Cuba exportiert worden.

[2]) Nach Soetbeer waren die durchschnittlichen zehnjährigen Relationen der Metalle Gold und Silber auf dem Edelmetallmarkt:

1801—1810	1 : 15,61
1811—1820	1 : 15,51
1821—1830	1 : 15,80
1831—1840	1 : 15,75
1841—1850	1 : 15,83.

In Spanien blieb das Ausmünzungsverhältnis der Gold- und Silbermünzen 1876—1884 1 : 16,508.

habe man notwendiger Weise mit fremden Silbermünzen füllen müssen."

„Man hänge im Geldwesen schändlicherweise vom Auslande ab, das Spanien mit seinen abgenutzten Münzen überschwemme. So zirkulierten Geldstücke mit Bildnissen und Namen vieler anderer Monarchen gegen die wörtliche Vorschrift des § 7 Art. 45 der Verfassung von 1845.[1]) Dieser besagte, daß es dem König zukomme, für die Herstellung von Geld zu sorgen, auf das er sein Brustbild und seinen Namen prägen lassen solle."

Wiewohl die Regierung den Einzug der unterwertigen Silber-Napoleons, die das Gros der ausländischen Münzen darstellten, sehr beklagte, so konnte sie sich nicht verhehlen, daß sie, nachdem einmal spanische vollwertige Silbermünzen aus der Zirkulation verschwunden waren, notwendig, ja vorteilhaft waren, um die Wechselkurse mit den Silberländern aufrecht zu erhalten. Infolgedessen wollte sie die unter ungeheuren Opfern herbeigezogenen französischen Silbermünzen entgegen den anfangs aufgetauchten Projekten der Jahre 1834 und 1842 auch nicht außer Kurs setzen.

Andererseits glaubte der spanische Staat, er könne, wenn er eine richtige Relation des Ankaufs und der Ausmünzung beider Metalle wähle, mit seinen eigenen Silbermünzen besser die Währung aufrechterhalten, ohne in der Geldbeschaffung von einem fremden Staate abhängig zu sein.

Das dritte Motiv zur Währungsänderung entsprach den damaligen metallistischen Anschauungen der spanischen Münzverwaltung vollkommen.

Im Exposé des Gesetzes hieß es wörtlich: „Der andere Fehler unseres gegenwärtigen Münzsystems ist der, daß der Gehalt der Münzen nicht proportional ist, so daß ihr Metallwert nicht mit dem Nominalwert übereinstimmt. Die Peseta ist nicht

[1]) Die erste spanische Verfassungsurkunde vom Jahre 1812 enthielt im Artikel 171 den Satz: „Der König soll für Herstellung von Münzen sorgen, die im Gepräge sein Brustbild und seinen Namen zeigen sollen.' Dieser Satz wurde in alle späteren Verfassungsgesetze Spaniens aufgenommen.

effektiv der fünfte Teil des Duro, die 1/2-Peseta nicht der zehnte, noch der Real der zwanzigste Teil."

Man beklagte, daß man keine durch den Metallgehalt festbestimmte Werteinheit habe. „Denn der Real de Vellon, die Einheit des gegenwärtigen Geldsystems," so hieß es, „habe verschiedenen Wert, je nachdem man ihn von der Provinzialpeseta, dem Napoleon, dem Peso fuerte oder der Goldonze ableite .... Es kursierten wie äquivalente Geldstücke Münzen verschiedenen Metallwertes, ohne daß ihre Annahme nach dem gesetzlichen Nominalwerte im Innern des Landes aufhöre.... Die Werteinheit variiere nicht nur, wenn man sie auf verschiedene Metalle beziehe, sondern sogar, wenn man in Geldstücken desselben Metalles zahle."

140 Jahre hatte man im Lande notales Silbergeld; jetzt hielt man es mit einmal nicht mehr für zweckmäßig und verlangte die gleiche reale Befriedigung bei Zahlungen mit den verschiedenen Münzen des Geldsystems.

Eine ungleiche reale Befriedigung war bisher freilich gegeben, je nachdem in notalem Silbergelde, wie in der Provinzialpeseta oder im Realen de Vellon, in baren Silberpesos oder in Goldonzen gezahlt wurde. Mußte aber nicht diesen metallistisch denkenden Gesetzgebern klar werden, daß selbst bei Barzahlungen in einem bimetallistischen Geldsystem durch Goldgeld stets dann eine andere reale Befriedigung gegeben ist als durch Silbergeld, wenn Marktpreis der Metalle und gesetzliches Ausmünzungsverhältnis nicht übereinstimmen?

Man verstand eben nicht mehr, daß zirkulatorische Verwendbarkeit von Münzen im Inlande vollkommen genüge, man sah ferner nicht die Werteinheit als das Originäre an, nach welcher der Staat kraft seiner Autorität morphische Zahlungsmittel begültigt, sondern bezog die Werteinheit auf die bar dargestellten Münzen und verlangte ihre Korrespondenz im Metallgehalt mit diesen.

Die Fassung des Münzgesetzes entsprach solchen Anschauungen.

Artikel 1 lautete: „In allen spanischen Besitzungen soll

Werteinheit sein der Real, ein effektives Silbergeld zum Münzfuß von 175 Realen auf die Mark à 4608 Granos“.[1])

Wiewohl in den früheren Projekten eine gleichzeitige Regulierung des Gewichts- und Münzsystems nach dem Dezimalsystem als unerläßlich gefordert war, behielt man das alte Gewichtssystem bei und ordnete vorläufig nur das Münzwesen nach dem Dezimalsystem. Auf Gramm bezogen, betrug das Bruttogewicht des Realen 1,301 g.

Artikel 2 setzte den Feingehalt aller Gold- und Silbermünzen auf $^{900}/_{1000}$ feinen Metalles und $^{100}/_{1000}$ Legierung fest. Die erlaubte Fehlergrenze an Mehr- oder Mindergehalt sollte beim Goldgelde $^{2}/_{1000}$, beim Silbergelde $^{3}/_{1000}$ sein.

Der bisher differierende Feingehalt für Gold- und Silbergeld wurde nach dem Muster des französischen Münzsystems gleichgesetzt; damit die Berechnungen im Barrenhandel erleichtert würden, brachte man ihn auf das einfache Verhältnis von $^{900}/_{1000}$.

Nach Artikel 3 sollten in Zukunft geprägt werden:

a. Goldgeld.

Der Doblon de Isabel oder Centen mit der Geltung von 100 Realen, mit dem Gewicht von 167 Granos (8,333 g), zum Münzfuß von $27^{6}/_{10}$ Stück auf die Mark.[2])

b. Silbergeld.

Der Duro	= 20 Realen.	Gewicht: $8^{3}/_{4}$ auf die Mark.
„ $^{1}/_{2}$ „ od. Escudo	= 10 „	„ $17^{1}/_{2}$ „ „ „
die Peseta	= 4 „	„ $43^{3}/_{4}$ „ „ „
„ $^{1}/_{2}$ „	= 2 „	„ $87^{1}/_{2}$ „ „ „
der Real		„ 175 „ „ „

Die erlaubte Abweichung im Gewichte der Münzen sollte sein (Art. 4):

Beim Goldgelde:

10 Granos (0,4992 g)

---

[1]) Gemeint ist die Mark legierten Silbers ($^{9}/_{10}$ fein), nicht feinen Silbers.

[2]) Auch hier ist die Mark legierten Metalles ($^{9}/_{10}$ fein) gemeint.

beim Silbergelde:

für Duros und Escudos . . .	13	Granos	(0,64896 g)
„ Pesetas und ½ Pesetas .	23	„	(1,14816 g)
„ Realen	46	„	(2,29632 g)

Für den Privatverkehr wurde folgendes Passiergewicht festgelegt:

beim Doblon	1	Grano	(0,05 g)
„ Duro und Escudo	2	Granos	(0,10 g)
bei der Peseta und ½ Peseta .	1½	„	(0,075 g)
beim Real	1	Grano	(0,0499 g)

Ein Passiergewicht für den epizentrischen Verkehr wurde also gesetzlich nicht bestimmt, so daß für die Staatskassen Annahme der Münzen nach der Proklamation aufrecht erhalten wurde.

Artikel 5 und 6 enthielten nur münztechnische Vorschriften über den Durchmesser der Münzen und ihr Gepräge.

Der einzige Abzug, den die königlichen Münzstätten beim Ankauf von Barren machen sollten, durfte nach Artikel 7 beim Goldgelde 1 %, beim Silbergelde 2 % sein, ein Satz, welchen die Regierung, falls sie es für zweckmäßig hielt, reduzieren, aber nicht ohne vorhergehendes Gesetz erhöhen konnte. (Die Tarife für Metallankauf sollten in der Gazeta de Madrid veröffentlicht und nicht ohne 6 Monate vorhergehende Ankündigung geändert werden.) Man glaubte, wie es das Gesetz aussprach, bei niedrigem Schlagschatz den spanischen Münzstätten übergenug Edelmetall-Barren sichern und bei günstigen Ankaufspreisen für Silber dem in Spanien gewonnenen Silber eine vorteilhafte Verwendung bieten zu können.

Die funktionelle Stellung des Kupfergeldes wollte der Staat erst in einem späteren Gesetze ordnen, da er zunächst möglichst schnell ein Münzgesetz für Gold- und Silbergeld schaffen wollte.

Über Herstellung und rekurrenten Anschluß des Kupfergeldes bestimmte das Gesetz in Artikel 8 und 12: „Das in Zukunft zu prägende Kupfergeld soll sein

$^1/_2$-Real [1]
$^1/_{10}$- „ (Decima des Real)
$^1/_5$- „ (Doppel-Decima des Real)
$^1/_{20}$- „ (halbe Decima des Real).

Die zur Zeit bestehenden Kupfermünzen sollen zu folgendem Satze genommen werden:

1 Real für $8^1/_2$ Cuartos oder 34 Maravedis
$^1/_2$ Peseta „ 17 „
1 „ „ 34 „
1 Escudo „ 85 „
1 Duro „ 170 „

Hiermit wurde zwar der rekurrente Anschluß an das neue Silbergeld gegeben, eine Übereinstimmung des alten Kupfergeldes, von dem 34 Mrs. auf den Real kamen, und des neuen dezimalen Kupfergeldes war aber nicht vorhanden. Erst durch Dekret vom 30. 12. 1855 wurde festgesetzt, daß 3 Centimos vom Real = 1 Maravedi, 50 Centimos = 17 Maravedis zu berechnen seien.

Durch die Einführung des Dezimalsystems suchte man die spanische Münzverfassung der französischen zu nähern wie Berechnungen bei Inlandszahlungen und bei Wechselkursen zu erleichtern. Spanien gehe, so äußerte sich die Regierung, damit einen Schritt weiter zur erwünschten Einheit des Gewichtes, der Maße und des Geldes unter allen zivilisierten Völkern der Welt. Schon damals tauchte in Spanien der Gedanke an Einheitsmünzen der Staaten auf, da man sich unter Geld nur Gewichtsmengen Metalles vorstellte.

Artikel 9 des Gesetzes gab für die Berechnung der Staatskassen und für die öffentlichen Dokumente folgendes Schema als obligatorisch an.

Doblon de Isabel	Escudos	Realen	Decimas
1 gilt	10	100	1000
	1 gilt	10	100
		1 gilt	10

[1]) Durch Dekret vom 19. August 1853 wurden die Prägungen der Stücke à $^1/_2$-Real und $^1/_5$-Real (Doppel-Decima) sistiert; dafür wurden Stücke à $^1/_4$-Real (Cuartillo) eingeführt.

Die Duros, Pesetas und 1/2-Pesetas, die 1/2-Realen, Doppel-Dezimen und 1/2-Dezimen sollten „Hülfsgeld“ sein.

Man wollte also das Dezimalsystem streng durchbilden und durch Aufstellung aller staatlichen Rechnungen in durch zehn teilbaren Einheiten das Publikum an das neue System gewöhnen. Im Privatverkehr bürgerte sich jedoch, wie berichtet wird, das Dezimalsystem im Zahlungswesen nur sehr langsam ein, zumal man für Längen- und Gewichtsmaße das metrische System erst vom 1. Januar 1859 an anordnete und erst in den 60er Jahren wirklich durchführte. Noch lange Zeit wirtschaftete man mit den alten Rechnungseinheiten, im Kleinverkehr namentlich mit den Cuartos und Maravedis, fort.

Hatte der Artikel 1 des Gesetzes in seiner metallistischen Fassung nur die münztechnische Definition der Werteinheit gegeben, so finden wir die einzig mögliche historische Definition in Artikel 10 des Gesetzes, der folgendermaßen lautete:

„Das zur Zeit bestehende Gold- und Silbergeld, inklusive das zu 19 Realen, soll weiter gesetzlichen Kurs nach seinem bisherigen Nominalwert haben.“ Dadurch war der rekurrente Anschluß der neuen Werteinheit, des Realen (ohne Zusatz) an den alten Realen de Vellon festgestellt; sie verhielten sich wie 1 : 1, wiewohl sie stofflich durchaus verschieden waren.

Gleichzeitig zeigt uns Artikel 10, daß man den einseitigen Synchartismus in Bezug auf französische, englische und portugiesische[1]) Münzen nach den in früheren Tarifen angegebenen Sätzen vollständig aufrecht erhielt. War der französische Silber-Napoleon à 19 Realen ausdrücklich hervorgehoben, so lag der Grund darin, daß er das bei weitem verbreitetste fremde Geldstück in Spanien bildete.

---

[1]) Da spanische Silbermünzen, wie später dargelegt wird, jetzt im Gehalt herabgesetzt wurden, die Tarife für portugiesische und englische Silbermünzen aber bestehen blieben, waren portugiesische und englische Silbermünzen viel zu niedrig bewertet und dürften in der Folgezeit sehr schnell das Land verlassen haben. Sie wurden daher auch in späteren spanischen Münzgesetzen nie mehr erwähnt. Ganz anders lag die Sache bei französischen Silbermünzen, die bisher zu hoch tarifiert waren und in viel stärkerem Maße in Spanien zirkulierten.

An den Orten, welche die Regierung für geeignet halte, sollten nach Artikel 11 des Gesetzes Münzstätten, mit allen für die Prägung nötigen Mitteln versehen, errichtet werden. Neue Münzstätten wurden tatsächlich aber nicht gegründet; man prägte seit 1848 Münzen in Madrid, Sevilla und Barcelona. Die Münze zu Barcelona wurde später durch ein Dekret vom 28. November 1853 autorisiert, ausschließlich für Rechnung des Staates Silber- und Kupfergeld zu prägen.

Auch jetzt wurde, wie bisher stets, die freie Ausprägbarkeit von Gold und Silber beibehalten. Das Gesetz selbst enthielt darüber zwar nichts. Doch in den Münzverordnungen, welche an die Münzstätten ergingen, war unbeschränkte Annahme aller angebotenen Gold- und Silberbarren verfügt worden. Gold und Silber waren hylische Metalle und in definitive Geldarten verwandelbar.

Aus einer Mark feinen Silbers wurden 194,44 Realen, aus einer Mark feinen Goldes 3066,66 Realen hergestellt, woraus das gesetzliche Ausmünzungsverhältnis beider Metalle von 15,771 : 1 folgte.

Die Münzstätten erhoben für die Verwandlung von Gewichtseinheiten edler Metalle in die entsprechende Anzahl von Werteinheiten, innerhalb der gesetzlich bestimmten Grenzen sich haltend, einen Schlagschatz von 2,444 Realen pro Mark feinen Silbers, von 26,66 Realen pro Mark feinen Goldes und kauften demnach

1 Mark Feinsilber mit 192 Realen
1 „ Feingold „ 3040 „ an.

Für die Metalllieferanten ergab sich daraus ein Wertverhältnis des Ankaufs von Gold zum Silber 15,83 : 1.

Bei der Wahl der Relation für den Metallankauf schloß man sich genau den damals bestehenden Weltmarktpreisen für Gold und Silber an; auch das Ausmünzungsverhältnis wich kaum davon ab. Die Regierung pries es als großen Vorteil, wenn die Geldstücke einen „innern" Wert hätten, der zum Nominalwert im richtigen Verhältnis stehe. Sie meinte, Gründe zum Verschwinden von Silbergeld bestünden damit nicht mehr.

Doch diese Relation, im Augenblick exakt, mußte aufhören es zu sein, wenn der Marktpreis sich änderte. Stieg der Londoner Silberpreis, so entzog man natürlich Silbermünzen der Zirkulation, dechartalisierte sie und exportierte Barrensilber. Bei einem Sinken der Silberpreise bezog man Barrensilber aus London, um es bei den Münzstätten zu festen Preisen abzusetzen, und verschaffte sich Silbermünzen. Eine der beiden Geldarten mußte bei freier Ausprägbarkeit beider Metalle stets überwiegen, und das platisch (als Ware) schlechter verwendbare Geld sich infolgedessen im Lande halten. Daß die Barverfassung sowohl von Gold- wie von Silbergeld alle guten Vorsätze des Staates, Silbergeld valutarisch zu behandeln, zunichte machen und das Münzsystem ins Wanken bringen könne, sah man damals nicht ein.

Der Münzfuß des Real wurde im Anschluß an das bisherige valutarische Geld, an den Silber-Napoleon, gewählt.

Es sei eine ausgemachte Tatsache, sagte das Gesetzesexposé, daß 450 Granos fein Silber, die der Napoleon enthalte, 19 Realen in Spanien wert seien. Folglich müsse man dem Real $^{450}/_{19} = 23\ ^{13}/_{19}$ Granos Feinsilber geben.

Eine Veranlassung, die Werteinheit nach der hylischen Norm für Silbergeld herzustellen und zum baren Gelde zu erheben, lag nun zwar nicht vor, es entsprach jedoch den metallistischen Anschauungen der damaligen Zeit.

Verständlich war, daß man jetzt endlich die Norm für spanisches Silbergeld mit der des französischen Geldes in Übereinstimmung brachte und daß der tarifmäßig aufgestellte Kurs des Silber-Napoleon, 5 Frcs. = 19 Realen, maßgebend für den spezifischen Plattenwert des spanischen Silbergeldes wurde. Denn in der bisherigen Geldverfassung seit dem Jahre 1823 war der valutarische Silber-Napoleon der feste Punkt, nach dem alle Werte gemessen wurden. Man vermied bei einem Übergang zum Duro als valutarischem Gelde einen Ruck im Wechselkurse zwischen Frankreich und Spanien und ging schwebend von der bisherigen Währung zur neuen über.

Die in diesem Gesetze zum ersten Male in Spanien sich

zeigende metallistische Definition der Werteinheit, 1 Real = $^1/_{175}$ Mark Silbers, hat in spanischen Schriften wiederholt den Irrtum hervorgerufen, daß hiermit gesetzlich (legalmente) Silberwährung eingeführt sei.

Der stoffliche, durch Gesetz festgelegte, Gehalt der Werteinheit sagt aber nichts, auch gar nichts, über das Währungsgeld aus. Wir können heute in den meisten Staaten beobachten, daß die Werteinheit nicht in Währungsgeld ausgeprägt ist.

Tatsächlich lagen die Verhältnisse wie in Frankreich; es bestand solange Silberwährung in Spanien, als der Staat seine Zahlungen in Silbergeld leistete, andererseits hatte man noch bei Bestand dieses Währungsgesetzes in spätern Jahren Goldwährung, weil die Staatskassen in Goldgeld zahlten.

Die Absicht des Gesetzgebers war allerdings damals, Silbergeld valutarisch zu behandeln. Ob es dem Staat jedoch gelingen konnte, bei gleichzeitiger Barverfassung von Gold- und Silbergeld die einmal erwählte Währung durchzusetzen, war eine andere Frage.

Eine Scheidung zwischen nationalen und provinziellen Münzen gab es im neuen Gesetze nicht mehr; sämtliche spanischen Münzen des neuen Systems hatten nunmehr in den seit 1825 sehr zusammengeschrumpften überseeischen Besitzungen Geltung.

Die bisher bestehenden Goldstücke à 320, 160, 80, 40 und 20 Realen wurden durch das einzige Goldstück à 100 Realen ersetzt. Hierin zeigte sich wohl bereits die Absicht des Gesetzgebers, Goldgeld im Zahlungsverkehr zurücktreten zu lassen und als metallische Basis für das Geldsystem Silber zu erwählen. Waren doch die großen Goldstücke im kleinen und mittleren Verkehr schlecht verwendbar.

Die neuen Goldstücke wurden im spezifischen Gehalt etwas erhöht, so daß die alten Onzen und deren Teilstücke, die auch durch Abnützung beträchtlich im Gewicht verloren hatten, aufhörten, bares Geld zu sein. Das neue Goldgeld war bar, da es grundsätzlich unbeschränkt aus Goldmetall herstellbar war und sein Gehalt der hylischen Norm entsprach; ferner blieb Goldgeld obligatorisch.

Von den bisherigen nationalen Silbermünzen, welche bares Geld waren, wurden nur die Pesos und $^1/_2$-Pesos oder Escudos beibehalten; sie wurden aber im Gehalte um $3^1/_4$ % herabgesetzt, während ihre Geltung 20 Realen resp. 10 Realen blieb.

Die früheren notalen kleinen Silbermünzen zu 4, 2 und 1 Realen (bisher provinzielles Geld) wurden jetzt in der Geltung proportional den großen Silbermünzen ausgebracht, wurden ferner frei ausprägbar, so daß auch alle neuen Silberstücke nunmehr Bargeld waren.

Alle Silbermünzen mußten ebenso wie Goldstücke in unbeschränkter Höhe in Zahlung genommen werden, waren schlechthin obligatorisch, so daß Gold- und Silbergeld die Eigenschaft von Kurantgeld hatte.

Im Gegensatz zu allen andern Münzen stellten die Kupferstücke das einzige notale Geld dar. Der Staat allein stellte sie gesetzmäßig her, kaufte das erforderliche Metall nach dem Marktpreise und prägte nach seinem Belieben, — ohne daß eine Kontingentierung oder Sperrung festgelegt wurde —, diese Geldstücke. De jure bestand zwar seit 1772 die kritische Höhe für ihre Annahme von 300 Realen, de facto kehrten sich aber weder die Staatskassen noch Privatleute an die alten gesetzlichen Bestimmungen.

Alle Gold-, Silber- und Kupfermünzen waren definitives Geld; eine Einlösung einer Geldart in eine andere fand nicht statt; dem Empfänger von Metallgeld stand dem staatlichen Emittenten gegenüber kein weiteres Forderungsrecht zu.

Angaben über Einrufung oder Verrufung des alten Geldes enthielt das Gesetz nicht. Im Artikel 11 hieß es nur höchst unbestimmt, man solle an die Umschmelzung des alten Geldes gehen, wofern die mittleren Kosten 10 % nicht überstiegen. Wie sich aber später ergab, zahlte der spanische Staat stets auch mit den Münzen der alten Systeme und behandelte nicht nur neues Geld valutarisch.

So erging im April 1849 eine königliche Verfügung folgenden Inhalts: „Ungeachtet der Verordnungen, daß den Individuen, welche Noten der Bank gegen Metall wechseln, der

Betrag in Silbergeld ausgehändigt werde ohne Rücksicht auf die Arten des Silbergeldes und ohne daß man einen Vorzug irgend einer Art Silbergeld gewähre, hätten sich einige Militär- und Staatsbeamte geweigert, Säulengeld von gesetzlichem Kurse anzunehmen, weil das Gepräge nicht intakt wäre. Deshalb sollten die verschiedenen Ministerien zu geeigneten Maßregeln schreiten, daß in Zukunft weder Militär- noch Staatskassen noch auch Beamte den geringsten Widerstand der Bank gegen kurshabendes Geld leisteten".[1]) Bis zum Jahre 1881 zahlten die spanischen Staatskassen in dieser Weise. Abgenützte Münzen der alten Münzsysteme wurden nicht eingezogen und stets wieder ausgegeben, so daß wohl der hyloleptische Zweig des Geldwesens ausgebildet war, Hylophantismus aber nicht bestand. Verrufungen der alten Münzen fanden erst in neuester Zeit statt, doch kommen wir darauf bei der Schilderung der Währungsverhältnisse nach dem Jahre 1868 zurück.

Die ganze Münzgesetzgebung war durchaus durch die französischen Münzgesetze der Jahre 1795 und 1803 beeinflußt worden. Frankreich hatte als erster Staat im Jahre 1795 seine Werteinheit gesetzlich als Menge Metalles definiert, hatte sämtliche Gold- und Silbermünzen bar dargestellt und zuerst das Dezimalsystem im Münzwesen eingeführt. Die Annäherung an das französische Münzwesen sah man im metallistischen Geiste der damaligen Zeit als Kulturfortschritt von großer Bedeutung an.

Im Anschluß an Frankreichs Währung wollte denn auch Spanien Silbergeld als Währungsgeld beibehalten. Der Nationalstolz der Spanier bäumte sich aber gegen eine ausschließliche Benutzung der französischen Silberplatten auf, durch deren Gebrauch dem spanischen Staate große Verluste entstanden waren. Denn einmal war das Silber der spanischen Minen wegen des bisherigen höheren Silberpreises in Frankreich in die französischen Münzstätten gewandert, der Schlagschatz war dem französischen Staate zugute gekommen, und zweitens hatte der spanische Staat die Abnützungskosten des französischen

[1]) Coleccion legislativa de España, Jahrgang 1849.

Silbergeldes zu tragen gehabt. Deshalb sollte nach den Absichten der spanischen Regierung in Zukunft das Silbergeld spanischen Gepräges valutarisch werden, den Silber-Napoleon wollte sie gleichzeitig als valutarisches Geld solange neben dem Duro beibehalten, bis genügend eigenes Silbergeld den spanischen Staatskassen zur Verfügung stünde.

Um die Silberwährung durchführen zu können, hatte sich der spanische Staat entschlossen, auf Staatskosten Silber ausprägen zu lassen. Die Nationalbank war kurz vor Erlaß des Münzgesetzes durch königliche Verfügung ermächtigt worden, alles Silber der Minen Spaniens für Rechnung des Staates aufzukaufen.[1])

Da auch Privatleute bei den jetzigen höheren Ankaufspreisen der Münzstätten für Silbermetall Silberbarren zu den Münzen brachten, überstiegen im Jahre 1848 zum ersten Male seit Jahrzehnten die Silberprägungen diejenigen des Goldes.

Die Durchführung einer Währung ist jedoch eine Frage der Macht und nicht des guten Willens.

Gerade aber im Jahre 1848 befand sich der spanische Staat in der ärgsten finanziellen Not, Anleihen glückten ihm weder im Inlande noch im Auslande, so daß er sich genötigt sah, die Nationalbank in so hohem Maße in Anspruch zu nehmen und ihr die Barbestände zu entziehen, daß Metallzahlungen der Bank nicht mehr möglich waren. Die Metallvaluta mußte auf kurze Zeit durch den Notenzwangskurs unterbrochen werden.

Wir wenden uns damit der Banknote als staatlichem Zahlungsmittel in Spanien zu.

---

[1]) Königl. Verfügung vom 12. 4. 1848, Col. legislat. Jahrgang 1848.

§ 6.

DIE VORÜBERGEHENDE VALUTARISCHE HERRSCHAFT DER BANKNOTE.

Die alte im Jahre 1782 gegründete Nationalbank war stets in engster Verbindung mit dem Staate geblieben. Diese innige Verkettung der Bank mit dem Staate und die starken staatlichen Anforderungen an die Bank machten im Jahre 1829 eine Liquidation der Bank notwendig. Sie mußte sich mit einem Einschuß des Staates von 40 Millionen Realen als Äquivalent für 309 Millionen Realen, welche ihr der Staat schuldete, abfinden lassen.[1])

Nach den am 9. Juli 1829 aufgestellten Statuten wurde sie als Aktien-Gesellschaft mit einem Kapital von 60 Millionen Realen unter dem Namen Banco Español de San Fernando neu organisiert und erhielt das alleinige Recht, bei Sicht einlösbare Banknoten auszugeben.

Die Regierung ließ es zunächst im Belieben der unter die Aufsicht eines königlichen Kommissars gestellten Bank, die Totalemission der Banknoten zu bestimmen; auch wurde die Bank auf eine gesetzlich festgelegte Deckung der Banknoten nicht verpflichtet.[2]) Dagegen wurde sie an bestimmte, genau vorgezeichnete Geschäfte gebunden. Ihr Geschäftskreis wurde statutenmäßig begrenzt auf den Diskont von Handelswechseln

---

[1]) Decretos reales, Jahrg. 1829; ferner Eusebio María del Valle, Curso de economia politica, Madrid 1842, S. 277.

[2]) Über Notendeckung wie über die Totalemission habe ich in den umfangreichen Bankstatuten des Jahres 1829 keine Angaben finden können. Daß dieses die Regierung im Belieben der Bankverwaltung ließ, berichtet Santiago Franco Alonso in seiner Reseña historica sobre la hacienda publica de España con un apendice sobre el Banco de España, Madrid 1865.

mit höchstens 100 Tagen Laufzeit, auf sechsmonatliche Lombardvorschüsse auf Gold und Silber zum gewöhnlichen Diskontsatz, auf Depositen- und Kontokorrentverkehr und auf Abschlüsse mit der Regierung.

Zu staatlichen Zahlungsmitteln wurden die Noten der Bank gleich bei ihrer Schöpfung erhoben, da der Staat als größter Kontrahent mit der Bank in ihren Kundenkreis eintrat.

Jedoch waren die Banknoten lokal beschränkte Zahlungsmittel, da ihre Emission und Zirkulation ausschließlich auf Madrid beschränkt blieb. Gesetzlichen Kassenkurs hatten die Noten, welche in Stücken à 500, 1000, 2000 und 4000 Realen zirkulierten,[1]) auch nicht, doch wurden sie an allen öffentlichen Kassen Madrids in Zahlung genommen.

Zunächst wurden 14 Millionen Realen an Banknoten ausgegeben; während des Carlistenkrieges wurde der Betrag, da die Bank die Regierung stark mit Mitteln unterstützte, bis auf 24 Millionen gesteigert.

Seit 1844 wurde die Ferdinandsbank vom finanziell stark geschwächten Staate, der wegen der Zinsensuspendierung seit dem Jahre 1836 im Auslande keine Anleihen mehr machen konnte, in erhöhtem Maße in Anspruch genommen. Der Finanzminister Mons schloß mit ihr Verträge, kraft deren sie dem Staate monatlich 50—60 Millionen Realen gegen 6 % Zinsen vorschoß, wogegen ihr alle freien Staatseinkünfte verpfändet wurden. Der Bank wurde dagegen eine Ausgabe von kleinen Banknoten zu 200 Realen zugestanden. Gleichzeitig wurde eine Maximalgrenze der Notenemission auf 60 Millionen festgelegt, die aber schon 1846 auf 80 Millionen, 1847 auf 100 Millionen gesteigert wurde.

Von dem Jahre 1844 an sind die Banknoten in Spanien Sperrgeld geblieben; ohne Gesetz kann ihre Zirkulation über eine vom Staate festgesetzte Grenze nicht ausgedehnt werden.

Die Erhöhungen der Notengrenze seit 1844 waren notwendig geworden, da der Staat weitere Vorschüsse von der

---

[1]) Das Bankgesetz vom 9. Juli 1829 bestimmte, daß nicht größere Stücke als 4000 Realen und nicht kleinere als 500 Realen zirkulieren sollten.

Bank gegen Hinterlegung von Schatzanweisungen forderte; ja, seit dem Jahre 1846 eröffnete die Bank dem Staate Kredite bis zur Totalsumme der vorangeschlagenen Staatseinkünfte, wogegen sämtliche Einnahmen des Staates bei der Bank deponiert wurden. Die Bank wurde gleichzeitig mit der Verwaltung des Schatzamtes betraut und zur Besorgung aller vom Staate zu leistenden Zahlungen verpflichtet. Die Geschäfte mit der Regierung bildeten in dieser Zeit die Haupttätigkeit der Bank, Geschäfte mit Privaten traten ganz dahinter zurück. Namentlich das Wechseldiskontgeschäft war sehr gering, da für Wechsel die Unterschriften von drei Personen gefordert wurden, von denen eine mindestens in Madrid wohnen mußte.

Bis zum Jahre 1844 waren ausschließlich Banknoten der Ferdinandsbank in Umlauf. Dann wurde durch königliches Dekret vom 25. Januar 1844 in der Bank Isabella II. eine Diskont-, Leih-, Giro- und Depositenbank mit einem Kapital von 100 Millionen Realen gegründet, der gesetzlich eine Notenemission von 100 Millionen Realen zugestanden wurde. Ihre Noten wurden gleichfalls vom Staate, jedoch nur in Madrid, wie Metallgeld akzeptiert.

Die Isabellabank sollte namentlich Handel und Industrie stützen, möglichst billigen Diskont gewähren und für einen bessern Stand der Wechselkurse innerhalb des Reiches sorgen. Sie verschmolz jedoch schon am 25. Februar 1847 mit der Ferdinandsbank, welche jetzt den Namen Banco Español de San Fernando weiterführte und zur Notenausgabe gleich dem Betrage des Aktienkapitals von 200 Millionen Realen berechtigt wurde. Rechtlich blieben die Banknoten der Ferdinandsbank wieder auf den Verkehr in Madrid beschränkt.[1])

Neben ihr waren durch Privileg vom 1. 5. 1844 die Bank von Barcelona zur Notenemission von 40 Millionen Realen, die Bank von Cadiz durch Privileg vom 4. 7. 1847 zur Ausgabe von 100 Millionen Realen Banknoten autorisiert worden. Diese Banken standen gleichfalls unter der Aufsicht königlicher

[1]) Die Gründung von Filialen, bei denen Noten auch einlösbar sein sollten, war zwar im Bankgesetz vom 25. 2. 1847 Artikel 5 vorgesehen, wurde aber nicht ausgeführt.

Kommissare, ihr Geschäftskreis war ebenso begrenzt wie derjenige der Ferdinandsbank, ihr Diskontsatz war andererseits auf das Maximum von 6 % beschränkt.

Der Umlauf der Noten dieser beiden Lokalbanken war gesetzlich gleichfalls nur an den Orten ihrer Niederlassung gestattet. Ihre Noten wurden auch gewohnheitsmäßig von den betreffenden Lokalkassen des Staates akzeptiert, ohne daß jedoch eine rechtliche Verpflichtung zur Annahme durch Staatskassen vorlag.

Es bestanden also in den drei Notenbanken drei getrennte Zahlgemeinschaften, in deren jede der Staat, welcher mit allen drei Banken Geschäfte betrieb, eingetreten war. Ihre Noten waren lokal beschränkte staatliche Geldzeichen, die rein fakultative, provisorische, notale Zahlungsmittel darstellten. Zur gegenseitigen Annahme ihrer Banknoten hatten sich die drei Emissionsinstitute nicht verpflichtet.

Alle Banknoten traten als Zahlungsversprechen der ausgebenden Notenbanken, lautend auf Realen, auf.

Eine überragende Stellung nahm als eigentlicher Regierungsbanquier unter den Notenbanken die spanische Ferdinandsbank ein, deren Noten in der Regierungshauptstadt Madrid die weiteste Verbreitung hatten. Wurden doch auch die Gehälter und Bezüge von Staats- und Militärbeamten in Banknoten gezahlt und die Noten jeder Zeit von der Bank in Metallgeld eingelöst.

Im Frühjahr des Jahres 1848 trat jedoch betreffs der Einlösung ein Umschwung ein. Die Anforderungen des Staates an die Ferdinandsbank hatten sich dermaßen gesteigert, daß die Bankschulden des Staates die gesamte Notenemission überstiegen. Die Bank, der vom Staate der Barschatz entzogen war, sah sich dadurch in die Zwangslage versetzt, die Einlösung der Noten verweigern zu müssen.

Da die Zirkulation der Noten gesetzlich auf Madrid beschränkt war, wurden sie zunächst nur in Madrid obligatorisch und valutarisch.

Zwar wurde der Zwangskurs nicht offen deklariert, jedoch

drängte der Staat bei seinen Zahlungen nur Banknoten auf, und die Bank wurde von der Einlösung entbunden. Im Privatverkehr wurden natürlich die Noten dadurch auch obligatorisch, da der Staat zur Annahme keiner andern Zahlungsmittel zwingen konnte, als mit denen er selbst seine Zahlungen endgültig leistete.

Es trat nun infolge der gesetzlichen Beschränkungen der Noten auf Madrid der wohl erklärliche Fall ein, daß in Madrid die Wechselkurse auf die Provinzplätze Spaniens ganz ungeheuer emporschnellten. Wichen die Wechselkurse des Inlandes[1]) gewöhnlich nur um den Betrag der Geldtransportkosten vom Paristande ab (um etwa $^1/_2$—2 %), so stiegen sie Anfang Mai des Jahres 1848 in Madrid auf durchschnittlich 5 % über Pari und erreichten am 21. Juni 1848 folgenden höchsten Stand:[2])

Wechsel	auf	Alicante	10 %	Agio.
„	„	Barcelona	13 %	„
„	„	Bilbao	10 %	„
„	„	Cadiz	12 %	„
„	„	Coruña	10 %	„
„	„	Granada	8 %	„
„	„	Malaga	12 %	„
„	„	Santander	11 %	„
„	„	Santiago	8 %	„
„	„	Sevilla	11 %	„
„	„	Valencia	12 %	„
„	„	Zaragoza	10 %	„

Die intervalutarischen Kurse gegen Paris und London gingen gleichfalls sehr zu Ungunsten des Madrider Platzes zurück.

[1]) Die Wechselkurse auf inländische Plätze waren in Spanien längere Zeit als in andern Ländern von großer Bedeutung, da mangels eines einheitlichen Papiergeldes der Wechsel das interlokale Zahlungsmittel bildete. Auf dem offiziellen Kurszettel der Junta Sintical in Madrid waren noch 1871 die Kurse auf 47 spanische Plätze fast ständig notiert. Erst nach Schaffung einer einheitlichen Banknote und nach Gründung großer Kreditinstitute in den 80er Jahren verloren die Notizen auf Inlandsplätze an Bedeutung.

[2]) Gazeta de Madrid vom 21. Juni 1848.

Nach dem kurz zuvor geschaffenen Münzpari mit französischem Gelde entsprachen

19 Realen genau 5 Franken
oder 1 Peso (= 20 Realen) = 5,26 Franken.

Der Kurs für Dreimonatswechsel auf Paris senkte sich nun von 5,24 Franken für den Peso zu Anfang des Jahres 1848

bis auf 4,30 Franken am 3. Mai 1848
„ „ 4,40 „ am 15. Juni 1848.

Der Kurs für Dreimonatswechsel auf London wies einen ähnlichen Rückgang in derselben Zeit auf und wich von 49 1/2 Pence für den Peso zu Beginn des Jahres

bis auf 41 Pence am 3. Mai 1848
„ „ 42 „ am 15. Juni 1848.

Als Paristand gegen England betrachtete man einen Kurs von 51 Pence = 1 Peso.

Der spanische Staat, welcher die Ferdinandsbank zur Einstellung der Barzahlungen gezwungen hatte, erklärte nun seine Verantwortlichkeit für die gesamte Notenemission der Bank und erkannte die Banknoten als kompensatorisch verwendbare Mittel für Zahlungen an den Staat im ganzen Reiche an. Die Regierung verfügte durch Dekret vom 1. Mai 1848, es sollten die Banknoten wie effektives Geld bei Zahlungen von Zöllen an sämtlichen Zollämtern des Reiches in Zahlung genommen werden, da man den natürlichen Zustand der Wechselkurse mit allen möglichen Mitteln wiederherstellen müsse.

Für die Nivellierung der inländischen Wechselkurse in Madrid war aber eine andere Maßregel von größerer Bedeutung. Der Staat trieb, um eine möglichst schnelle Einlösbarkeit der Banknoten wiederherzustellen, einen rückzahlbaren Zwangsvorschuß bei den begütertsten Steuerpflichtigen[1]) des ganzen Reiches

---

[1]) Der Zwangsvorschuß wurde erhoben von den Zensiten, welche mehr als

1000 Realen Steuern zahlten in Orten über 4600 Einwohnern,
500 „ „ „ „ „ unter 4600 „ .

Er wurde in den Provinzialhauptstädten für Rechnung des Staates zu Gunsten der Bank an Bankkommissare gezahlt.

im Betrage von 100 Millionen Realen ein und erklärte, daß die Noten der Ferdinandsbank bei Zahlungen für Quoten dieses Vorschusses wie Metallgeld in Zahlung genommen werden müßten. Diese Zwangssteuer sollte laut Dekret vom 21. Juni 1848 gegen später rückzahlbare 6 %ige Schatzscheine erhoben werden.

Seit dem Juni 1848 begann gleichzeitig der Staat uneinlösbare Noten der Ferdinandsbank in den Provinzen des Landes in Zahlung zu geben, so daß diese obligatorisch und valutarisch im ganzen Reiche wurden. Das akzessorische Gold- und Silbergeld erhielt nun überall ein inneres Agio von 15—16 %.

Die in die Provinzen remittierten Noten mußten nach gesetzlicher Vorschrift indossiert und bei Eingang für Zölle und für die Zwangssteuer in Gegenwart des Zahlers außer Kurs gesetzt und durchlocht werden.

Es gehörte nämlich zu den Absichten der Regierung, die Hälfte der 200 Millionen Realen an Banknoten bei Eingang in die Staatskassen zu tilgen, die andere Hälfte in Zirkulation zu lassen. Um eine eigenmächtige Vermehrung der Banknoten durch die Ferdinandsbank zu verhindern und um dem Publikum die größte Sicherheit zu geben, daß nicht neue Emissionen in Zukunft gemacht würden, wurde feierlichst angeordnet, sämtliche Platten, Stempel und Papiere, welche sich für Herstellung von Banknoten in der Bank befänden, sollten in die General-Direktion der Staatsschulden überführt und dort unter dreifachen Verschluß gelegt werden.

Um ferner für den auf 100 Millionen Realen fixierten Teil der Notenemission die Einlösung in Metallgeld wieder herzustellen, stattete der Staat die Bank mit barem Gelde und andern Einlagen aus. Durch Dekret vom 8. September 1848 wurde nach dem Muster der Bank von England ein besonderes Noten-Departement zwecks Emission, Zahlung und Amortisation der Banknoten errichtet,[1]) welches von den andern Geschäftszweigen getrennt verwaltet werden mußte. Der Staat legte nun in dieses Departement folgende Werte ein:

[1]) Dieses Noten-Departement und die Teilung der Bank in zwei Sektionen wurde durch Gesetz vom 15. 12. 1851 wieder aufgehoben.

	33,8	Mill. Realen:	in Metallgeld.
	28,—	„ „	diskontierte Obligationen von Käufern von Nationalgütern.
	26,—	„ „	Anweisungen auf die Einkünfte von Habana.
	12,2	„ „	verschiedene Staatsobligationen.
Sa.	100,—	Mill. Realen.	

Die Summe der Banknoten sollte in Zukunft ohne vorherige gesetzliche Ermächtigung von der Bank nicht über 100 Millionen Realen ausgedehnt werden.

Den 100 Millionen Realen übersteigenden Betrag der Notenemission — und dieser belief sich nach dem aufgestellten Status der Bank vom 14. Juli 1848 auf 80 Millionen Realen — verpflichtete sich der Staat bei Eingang für Zölle und Steuern zu tilgen oder nach Einlösung durch die Bank. Ebenso verpflichtete sich der Staat, die Drittelsdeckung in Metall und die Zweidrittelsdeckung in sichern Werten solange selbst aufrecht zu erhalten, bis die Notenzirkulation auf die gesetzliche Höhe von 100 Millionen Realen reduziert sei.

Artikel 6 des Dekretes vom 8. September 1848 räumte ferner den Noten der Ferdinandsbank die staatliche Akzeptation an allen öffentlichen Kassen der Halbinsel ein.

Die Bank nahm darauf am 11. September 1848 die Barzahlungen wieder auf, während ihr der Staat wöchentlich den Betrag für eingelöste Noten zurückerstattete, bis die vorgeschriebene Notengrenze von 100 Millionen Realen am 13. Januar 1849 erreicht war. Nach den einzelnen Wochenberichten der Bank[1]) über die Einlösung und Tilgung der Banknoten löste die Bank vom 11. September 1848 bis zum 13. Januar 1849 43 Millionen Realen in Bargeld nach dem Nennwert ein, während der übrige Teil des 100 Millionen Realen übersteigenden Umlaufs an Staatskassen eingezogen und außer Kurs gesetzt war.

Nachdem die Notenzirkulation auf 100 Millionen Realen reduziert worden war, wurden die Banknoten aus ihrer Ver-

[1]) Siehe Gazeta de Madrid 1848/49.

bindung mit dem Staate gelöst; der Staat erklärte sie jetzt wieder für Zahlungsverpflichtungen der Bank. Der Annahmezwang der Noten der Ferdinandsbank im Privatverkehr wurde am 1. Februar 1849 aufgehoben und gleichzeitig verfügt, daß die noch in den Provinzen zirkulierenden, mit Indossamenten versehenen Banknoten nach dem 1. Februar 1849 nicht mehr angenommen und gegen nicht-indossierte Noten umgetauscht werden sollten, da die Zeit gekommen sei, daß diese Papiere ihren einzigen und ursprünglichen Charakter als Inhaberbillete wiedererlangten. Die Banknoten der Ferdinandsbank wurden somit im Privatverkehr fakultative, für den epizentrischen Verkehr obligatorische Zahlungsmittel.

Nach Aufnahme der Barzahlungen durch die Ferdinandsbank war begriffsmäßig ein inneres Agio der Gold- und Silbermünzen, die sich damals zufällig im Gleichgewicht mit der Höhe der Marktpreise von Gold und Silber befanden, nicht mehr möglich.

Die intervalutarischen Kurse gegen Frankreich wichen gleichfalls nicht mehr erheblich vom Paristande ab, da nun eine automatische Regulierung derselben möglich war. So notierte man auf der Madrider Börse den 8-Tage-Kurs[1]) auf Paris:

am 31. Dezember 1848: 1 Peso = 5,9 Franken,
am 1. Februar 1849: 1 „ = 5,16 „

so daß gegenüber den Tagen des Zwangskurses und der valutarischen Herrschaft der Banknote nicht mehr nennenswerte Abweichungen vom Münzpari bestanden.

Der Londoner Kurs in Madrid hatte ebenso seine frühere, nicht bedeutend vom Paristande abweichende Höhe erreicht.

In valutarische Stellung rückte im Herbst 1848 wieder der französische Silber-Napoleon, da neue spanische Silbermünzen noch nicht in dem Umfange vorhanden waren, daß der Staat und die Bank sie unbeschränkt zur Verfügung stellen konnten. Auch verließ das neu geschaffene spanische Silbergeld wegen seiner Vollwichtigkeit schnell das Land. Wie sich aus einer

[1]) Statt des langen Pariser Wechselkurses notierte man seit dem 15. Juli 1848 in Madrid den kurzen Pariser Kurs.

am 14.—21. Januar 1849 angestellten offiziellen Prüfung über den Münzbestand der Ferdinandsbank ergab, waren an Silbermünzen, wiewohl schon 13 Millionen Realen neuer Silberstücke hergestellt waren, in den Kassen der Bank nur französische Silbermünzen und kleine abgenutzte Stücke spanischen Gepräges vorhanden.

Die akzessorisch gewordenen Banknoten sanken nun zu relativer Bedeutungslosigkeit herab. Einmal blieb die Notenemission auf eine geringe Summe beschränkt, denn die um die Hälfte reduzierte Notenzirkulation der Ferdinandsbank wurde bis zum Dezember 1851 nicht weiter ausgedehnt, und dann wurde die Höchstgrenze auch nur um den kleinen Betrag von 20 Millionen Realen auf 120 Millionen Realen gesteigert. Ferner wurde die Annahme der Noten der Ferdinandsbank an staatlichen Kassen wieder auf Madrid beschränkt, nachdem sie etwa 1½ Jahre im ganzen Reiche an sämtlichen öffentlichen Kassen akzeptiert worden waren. Durch königliche Verordnung vom 25. Januar 1850 [1]) wurde verfügt, solange die spanische Ferdinandsbank nicht die ihr gesetzlich zugestandenen Filialen in der Provinz errichte, sollten ihre Noten zu Zahlungen an Staatskassen außerhalb Madrids nicht mehr zugelassen werden. Eine Filialengründung seitens der Bank fand aber nicht statt, und so wurden ihre Banknoten wieder lokale staatliche Zahlungsmittel, in welcher Stellung die Noten der Banken von Barcelona und Cadiz stets geblieben waren.

Die durch Bankgesetz vom 8. September 1848 für Staatskassen ausgesprochene rechtliche Verpflichtung, Banknoten der Ferdinandsbank in Zahlung zu nehmen, fiel, nachdem 1849 die Staatsschulden bei der Bank getilgt worden waren, auch für die Madrider öffentlichen Kassen fort.

Bindende Abmachungen über Notenannahme an den öffentlichen Kassen finden sich in den nun folgenden Bankgesetzen bis zum Jahre 1874 nicht mehr, doch wurden die Banknoten der Ferdinandsbank gewohnheitsmäßig vom Staate akzeptiert.

---

[1]) Col. legislat. Jahrgang 1850.

Das bare Geld kam in der Folgezeit im Lande in eine ganz vorherrschende Stellung, wie es die metallistisch denkenden Gesetzgeber des Münzgesetzes vom Jahre 1848 beabsichtigt hatten.

§ 7.

DIE AUFHEBUNG DES GENETISCHEN BIMETALLISMUS DURCH SUSPENSION DER GOLDPRÄGUNG.

Die Jahre 1845—1854 waren für Spanien Zeiten größerer politischer Ruhe; die Gegensätze im Innern schwächten sich vorübergehend ab, und die heftigen Parteikämpfe schwiegen. So kam es, daß die spanische Regierung wie in andern Gebieten des Staatslebens im Geldwesen häufige Änderungen traf. Da man aber in Geldsachen durchaus nicht klar sah, entstanden teilweise Verfügungen, die einander diametral entgegengesetzt waren.

Schon im Oktober 1849 wurde die durch das Münzgesetz vom 15. April 1848 festgesetzte hylogenische Norm für Silbergeld wieder geändert. Durch königliche Verordnung wurde eine abermalige Herabsetzung des spezifischen Gehaltes der Silbermünzen veranlaßt und seitdem aus der Mark feinen Silbers 195,833 Realen statt der durch Gesetz festgelegten Anzahl von 194,444 Realen geprägt.

Die Regierung hielt es für notwendig, das Gewicht der neuen Silbermünzen genau mit dem der französischen in Übereinstimmung zu bringen, um Ausfuhr und Einschmelzung spanischer Münzen zu verhindern. Theoretisch, so erklärte sie, sei der Silber-Napoleon gewichtsgleich dem neuen spanischen Silbergelde, tatsächlich aber sei er bei einer durchschnittlichen Zirkulation von 15—20 Jahren leichter.

Der finanzielle Nachteil, den der Staat bei der Umprägung der alten Silbermünzen hatte, soll jedoch für diese Maßregel ausschlaggebend gewesen sein. Die im Lande umlaufenden Silberstücke, welche zum größten Teil noch aus der ersten Hälfte des 18. Jahrhunderts, aus den Zeiten Philipp V. und Ferdinand VI.

stammten,[1]) hatten eine bedeutend größere durchschnittliche Abnützung, als die durch Münzgesetz vom Jahre 1848 angeordnete Herabsetzung des Gehaltes betrug. Die so lange Zeit hinausgeschobene Umprägung war jetzt mit riesigen Opfern für den Staat verbunden.

Hatte der Staat im Jahre 1849 eine für Silbergeld günstige Relation der gesetzlichen Ausmünzung von 15,659 : 1 geschaffen, während das Marktverhältnis der beiden Metalle zu gleicher Zeit 15,78 : 1 betrug, so änderte er im nächsten Jahre ebenfalls aus fiskalischen und nicht aus währungspolitischen Gründen das Ausmünzungsverhältnis zu Ungunsten des Silbers.

Im Jahre 1848 hatte man die neuen Goldmünzen im Gehalte etwas erhöht; da nun eine Umprägung der alten leichteren in neue schwerere Münzen dem Staate große Kosten verursacht hätte, wollte er die neuen Goldstücke mit den alten, vor 1848 geprägten, in Übereinstimmung bringen. Infolge königlicher Verfügung vom 17. Mai 1850 wurde deshalb eine Herabsetzung des Gehaltes der Golddoblonen oder Centenen vorgenommen. Es wurden nunmehr 3111,12 Realen oder 44,46 Werteinheiten mehr, als 1848 gesetzlich angeordnet war, aus der Mark feinen Goldes geprägt.

Nach all den vielen Projekten, Silbergeld so zu bewerten, daß seine platische Verwendung hintan gehalten würde, war man in Spanien so wieder zu einem gesetzlichen Ausmünzungsverhältnis (15,886 : 1) gelangt, das den Export von Silbergeld begünstigte und den Import von Goldgeld herbeiführte. Wohl hatte der Staat das Ziel, die Silbervaluta durchzuführen, wollte dies jedoch mit möglichst geringen Opfern erreichen.

Wie vorauszusehen war, wurden denn auch im Jahre 1850 bedeutend mehr Gold- als Silbermünzen an spanischen Münzstätten ausgemünzt, nämlich:

64 897 500 Realen Goldgeld,
27 780 319 „ Silbergeld.

Zwar hatte man in Spanien seit dem Jahre 1827 den

[1]) Nach Angaben der Gazeta de Madrid vom 2. 6. 1847.

während mehrerer Jahrhunderte vernachlässigten Bergbau in Silber in größerem Maßstabe wieder aufgenommen[1]) und besonders seit dem Jahre 1845 die Silberproduktion ansehnlich gesteigert, doch die Produkte der spanischen Minen zogen größtenteils ins Ausland. Man brachte sie bis zum Jahre 1848 mit Vorliebe an die französischen Münzstätten, die jede beliebige Menge Silbers zu festem Preise ankaufen und in Silber-Napoleons ausprägen mußten.

Nach dem Jahre 1849 wurden jedoch bei den hohen Londoner Silberpreisen die Verkäufe von Silberbarren in London für die Spanier am vorteilhaftesten.[2])

Eine Ersetzung des spanischen Silbergeldes durch Goldgeld machte sich besonders seit dem Ende des Jahres 1849 geltend, denn auch auf Spanien wirkte die damals gewaltig gesteigerte Goldproduktion in Kalifornien ein.

Das spanische Silber, welches gegenüber dem Gold im Preise stieg, wurde exportiert, während andererseits nur das billigere Gold eingeführt wurde, das ja zu einem so günstigen Satze durch die spanischen Münzstätten in Werteinheiten Geldes umgewandelt werden mußte.

Die Goldproduktion der Welt nahm eine für die damalige Zeit unglaubliche Ausdehnung. Betrug die jährliche mittlere Erzeugung von Gold

---

[1]) Nach Soetbeer, „Edelmetallproduktion und Wertverhältnis zwischen Gold und Silber seit der Entdeckung Amerikas bis zur Gegenwart“, enthalten in Petermanns geographischen Mitteilungen Ergänzungsband 13, 1879/80, S. 37, „hörte, nachdem die reichhaltigen Silberminen in Mexico und Peru aufgefunden waren, der Bergwerksbetrieb für Edelmetalle in Spanien fast gänzlich auf, weil die dortigen Bergleute es vorteilhafter fanden, in den amerikanischen Bergwerken ihre Intelligenz und Tätigkeit zu verwenden. — Erst seit 1827 hatte man wieder angefangen, der Edelmetallproduktion in Spanien mehr Aufmerksamkeit zuzuwenden und sie in größerem Umfang nachhaltig zu betreiben“.

[2]) Erleichtert wurde seit dem Jahre 1849 der Edelmetallexport durch die endgültige Aufhebung der Ausfuhrverbote betr. Geld und Edelmetallbarren. Eine kgl. Verfügung vom 2. 5. 1849 bestimmte: Ausfuhr von ungemünztem und gemünztem Gold wie Silber wird freigegeben. Col. legislat. 1849.

	1801—1810	17 778	kg
	1811—1820	11 445	„
	1821—1830	14 216	„
	1831—1840	20 289	„ ,
so stieg sie	1848—1851 auf	113 000	kg
nach	1851 auf mehr als	200 000	„ .

Die „unausbleibliche alsbaldige Entwertung des Goldgeldes gegenüber dem Silber" wurde nun ein beliebtes Thema in der spanischen Presse, und man begann sich wegen der drohenden Goldüberschwemmung zu beunruhigen, da man die Steigerung der Goldproduktion nicht nur für vorübergehend hielt.

Während man nun in Frankreich das akzessorische Goldgeld mit negativem Agio weiter prägte und die freie Goldprägung bestehen ließ, entschloß sich die spanische Regierung, die Prägung von Goldgeld zu suspendieren. Hatte man sich in Spanien bisher streng nach Frankreich in der Währungspolitik gerichtet, so wollte man jetzt selbständig vorgehen. Die Regierung kam zu der Erkenntnis, daß bei freier Ausprägbarkeit beider Metalle, zumal zu einer vom Londoner Metallmarkt so abweichenden Relation, dem spanischen Geldwesen große Gefahren drohten. Die damaligen Schritte des spanischen Staates wurden auch durch die Maßnahmen anderer Staaten bestimmt.

In Belgien hatte man im Dezember 1850 gesetzlich angeordnet, Goldgeld sollte nicht mehr frei ausprägbar sein;[1]) auch hatte man dort alle fremden, sogar die stark verbreiteten französischen Goldmünzen, außer Kurs gesetzt.

Namentlich aber das Beispiel der holländischen Regierung[2]) war für den spanischen Staat maßgebend. Holland war der erste Staat, welcher sein Goldgeld als Ware auf dem Markte verkaufte. Zwar waren Hollands Maßnahmen nicht direkt und unmittelbar durch die kalifornischen Goldströme nach Europa veranlaßt, waren aber dadurch beschleunigt worden.

---

[1]) Belgien hatte seit dem 5. 6. 1832 das französische Geldsystem. Jetzt wurde es zu einem Lande des Silbermonometallismus.

[2]) Holland lebte seit 1816 unter der Herrschaft des Bimetallismus.

In Holland hatte man bereits 1847 die reine Silberwährung durchzuführen beschlossen; am 24. Juni 1850 wurde alles Goldgeld dort außer Kurs gesetzt, da der holländische Staat ein weiteres Sinken der Goldpreise erwartete und möglichst bald die Goldbestände abstoßen wollte. Holland verkaufte nun in der zweiten Hälfte des Jahres 1850 seine großen Bestände an Goldmünzen zu 10 und 5 Gulden und kaufte dagegen namentlich in Paris und Hamburg in Silber zahlbare Wechsel. Die Nachfrage nach Gold und damit das Verlangen englischer Wechsel, durch die man sich jeder Zeit das in England valutarische Gold beschaffen konnte, ließen infolgedessen in diesen beiden Zentren großen Goldbezuges stark nach. Der Kurs des englischen Geldes ging in Paris und Hamburg sehr zurück,[1]) und hierdurch wurde wieder eine Änderung des Wertverhältnisses beider Edelmetalle auf dem Londoner Metallmarkte hervorgerufen.

Die Unze Standardsilber ($^{37}/_{40}$ fein) erfuhr dort vom September bis zum Dezember 1850 eine Erhöhung von $2^1/_2$ Pence, das heißt Gold ging gegen das Silber im Preise zurück.

Angesichts des fortschreitenden Falles der Londoner Goldpreise erklärte am 7. Januar 1851 die spanische Regierung: „In Übereinstimmung mit dem Ministerium und der ständigen Währungskommission hat die Königin anzuordnen beschlossen, daß die Prägung von Goldgeld suspendiert wird.“[2])

Gold war in der Folgezeit weder frei ausprägbar noch wurde es vom Staate geprägt. Somit wurde mit dem genetischen Bimetallismus, wie er seit den Anfängen des spanischen Geldwesens stets bestanden hatte, gebrochen. Spanien hatte jetzt zum ersten Male Monometallismus des Silbers.

Der spanische Staat war aber finanziell nicht so kräftig, um seine Goldbestände wie Holland abstoßen und durch Silber

---

[1]) Die Wechselkurse auf London fielen:
in Paris von 25,27 Frs. pro 1 £ am 26.7. 1850
auf 24,25 „ „ „ „ „ 21.12. 1850,
in Hamburg von $13,7^3/_4$ Mark Banco am 26.7. 1850
auf $13^1/_4$ „ „ „ 21.12. 1850.

[2]) Col. legislat. Jahrg. 1851.

ersetzen zu können. Die notalen Goldmünzen wurden als definitives Kurantgeld beibehalten, so daß sich die Währung als hinkende Silberwährung darstellte. Das akzessorisch behandelte Goldgeld hatte ein negatives Agio, als Ware war es mit Vorteil nicht zu verwenden und hielt sich natürlich im Verkehr.

Valutarisch war gleichzeitig der Silber-Napoleon wie sämtliches Silbergeld spanischen Gepräges.

Die Suspension der Goldprägung wird von Spaniern, die fast sämtlich bis in die neuste Zeit Anhänger des Bimetallismus waren, als unbedacht und voreilig gebrandmarkt. Bei näherer Untersuchung dürfte man sie vielleicht als richtig anerkennen müssen: Der spanische Staat hatte damals die Absicht, die Silbervaluta zwecks Anschlusses an Frankreichs Währung aufrecht zu erhalten und wollte den Übergang zur Goldwährung aus Furcht vor Veränderungen in den intervalutarischen Kursen und großen und plötzlichen Verwirrungen im Zahlungsverkehr vermeiden. Wenn aber Goldgeld als akzessorisches Geld mit negativem Agio sich nicht in staatlichen Kassen stauen sollte und man einen sinkenden Währungsumschlag vermeiden wollte, mußte man wohl die freie Goldprägung aufheben.

Da nun in Spanien ein sehr ausgedehnter einseitiger Synchartismus bestand, befürchtete die Regierung, daß bei sinkenden Goldpreisen fremde Goldmünzen, die tarifiert waren, eindringen und im Wechsel dafür spanische Silbermünzen exportiert werden könnten. Darum wurde gleichzeitig mit der Aufhebung der freien Goldprägung den französischen Goldmünzen der gesetzliche Kurs entzogen. Französisches Goldgeld zirkulierte wegen des höheren Preises, den Gold bisher in Frankreich gehabt hatte, in geringem Maße auf dem spanischen Markte, und Interessen Privater wurden durch seine Außerkurssetzung kaum geschädigt. Die Benutzung französischer Münzen in Spanien beschränkte sich seitdem nur auf Silbermünzen.

In den Staatskassen existierte bei Erlaß des Dekrets die Summe von 107 684 Realen in französischen Goldmünzen. Diese wurden in den Münzstätten umgeprägt, doch weitere Beträge französischer Goldmünzen anzunehmen wurde ihnen verboten.

Der Umlauf der Goldmünzen der amerikanischen Republiken, die als Handelsmünzen bisher frei zirkulieren durften, wurde durch Verfügung vom 20. Februar 1851 inhibiert. Englisches Goldgeld wurde durch Verfügung vom 17. Juni 1852 außer Kurs gesetzt; auch hiervon befand sich nicht viel in Zirkulation.

Über portugiesische Goldmünzen, die im Jahre 1835 tarifiert worden waren, wurden keine besonderen Anordnungen getroffen;[1]) es dürften wohl von ihnen kaum noch einige Stücke in Spanien im Umlauf gewesen sein.

Man hatte jedoch in der Zeit vom Januar 1851 bis zum 6. August 1852 von Privatleuten noch goldene Schmucksachen und beschädigte Goldmünzen zur Umprägung angenommen. Da sich hiervon aber große Mengen in den Münzstätten sammelten, stellte man die Annahme von Goldsachen und von beschädigten Goldstücken im August 1852 ganz ein. Aus diesen Umprägungen waren in den Jahren 1851 und 1852 12962200 Realen an Goldgeld hervorgegangen. Das Goldgeld, welches man vor dem Jahre 1848 hoch bezahlt und mit Vorliebe industriell verwendet hatte, war jetzt in großem Umfange wieder in staatliche Zahlungsmittel zurückverwandelt worden, da Goldsachen stark im Preise gefallen waren. Erst durch gänzliche Einstellung der Goldprägung schützte sich der Staat vor einer drohenden Goldobstruktion.

Ebenso wie durch Anhäufungen von Goldgeld in den Staatskassen konnten jedoch die valutarischen Silberzahlungen durch das Eindringen von Kupfergeld in die öffentlichen Kassen in Frage gestellt werden.

Die notalen Kupfermünzen nahmen im Geldwesen Spaniens stets einen ganz bedeutenden Umfang ein und kamen für das Land stets mehr in Betracht als in allen anderen europäischen Staaten. Da man seit dem Abfall der Kolonien bis zur Mitte

---

[1]) Ein Verbot der Zirkulation portugiesischer Goldmünzen liegt wohl implicite in der kgl. Verordnung vom 20. 2. 1851, welche festsetzte, daß das ausländische Geld, dessen Zirkulation nicht ausdrücklich durch eine gesetzliche Verordnung autorisiert sei, nur nach seinem Metallwert oder vertragsmäßig anzunehmen sei. (Gazeta de Madrid vom 23. 2. 1851.)

des 19. Jahrhunderts nicht genügend Kurantgeld hatte (cf. auch Vicente Vazquez Queipo: La cuestion del oro), so wurde Kupfergeld stets ohne Rücksicht auf den gesetzlich festgesetzten Höchstbetrag der Annahme von 300 Realen im gesamten Zahlungsverkehr in großen Beträgen gezahlt.

Die ständige starke Vermehrung des Kupfergeldes wie die Unachtsamkeit gegenüber Fälschungen führten nun zu Stauungen in den staatlichen Kassen, so daß sich die Regierung zu einer Ordnung des Kupfergeldes entschloß, die den Charakter einer Gewaltmaßregel an sich trug.

Man stellte in den ersten fünf Monaten des Jahres 1852 Untersuchungen über die Mengen Kupfergeldes an, die in die Staatskassen eingingen, wobei sich der ungeheure Betrag von 75 Millionen Realen ergab. Die Regierung sah jetzt ein, daß die Barzahlungen in Silbergeld sich nicht aufrecht erhalten ließen, wenn der Staat nur immer paratypisches Geld einnehme. Zu einem Einzug von Kupfergeld und seinem Verkauf als Ware war der Staat jedoch nicht bereit.

Im Dekret vom 27. Juni 1852 wurde nun erklärt, „es sei ein beklagenswerter Irrtum, daß man Kupfergeld ohne Schwierigkeiten die Rolle wahren[1]) Geldes spielen lasse und durch Annahme großer Mengen Kupfergeldes bei Steuerzahlungen ein übermäßiges Wachstum sowohl gesetzlichen wie falschen Kupfergeldes verschuldet habe. Die Verwirrung, welche im Zahlungsverkehr dadurch eingerissen sei, bedürfe der Heilung; man wolle daher Kupfergeld zu seinen wirklichen Geldfunktionen eines Hülfsgeldes mit beschränktem Annahmezwang zurückführen."

Es wurde darauf eine Übergangszeit von 2 Jahren festgesetzt, in welcher man die obligatorische Annahme von Kupfergeld schrittweise reduzierte.

Bei epizentrischen und apozentrischen Zahlungen, also im Verkehr mit den Staatskassen, waren bei jeder Zahlung 20 % in Kupfergeld obligatorisch vom 1. Juli 1852 bis zum 31. De-

[1]) Nach metallistischen Anschauungen erblickte man im Kupfergeld nicht richtiges Geld wegen der Differenz zwischen proklamiertem und Metall-Wert.

zember 1852, 10 % bis zum 30. Juni 1853, 5 % bis zum 31. Dezember 1853, 3 % bis zum 30. Juni 1854.

Man führte damit eine prozentuale Festsetzung des kritischen Betrages für Zahlungen von Kupfergeld an Staatskassen ein.

Vom 1. Juli 1854 an waren weder der Staat noch Privatleute verpflichtet, mehr Kupfergeld in Zahlung zu nehmen als:

300 Realen	bei	Summen	über	10000 Realen		
200 "	"	"	von		5000—10000	Realen
100 "	"	"	"		1000—5000	"
10 % jeder Zahlung	bei	Summen	unter		1000	"

Beträge bis zu 20 Realen konnten vollständig in Kupfergeld gezahlt werden.[1])

Die Stellung des Kupfergeldes im Geldsystem wurde damit bedeutend verschlechtert; die unbedingte kritische Höhe, die vorher gesetzlich 300 Realen betrug, war auf 20 Realen herabgesetzt worden. Bis zum Betrage von 20 Realen war demnach Kupfergeld schlechthin obligatorisch, Zahlungen von 20—300 Realen in Kupfergeld waren in ihrer Höhe durch den Betrag der zu leistenden Zahlung bedingt. Für Zahlungen über 300 Realen waren Kupfermünzen fakultatives Geld. Dazu kam die Beschränkung der Annahme an Staatskassen, die von jetzt an strikt durchgeführt wurde.

Wieder war diese Reform der funktionellen Stellung des Kupfergeldes wie einst die proportional beschränkte Annahme von Papiergeld an Staatskassen aus der Besorgnis des Staates vor einem Währungsumschlag zur notalen Valuta hervorgegangen. Man verstand eben nicht in der Ausgabe notaler Geldarten Maß und Ziel zu halten.

Für den innerstaatlichen Verkehr bildeten diese Beschränkungen in der Annahme des Kupfergeldes Maßregeln, wie sie einschneidender kaum gedacht werden können. Oft schloß man Kupfergeld kontraktlich von Zahlungen aus oder vereinbarte Lieferung bestimmter Gold- oder Silbermünzen.

---

[1]) Col. legislat. Jahrgang 1852, Band 56.

In den vier katalonischen Provinzen[1]) zirkulierte bis zum Jahre 1852 ein anderes, höher bewertetes Kupfergeld, Stücke zu 3, 4 und 6 Cuartos. Auch die bisherige Stellung dieses Geldes im Geldsystem wurde im Jahre 1852 geändert; gleichzeitig wurde sein Nominalwert mit dem proklamierten Werte des kastilischen Kupfergeldes, d. h. des gesamtstaatlichen Geldes, in Übereinstimmung gebracht.

Durch Dekret vom 5. August 1852 wurde das katalonische Kupfergeld zum Umtausch gegen kastilisches zum Nominalwert innerhalb von 4 Tagen eingerufen, wobei die den Tausch vornehmende katalonische Währungskommission[2]) die Familienhäupter klassifizierte und die Angehörigen wohlhabender Familien vom Tausch ausschloß. Jeder, der den Umtausch verabsäumt hatte, und ebenso die begüterten Volksklassen konnten innerhalb weiterer 10 Tage, sobald sie größere Beträge als 80 Realen an katalonischem Kupfergelde einlieferten, zum gleichen Nominalwerte Kupfergeld-Noten beziehen. Dieses Calderilla- (Kupfer-) Papiergeld wurde in Stücken à 60, 100, 200, 500 und 1000 Realen von der Währungskommission im Namen und für Rechnung des Staates herausgegeben.

Die nach den 14 Tagen des Umtausches noch zirkulierenden Kupfermünzen wurden niedriger proklamiert, und zwar die 6-Cuartosstücke oder Seisenas statt der 24 Maravedis, welche sie bisher galten, mit 8 Maravedis, die Tresenas oder 3-Cuartos (statt 12 Mrs.) mit 4 Maravedis. Die 4-Cuartos, welche den andern Stücken nicht proportional im Gehalt waren, wurden von 16 Maravedis auf 4 Maravedis reduziert. Die so herabgesetzten Stücke sollten ebenso wie das alte kastilische Kupfergeld in Katalonien kursieren, während das seit 1848 eingeführte dezimale Kupfergeld in Katalonien verboten wurde. Die funktionelle Stellung des Kupfergeldes in Katalonien wurde in

[1]) Barcelona, Gerona, Tarragona und Lerida waren die katalonischen Provinzen.

[2]) Es wurden in Barcelona eine Junta de Moneda und an den größern Plätzen Sektionen der Junta zwecks Umtausches von Kupfergeld eingesetzt.

gleicher Weise festgelegt, wie in den übrigen Provinzen des Reiches.

Der größte Teil alles bisher dort zirkulierenden Kupfergeldes war jedoch in die Calderilla-Noten getauscht worden; 52 Millionen Realen waren infolge der Einwechselung des Kupfergeldes in diesen Scheinen emittiert worden, die lange Jahre eine bedeutende Rolle im Geldumlauf Kataloniens spielten.

Die Calderilla-Noten hatten gesetzlichen Kurs in den vier Provinzen Kataloniens, waren also territorial beschränktes staatliches Geld. Und zwar waren sie obligatorisch im gesamten Zahlungsverkehr, bei allen öffentlichen und privaten Transaktionen in Katalonien, wie es im Gesetze hieß. Doch stellten sich in ihnen nicht schlechthin obligatorische Zahlungsmittel dar, sondern sowohl der Staat wie Private brauchten nur 10 % jeder Zahlung[2]) in ihnen anzunehmen; 90 % der zu zahlenden Summen mußten in Gold- oder Silbergeld entrichtet werden. Auch hier dehnte sich die prozentuale Annahme von Geld selbst auf die Staatskassen aus.

Für den Wechselverkehr war bestimmt worden, daß Wechsel, die von Orten außerhalb Kataloniens auf katalonische Plätze gezogen waren, in dem bei „Ziehung des Wechsels stipulierten Gelde“ zahlbar und daß in diesem Falle Wechselgläubiger nicht zur Annahme von 10 % in Calderilla-Noten verpflichtet seien.[1])

Diese Papierscheine hatten den Charakter definitiven Staatspapiergeldes, sie waren nicht einlösbar.

Man hatte zunächst die Absicht, eine schnelle Amortisation vorzunehmen und sie baldigst aus der Welt zu schaffen. Amortisationen fanden zur Hälfte auf Kosten des Staates, zur Hälfte auf Kosten der vier katalonischen Provinzen in den ersten Jahren nach ihrer Emission auch statt. In dem Revolutionsjahr 1868 benutzte man jedoch die für ihre Tilgung bestimmten Fonds anderweitig und gab zu ihrer Deckung Schatzbonds aus, die man der Staatsdepositenkasse übergab. Infolgedessen zirkulierten in den Jahren 1868—1879 noch 22433780 Realen in

[1]) Col. legislativa, Jahrg. 1852, Band 57.

[2]) Ibidem, Jahrg. 1854.

Calderilla-Noten. Seit dem November 1879 wurden sie von der Bank von Spanien zum Schatzbondskurse gegen Metallgeld oder Banknoten getauscht und zum 3. Mai 1880 verrufen.[1]) Nach ihrem Einzuge war uneinlösbares staatliches Papiergeld in Spanien nicht mehr vorhanden und ist seitdem auch nie wieder emittiert worden.

Wie hatte nun der Privatverkehr während der fast 30 Jahre der Zirkulation von Calderilla-Noten ihre beschränkte Annahme durch den Staat beantwortet? Man akzeptierte sie im freien Verkehr nur mit einem Disagio, das zeitweilig, wie z. B. im Jahre 1871, bis auf 10 % stieg.

Auch an diesen Scheinen sehen wir, daß unbeschränkte staatliche Akzeptation notalen Geldes durchaus zu den Pflichten und Aufgaben der lytrischen Verwaltung gehört, falls es ohne Schaden kursieren soll.

Kehren wir in die Zeiten des Anfangs der 50er Jahre zurück, als man die Reform des Kupfergeldes in die Wege leitete, so zeigt sich uns, daß der Staat allein durch die beiden Maßregeln der Suspension der Goldprägung und der Annahmebeschränkung von Kupfergeld an staatlichen Kassen die einmal erwählte Silberwährung aufrechterhalten zu können glaubte.

In den Jahren 1851—1854 waren somit nur die valutarischen Silbermünzen in Barverfassung, Gold- und Kupfermünzen wie Banknoten waren notales Geld. Eine Beibehaltung dieser Geldverfassung war wohl für die damalige Zeit am nächsten liegend.

Welche Gründe waren nun für ihre Änderung maßgebend und welche Folgen wurden dadurch hervorgerufen?

§ 8.

DIE WIEDERHERSTELLUNG DER FREIEN GOLDPRÄGUNG UND NOTWENDIGER ÜBERGANG ZUR GOLDWÄHRUNG.

Die Furcht vor einer weiteren Entwertung des Goldes hatte sich bei der spanischen Regierung gelegt, nachdem nur

[1]) Col. legisl., Jahrg. 1879, Band 123. Mit dem Tage des Rückzuges der Calderilla-Noten wurde das Verbot der Zirkulation neuen dezimalen Kupfergeldes in den vier katalonischen Provinzen aufgehoben.

Holland sein Goldgeld auf dem Markte als Ware verkauft hatte, während die Handelsvormächte England und Frankreich Goldgeld unverändert in ihren Geldstock aufnahmen. Vielfachen Forderungen der Bimetallisten nach Freigebung der Goldprägung widerstand jedoch der spanische Staat im Jahre 1853 noch, da er genügend Gründe zur Vorsicht vor einer Goldüberschwemmung zu haben glaubte.

Denn die niedrigen Goldpreise hielten sich, wiewohl eher andere Gründe als die gesteigerten kalifornischen und australischen Goldausbeuten an sich dafür maßgebend waren.

Infolge der großen Goldausbeuten hatte sich der Wohlstand namentlich in Amerika und England bedeutend gehoben. Der amerikanische und englische Bezug von Produkten aus dem Orient, von Seide, Tee und Baumwolle steigerte sich dadurch gewaltig und veranlaßte große Geldsendungen nach Ostasien, besonders nach China. Diese Geldtransporte fanden fast ausschließlich durch England statt, denn auch Amerika ließ seine Zahlungen für die größere Wareneinfuhr aus dem Orient durch England regulieren. Infolge der Taipingrevolution im Jahre 1850 und des darauf folgenden Bürgerkrieges in China ging andererseits der Konsum englischer Produkte in China stark zurück, so daß sich ein großer Saldo der Handelsbilanz zu Gunsten Chinas und zu Ungunsten Englands ergab.

Ferner änderte sich die Kapitalienbewegung zwischen Indien und England zu Anfang der zweiten Hälfte des 19. Jahrhunderts. Seit dem Jahre 1849 begannen englische Kompagnien mit Kapitalien des Mutterlandes den Eisenbahnbau in Indien; allein mit Bestimmung dafür flossen in den Jahren 1851—1856 10 bis 11 Millionen Pfund Sterling aus England ab.

Der Bedarf der ostasiatischen Länder an Geld mußte aber fast ausschließlich in Silber gedeckt werden, denn Indien hatte am 22. Dezember 1852 eine reine Silberwährung eingeführt. China war ebenfalls ein Land, in welchem nur Silber zu Zahlungen verwendet wurde. Hier suchte man nach wie vor mit Vorliebe spanische Pesos, welche man bedeutend höher als zum Plattenwerte bezahlte.

Infolge der durch die gesteigerte Goldproduktion veranlaßten Geschäfte hielt sich nun das englische Geld jahrelang Silberländern gegenüber tief im Kurs, Gold wurde also billig im Vergleiche zum Silber.

Da England nun mit Vorliebe zu seinen Silbertransporten nach Ostasien spanische Pesos begehrte, andererseits bei günstigen Ernten in Spanien, namentlich im Jahre 1853, die Ausfuhr ländlicher spanischer Produkte nach England stark wuchs, stieg der Kurs des Peso in Madrid dem englischen Gelde gegenüber weit über den Paristand. Bei einem Paristande von 51 Pence für den Peso oder bei einem Wechselpari der Dreimonatswechsel von 50,20 Pence für den Peso (unter Berücksichtigung eines 6%igen Diskontsatzes in Madrid), erreichte der Kurs der Dreimonatsdevise auf London folgende Höhe:

am	1. Januar	1853	1	Peso	= 51 Pence
„	1. Juli	1853	1	„	= 51,15 „
„	1. Januar	1854	1	„	= 51,80 „ .

Die Grundlagen für eine Begrenzung des englisch-spanischen Valutakurses innerhalb eines gewissen Spielraums hatten sich geändert. Denn in Spanien war Gold seit 1851 nicht mehr frei ausprägbar.

Solange in Spanien Goldmetall unbegrenzt in Geld zu verwandeln war und nicht langdauernde Störungen bestanden, konnte von Englands Seite eine automatische Regulierung des Wechselkurses gegenüber Spanien stattfinden. Stieg die englische Devise in Madrid über den obern Goldpunkt, so war es für Engländer vorteilhafter, nach Spanien in Goldgeld als in Wechseln zu zahlen. Da nun das natürliche Interesse der englischen Kaufleute solange Zahlung in Goldmünzen wählte, als sie als Zahlungsmittel nach Spanien vorteilhafter zu verwenden waren, so war es möglich, durch verringertes Angebot englischer Devisen in Madrid den Paristand wiederherzustellen.

Durch die Aufhebung der Chrysolepsie in Spanien waren jedoch die festen Grenzen für die Veränderung des spanisch-englischen intervalutarischen Kurses für England weggefallen, und der Peso hatte seit 1851 stets Neigung, der englischen Valuta gegenüber hoch zu stehen. Englisches Goldgeld war an spanischem Silbergelde gemessen wenig wert.

Da aber englische Wechsel in Spanien schlecht verwendbar waren und da andererseits die Goldprägung in Spanien gesperrt war, sahen sich die spanischen Exporteure gezwungen, definitive Bezahlung ihrer Waren in London in Silber, dem teueren Metall, zu verlangen und hatten deswegen einen Nachteil beim Unterbringen ihrer Produkte in England.

Deshalb richteten verschiedene Handelskammern, unter ihnen die von Madrid, wiederholt Eingaben an die Regierung mit dem Ersuchen, die freie Goldprägung wiederherzustellen. Als Stützpunkt dieses Verlangens diente ihnen das Beispiel der Staaten England und Frankreich, die keine Maßregeln gegen den Zufluß von Gold ergriffen hatten. Sie wiesen darauf hin, daß Goldgeld in Spanien nicht übermäßig vorhanden, eher sogar in ungenügender Menge da sei.

Diesem einseitigen Verlangen der Kaufmannschaft gab die Regierung nach. Sie sah nicht darauf, daß durch den günstigen Stand der spanischen Valuta dem englischen Gelde gegenüber die Importeure und die Konsumenten ausländischer Produkte vorteihafter gestellt seien, daß ferner die Zinsenzahlung des Staates an England dadurch erleichtert sei.[1])

Die spanische Regierung erklärte nun, die Gründe zur Vorsicht vor einem zu großen Goldandrang seien zwar nicht verschwunden, die Unsicherheit und Verwirrungen, welche die gesteigerte Goldproduktion anfangs hervorgerufen habe, seien jedoch vorbei. In Frankreich habe man sehr viel Goldmünzen geprägt, man habe jüngst sogar goldene 5-Frankenstücke eingeführt, um für Goldgeld eine breite Basis zu schaffen und Wirkungen eventuellen Überschusses abzuschwächen.[2]) Zur Erleichterung der Handelstransaktionen mit England wolle man in Spanien die freie Goldprägung wieder zulassen.

---

[1]) Im Jahre 1851 hatte der Staat die 1836 unterbrochene Zahlung seiner Zinsen ans Ausland wieder aufgenommen.

[2]) Nach Angaben Piersons (auf der Pariser Münzkonferenz von 1881)

Wie glaubte nun der Staat bei freier Ausprägbarkeit beider Metalle die Silberwährung aufrecht erhalten und Goldobstruktion vermeiden zu können?

Die Regierung sprach sich dahin aus, daß man bei der Wahl eines richtigen Wertverhältnisses der Ausmünzung und des Ankaufs beider Metalle zu einer befriedigenden Lösung kommen und Überschwemmung mit Goldgeld und Silbergeldabfluß verhüten könne. Eine Rückkehr zu der gesetzlichen Ausmünzungsrelation des Jahres 1848 hielt sie für gefährlich, da dies nur eine Spekulation des Auslandes zum Schaden Spaniens veranlassen würde. Denn in den Jahren 1848 bis 1850, so motivierte sie eine für Silber günstiger anzusetzende Relation, sei für die Arbitrageure ein lukratives Geschäft selbst daraus entstanden, daß sie ausländische Goldmünzen importierten, dechartalisierten und in spanisches Geld umsetzten. Im Wechsel dafür sei geprägtes Silbergeld und die Produktion der nationalen Minen ins Ausland gegangen, während man gerade die Erzeugnisse der nationalen Silberminen zu den Münzstätten habe ziehen wollen.

Durch Dekret vom 3. Februar 1854 wurde daher die freie Ausprägbarkeit beider Metalle, Gold und Silber, unter Änderung

---

wurden in Frankreich geprägt:

	Goldmünzen (Millionen Frs)	Silbermünzen (Millionen Frs)
1803—1820	805	1091
1821—1847	301	2778
1848—1852	448	543
1853—1856	1795	102
1857—1866	3516	55

In den fünfziger Jahren des 19. Jahrhunderts zeigte sich Frankreich mächtig, den intervalutarischen Kurs der Goldstaaten gegenüber den Silberstaaten durch unbeschränkte Ausmünzung von Gold und durch unbeschränkte Abgabe von Silber (zum Paristande der hylogenischen Norm für beide Metalle, der im Gesetz von 1803 begründet war) ungefähr wieder herzustellen. Später konnte und wollte es bekanntlich den Bimetallismus, der exodromisch wirkte, nicht mehr durchführen.

des spezifischen Gehaltes von Gold- und Silbermünzen angeordnet. In seinen Hauptartikeln lautete das Dekret folgendermaßen:

Artikel 1. Die durch königliches Dekret vom 7. Januar 1851 suspendierte Goldprägung der Doblonen Isabellas oder Centenen wird wieder freigegeben.

Artikel 2. Das Gewicht der Goldstücke mit der Geltung von 100 Realen soll 168 Granos (8,384 g) sein, der Münzfuß 27,43 Stück auf die Mark.

Artikel 3. Das Gewicht der Duros, die 20 Realen gelten sollen, wird auf 520 Granos (25,9584 g) festgesetzt; ihr Münzfuß soll sein 8,86 Stück auf die Mark.

Die silbernen Pesetas, $^1/_2$-Pesetas und Realen sollen nach ihrer bisherigen Geltung dem Duro proportional ausgeprägt werden.

Artikel 4. In allen andern Gold- und Silbergeld betreffenden Fragen sollen die Dispositionen des Gesetzes vom 15. April 1848 maßgebend sein.

Der Bimetallismus war damit wieder hergestellt. Durch die Änderung der hylogenischen Norm sowohl von Gold- wie von Silbermünzen (gegenüber der Zeit vor 1851) näherte man sich jetzt dem in Frankreich festgelegten Ausmünzungsverhältnis wie der Marktrelation beider Metalle. Der Staat stellte durch die Münzstätten aus der Mark $^9/_{10}$ feinen Goldes 2743 Realen[1]), aus der Mark $^9/_{10}$ feinen Silbers 177,20 Realen her, so daß sich das Verhältnis der gesetzlichen Ausprägung von Gold zum Silber von 15,48 : 1 ergab.

Für den Metallhandel stellte sich das Ankaufsverhältnis von Gewichtseinheiten beider Metalle wie 15,56 : 1, da laut könig-

[1]) Zur Vergleichung seien die früheren Ausmünzen seit dem Jahre 1848 hier noch einmal angeführt. Der Staat prägte gesetzlich:

Aus der Mark $^9/_{10}$ feinen Goldes:

nach Gesetz vom 15. 4. 1848	2760	Realen
„ Verordnung vom 17. 5. 1850 . .	2800	„
„ Dekret vom 3. 2. 1854	7432	„

Aus der Mark $^9/_{10}$ feinen Silbers:

nach Gesetz vom 15. 4. 1848	175	„
„ Verordnung vom 14. 10. 1849 .	176,25	„
„ Dekret vom 3. 2. 1854	177,20	„

licher Verfügung vom 1. Februar 1854 die Münzstätten die Mark feinen Goldes mit 3018 Realen, die Mark feinen Silbers mit 194 Realen ankauften.

Die Goldmünzen wurden im Feingewicht um 2,04 % erhöht. Wir haben damit den seltenen und in Spanien einzig dastehenden Fall, daß man Münzen in ihrem Gehalt beträchtlich heraufsetzte.

Da nun die alten Goldstücke nach ihrem bisherigen Werte weiter kursierten und den neuen schwereren vollkommen gleichgestellt wurden, hatte man paratypisches und orthotypisches Goldgeld nebeneinander im Verkehr. Tatsächlich hielten sich beide Arten jahrelang friedlich eine neben der andern im Umlauf, nämlich solange Goldgeld akzessorisches Geld mit negativem Agio war und zur Ausfuhr nicht benutzt wurde.

Bei der Verwendung nur eines baren Geldes hätte sich natürlich eher ein Unterschied und eine Auswahl der schweren Münzen geltend gemacht. Als später Goldgeld valutarisch wurde, und die Goldpreise stiegen, trat die Differenz beider Geldarten auch praktisch in Erscheinung.

Silbergeld wurde im Gehalt herabgesetzt. So blieben die alten Duros bares Geld, da ihr Gehalt nicht geringer war, als der hylischen Norm für Silbergeld entsprach.

Da der Blick der spanischen Regierung wieder durchaus auf Frankreich, den mächtigen Nachbarstaat, gerichtet war, der an Stelle eines großen Teiles seines Silberbestandes Gold substituierte, da man ferner die Vorteile des Goldpari und der Goldpunkte mit England gewinnen wollte, hatte man wieder zwei bare Kurantgeldarten geschaffen. Man sah aber trotz der augenscheinlichen Nachteile des Bimetallismus, obwohl sich aus diesem System eine ewige Normenänderung des Goldes notwendig gemacht hatte, nicht die Konflikte, welche sich in Zukunft daraus ergeben mußten.

Einen Entschluß darüber, welche von beiden Metallgeldarten valutarisch werden sollte, hatte die Regierung im Dekret nicht ausgesprochen. Es hieß nur, man könne zufällige Ungleichheiten in der Zirkulation von Gold- und Silbergeld durch die

Elastizität des Ankaufstarifes[1]) der Metalle innerhalb der Grenzen von 1 % beim Goldankauf, von 2 % beim Silberankauf ausgleichen, bis die große Frage, welche von beiden Geldarten als einziges Wertmaß anzusehen sei, zur Reife komme.

Daß man also jetzt keine feste Währungspolitik mehr befolgte, sondern sich von den Verhältnissen treiben ließ, bewiesen wohl diese Äußerungen von seiten der Regierung.

Der Staat ließ sich vollständig durch den Zustand seiner Kassen bestimmen und gab vorläufig Silbergeld solange her, als es ihm zur Verfügung stand. Er befolgte vollkommen den Bimetallismus, wie man ihn in Frankreich auffaßte.

Infolge der höheren Ankaufspreise für Silber gelang es nun dem Staate zunächst, aus dem Inlande Silber herbeizuziehen und in die staatlichen Münzstätten zu dirigieren.

Aus dem Auslande kamen aber nur Goldsendungen nach Spanien und führten zu einer allmählichen Ersetzung des Silbergeldes durch Goldgeld. Verursacht wurde dies in den Jahren 1854 bis 1856 besonders durch zwei Umstände.[2])

Der Krimkrieg der Jahre 1854 und 1855 und die dadurch verminderte Produktion agrarischer russischer Erzeugnisse hatten in Spanien zu einem gewaltigen Export ländlicher Produkte nach England und Frankreich angeregt, so daß die Warenausfuhr die Einfuhr

1854 um 201 Millionen Realen
1855 um 342 „ „ übertraf.

England und Frankreich bezahlten den Warenimport aus Spanien jedoch nur in dem billigern Goldgelde, da auch die Kriegführung auf der Krim bedeutende Silbersendungen notwendig machte.

Im Jahre 1856 wurden gleichfalls große Goldmengen aus dem Auslande nach Spanien transportiert. Durch das Gesetz über die anonymen Gesellschaften vom 28. Januar 1856 war

[1]) Verständigerweise machte man später von dieser gerühmten Elastizität des Ankaufstarifs der Edelmetalle keinen Gebrauch.

[2]) Siehe auch Barthe y Barthe, La crisis monetaria, Madrid 1905, Seite 16.

es nämlich in Spanien gestattet worden, ohne Intervention des Parlaments Aktien-Gesellschaften zu gründen, und Aktien und Obligationen auf den Inhaber wurden gesetzmäßig gleich den Staatspapieren zur Börsennotiz zugelassen. Es fand nun eine fieberhafte Gründung von Aktiengesellschaften statt, an der sich namentlich englisches und französisches Kapital beteiligte, das zum Teil in Form von Goldmünzen oder Goldbarren nach Spanien kam.

So herrschten denn in Spanien die Prägungen von Goldgeld ganz gewaltig vor, während sich andererseits die des Silbers infolge der hohen Marktpreise für Silber verringerten. Hiermit wurden aber die Absichten der Regierung durchkreuzt, die durch das zuletzt festgelegte Ausmünzungsverhältnis der Edelmetalle Silbergeld wohl durch Obstruktion in die staatlichen Kassen zu leiten gedachte. Nach den offiziellen Angaben der General-Direktion der Münzen[1]) stellten sich die Ausmünzungen von Gold- und Silbergeld in den Münzstätten des Reiches seit dem Jahre 1848 bis zum 15. August 1859 folgendermaßen dar:

Goldprägung.			Silberprägung.		
1848	3 984 240	Realen	1848	12 815 391	Realen
1849	2 221 280	„	1849	14 541 508	„
1850	64 897 500	„	1850	27 780 319	„
1851	12 119 000	„	1851	24 543 266	„
1852	843 200	„	1852	32 261 904	„
1853	—		1853	36 705 339	„
1854	84 468 200	„	1854	41 871 249	„
1855	146 515 500	„	1855	30 580 633	„
1856	179 497 040	„	1856	25 385 532	„
1857	122 862 060	„	1857	13 534 072	„
1858	37 647 500	„	1858	37 953 483	„
1859	63 469 000	„	1859	13 903 774	„
	718 524 520	Realen		311 876 470	Realen

[1]) cf. Resumen de los informes sobre la cuestion monetaria por la direccion general de consumos, casas de moneda y minas, Madrid 1862.

Davon wurden geprägt:

	Goldgeld.		Silbergeld.	
in Madrid	227 246 820	Realen	249 135 068	Realen
„ Sevilla	303 045 760	„	42 765 784	„
„ Barcelona	188 231 940	„	19 975 618	„
	718 524 520	Realen	311 876 470	Realen.

Während die Goldmünzen fast nur für Rechnung Privater hergestellt waren, war Silber von privater Seite kaum zu den Münzstätten gebracht worden. Die Prägungen von 311,9 Millionen Realen Silbergeldes waren mit einem Betrage von 73 Millionen Realen aus Umprägungen hervorgegangen; weitere 126 Millionen Realen hatten die Minen von Hiendelaencina dem Staate geliefert, deren Produkte wegen der schlechten Verbindungen und gewaltigen Transportkosten gewissermaßen zwangsweise in Madrid verkauft werden mußten. In dem ganzen Zeitraum von 12 Jahren waren nur 112,9 Millionen Realen an Silbergeld für Rechnung von Privatleuten hergestellt worden.

Denn wer hatte bei den teuern und ständig steigenden Silberpreisen des Londoner Metallmarktes in den 50er Jahren noch Interesse, Silber zu den spanischen Münzstätten zu bringen?

Die Marktpreise für Silber steigerten sich besonders seit dem Jahre 1857, seit dem Ausbruch des indischen Aufstandes, der England zwang, gewaltige Kriegskosten im Orient in Silbergeld zu bestreiten. Waren die Silberexporte von England nach Asien schon von Jahr zu Jahr progressiv fortgeschritten, so machten sich durch den Krieg in Indien ganz unerwartete Bedürfnisse Englands nach Silbergeld bemerkbar, wie uns die Silberausfuhr Englands nach Asien zeigt. Sie betrug:

1850	4 365 778	Pfund	Sterling
1851	5 084 187	„	„
1852	5 963 640	„	„
1853	6 154 975	„	„
1854	6 033 723	„	„
1855	6 580 965	„	„
1856	12 813 498	„	„
1857	18 505 468	„	„

Bei Silberpreisen in London von durchschnittlich $61^3/_4$ Pence pro Unze Standard im Jahre 1857 wurden nun spanische Silberpesos und die in Spanien einseitig synchartal behandelten französischen Silber-Napoleons stark nach London exportiert.

Eine Ausfuhr von Silbergeld fand damals aus Spanien in relativ viel stärkerem Maße statt als aus andern Ländern. Erstens waren die spanischen Silberpesos die beliebtesten Handelsmünzen im Orient, dann trieb man aber die Silber-Napoleons geradezu ins Ausland. Man hatte nämlich in Spanien den Fehler begangen, trotz starker Herabsetzung des spezifischen Gehaltes der spanischen Silbermünzen seit 1848 die alte Tarifierung für Silber-Napoleons, 5 Frs. = 19 Realen, bestehen zu lassen.

Da man spanisches Silbergeld um 1,31 % im Gehalt vermindert hatte, hätte man den Napoleon auf 19,26 Realen tarifieren müssen. Wollte der spanische Staat den Silber-Napoleon im Verkehr halten, so hätte er seine Geltung unbedingt jetzt steigern müssen. Das Richtigste wäre wohl ein Einzug und eine Umprägung der Silber-Napoleons in spanisches Geld gewesen. Der Staat unterließ dies jedoch aus fiskalischen Interessen, er wollte die Inhaber von Napoleons nicht mit einem höheren Preis als mit dem proklamierten Werte entschädigen. Da sich die Ursachen für den Export von Silber-Napoleons durch die an sich schon höheren Silberpreise in London und durch ihre um 1,31 % zu niedrige Bewertung potenziert hatten, benutzte die Spekulation die Unachtsamkeit des Staates, um durch Noteneinlösung der Bank von Spanien die Silber-Napoleons zu entziehen. Der weitaus größte Teil des in Spanien zirkulierenden Silbergeldes bestand in der zweiten Hälfte des fünften Jahrzehntes noch in französischem Silbergelde, und sowohl Napoleons wie Duros ließ sich der spanische Staat abzwingen.

Nach den Berechnungen der Münzdirektion vom Jahre 1859 sollen die spanischen Arbitrageure durch den Bezug von Gold aus dem Ausland und den Verkauf von Silber-Napoleons nach auswärts einen Netto-Verdienst von 1,49 % bei der Arbitrage zwischen Barcelona und Marseille, von 1,55 % bei der Arbitrage zwischen Cadiz und Gibraltar gehabt haben.

Während nun andere Staaten den Abfluß von Silbergeld durch exodromische Maßregeln zu verhindern suchten, tat man in Spanien keine Schritte, die einmal bestehende Silberwährung aufrecht zu erhalten. Hatte die Bank von Frankreich ihren Diskontsatz schon im Jahre 1857 bis auf 10 % gesteigert, so hatte die Bank von Spanien im Gegenteil ihren Diskont am 3. März 1857 von 6 % auf 5½ %, am 10. April 1857 sogar auf 5 % herabgesetzt und ihn mehrere Jahre in dieser Höhe gelassen. So machte sich aus diesem Grunde eine weitere Ausfuhr von Silbergeld aus Spanien bemerkbar, da die Spanier in andern Ländern mit höherem Diskontsatz eine vorteilhaftere Anlage ihres Geldes suchten.

Auch hatte sich nach dem Jahre 1855 die während einiger Jahre für Spanien günstige Warenhandelsbilanz geändert und zeigte bei geringen Ernten und starker Einfuhr von Fabrikaten in den Jahren 1857—1860 folgendes unvorteilhaftes Bild:

	Die Gesamtwareneinfuhr[1]) betrug (exklus. Edelmetall):	Die Gesamtwarenausfuhr[1]) betrug (exklus. Edelmetall):
1857:	1526 Millionen Realen	1060 Millionen Realen
1858:	1490 " "	864 " "
1859:	1249 " "	988 " "
1860:	1453 " "	1065 " " .

In damaliger Zeit, als die Kapitalienübertragung noch in stärkerem Maße als heute durch Metallexport stattfand, bildete die Handelsbilanz einen bedeutenderen Faktor für die Zahlungsbilanz. An Edelmetall wurden denn auch in den Jahren 1857 bis 1860 191 Millionen Realen mehr aus- als eingeführt.

Wie uns aber Vicente Vazquez Queipo in seiner Schrift „La crisis monetaria española“ berichtet, fand die Metallausfuhr aus Spanien in den Jahren 1849—1861 mit ganz geringer Ausnahme in Silbergeld statt.

Im Jahre 1859 waren auch große Posten spanischer Rente aus England und Frankreich zurückgeströmt und hatten einen Export von Silbergeld veranlaßt.

---

[1]) cf. Queipo, La crisis monetaria española, Madrid 1866, Seite 23.

All' die angeführten Erscheinungen riefen den Abfluß von Silbergeld und starken Zufluß von Goldgeld hervor. Eine Ersetzung des Silbergeldes in den Staatskassen durch Goldgeld war die Folge. Wie sollten sie nun weiter in Silber zahlen, wenn ihnen immer nur Gold zufloß?

Gold staute sich in den öffentlichen Kassen und kam durch Obstruktion zu Anfang des Jahres 1861 in valutarische Stellung.

Eine weitere Aufrechterhaltung der Silber-Valuta hätte vorausgesetzt, daß dem Staate Silbergeld in unbeschränktem Maßstabe bei seinen Zahlungen zur Verfügung stand. Zu größeren Silberprägungen war jedoch der finanziell geschwächte und seit dem Jahre 1850 stets mit einem Defizit wirtschaftende Staat nicht bereit. Silber-Anleihen hätte er auch nur unter den schwersten Bedingungen aufnehmen können.

Privatleute brachten aber auch in der Zeit von 1859—1861 Silber nur noch in ganz geringem Umfang zur Ausmünzung, wiewohl im Lande selbst in dieser Zeit jährlich etwa 56000 kg[1]) produziert wurden.

1859—1861 wurden zehnmal so viel Werteinheiten in Goldgeld als in Silbergeld hergestellt, 809 Millionen Realen Goldgeld, 81 Millionen Realen Silbergeld.

Die großen Bestände, welche einst das Schatzamt und die Bank von Spanien namentlich an Silber-Napoleons gehabt hatten, erschöpften sich durch den ständigen Bezug der Privatleute fast ganz, da neue Zuflüsse an Silbermünzen nicht stattfanden. Schon im Jahre 1859 zog daher die Bank von Spanien, dem Beispiel der Bank von Frankreich folgend, Goldbarren aus dem

---

[1]) Über die damals in Spanien gewonnenen Silberquanten lauten die Schätzungen diverser Schriftsteller sehr verschieden. Die von mir benutzte Angabe der General-Direktion der Münzen und Minen scheint aber am zuverlässigsten zu sein. E. Levasseur (La question d'or. Les mines de Californie et d'Australie; les anciennes mines d'or et d'argent etc. Paris 1858) ist derselben Ansicht und bemerkt, daß die Silbergewinnung in Spanien seit 1845 einen großen Aufschwung genommen habe infolge der bei Alicante entdeckten Minen von silberhaltigem Blei und auf ca. 56000 kg jährlich gestiegen sei.

Auslande herbei, ließ Goldcentenen im Betrage von 30 Millionen Realen daraus prägen und zahlte ihre Banknoten größtenteils in Gold aus, sie verweigerte aber weder Napoleons noch Duros.

Anfangs des Jahres 1861 hatten sich jedoch die Silbergeldansprüche, besonders nach den platisch wertvolleren Silber-Napoleons, derart geltend gemacht, daß die Bank von Spanien sich außerstande sah, in Silbergeld zu zahlen. In acht Monaten des Jahres 1861 führte die Bank 234 Millionen Realen in Goldbarren ein, um ausschließlich in Goldgeld ihre Noten einzulösen.

Ebenso wurde das Schatzamt im Jahre 1861 von „Wucherern und Agioteuren“, wie die Münzbehörde sich aussprach, gestürmt, welche ihre Rentenkupons in Silbergeld bezahlt haben wollten. Aber auch das Schatzamt mußte Silbergeld verweigern.

Die Silbermetallisten, welche Silber wegen des höheren Preises und wegen der damaligen konstanteren Produktion als das beste Währungsmetall ansahen und deren Zahl in Spanien jetzt gewachsen war, sahen einen Übergang Spaniens zur Goldwährung quasi als einen Betrug des Staates an, der alle Gläubiger schädige. Ferner erklärten sie den Umschlag in der Währung und Noteneinlösung in Gold als im Widerspruch zum Geist und zum Buchstaben des Bankreglements stehend. Denn wenn auch gesetzlich niemals Einlösung von Banknoten in Silbergeld vorgeschrieben war, so glaubten sie sich aus alter Gewohnheit zum Empfang von Silber durch den Staat und die Bank von Spanien berechtigt.[1])

Sie klagten, der Staat zwinge Goldgeld zu einem Werte zu akzeptieren, der an Silber gemessen dem Metallwerte nicht entspreche. Sie achteten eben nur auf eine reale Befriedigung des Empfängers und übersahen ganz die amphitropische Stellung jedes Einzelnen; ferner sahen sie nicht, daß die bei weitem überwiegende Mehrzahl aller Zahlungen innerstaatlich ist und

---

[1]) Die Silbermetallisten waren der Ansicht, daß der Preis aller Sachen in Spanien sich auf Silbergeld beziehen müsse, weil im Artikel 1 des Gesetzes vom 15. 4. 1848 ausdrücklich hervorgehoben war, daß der Real, ein effektives Silbergeld, Werteinheit sein solle. — Unsere gegenteilige Ansicht ist in § 5 dargelegt worden.

daß man im Inlande in lytrischen Einheiten und nicht in Metallquanten die Preise ausdrückt.

Restauratorisch und in sinkendem Übergang war Spanien jetzt zur Goldwährung gelangt, wie sie in den Jahren 1786 bis 1823 bestanden hatte. Die freie Ausprägbarkeit für Gold- und Silbermünzen blieb bestehen, auch behielt man Silbergeld als definitives Kurantgeld. Silbermünzen wurden jedoch nunmehr akzessorische Geldzeichen, und Silber-Napoleons und Duros verließen schnell den Verkehr.

Es ergingen nun verschiedene Reklamationen[1]) der damals neu errichteten Provinzialnotenbanken an das Finanzministerium, man solle das vollständige Verschwinden von großem Silbergelde verhindern und genügend Zahlungsmittel für den Wechsel des großen Goldgeldes schaffen.

Der Staat wollte jedoch nicht unter Opfern Silbergeld schaffen und erklärte durch Dekret vom 31. Januar 1861, es sollten die Schwierigkeiten, welche die Zirkulation nur eines Goldgeldes von 100 Realen bereite, durch Herstellung kleiner Goldstücke beseitigt werden.

So wurde die Prägung von Goldmünzen zu 40 und 20 Realen angeordnet, die im Gewicht und Feingehalt streng proportional dem Doblon oder Centen zu 100 Realen ausgebracht werden sollten. Demgemäß wurden seit 1861

40-Realenstücke	(Cuarentenes)	68,565	Stück aus der Mark
20- „	(Veintenes)	137,15	„ „ „ „

geprägt. Ihr Feingehalt betrug $^{900}/_{1000}$ feinen Metalles, die erlaubte Fehlergrenze im Feingehalt $^{2}/_{1000}$ und im Gewicht 10 Granos (0,49 g).

Die großen Goldstücke wurden zum Teil in kleine Goldmünzen umgeprägt; deshalb wurde die Bank von Spanien auch durch Dekret vom 19. August 1863 angewiesen, die Stücke zu 100 Realen einzuziehen und in die Münzstätten zwecks Umprägung in Goldstücke zu 40 und 20 Realen zu überführen, um den Mangel an großem Silbergeld zu heilen.

---

[1]) Barthe y Barthe, La crisis monetaria, Madrid 1905, S. 17.

Ganz ohne Absicht, ja nur aus einer Zwangslage heraus, hatte die spanische Regierung den vorteilhaften Währungsanschluß an Frankreich wieder erreicht. Denn auch Frankreich war zu Beginn der 60er Jahre obstruktionell zur Goldwährung gelangt. Angesichts der Bargeldzirkulation, die sich fast ganz aus Gold zusammensetzte, wäre es für Spanien jetzt einfach gewesen, zur reinen Goldwährung überzugehen.

In Regierungskreisen war man jedoch durchaus bimetallistisch gesinnt, man hielt es für natürlich, daß der Staat bei freier Ausprägbarkeit von Gold und Silber stets dasjenige Metall in Zukunft aufdränge, das auf dem Metallmarkte billiger sei. Das Verschwinden des teuern Metalles, so sprach sich die Regierung aus, würde dem billigern die absolute Vorherrschaft gewähren und als Maß und Regulator aller Dinge dienen. In solchen Auffassungen der Währungsfragen ließ man den Dingen freien Lauf.

§ 9.

DIE REGELLOSIGKEIT IM MÜNZ- UND BANKNOTENWESEN IN DER PERIODE VON 1864—1868.

Wir haben gesehen, daß alle Absichten der spanischen Regierung, Silbergeld im Lande zu halten, fehlgeschlagen waren. Im innern Verkehr machten sich dadurch große Schwierigkeiten bemerkbar, denn auch die kleinen Silbermünzen zu 4, 2 und 1 Realen, die im Verkehr des täglichen Lebens unentbehrlich waren, schwanden trotz höherer Transportkosten aus der Zirkulation.[1]) Jetzt zeigte sich die Unzweckmäßigkeit kleiner barer Silbermünzen, die man durch das Münzgesetz vom Jahre 1848 an die Stelle der bis dahin bestehenden notalen, provinziellen Silbermünzen gesetzt hatte.

Die kleinen Silberstücke waren zum großen Teil neuer

---

[1]) Wie es auch im Bericht der Währungskommission des Jahres 1864 (Gazeta de Madrid vom 18. 5. 1864) lautete, hatte man die im Münzfuß und Feingehalt den großen Stücken streng proportionalen kleinen Silberlinge an sich gerissen und exportiert.

Prägung und vollwichtig, so daß die Regierung fürchtete, sie ganz zu verlieren. Um für den Kleinverkehr Silbermünzen zu erhalten, entschloß sich der spanische Staat zu Maßnahmen gegen ihren Abfluß und ahmte hiermit wieder Frankreichs Beispiel nach.

Die französische Regierung hatte im Jahre 1861 eine Kommission ernannt, um Maßnahmen für die Einführung eines unterwertigen Silbergeldes, wie es die Schweiz erwählt hatte, zu beraten. Auch vom spanischen Staate wurden 1862 Informationen und Vorschläge von der General-Direktion der Münzstätten darüber verlangt, auf welche Weise man den Silbergeldumlauf normalisieren und die kleinen Silbermünzen in notale Stücke zurückführen könne.

Bezeichnend für die metallistischen Anschauungen der damaligen spanischen lytrischen Verwaltung ist, daß die Schaffung unterwertiger Silbermünzen ein vollständig neues Währungsgesetz gebar unter Einführung einer neuen Werteinheit. Wiewohl man tatsächlich Goldwährung hatte, glaubte man gesetzlich noch Silberwährung zu haben, da die Werteinheit in Silber dargestellt war und man von ihr die Valuta ableitete. Da man nun beschloß, die bisherige Werteinheit, den Real, in unterwertigem Silbergelde darzustellen, hielt man die Wahl einer neuen Werteinheit, die im Gehalt proportional der alten sei, für eine unerläßliche Bedingung. Der Escudo, der bisher im Metallgehalte das Zehnfache des Realen darstellte, sollte daher als Werteinheit ausgewählt werden, da er im Gehalt unverändert bleiben sollte. Die Münzdirektion erklärte in ihrem Berichte an die Regierung: „Wir befinden uns nicht mehr in den Zeiten, in denen die monetäre Einheit ein phantastischer oder imaginärer Begriff ist; zur Zeit ist die Werteinheit in allen zivilisierten Ländern eine gegebene, feste, unveränderliche Menge mehr oder weniger reinen Goldes oder Silbers. Da aber die materielle Aufrechterhaltung der Werteinheit das geheiligtste Eigentumsrecht der Untertanen eines Staates ist, muß man eine in ihrer Substanz veränderte Münze als Werteinheit aufgeben". Es sei nicht möglich, so hieß es weiter, den Real als Werteinheit beizubehalten, wenn die in Silber dargestellte Einheit nicht im Gehalte proportional den Münzen höherer Geltung sei; der unterwertige Real solle in Zukunft nur in beschränktem Maße angenommen werden und der durch seinen Metallgehalt garantierte Escudo als Werteinheit erwählt werden.

Man glaubte eben damals noch in zugewogenen Metallmengen zu zahlen und wollte die Werteinheit als bares Geld dargestellt wissen. Heute würden jene Währungsleute vielleicht erkennen, daß in durchaus zivilisierten Staaten die Werteinheit nicht in barem Gelde dargestellt ist.

Nach den Vorschlägen der Münzbehörde wurde darauf am 26. Juni 1864 ein neues Münzgesetz erlassen. Zur Werteinheit wurde der Escudo erhoben, den das Gesetz münztechnisch als „effektives“ Silbergeld mit dem Gewicht von 12,980 Gramm und dem Feingehalt von $^{900}/_{1000}$ definierte.

Es sollten nach Artikel 2 des Gesetzes Münzen aus Gold, Silber und Bronze mit folgendem Eigennamen[1]), Gewicht und Feingehalt hergestellt werden:

	Geltung		Gewicht	erlaubte Abweichung im Gewicht	Feingehalt
a. Goldmünzen.					
der Doblon de Isabel	10	Escudos	8,387 g	2,17 g pro kg	$^{900}/_{1000}$.
„ „ zu 4 Escudos	4	„	3,354 „		
„ „ „ 2 „	2	„	1,677 „		
b. Silbermünzen.					
der Duro	2	„	25,96 „	2,821 g pro kg	$^{900}/_{1000}$.
der Escudo	1	„	12,98 „		
die Peseta	0,40	„	5,192 „	4,991 g pro kg	$^{810}/_{1000}$.
die 1/2-Peseta	0,20	„	2,596 „		
der Real	0,10	„	1,298 „	9,982 g pro kg	
c. Bronzemünzen.					
der 1/2-Real	0,05	„	12,50 „	10 g pro kg	bestehend aus: 95 Teilen Kupfer, 4 Teilen Zinn, 1 Teil Zink.
der Cuartillo (1/4 Real)	0,025	„	6,25 „		
die Decima (1/10 Real)	0,01	„	2,50 „	15 g pro kg	
die halbe Decima (1/20 Real)	0,005	„	1,25 „		

[1]) Die Eigennamen aller Münzen bildeten eine Besonderheit des spanischen Geldwesens; sie fielen erst mit dem Münzgesetz des Jahres 1868 fort.

Die für die Münzherstellung zugestandene Fehlergrenze im Feingehalt betrug $^2/_{1000}$ beim Goldgelde, $^3/_{1000}$ beim Silbergelde, für Bronzemünzen 1 % des in ihnen enthaltenen Kupfers, $^1/_2$ % jedes der beiden andern Metalle.

Im Privatverkehr wurde ein Passiergewicht aufrechterhalten für alle Gold- und Silbermünzen, während die öffentlichen Kassen sämtliche Geldstücke nach der Proklamation annahmen. Rechtlich hätte wohl durch die Festsetzung eines Passiergewichtes ein schnellerer Rückzug abgeschliffener Münzen herbeigeführt werden können. Tatsächlich schuf, wie bereits erwähnt, der Staat durch sein Verhalten bis zum Jahre 1881 neues Recht, indem er abgeschliffene Münzen stets wieder ausgab. Die Folge war, daß im Privatverkehr namentlich bei Goldzahlungen die Wage häufig wieder in Kraft trat, da die Münzstätten bei abgeschliffenen Münzen stets, wenn neue dagegen verlangt wurden, den bestehenden Gewichtsverlust in Abzug brachten.[1]) Die Münzstätten wurden eben nicht als staatliche Wechselkassen aufgefaßt. Diese Wägungen der Münzen dürften sich aber für die nach diesem Gesetz hergestellten Münzen recht schwierig gestaltet haben, da die erlaubten Abweichungen im Gewicht gesetzlich nicht für das einzelne Stück, sondern für das Kilogramm festgesetzt waren.

---

[1]) Die General-Direktion der Münzen äußerte sich in ihrem Bericht an das Finanzministerium im Jahre 1862 darüber folgendermaßen:

„Es ist fast allgemein Praxis in Spanien, Goldgeld nur nach dem Gewicht anzunehmen, sodaß der Gewichtsverlust sich sukzessiv unter die verschiedenen Besitzer verteilt. Die Münzstätten ziehen den Betrag der Abnützung des Geldes proportional dem Nominalwert ab, wenn Privatleute Geld zum Umtausch einreichen; und die Privatleute erleiden den einzigen Verlust".

Dieser fast mittelalterliche Zustand hielt sich auch noch nach 1862, da der Staat nicht nur neue Münzen valutarisch behandelte. Dabei herrschten in den einzelnen Provinzen verschiedene Gewohnheiten bei Annahme von Geld mit Gewichtsmangel und beim Abzug des fehlenden Metalles.

cf. auch Vicente Orti y Brull, La cuestion monetaria, Madrid 1893, Seite 243 und 244.

Die neue Werteinheit, der Escudo, blieb als das Zehnfache der bisherigen Werteinheit bestehen. Bei den Stücken zu 1 und 2 Escudos trat platisch keine Änderung ein.

Goldgeld wurde im Gehalt um einen ganz geringen Bruchteil erhöht, da man für die Münzprägung die Gewichtseinheit des Kilogramms eingeführt hatte und die Münzen nach der kastilischen Mark nicht ganz in Übereinstimmung zu bringen waren.

Bedeutend geändert wurden Peseten, $^1/_2$-Peseten und Realen; sie wurden durch Herabsetzung des Feingehaltes von $^{900}/_{1000}$ auf $^{810}/_{1000}$ unterwertiges Geld.

Den Bimetallismus hielt man unverändert aufrecht; im Gesetzesprojekt[1]) pries ihn sogar die Regierung als einen der Faktoren, welche die produktiven Kräfte des Landes entfaltet hätten. Inwiefern der Bimetallismus, welcher doch so viele Komplikationen und Verwirrungen im Währungssystem hervorgerufen hatte, auf die Entwickelung des Landes günstig gewirkt haben sollte, darüber war man sich wohl nicht klar.

Die Münzstätten wurden angewiesen, beide Metalle zum festen Preise von 85,60 Escudos pro Kilogramm feinen Silbers, von 1324,80 Escudos pro Kilogramm feinen Goldes anzukaufen. Da zum ersten Male in Spanien jetzt von der Erhebung jeden Schlagschatzes abgesehen wurde, galt für die durch die staatlichen Münzstätten stattfindende Umwandlung von Gewichtseinheiten in Werteinheiten der gleiche Satz.[2])

Die hylogenische Norm für die Herstellung von Goldgeld lautete also: 1 Escudo = $^1/_{1324,80}$ kg feinen Goldes. Für die Herstellung von Silbergeld lautete sie: 1 Escudo = $^1/_{85,60}$ kg feinen Silbers.

Vom Schlagschatz nahm der Staat deshalb Abstand, weil er den Metallimport und die nationale Silberproduktion, welche er zu den Münzstätten ziehen wollte, anzuregen gedachte. Die

---

[1]) Gazeta de Madrid vom 18. 5. 1864.

[2]) Die Relation des Ankaufs und der Ausmünzung von Gold und Silber war demnach: 15,476 : 1.

Regierung wies bei der Einführung dieser Erleichterung auf Englands Beispiel hin, dessen Handel dieselben Freiheiten genieße[1]). Die Prägekosten für bares Geld wollte sie durch den Gewinn bei der Herstellung notalen Geldes kompensieren.

Für die Münzen zu 0,40, 0,20 und 0,10 Escudos (Peseten, $^1/_2$ - Peseten und Realen) war Silber nicht hylisches Metall. Diese Stücke wurden allein für Rechnung des Staates hergestellt. Ebenso waren die Bronzemünzen notales, nur für Rechnung des Staates zu prägendes Geld.

In der funktionellen Stellung der kleinen Silbermünzen, die in ihrem Feingehalt von $^{810}/_{1000}$ noch geringer als die kleinen Silbermünzen Frankreichs und Italiens angesetzt wurden, traten erhebliche Änderungen ein. Denn es wurde jetzt eine kritische Höhe für ihre obligatorische Annahme im Privatverkehr und im apozentrischen Verkehr im Betrage von 10 Escudos festgelegt. In ihnen finden wir die ersten silbernen Scheidemünzen Spaniens. Sie unterscheiden sich durchaus von den früheren (provinziellen) notalen Silbermünzen, die zwar unterwertig, aber Kurantmünzen waren.

Für Bronzemünzen galt hinfort die Summe von 2 Escudos als Höchstbetrag obligatorischer Annahme bei Zahlungen unter Privaten und bei ihrer Aushändigung seitens der Staatskassen. Die im Jahre 1852 eingeführte Staffelung des kritischen Betrages wurde damit aufgehoben.

Bei der Annahme von Scheidemünzen an Staatskassen wurde wieder die proportionale Beschränkung aufrecht erhalten, die eine Eigentümlichkeit der spanischen Geldverfassung bildete. Für die epizentrischen Zahlungen galt folgender Artikel des Münzgesetzes: „Die Silber- und Bronzemünzen unter einem Escudo werden bei Zahlungen für Verkäufe, Steuern und bei andern Geldleistungen an den Staat im Verhältnis von 10% resp. 5%

[1]) In England wird für Goldprägung nur ein geringer Betrag von 1 $^1/_2$ Pence pro Unze Standard-Gold abgezogen, der aber nicht als Schlagschatz, sondern nur als mäßige Vergütung für Zinsenverlust während der Ausmünzung angesehen wird.

angenommen, wenn auch der Betrag der Zahlung die für die Zwangsannahme bezeichnete Grenze überschreitet".

Gesetzlich kontingentiert oder gesperrt wurden die Scheidemünzen auch jetzt nicht. Darin lag aber wohl eine Gefahr für eine fiskalische Ausnützung des Prägemonopols seitens des stets in finanziellen Nöten schwebenden Staates.

So sehr sich damals die Einführung notaler Silberscheidemünzen als notwendig herausstellte und zu begrüßen war, so unbedingt war wohl auch die Annahmebeschränkung des notalen Geldes an Staatskassen zu verwerfen.

Man hatte eben keine im voraus berechnende Währungspolitik, sondern wollte stets die Zwangslage entscheiden lassen. So erklärte die Regierung, man brauche von den neuen Silberscheidemünzen keinen Einfluß auf die Preise zu befürchten, wenn ihre Annahme unter Privaten beschränkt sei. Für den Moment aber, wo sie übermäßig zirkulierten und sich die fern liegende Möglichkeit der Entwertung zeigen sollte, biete ihnen die 10% Akzeptation der öffentlichen Kassen eine Zuflucht. Wie ungünstige Wirkungen diese prozentuelle Annahme staatlichen Geldes an öffentlichen Kassen aber haben konnte, hatten dem Publikum die beim Papier- und Kupfergelde gemachten Erfahrungen gezeigt.

Eine weitere Inkonsequenz der damaligen lytrischen Verwaltung lag aber darin, daß sie endgültig das Dezimalsystem im Münzwesen zur Anwendung zu bringen gedachte, die ihm widerstrebenden alten Cuartos und Maravedis jedoch nicht verrief. Der nach Gesetz in 100 Centimos geteilte Escudo war im Jahre 1848 auf 85 Cuartos oder 340 Maravedis festgelegt, so daß 1 Centimo vom Escudo $^{85}/_{100}$ Cuartos oder $3^{4}/_{10}$ Maravedis bildete.

Da also eine Äquivalenz der kleinsten Stücke nicht bestand, wurde 1865 durch königliche Verordnung der Escudo für den staatlichen Verkehr und öffentliche Dokumente in 1000 Milesimas geteilt. Aber auch diese Berechnung war für den Zahlungsverkehr sehr hinderlich, denn die kleinste real darstellbare Münze des neuen Systems betrug 5 Milesimas vom Escudo, so daß nur das exakte Vielfache davon bei zentrischen Zahlungen saldiert werden konnte. Da man aber genaue Reduktionstabellen aufzustellen unterließ, wurde der Zahlungsverkehr bei den unendlich vielen kleinen Zahlungen (wie Brücken- und Wegezoll, Postmarkenhandel, Tabakpachten und Lotteriezahlungen) sehr verwickelt und verwirrt. Man hatte drei Rechensysteme im Geldwesen; die Staatskassen rechneten nach Milesimas vom Escudo, den Münzen war die Geltung in Centimos vom Escudo aufgeprägt, der Handel und Verkehr rechnete nach Maravedis, Cuartos und Realen weiter.[1])

Die Mannigfaltigkeit der Münzen wurde durch die neuen Typen wieder beträchtlich vermehrt. Ein Einzug alter Geldstücke fand kaum statt, nur alte Kupfermünzen wurden durch stillen Einzug etwas vermindert, hatten aber noch Jahrzehnte lang eine weite Verbreitung.

Das neue Münzgesetz rief in dem Geldsystem Spaniens die bedeutende Änderung hervor, daß es die recht zweckmäßigen Silberscheidemünzen schuf, gegen welche die Metallisten Spaniens jedoch laut ihre Stimme erhoben. Sie sprachen vom falschen neuen Silbergelde und wiesen auf die Regierungen des Mittelalters hin, die so oft die Münzen verschlechtert hätten. Sie sahen nicht ein, daß man allein durch die kluge Wahl unterwertigen Silbergeldes dieses im Lande halten konnte.

Eine bedeutende Ausfuhr von Duros und Escudos, die bares Geld blieben, fand auch noch weiter, namentlich im Jahre 1864, statt. Hierin zeigte sich, daß man wohl am besten getan hätte, sämtliches Silbergeld zur notalen Scheidemünze zu machen. Denn was frommte den großen Silberstücken die Barverfassung, wenn sie wegen hoher Silberpreise kaum geprägt wurden und wenn die wirklich geprägten Stücke nach dem Plattenwerte verkauft wurden?

Notale Silber- und Kupfermünzen gewannen jetzt einen großen Umfang in der Zirkulation des Landes. Die Regierung stellte an Silbermünzen in der Zeit von 1864—1868 fast nur

---

[1]) Joaquin María Sanromá, La cuestion monetaria en España, S. 13.

Scheidemünzen her und ersteigerte das dazu erforderliche Silbermetall meist im eigenen Lande, wobei sie den Silberproduzenten Preise bis zu 89 Escudos pro Kilogramm fein gewährte. Da man aber aus dem Kilogramm feinen Silbers nur 85,60 Escudos an baren Silbermünzen ausprägte, wurden naturgemäß von Privaten kaum Silberbarren zur Münze gebracht.

Die Münzprägungen stellten sich in der Zeit vom 1. Juli 1864 bis zum 1. Juli 1868 auf

ca. 68,4 Millionen Escudos in Goldgeld,
„ 30 „ „ „ Silbergeld,
„ 13 „ „ „ Kupfergeld.

Während nun aber im kleinen und mittleren Verkehr notale Geldarten vorherrschten, fanden Zahlungen im Großverkehr ganz überwiegend in barem Goldgelde statt. Goldgeld wanderte von Hand zu Hand [1]) und wurde von sogenannten „chalequeros“ (Leuten mit besonders für den Geldtransport gearbeiteten Westen mit großen Taschen) im Lande hin und her geschleppt. Giro- und Scheckverkehr war in Spanien in den 60er Jahren noch fast unbekannt.

Um so mehr machte sich der Mangel eines papyroplatischen Zahlungsmittels, das im ganzen Lande gesetzlichen Kurs gehabt hätte, geltend, denn der Goldtransport war mit bedeutenden Unkosten verknüpft. Die Banknoten erfüllten nämlich den Dienst von Zahlungsmitteln wegen ihrer lokalen Beschränkung nur in sehr unvollkommener Weise; sie kamen auch im lokalen Verkehr zunächst nur für den Großhandel in Betracht, da die kleinste Banknote durch Bankgesetz vom 4. Mai 1849 auf den Betrag von 500 Realen gesetzlich festgelegt war.

Das gleiche Gesetz hatte zwar schon eine Vereinigung der spanischen Ferdinandsbank mit den andern beiden Notenbanken von Cadiz und Barcelona und eine Filialengründung seitens der Ferdinandsbank verfügt, es war aber weder zur Zentralisation noch zur Errichtung von Filialen gekommen, so daß die drei

---

[1]) Cf. Barthe y Barthe, Estudio critico de la crisis monetaria, Madrid 1905, S. 26.

Notenbanken getrennte Zahlgemeinschaften blieben, deren Zahlungsmittel der Staat gewohnheitsmäßig akzeptierte, ohne eine rechtliche Verpflichtung dazu übernommen zu haben.

Die Ferdinandsbank wurde vom Staate besonders begünstigt, andererseits aber auch stets mit Vorschüssen in Anspruch genommen. Durch Bankgesetz vom 15. Dezember 1851 wurde sie mit einem Kapital von 120 Millionen Realen reorganisiert und zur Emission von 120 Millionen Realen Banknoten berechtigt. Um den Banknoten eine größere Garantie zu geben, schrieb das neue Gesetz neben der beibehaltenen Dritteldeckung in Metall eine weitere Zweidritteldeckung von leicht innerhalb von 90 Tagen realisierbaren Werten vor. Die unter Aufsicht eines vom Staate ernannten Gouverneurs gestellte Bank erhielt das Notenprivileg für 25 Jahre.

Ihr Geschäftskreis bestand laut Gesetz im Diskont-, Giro-, Lombard-, Kontokorrent-, Depositengeschäft und in Geschäften mit der Regierung und den einzelnen dazu autorisierten Verwaltungen. Verboten waren ihr speziell ungedeckte Vorschüsse, Beleihung ihrer eigenen Aktien und der Handel in Staatspapieren. Ferner wurde sie zur wöchentlichen Publizierung ihrer Notenzirkulation, der Depositen- und Kontokorrentschulden wie der Metall- und sonstigen Deckung verpflichtet.

Die Inhaber von Banknoten sollten nach Artikel 10 des Gesetzes ebenso wie die Depositare die Stellung von Bankgläubigern auf Grund freiwillig hinterlegter Depositen haben.

Die gleichen gesetzlichen Bestimmungen galten für die Notenbanken von Cadiz und Barcelona. Die Notengrenze der Bank von Barcelona hatte man auf 40 Millionen Realen belassen, die der Bank von Cadiz auf den Betrag von 50 Millionen Realen herabgesetzt.

Eine vollständige Dezentralisation des Banknotenwesens fand nun durch das Freibankgesetz vom 28. Januar 1856 [1]) statt.

War bisher durch Gesetz vom 28. Januar 1848 die Notenbankgründung und der Betrag der zu emittierenden Noten von

[1]) Leyes organicas del Banco de España, Madrid 1907, S. 12.

der Bewilligung der Cortes abhängig, so konnten jetzt neben den drei bestehenden Notenbanken in den Provinzialhauptstädten und an andern wichtigen Orten neue Emissionsinstitute kraft einfacher königlicher Verordnungen zugelassen werden. Die spanische Ferdinandsbank bekam jetzt den Namen Bank von Spanien und erhielt zunächst freigestellt, an den größeren Orten Filialen innerhalb eines Jahres zu errichten. Da die Bank von Spanien aber Zweiganstalten nicht schuf, wurden an den bedeutenderen Plätzen des Landes private Notenbanken gegründet.

Sämtliche Notenbanken erhielten durch das Freibankgesetz dieselben Privilegien wie die Bank von Spanien; das Gesetz gestand ihnen wie dieser eine Notenemission gleich dem dreifachen Betrag ihres Aktienkapitals zu. Dagegen wurden sie auf die Art der Geschäfte und die gesetzliche Deckung, welche bisher für die Bank von Spanien maßgebend war, verpflichtet.

Zu Geschäften mit der Regierung wurden sie sämtlich berechtigt, doch sollten sie niemals dem Staate Vorschüsse ohne solide und leicht realisierbare Garantien und auch nicht in höherem Betrage, als ihr Aktienkapital betrug, leisten.

Durch den Eintritt des Staates in den Kundenkreis sämtlicher Notenbanken wurden die Noten staatliche Zahlungsmittel, sie blieben aber usuelles Geld und genossen keinen gesetzlichen Kassenkurs. Außerdem war die Annahme von Banknoten an staatlichen Kassen nur auf den lokalen Bezirk der einzelnen Notenbanken beschränkt, und ein gegenseitiger Notenumtausch der einzelnen Institute wurde nicht eingerichtet.

Um den Banknoten aber wenigstens innerhalb des lokalen Bezirkes eine größere Basis zu verschaffen, hatte das Gesetz vom 28. Januar 1856 die bisher kleinste Note von 500 Realen auf 100 Realen herabgesetzt. Die Noten sollten andererseits nicht über den Betrag von 4000 Realen hinausgehen. Innerhalb dieses Spielraumes sich haltend, gaben die Banken Noten in der Stückelung von 100, 200, 500, 1000, 2000 und 4000 Realen aus.

Neben den Banken:

von Spanien	mit einem	Kapital	von	120	Millionen	Realen,
von Barcelona	„ „	„ [1])	„	20	„	„
von Cadiz	„ „	„	„	15	„	„

entstanden nun folgende 18 lokale Notenbanken:

die Bank von:

Malaga	mit einem	Kapital	von	20	Millionen	Realen,
Sevilla	„ „	„	„	18	„	„
Bilbao	„ „	„	„	8	„	„
Santander	„ „	„	„	5	„	„
Valladolid	„ „	„	„	6	„	„
Zaragoza	„ „	„	„	6	„	„
Coruña	„ „	„	„	4	„	„
Jerez de la Frontera	„ „	„	„	3	„	„
San Sebastian	„ „	„	„	3	„	„
Reus	„ „	„	„	$2^1/_2$	„	„
Burgos	„ „	„	„	4	„	„
Pamplona	„ „	„	„	$4^1/_2$	„	„
der Banko Balear	„ „	„	„	4	„	„
Oviedo	„ „	„	„	4	„	„
Palencia	„ „	„	„	4	„	„
Santiago	„ „	„	„	3	„	„
Tarragona	„ „	„	„	5	„	„
Vitoria	„ „	„	„	4	„	„

Bis zum Ende des Jahres 1864 waren 21 Notenbanken mit einem Kapital von ursprünglich 263 Millionen Realen gegründet, das sich bis zum Schluß des Jahres 1867 noch um 11 Millionen Realen erhöhte.

Wiewohl sich nun im Jahre 1856 die Gesamtnotenemission

---

[1]) Maßgebend für den Betrag der Höchstemission von Noten waren die hier angeführten effektiv eingezahlten Kapitalien. Verschiedene Banken besaßen ein höheres Nominalkapital. Dieses betrug

bei der Bank von	Barcelona	40	Millionen	Realen,
„ „ „ „	Cadiz	50	„	„
„ „ „ „	Malaga	20	„	„
„ „ „ „	Sevilla	18	„	„

infolge des Kreditbegehrs der damals neu gegründeten industriellen Aktien-Gesellschaften stark gesteigert und um etwa 200 Millionen Realen zugenommen hatte, stellte sich seitdem der Notenumlauf in der Zeit von 1856—1874 fast konstant auf 400 Millionen Realen und ging im Laufe der Zeit eher zurück als vor. Bis zur gestatteten Notenemission des dreifachen Aktienkapitals ist in dieser Zeit der Notenumlauf niemals auch nur annähernd gelangt.

Die Gesamtzirkulation betrug z. B.:

am 31. Juli	1858 . . .	368	Millionen	Realen,
„ 31. Dezember	1859 . . .	397	„	„
„ 31. „	1867 . . .	427	„	„
„ 31. Januar	1874 . . .	400	„	„

Diese Zahlen beweisen uns, wie wenig die Banknoten in der Zeit von 1856—1874, der Zeit der Dezentralisation des Notenbankwesens, verbreitet waren. Nach den Berechnungen von Barthe y Barthe sollen am Ende des Jahres 1859 von den Umlaufsmitteln 60 Realen Goldgeld, 36 Realen Silbergeld, 26 Realen Banknotengeld auf den Kopf der Bevölkerung gekommen sein. Am Schluß des Jahres 1867 soll der Metallgeldumlauf etwa 220 Realen pro Kopf, die Notenzirkulation nur 26 Realen pro Kopf betragen haben.

Die Gründe für die geringe Verbreitung der Banknoten waren verschieden. Einmal war ihre lokale Beschränkung das größte Hindernis für ihre Ausdehnung; man brachte den Noten der Lokalbanken, welche man nicht kannte, das stärkste Mißtrauen entgegen und nahm sie allenfalls mit einem Disagio an. Die lokale Beschränkung wurde aber selbst für die an Filialplätzen der Bank von Spanien kursierenden Noten aufrecht erhalten; denn die Bank von Spanien hatte schließlich im Jahre 1858 an zwei größeren Orten, in denen die private Initiative nicht zur Bankgründung geschritten war, in Alicante und in Valencia, Filialen errichtet. Für die Bank von Spanien und ihre Filialbanknoten war gesetzlich bestimmt worden, daß die Zentralbank in Madrid die Filialen mit ihren Noten versorgen, daß aber die Filialen die in Zirkulation zu setzenden Noten mit ihrem Domizilvermerk versehen und nur zur Einlösung dieser „billetes habilitados" verpflichtet sein sollten.

Ein weiterer Hemmungsgrund für die Ausdehnung der Notenzirkulation war die oft sehr unsichere Deckung. Wiewohl die Notenbanken unter Aufsicht königlicher Kommissare standen, deren spezielle Aufgabe es war, auf die gesetzmäßige Deckung zu achten, verstießen sie teilweise gegen die Deckungsvorschriften und gegen das Bankgesetz. Mehrere von ihnen ließen sich in die gewagtesten Spekulationsgeschäfte ein, beliehen Aktien unsicherer Gesellschaften und diskontierten faule Wechsel. Infolge riskanter Geschäfte und Festlegung ihrer flüssigen Mittel sahen sich die Banken von Cadiz, Valladolid und Sevilla gezwungen, die Einlösung ihrer Noten zu verweigern, die darauf ein unglaubliches Disagio bekamen. Die Noten der Bank von Cadiz erhielten ein Disagio von 50 % im November 1866, die der Banken von Sevilla und Valladolid ein Disagio von 14 %. Wegen der Verstöße gegen das Bankgesetz wurden fünf von den Notenbanken, die von Cadiz, Valladolid, Sevilla, Palencia und Burgos in den Jahren 1866 und 1867 liquidiert.

Das Mißtrauen des Publikums gegen Banknotengeld war infolgedessen sehr stark und übertrug sich auch auf die Zahlungsmittel derjenigen Institute, die sich im Rahmen der ihnen vorgeschriebenen Geschäfte hielten.

Auch die Bank von Spanien gehörte zu denjenigen Banken, welche zeitweise die Noteneinlösung einstellen mußten, wozu namentlich zwei Umstände beigetragen hatten. Seit dem Ende der 50er Jahre war in Spanien ein gewaltiges Gründungsfieber eingerissen, merkantile und industrielle Gesellschaften schossen aus dem Erdboden und führten zu einer Überspannung des Kredites.[1]) Eine Geldkrisis brach darauf im Jahre 1864 mit aller Schärfe aus und führte dazu, daß der Bank von Spanien vom Januar bis Ende Juni 1864 400 Millionen Realen an Metallgeld entzogen wurden.

---

[1]) cf. Vicente Vazquez Queipo, La crisis monetaria española (seguida de brevísimas indicaciones sobre el Banco Nacional), S. 41 und 42, Madrid 1866.

Ferner nötigte der Staat im Juni 1864 die Bank von Spanien zu Vorschüssen von 500 Millionen Realen gegen Hinterlegung von schwer realisierbaren Hypothekarbillets auf eingezogene Nationalgüter.

So mußte die Bank, dadurch ihres Barschatzes beraubt, am 21. Juni 1864 die Einlösung der Banknoten verweigern. Das ganze Kreditsystem wurde infolgedessen in Madrid erschüttert, die Bank mußte ihren Diskont bis auf 9% steigern und endlich die Annahme von Wechseln zwecks Diskontierung ganz ablehnen. Ein vollständiger Anarchismus in der Valuta war die Folge, denn die Regierung erhob diesmal nicht wie im Jahre 1848 die Banknoten der Bank von Spanien zu gesetzlichen Zahlungsmitteln im ganzen Reiche, im Gegenteil, sie verbot ausdrücklich den Staatskassen außerhalb Madrids die Annahme der Banknoten der Bank von Spanien. Hierdurch wurden die Noten nur in Madrid valutarisch und obligatorisch; hier konnte man sie zu Zahlungen an den Staat oder an die Bank verwenden.

Die Wechselkurse gingen darauf in Madrid aus ihrer natürlichen Bahn, und das akzessorische Gold- und Silbergeld erhielt ein positives Agio, das in den Jahren 1864—1866 zwischen 2—4% schwankte. Im kleinen, täglichen Verkehr machten sich infolge der Größe der Banknoten, die in den kleinsten Stücken auf 100 Realen lauteten, empfindliche Störungen bemerkbar.[1]) Die Angestellten, Soldaten, Handwerker und Lieferanten, welche Banknoten erhielten und zur Bestreitung ihrer täglichen Bedürfnisse kleines Geld brauchten, mußten gegen Aufgeld sich metallene Zahlungsmittel verschaffen.

Das Zahlungsversprechen, mit welchem sich die Banknoten in Spanien stets präsentierten, war unwirksam geworden, und Versuche, die Bank zu bewegen, Anleihen im Auslande aufzunehmen und dann die Barzahlungen wieder herzustellen, scheiterten.

So strengte z. B. der Marqués de Santa Marta eine Klage gegen die Bank von Spanien an. Er hatte einen Betrag von

---

[1]) Queipo, La crisis monetaria española (1866), S. 37.

200000 Realen in Banknoten protestieren lassen und klagte auf Zahlung dieser Summe plus 6 % Zinsen vom Protesttage an, da er die Banknoten wegen des Zahlungsversprechens, das sich auf der Note zeigte,[1] als privilegierte Wechselbriefe ansah.[2]

Natürlich hatte der Marqués mit seiner Klage keinen Erfolg, denn der Staat als Gerichtsherr konnte die Bank, welche er selbst in den Zustand der Zahlungsunfähigkeit versetzt hatte, nicht zur Einlösung zwingen.

Erst Ende des Jahres 1866 nahm die Bank von Spanien die Noteneinlösung wieder auf, je nachdem die vom Staate hinterlegten langsichtigen Hypothekarscheine auf Nationalgüter eingingen. Sie beschränkte jedoch vorläufig den Wechsel der Noten in Metallgeld auf den Betrag, den nach ihrer „klugen Berechnung der Bedarf und Verkehr in Madrid erforderte". So hieß es euphemistisch in der Regierungsverfügung, durch welche sie noch im Jahre 1866 ermächtigt wurde, in bestimmten Fällen die Noteneinlösung zu verweigern.

Im Jahre 1867 — der Zeitpunkt steht nicht genau fest — soll die Bank von Spanien die Einlösung ihrer Noten in Goldgeld wieder aufgenommen haben. Goldgeld wurde damit wieder im ganzen Reiche valutarisches Geld.

Infolge der großen Mängel, welche das Banknotenwesen aufwies, waren auch in den folgenden Jahren die Banknoten der Mißachtung ausgesetzt und wurden, da sie ja fakultatives Geld waren, häufig im Privatverkehr durch besondere Zahlungsklauseln ausgeschlossen; oder man schloß Kontrakte auf Lieferung besonderer Münzarten ab.

Wie wir gesehen haben, gab es in der Periode 1848—1868 keine einheitliche lytrische Verwaltung, keine Zentralbank, welche die Regelung des Geldwesens in die Hand nahm.

---

[1]) Die Banknoten enthielten folgenden Passus: „Die Bank von Spanien zahlt dem Inhaber in effektivem Gelde die Summe von . . . Realen".

[2]) Vgl. die Schriften: „Cambio de billetes del Banco de España, consideraciones del Marqués de Santa Marta, Madrid 1866" und „Cambio de billetes del Banco de España. Informe que acerca de esta cuestion emiten los Abogados N. N., Madrid 1866".

Wenn trotzdem, abgesehen von der Krisenzeit der Jahre 1864—1866, die Barzahlungen aufrecht erhalten und die Wechselkurse gegen Frankreich und England automatisch reguliert werden konnten, so lag dies an den nicht ungünstigen pantopolischen Verhältnissen. Zwei im entgegengesetzten Sinne wirkende Faktoren waren es namentlich, welche die spanische Valuta und die intervalutarischen Kurse beeinflußten: der im Ganzen ungünstige Warenhandel mit dem Auslande und die großen Kapitalienübertragungen aus Frankreich.

Der Warenhandel und Auslandsabsatz spanischer Produkte war von 1850—1864 durchschnittlich sehr gering; der Mangel an Verbindungsmitteln war ein großes Hindernis für die Entfaltung der reichen Kräfte des Landes.

Wenn nun die Warenhandelsbilanz allein auf die Gestaltung der Valuta Einfluß gehabt hätte, so wären mehr Zahlungsmittel in Metall abgeströmt als zugeflossen, denn der Auslandshandel wies in den Jahren 1850—1864 einen Warenimportüberschuß von 2967 Millionen Realen auf. Sämtliches bare Geld hätte dann wohl das Land verlassen. Es kamen jedoch immer mehr fremde Zahlungsmittel nach Spanien, als spanische außer Landes gingen. Der Edelmetallimport betrug 1850—1864 rund 1496 Millionen Realen, der Edelmetallexport etwa die Hälfte, 751 Millionen Realen.

Eine große Wirkung auf die stärkere Einfuhr von Kapitalien übten die Gründungen von Eisenbahn-Aktiengesellschaften, deren Fonds fast ausschließlich in Frankreich aufgebracht wurden. Durch das Generalgesetz über die Eisenbahnen vom 3. Juni 1855 war nämlich die Anlage und der Betrieb von spanischen Eisenbahnen vollständig Privatunternehmern überlassen worden. Bei der Passivität und Indifferenz spanischer Kapitalisten begannen nun die Franzosen den Bau der Haupteisenbahnen des Landes. Die Kapitalien für die beiden größten, noch heute vollständig von französischen Kapitalisten abhängigen Eisenbahn-Gesellschaften wurden zum großen Teil in Form von Devisen und Metallgeld aus Frankreich nach Spanien transportiert. Durch königliches Dekret vom 26. Januar 1857 wurde die Gründung der Madrid-Zaragoza-

Alicante-Bahn-Gesellschaft mit einem Kapital von 456 Millionen Realen (120 Millionen Franken), durch Dekret vom 18. Dezember 1858 die Gründung der spanischen Nordbahngesellschaft mit einem Kapital von 380 Millionen Realen (100 Millionen Franken) autorisiert. Beide Gesellschaften nahmen größere Anleihen bei französischen Häusern auf und hatten bis zum Ende des Jahres 1867 2334 Millionen Realen nach Spanien übertragen.

Infolgedessen hatte Spanien, wiewohl es sich tatsächlich stark an Frankreich verschuldete, lange Jahre nicht ungünstige Wechselkurse Frankreich gegenüber. Die dauernde Zahlungsbilanz Spaniens wurde allerdings durch die Erhöhung der an das Ausland zu entrichtenden jährlichen Zinsen stark verschlechtert, und schon damals wurde der Grund zu der hohen Verschuldung Spaniens und zu den sich im späteren intervalutarischen Kurse äußernden ungünstigen Verhältnissen gelegt.

Auch der Staat hatte eine größere Kapitalienübertragung aus Frankreich und England veranlaßt. Im Jahre 1856 hatte er eine 3%ige Auslandsanleihe von 754 Millionen Realen aufgenommen, wofür 300 Millionen effektiv nach Spanien kamen.

Der Debetsaldo der Warenhandelsbilanz wie der ins Ausland zu zahlende Betrag für Zinsen wurde in dieser Weise reichlich durch neuen Geldzufluß kompensiert. Das ins Land strömende Geld bestand aber, wie aus den Münzprägungen hervorgeht, zum weitaus größten Teile in Gold.

Aus dem ständigen Kapitalzufluß aus Frankreich ist es auch wohl nur erklärlich, daß während der Geldkrisis und der valutarischen Herrschaft des Papiergeldes in Madrid (während der Jahre 1864—1866) das silberne und goldene Kurantgeld ein verhältnismäßig so geringes Agio von 2—4% erhielt und daß der Madrider Wechselkurs wenig fiel.

Vor und nach der Geldkrisis aber hatte man in Spanien im baren Metallgelde ein Mittel zur Beeinflussung der intervalutarischen Kurse gegen Frankreich und England und konnte sie durch Metallgeldsendungen automatisch regulieren.[1])

[1]) Einige Madrider Wechselkurse mögen den damaligen Stand der spanischen Valuta veranschaulichen. Die Wechselkurse auf Paris (8 Tage)

Der Goldtransport zwischen Spanien und Frankreich wie zwischen Spanien und England konnte, da nach dem Jahre 1861 in allen drei Ländern Goldgeld valutarisch war, eine annähernde Befestigung der intervalutarischen Kurse erzielen.

Spanien gehörte bis zum Jahre 1868 noch zu den goldreichsten[1]) Ländern der Welt, Goldgeld schwamm jedoch im Lande umher. Wie viel mehr Nutzen dem Lande eine rechtzeitige Ansammlung des Goldes in einer Zentralwährungskasse und eine Verwendung des Goldes nur für den Auslandsverkehr, dagegen eine geschickte und richtige Verwaltung und Emission notalen Banknotengeldes im Inlande hätte gewähren können, sollte die Entwickelung der Valuta bis zur Neuzeit zeigen.

---

und auf London (90 Tage) stellten sich bei einem als Wechselpari betrachteten Stande

	von 5,19 Frcs. = 1 Peso		von 50,20 Pence = 1 Peso
am 30. 6. 65	5,10	während der Krisis	49,05
31. 12. 65	5,04		48,80
30. 6. 66	4,85		47,50
30. 12. 66	5,16	nach der Krisis	49,70
31. 6. 67	5,20		50,—
31. 12. 67	5.14		49,25
30. 6. 68	5,20		50,—

(Gazeta de Madrid.)

[1]) Wenn wir die Prägungen seit dem Jahre 1823 in den jetzt bestehenden Pesetenfuß umrechnen, so waren 1823—1868 geprägt:

824 413 860 Peseten Goldmünzen
219 799 209 „ Silbermünzen.

Dazu zirkulierten aus der Zeit vor 1823 noch viele Münzen, namentlich Goldmünzen. Von einem Export von Goldgeld in größerem Maßstabe während dieser Jahre wird aber nirgends berichtet.

III. Kapitel.

DIE ENTWICKELUNG DER WÄHRUNG IN DER ZEIT VON 1868—1883.

§ 10.

DIE GRUNDSÄTZLICHE NACHAHMUNG DER MÜNZGESETZLICHEN BESTIMMUNGEN DER LATEINISCHEN UNION.

Seit der ersten Weltausstellung in London vom Jahre 1851 hatte sich in den kultivierten Nationen ein lebhaftes Verlangen nach Einheit der Gewichte, Maße und Münzen bemerkbar gemacht.

Auch in Spanien gewannen diese Bestrebungen immer mehr Anhänger. Hatte man schon Maße und Gewichte mit den von Frankreich erwählten Maß- und Gewichtseinheiten in Übereinstimmung gebracht, so glaubte man nach dem Abschluß der lateinischen Münzkonvention vom 23. Dezember 1865, wiewohl man erst im Jahre 1864 ein nationales, neues Münzsystem eingeführt hatte, durchaus zur Münzeinheit mit den östlichen Nachbarn vordringen zu müssen. In der Presse und im Parlamente wurden die Rufe nach Anschluß an die lateinische Union laut. Man ging jetzt dem chimärenhaften Gedanken eines allgemeinen Weltgeldes nach. Frankreichs Vorgehen nährte solche Ideen.

Im Dezember 1866 lud nämlich die französische Regierung sämtliche Staaten Europas und die Vereinigten Staaten von Amerika zur Beschickung einer während der allgemeinen Weltausstellung in Paris im Juni 1867 abzuhaltenden internationalen Münzkonferenz ein. Der ausgesprochene Zweck dieser Konferenz war, Mittel und Wege zu einer allgemeinen Münzvereinigung zu beraten, die man auf der Basis des Münzsystems der lateinischen Union ausbilden wollte.

Die spanische Regierung zeigte damals große Geneigtheit, der Union beizutreten, und der Bevollmächtigte Spaniens auf der von 20 Staaten beschickten Münzkonferenz gab Aussichten auf baldigen Eintritt seines Landes in die Münzunion.

Man versprach sich in Spanien davon eine bedeutende Belebung des Handels und glaubte, schon durch Einführung synchartaler Münzen würden Wechselkursschwankungen gegen die Unionsländer aufhören.

Einsichtigere Währungspolitiker waren bei der damaligen Lage des spanischen Geldwesens gegen den Eintritt in die lateinische Münzunion. Der Senator Vazquez Queipo, Mitglied der ständigen Währungskommission, erhob in Wort und Schrift[1]) Einwendungen gegen den Anschluß Spaniens an die Union. Den Metallisten, welche vom Synchartismus mit den Konventionsländern die gleichen Vorteile wie von der Adoption des französischen Maß- und Gewichtssystems erhofften, hielt er Folgendes entgegen: „Liter und Kilogramm repräsentieren an allen Orten eine absolute Größe, während der Frank als Werteinheit an verschiedenen Orten eine ungleiche Kaufkraft besitzt.“ Qualität, Gewicht und Feingehalt des Franken, so argumentierte er weiter, könne man festsetzen, nicht aber seinen Kurs andern Ländern gegenüber, der von Angebot und Nachfrage abhänge. Materielle Gleichheit des Geldes mit den Konventionsländern könne wohl einige Vorteile, bequemeren Reiseverkehr, leichtere Berechnung des äußern Agios in einfachen Zahlen und leichtere Regulierung der Wechselkurse infolge Wegfalles des Schlagschatzes, niemals aber absolute Festigkeit der für den Wechselkurs erwählten Einheit (fijeza absoluta de la unidad cambiable) bringen. Es sei daher eine Illusion, die man sich allgemein von den ungeheuren

---

[1]) La cuadruple convencion monetaria en su origen, objeto, ventajas e imposibilidad actual de su adopcion en España. Coleccion de articulos publicados en «La Reforma» por Vicente Vazquez Queipo, Madrid 1867.

Vorteilen mache, welche die Gleichheit des Münzsystems aller Länder der Welt im Gefolge haben solle.

Gegen den Anschluß Spaniens an die Münzunion sprachen nach seiner Meinung folgende Gründe. Es war vorauszusehen, daß beim Synchartismus mit den Unionsländern Spanien leicht in die Geld- und Handelskrisen Frankreichs, der Vormacht im Bunde, verstrickt werden und solidarisch mit den andern Konventionsländern darunter leiden könnte. Wenn man in Frankreich durch Überführung synchartalen Geldes aus Spanien nichts mehr durch Schlagschatz verlor, konnten die Franzosen viel leichter auf spanisches Geld zurückgreifen. Hatte doch in ähnlicher Weise Frankreich der Schweiz in den Jahren 1856—1859 ihr Silbergeld entzogen, so daß die Schweiz im Jahre 1860 unterwertige Silbermünzen einführte, um ein Abströmen des Silbers nach Frankreich zu verhindern. Ebenso war Belgien seines Silbers von Frankreich beraubt und mit französischem Goldgelde überschwemmt worden.

Außerdem hätten die Umprägungen der vielen alten spanischen Münzen einen Zeitraum von 15 Jahren beansprucht, und für diese abgeschliffenen Münzen kam eine Akzeptation seitens der Konventionsländer nicht in Betracht.

Vazquez Queipos Einwände gegen den Beitritt zur Münzunion wurden in Spanien aber wenig beachtet, da die metallistischen Anschauungen über die Vorzüge materieller Gleichheit von Münzen in Spanien durchweg verbreitet waren. Die spanische Regierung war, da auch Österreich Anschluß an die Münzunion suchte und Acht- und Vierguldenstücke aus Gold in Übereinstimmung mit dem Münzfuß der Unionsländer neu ausprägte, zum Eintritt in die Union bereit.

Da aber die Pariser Münzkonferenz resultatlos verlief und England, Rußland, Österreich, Preußen und die Vereinigten Staaten sich dem Münzbunde nicht anschlossen, vertagte man in Spanien einen eventuellen Eintritt, bis sich England und Portugal in dieser Frage entschieden hätten. Englands und Portugals Verhalten sollte zunächst für Spanien in dieser Frage bestimmend sein, da dies die beiden Länder einer reinen Goldwährung waren, Spaniens Bargeldumlauf aber größtenteils aus Gold bestand und sich am ehesten der Metallgeldzirkulation beider Länder näherte.

Man wartete jedoch in Spanien den Entschluß der Goldländer nicht ab und adoptierte das Münzsystem der lateinischen Union durch Dekret vom 19. Oktober 1868.

Zur Lösung brachte den bisherigen Schwebezustand die große September-Revolution des Jahres 1868. Die Revolution, welche zur Entfernung der Königin Isabella II. vom Throne führte, machte tabula rasa mit den meisten bestehenden administrativen Einrichtungen. Wie man damals alle Bande zerriß, welche an die bisherige klerikal-feudale Kamarillaregierung erinnerten, so wollte man im Münzwesen alles entfernen, was an das alte Regiment erinnerte. Die bourbonischen Lilien sollten für immer von den Münzen verschwinden und durch die Spanien darstellende Frauenfigur ersetzt werden. Daher sollte eine allgemeine Münzumprägung stattfinden.

Dieser rein äußerliche und nur die numismatische Seite des Geldwesens betreffende Grund einer Reform des Münzwesens gab aber gleichzeitig Gelegenheit, währungspolitische Pläne ins Werk zu setzen.

Man glaubte aus politischen, finanziellen und namentlich aus handelspolitischen Gründen möglichst schnell im Münzsystem die Grundlagen der Geldverfassung der in der lateinischen Union verbundenen Länder erwählen zu müssen.

Das Dekret vom 19. Oktober 1868 [1]) sprach diesen Gedanken in folgenden Worten aus: „Die ökonomischen Vorteile der Übernahme des Münzsystems der lateinischen Konvention sind zu beträchtlich, als daß man an ihrem Nutzen zweifeln kann. Alles, was den Handel und die Beziehungen der Völker untereinander erleichtert, bildet einen unermeßlichen Vorteil, denn es legt den Samen zum Reichtum, hebt die Lebensbedingungen des Bürgers und kräftigt die Zivilisation und die Freiheit. Indem Spanien

[1]) Col. legislativa, Jahrg. 1868 und Traductor monetario etc. von Sanlucar de Barrameda, Madrid 1870.

die Geldtypen der internationalen Konvention adoptiert, öffnet es seine Arme seinen europäischen Brüdern und gibt einen neuen klaren Beweis seines unerschütterlichen Entschlusses, sich mit ihnen zu vereinen. So will es in den Kongreß der freien Nationen eintreten, von dem es so lange eine törichte Politik und der routinierte Empirismus der bisherigen Regierungen fern gehalten hat".

Der in dem Revolutionsjahr in Spanien wieder mächtig hervorbrechende Gedanke der Freiheit, Gleichheit und Brüderlichkeit ließ der damaligen provisorischen Regierung eine gleiche, gemeinsame Geldverfassung aller Länder als Ideal erscheinen.

Man versprach sich, da man in Geldfragen durchaus nicht klar sah, vom Synchartismus feste intervalutarische Kurse und infolgedessen Hebung der kommerziellen Beziehungen zum Auslande. Man sah aber nicht ein, daß beim Synchartismus nur dann Wechselkursschwankungen verringert seien, wenn die durch Staatsvertrag verbundenen Staaten dieselbe Geldart valutarisch behandelten. Daß aber dazu wenig Aussichten waren, mußte Italiens Beispiel zeigen, dem im Jahre 1866 schon die Kraft fehlte, Metallgeld weiter valutarisch zu behandeln.

Spanien wollte jedoch nicht sofort im Revolutionsjahr 1868 der lateinischen Konvention beitreten und sich nicht den Verpflichtungen der Verträge Frankreichs, Belgiens, Italiens und der Schweiz unterwerfen. Die provisorische Regierung beschloß, der spanische Staat solle sich solange seine Aktionsfreiheit in Geldsachen wahren, bis sich das Land definitiv konstituiert hätte und bis die diplomatischen Beziehungen zu den andern Staaten wieder aufgenommen wären.

Das von dem Finanzminister Laureano Figuerola unterzeichnete und nach ihm benannte Münzgesetz vom 19. Oktober 1868 wurde nun im Namen der provisorischen Regierung nach den Vorschlägen der Währungskommission in folgender Form publiziert:

Artikel 1. In allen spanischen Gebieten soll die monetäre Einheit die Peseta sein, ein effektives Geld gleich 100 Centimos.

Artikel 2. Es sollen Goldstücke zu 100, 50, 20, 10 und

5 Pesetas mit folgendem Gewicht, Feingehalt, Fehlergrenzen und Durchmessern geprägt werden:

Münzart	Gewicht		Feingehalt		Durchmesser
Pesetas	richtiges Gewicht Gramm	Fehlergrenze Tausendstel	richtiger Gehalt Tausendstel	Fehlergrenze Tausendstel	Millimeter
100	32,25806	1	900	2	35
50	16,12903				28
20	6,45161	2			21
10	3,22580				19
5	1,61290	3			17

Diese Münzen sollen sowohl an den öffentlichen Kassen wie unter Privaten unbeschränkt angenommen werden. Diejenigen, deren Gewichtsmenge um ½ % die Fehlergrenze überschreitet oder deren Gepräge ganz oder teilweise verschwunden ist, sollen keinen gesetzlichen Kurs mehr haben und sollen umgeschmolzen werden nach den gesetzlichen, geltenden Bestimmungen.

Artikel 3. Ebenso sollen geprägt werden silberne Fünfpesetastücke, deren Gewicht, Feingehalt, Fehlergrenzen und Durchmesser die folgenden sein sollen:

Gewicht		Gehalt		Durchmesser
richtiges Gewicht Gramm	Fehlergrenze Tausendstel	richtiger Gehalt Tausendstel	Fehlergrenze Tausendstel	Millimeter
25	3	9	2	37

Die Annahme und der Umlauf dieser Münzen unterliegt denselben Regeln, welche in Artikel 2 für das Goldgeld aufgestellt sind, mit dem Unterschiede, daß die Abnützung nicht mehr als 1 % betragen darf.

Art. 4. Es sollen auch geprägt werden Stücke zu 2 Pesetas, 1 Peseta, 50 Centimos und 20 Centimos, deren Gewicht, Feingehalt, Fehlergrenzen und Durchmesser die folgenden sein sollen:

Münzart	Gewicht		Feingehalt		Durchmesser
Pesetas	richtiges Gewicht Gramm	Fehlergrenze Tausendstel	richtiger Gehalt Tausendstel	Fehlergrenze Tausendstel	Millimeter
2	10	5	835	3	27
1	5				23
0,50	2,50	7			18
0,20	1	10			16

Diese Münzen sollen keinen gesetzlichen Kurs haben und sollen nach den bestehenden Bestimmungen eingeschmolzen werden, sobald ihr Gepräge ganz oder teilweise verschwunden ist oder die Abnützung um 5% die erlaubte Fehlergrenze überschreitet. Auch sollen sie von den Staatskassen nicht ausgehändigt werden noch unter Privaten im Betrage über 50 Pesetas obligatorisch sein, wie auch immer die zu zahlende Summe ist. Der Staat dagegen soll sie von den Zahlungspflichtigen unbegrenzt annehmen.

Artikel 5. Es sollen Bronzemünzen geprägt werden zu 10, 5, 2 und 1 Centimos, deren Gewicht, Fehlergrenze und Durchmesser sein soll:

Münzart	Gewicht		Gehalt		Durchmesser
Centimos	richtiges Gewicht Gramm	Fehlergrenze Tausendstel	richtiger Gehalt Tausendstel	Fehlergrenze Tausendstel	Millimeter
10	10	10	950 Kupfer	10 Kupfer	30
5	5		40 Zinn	5 Zink	25
2	2	15	10 Zink	5 Zinn	20
1	1				15

Diese Münzen haben keinen gesetzlichen Kurs mehr und sollen von Staatswegen eingezogen werden, sobald Avers oder Revers ganz oder teilweise durch natürliche Abnützung verschwunden sind. In keinem Fall dürfen Bronzemünzen durch Staatskassen ausgehändigt werden, noch sollen sie unter Privaten gesetzlichen Kurs haben im Betrage über 5 Pesetas, wie auch immer der Betrag der Zahlung ist; aber die Staatskassen sollen sie unbegrenzt annehmen.

Artikel 6. Alle Münzen, deren Größe es erlaubt, sollen eine Figur aufweisen, welche Spanien repräsentiert, mit den Wappen und Zeichen der Volkssouveränität, und es soll ihnen ihr Wert, Gewicht, Feingehalt und Jahr der Fabrikation aufgeprägt werden. Ebenso sollen auf ihnen die Initialen der für die Genauigkeit des Gewichtes und Feingehaltes verantwortlichen Funktionäre erscheinen.

Artikel 7. Es sollen zu Goldstücken à 100, 50, 20, 10 und 5 Pesetas und zu silbernen 5 Pesetastücken die Barren geprägt werden, welche Privatleute für ihre Rechnung einreichen, ohne daß man etwa für Prägekosten einen Abzug macht, wofern jene Barren die Dehnbarkeit und die andern nötigen Bedingungen besitzen und nach dem Münzfeingehalt gemischt werden können ohne ein Hinzufügen von feinem Gold und Silber.

Artikel 8. Die Silbermünzen mit dem Feingehalte von $^{835}/_{1000}$ und die Bronzemünzen sollen ausschließlich für Rechnung und zum Vorteil des Staates geprägt werden.

Artikel 9. Der Finanzminister soll in den jährlichen Budgets das Verhältnis festsetzen, in welchem die verschiedenen Arten von Münzen zu prägen sind nach Maßgabe der Bedürfnisse der Zirkulation; man soll sich jedoch an den Grundsatz halten, daß die Totalsumme des zirkulierenden Silbergeldes zu $^{835}/_{1000}$ nicht 6 Pesetas pro Kopf, die des Bronzegeldes nicht 2 Pesetas pro Kopf überschreitet.

Artikel 10. Vom 31. Dezember 1870 an soll sowohl an Staatskassen wie unter Privatleuten der Gebrauch des durch dieses Dekret geschaffenen Geldsystems obligatorisch sein. Die Übertreter dieser Vorschrift sollen Geldstrafen treffen oder Amtsverlust, wofern sie öffentliche Beamte sind, wie es in dem bestehenden Verordnungsreglement angegeben ist.

Artikel 11. Die diesem Erlasse vorgängigen Staats- und Privatverträge, worin die Zahlung ausdrücklich in jetzt umlaufendem Gelde bedungen ist, sollen, wenn die Zahlung in neuer Münze geschieht, mit entsprechenden Werten vollzogen werden.

Der Finanzminister soll die geeigneten Umrechnungstabellen für die Reduktion des alten in neues Geld behufs Erleichterung dieser Geschäfte veröffentlichen.

Artikel 12. Der Regierung bleibt vorbehalten, die Annahme an Staatskassen und die gesetzliche Zirkulation in allen spanischen Besitzungen von in fremden Ländern geprägten Münzen zuzulassen, doch müssen diese Münzen gleiches oder genau proportionales Gewicht, den gleichen Feingehalt und gleiche Eigenschaften haben wie die nationalen Münzen, und andererseits nur dann, wenn die nationalen Münzen in jenen fremden Ländern reziprok angenommen werden. Der reziproke Umlauf der nationalen und fremden Münzen soll Gegenstand von Spezialkontrakten mit den respektiven Mächten sein.

Übergangsbestimmung.

In dem Maße, in welchem der Rückzug der zirkulierenden Münzen fortschreitet, sollen sie eingeschmolzen werden, und man soll aus diesen die durch Dekret bestimmten Münzen prägen, indem man in die jährlichen General-Budgets die notwendigen Kredite einsetzt, um besagte Umprägung mit all der Schnelligkeit auszuführen, die sich mit den Verhältnissen des öffentlichen Schatzes verträgt.

Der rekurrente Anschluß der neuen Werteinheit, der Peseta, wurde in dem vom Finanzministerium ausgearbeiteten und dem Gesetze über die Ausführung der Münzreform angefügten Einlösungstarif gegeben. Danach war im Anschluß an die bisherige Werteinheit die Peseta $= \frac{1}{2,5}$ Escudo.

Die Umrechnung der älteren Münz- und Rechnungseinheiten in Pesetas sollte ferner nach den dem Gesetze folgenden Reduktionstabellen folgendermaßen stattfinden:

136	Maravedis	= 1	Peseta
34	Cuartos	= 1	„
4	Realen	= 1	„
$\frac{1}{3,75}$	Peso sencillo	= 1	„
$\frac{1}{80}$	Goldonze	= 1	„

Gleichzeitig wurde in diesen Tabellen, da alle Preise in effektiv darstellbaren Münzen und nicht mehr in imaginären Einheiten (wie im Centimo vom Real oder in der Milesima vom Escudo) angegeben werden sollten, genaue Berechnungen für jeden in alten Münzen darstellbaren Betrag aufgestellt.

Bevor noch dieses Gesetz in Kraft trat, wurde am 23. März 1869 ein Ergänzungsdekret dazu erlassen, das infolge der beabsichtigten Herabsetzung des Gehaltes der Münzen notwendig geworden war.[1])

Allgemein glaubte man damals die Preise in Metallmengen ausgedrückt, und da nun bare Goldmünzen um 3,99 %, bare Silbermünzen um 3,84 % gegenüber den seit 1864 hergestellten Münzen im Gehalte herabgesetzt werden sollten, hielt man eine allgemeine Erhöhung der Preise für unausbleiblich und glaubte namentlich die Besitzer von Renten, Jahresgehältern und alle von festen Bezügen Abhängigen großen Nachteilen ausgesetzt. Man sah eben nicht, daß scheinbarer Verlust beim Nehmen leichterer Münzen durch den entsprechenden Gewinn beim Geben kompensiert wird und daß die Währungsänderung für den innerstaatlichen Verkehr wegen der amphitropischen Stellung jedes Einzelnen unschädlich ist.

Es ergingen infolgedessen Vorstellungen an die Regierung, eine zukünftige genaue Kompensation des alten schwereren Geldes und des neuen leichten Geldes vorzunehmen.

---

[1]) In Realen ausgedrückt wurden geprägt resp. sollten geprägt werden:

	Aus einem kg Gold:	Aus einem kg Silber in 5 Pesetenstücken:
nach dem Münzsystem von 1864	13 248 Einheiten	856 Einheiten
nach dem Münzgesetz von 1868	13 777,77 „	888,88 „
Werterhöhung des kgs:	529,77 Einheiten	32,88 Einheiten.

Demnach sollte die Gewichtsverminderung der neuen Goldmünzen 3,99 %, der neuen baren Silbermünzen 3,84 % betragen.

Die Regierung hielt solchem Verlangen im Gesetzesvorwort folgende verständliche Einwände entgegen. In Spanien seien seit der letzten großen Umprägung des Jahres 1772 sieben verschiedene Münzsysteme einander gefolgt, ohne daß jemals eine vollständige Verrufung oder Umschmelzung alter Münzen stattgefunden habe. Die Zirkulation setze sich deswegen zusammen aus 97 verschiedenen Münzen, die im Mittel kaum mehr feines Metall enthielten als die neu zu prägenden.

Man müsse andererseits auch bedenken, daß es bei der immensen Majorität aller innerstaatlichen Zahlungen nicht auf die physischen Elemente der Zahlungsmittel, sondern auf ihren Nominalwert ankomme. So kursierten zur Zeit ohne irgendwelche Beschränkung Münzen, die durch Abnützung und ursprünglichen Mangel im Feingehalt einen viel geringeren Metallwert hätten als die neu zu prägenden, und würden doch ohne Schwierigkeiten nach ihrem proklamierten Werte angenommen.

Wenn sich daher der Staat entschlösse, die nach mäßigen Schätzungen erforderlichen 157 Millionen Realen aufzubringen, um jetzt die Masse alter Münzen nach ihrem ursprünglichen Gehalte genau mit den neuen zu kompensieren, so käme kein anderes positives Resultat heraus als ein enormes Opfer für den Staat.

Ferner wies die Regierung auf die amphitropische Stellung des Staates hin und erklärte, wenn man die obligatorische Kompensation alter und neuer Münzen vom Staate verlange, so würde sich dieser genötigt sehen, das Gleiche bei der Zahlung der Staatsabgaben zu fordern, und hiervon müsse man viel eher eine schnelle und empfindliche Erhöhung der Preise erwarten als von einer Herabsetzung der Münzen im Gehalte.

Infolgedessen wurde, um eine Verwirrung bei der Durchführung der Münzreform zu vermeiden und schnell an den Gebrauch der neuen Werteinheit zu gewöhnen, im Dekret vom 23. März 1869 bestimmt: „Die nach dem neuen Münzsystem geprägten Geldstücke sollen bei jeder Art Zahlungen und Transaktionen sowohl unter Privaten wie an öffentlichen Kassen auf

Grund des Anschlusses 1 Peseta = 4 Realen oder $^{400}/_{1000}$ Escudos $\left(\frac{1}{2,5}\right.$ Escudos) angenommen werden, immer wenn ausdrücklich ausgesprochen oder ohne weiteres abzuleiten ist, daß Schulden in kurshabendem Gelde getilgt werden sollen."

Es wurde also im allgemeinen nur die Relativität der Schulden anerkannt und im Zweifelsfalle ihre Nominalität vorausgesetzt.

Bei der großen Verschiedenheit der einzelnen mit gleicher Geltung umlaufenden Münzen war aber, wohl mit Rücksicht auf den Auslandsverkehr, in Spanien die Gewohnheit stark verbreitet, Schulden als Real- und nicht als lytrische Verpflichtungen zu stipulieren. Man schloß vielfach Spezial-Kontrakte, in denen Zahlungen ausdrücklich in bestimmten nach Gewicht, Münzfuß und Feingehalt bezeichneten Münzen oder in Münzen mit einem ihnen ausschließlich zukommenden Eigennamen ausbedungen waren. Diese durch Klauseln besonders gekennzeichneten Schulden wurden durch Artikel 2 des Dekrets als reale anerkannt und ihre obligatorische Kompensation in Münzen neuer Prägung nach dem Metallgehalt verfügt. Der prokurrente Anschluß der alten Münzen an die Peseta für diese besonderen Fälle wurde in neuen dem Dekrete angeschlossenen Äquivalenztabellen folgendermaßen festgesetzt:

1 Centen	à	100	Realen	oder	10	Escudos	= 25,99	Pesetas
1 Cuarenten	à	40	„	„	4	„	= 10,39	„
1 Veinten	à	20	„	„	2	„	= 5,19	„
1 Duro	à	20	„	„	2	„	= 5,19	„
1 Escudo	à	10	„				= 2,59	„

Außer für diese hauptsächlich noch kursierenden Münzen wurde in den Tabellen für sämtliche noch umlaufenden alten Stücke eine genaue Gehaltsübereinstimmung mit den neuen Münzen berechnet und diese Berechnung für die klausulierten Spezialkontrakte für obligatorisch erklärt.

In die Ausnahmefälle der genauen Aufrechterhaltung der Realschulden wurden die Zinszahlungen der Staatsanleihen einbegriffen, die der Staat in fremder Valuta zum festen Satze von

51 Pence pro Peso fuerte
oder 5,40 Franken „ „ „
weiter zu zahlen sich verpflichtete.

Diese Zinszahlungen waren in Spanien immer in der Valuta des Auslandes ausbedungen worden; Spanien als Schuldnerland mußte sich dazu verpflichten, da man im Auslande wohl kein rechtes Vertrauen auf die Stabilität der spanischen Valuta hatte.

Wiewohl aber die spanische Regierung bei einem Übergang zu Zahlungsmitteln geringeren spezifischen Gehaltes doch wohl nicht verbunden war, Auslandsgläubigern kleine Zinsverluste zu ersparen oder Inländern vorzuziehen, glaubte sie sich jetzt verpflichtet, in den Zinszahlungen ans Ausland keine Änderung eintreten zu lassen.[1])

Die Ursachen hierfür waren darin zu suchen, daß Spanien im Jahre 1869, als das Dekret erschien, auf ausländischen Kredit stark angewiesen war und sich die französischen und englischen Kreditgeber durch Zinsreduktionen nicht verscherzen wollte.

Nur für die beiden Fälle der Spezialkontrakte und der Auslandszinszahlungen erkannte die Regierung bisherige Schulden als reale an, bei allen andern Zahlungen trat im Augenblick des Überganges zu leichteren Zahlungsmitteln der Nominalchartismus des Geldes in Kraft.[2])

Das neue Münzgesetz vom 19. Oktober 1868, in welchem die Grundlagen der heutigen Geldverfassung Spaniens noch zu

---

[1]) Der feste für Zinsen zu zahlende Satz 51 Pence oder 5,40 Frs. für den Peso bezog sich noch auf das Münzpari des Peso gegenüber englischem und französischem Silbergelde im Jahre 1772, wiewohl der Peso im Laufe der Zeit gewaltig im Gehalte herabgesetzt war.

[2]) Für den Inlandsverkehr war, wie die Regierung richtig betonte, die Herabsetzung des Gehaltes aller Münzen gleichgültig. Schwer dadurch getroffen wurden aber die mit ausländischem Kapital gegründeten Eisenbahngesellschaften. Sie hatten sich zu Zins- und Amortisationszahlungen in Frankreich und Belgien auf Grund der seit 1823 bestehenden festen Relation 5 Frs. = 19 Realen (oder 100 französische Werteinheiten = 95 spanischen Einheiten) verpflichtet. Ihre Einnahmen machten sie von nun an in leichterem Gelde, während sie ihre Ausgaben verpflichtungsgemäß wie vorher zu bestreiten hatten.

finden sind, bildete, wie wir sehen, in seinen münztechnischen und rechtlichen Bestimmungen eine vollständige Nachahmung der von der lateinischen Union erwählten Münzverfassung.

In den platischen Beziehungen des spanischen Geldes zum Metall sollte gesetzmäßig eine radikale Änderung damit eintreten.

Die bisherigen 10-, 4- und 2-Escudostücke aus Gold (= 25, 10 und 5 Pesetas) sollten durch neue um 3,99 % leichtere Stücke im Betrage von 100, 50, 20, 10 und 5 Pesetas ersetzt werden. Da aber die Goldprägungen infolge späterer Modifikation des Münzgesetzes vollständig geändert wurden, sind bis zur Neuzeit nur wenig Stücke nach dem Münzgesetz geprägt worden, und zwar

in Stücken zu 100 Pesetas:	14 976 200	Pesetas.
„ „ „ 20 „	154 797 140	„
„ „ „ 10 „	1 238 640	„

Der größte Teil aller nach 1868 geprägten Goldmünzen wurde nach späteren Dekreten in Stücken zu 25 Pesetas geprägt, während Stücke zu 50 und 5 Pesetas überhaupt nicht hergestellt wurden.

Als Münzmetall war das Gold wieder in einer Feinheit von $^{9}/_{10}$ für sämtliche Goldstücke angenommen.

Die silbernen Duros à 2 Escudos (= 5 Pesetas) wurden im Gehalt um 3,84 % herabgesetzt und bildeten hinfort die einzigen Silbermünzen von der Feinheit $^{9}/_{10}$; die bisherigen Escudos (= 2,5 Pesetas) fielen im neuen Münzsystem ganz fort.

Die Escudos wurden ersetzt durch 2-Pesetastücke, die ebenso wie die Stücke zu 1, 0,50 und 0,20 Pesetas jetzt mit einem Feingehalt von $^{835}/_{1000}$ ausgemünzt wurden. Die unterwertigen Silbermünzen wurden damit im Feingehalt erhöht, jedoch wurden sie im Gewicht reduziert, so daß aus dem Kilogramm feinen Silbers mehr Werteinheiten als früher in unterwertigem Silbergeld hergestellt wurden.

Für die genetischen Beziehungen der spanischen Geldsorten zum Metall galten die im Münzgesetz erlassenen Verfügungen, daß die Metalle Gold und Silber unbeschränkt von den Münzstätten zur Ausprägung anzunehmen seien, doch sollten nur Goldmünzen und von Silbermünzen die Stücke zu 5 Pesetas frei ausprägbar sein. Sie allein waren bares Geld, da für sie Gold und Silber hylische Metalle waren und da auf jede Peseta die im Dekret vorgeschriebene Anzahl von Gewichtseinheiten kam.

Da die Münzstätten angewiesen waren, das Kilogramm

feinen Goldes zu 3444,44 Pesetas
feinen Silbers zu 222,22 „

anzukaufen und auszuprägen, ergab sich ein Ankaufs- und Ausmünzungsverhältnis des Goldes zum Silber $15^1/_2$ zu 1. Da aber die Währungsverhältnisse Spaniens in der Zeit von 1868—1876 eine andere Wendung nahmen, traten diese gesetzlichen Vorschriften erst im Jahre 1876 in Kraft.

Die Herstellung der Silbermünzen unter 5 Pesetas und die der Bronzemünzen war dem Staate vorbehalten; sie stellten neben den Banknoten die notalen Geldarten dar.

In den dromischen Hinsichten änderten sich die Beziehungen des spanischen Geldes zum Metall vorläufig nicht; für Gold und Silber war bei freier Ausprägbarkeit beider Metalle eine untere Preisgrenze gegeben. Eine feste obere Preisgrenze für die Metalle bestand aber nicht, da die abgeschliffenen Stücke wie alte Münzen nicht eingezogen und durch neue ersetzt wurden. Zwar war für den Privatverkehr ein Passiergewicht von $^1/_2$ % beim Goldgelde, 1 % beim baren Silbergelde und von 5 % beim notalen Silbergelde festgelegt, doch was nützten diese gesetzlichen Bestimmungen, wenn der Staat nicht nur neue Münzen valutarisch behandelte?

Das Gesetz hatte zwar in der metallistischen Auffassung, welche man damals vom Gelde hatte, genaue Angabe von Gewicht und Feingehalt auf allen, selbst auf den Kupfermünzen, vorgeschrieben, diese Aufprägungen auf paratypischen Münzen hatten aber rein nichts zu bedeuten, bei den orthotypischen Münzen konnten sie nur dann in Betracht kommen, wenn man Geld für den Auslandsverkehr brauchte und deshalb auf Vollwichtigkeit Wert legte. Denn im Inlande kam es auf einen Metallgehalt der Münzen nicht an, da die Staatskassen sämtliche

Geldstücke nach ihrem Nominalwert annahmen und grundsätzlich als chartale Zahlungsmittel behandelten.

In der funktionellen Stellung der einzelnen Geldsorten traten bedeutende Änderungen ein. Die Goldstücke und die Silbermünzen zu 5 Pesetas blieben Kurantgeld, während die alten Escudos (= 2,5 Pesetas) Scheidegeld wurden.

Die Silbersorten zu 2, 1, 0,50 und 0,20 Pesetas wurden Scheidemünzen unter Ausdehnung der bisherigen kritischen Höhe in der Annahme. Diese wurde vom früheren Betrag von 10 Escudos = 25 Pesetas auf die Höhe von 50 Pesetas gesteigert, sodaß den notalen Silbermünzen im Zahlungsverkehr jetzt ein weit größerer Spielraum gewährt wurde.

Auch hat sich die spanische Regierung — wie wir vorausgreifend bemerken — an die gesetzlich festgelegte Kopfquote der Silberscheidemünzen von 6 Pesetas niemals gehalten und namentlich in der Zeit von 1868—1882 bedeutende Summen davon geprägt. So waren seit dem Jahre 1868 bis zum Ende des Jahres 1906 an Silberscheidemünzen 278 Millionen Pesetas entstanden, so daß bei einer Bevölkerung von etwa 20 Millionen Einwohnern jetzt ungefähr 14 Pesetas an Silberscheidemünzen auf den Kopf kommen.[1])

Die proportionale Beschränkung der Annahme von Silberscheidegeld an Staatskassen fiel jedoch durch das Münzgesetz von 1868 weg.

Für die Kupfermünzen wurde die bisherige kritische Höhe von 2 Escudos = 5 Pesetas beibehalten, auch wurde ihre unbedingte Annahme an Staatskassen in jedem Betrage verfügt. Da aber auch in ihrer Herstellung der Staat sich nicht an die gesetzlich vorgeschriebene Kontingentierung hielt und Kupfermünzen unmäßig ausgab, wurden die gesetzlichen Bestimmungen über Kupfergeld in späteren Dekreten modifiziert. Im Jahre 1875 war eine derartige Stauung von Kupfergeld in Staatskassen eingetreten, daß sich die Regierung zu ihrer prozentualen Annahme-

[1]) In Spanien zirkulieren doppelt so viel Silberscheidemünzen pro Kopf als in den Ländern der lateinischen Union, wo nach der Konvention von 1885 die Kopfquote 7 Frs. beträgt.

beschränkung an Staatskassen wieder entschloß und durch Dekret vom 21. Mai 1875 verfügte, daß nur 5% an Kupfergeld bei Zahlungen an öffentlichen Kassen angenommen werden sollten.

Da aber der Staat auch nach 1875 weiter Kupfermünzen in starkem Maße prägte, machten sich die Anhäufungen davon schließlich in solchem Maße bemerkbar, daß die öffentlichen Kassen zu umfangreichen Kupferzahlungen angewiesen wurden. Durch Dekret vom 24. März 1881 wurde verfügt, daß die Staatskassen wohl 10% an Kupfergeld von Privaten anzunehmen hätten, aber auch ebenso 10% bei jeder Zahlung davon aufdrängen könnten.

Man sah damals ein, daß durch unmäßige Emission von Scheidemünzen die Staatskassen nur durch Stauungen belästigt würden, stellte die Prägungen von Kupfergeld ein und schloß die Münzstätte von Barcelona, in welcher nur noch Kupfergeld hergestellt worden war. Gleichzeitig wurde die Münzprägung in der einen Münzstätte von Madrid zentralisiert.

An diesen übermäßigen Emissionen von Kupfermünzen, die ebenso wie alle Gold- und Silbermünzen definitiv sind, krankt aber noch heute die spanische Geldzirkulation,[1]) so daß häufig

---

[1]) Die Bestimmungen über das Kupfergeld weichen noch heute sehr von den in andern Ländern herrschenden Vorschriften ab, da die Bank von Spanien Kupfergeld von Privaten überhaupt nicht akzeptiert und es nur für Rechnung des Staates in Depot nimmt. Von der Ausgabe von Kupfergeld für Staatsrechnung hat sie andererseits in den letzten Jahren recht ausgiebig Gebrauch gemacht, so daß die Bestände daran, welche am 1. Januar 1891 noch $9^3/_4$ Millionen betrugen, bis zum Jahre 1911 auf 3 Millionen reduziert sind.

Nach dem Gesetze vom 12. Mai 1888 über den Schatzdienst der Bank soll der Finanzminister die Summen Kupfergeldes angeben, welche bei Zahlungen an Private von der Bank ausgehändigt werden können, damit das von den Staatskassen bei der Bank eingehende Kupfer wieder Anwendung findet.

Auch in der Stückelung der Kupfermünzen entsprach die Regierung nicht den Bedürfnissen des Verkehrs; denn während 5- und 10-Centimosstücke übermäßig vorhanden waren und noch sind, mangelten stets kleine Stücke à 1 und 2 Centimos.

Anfangs der 80er Jahre zirkulierten infolgedessen in Spanien trotz

im Privatverkehr Sortenverträge abgeschlossen und Annahmen hoher Prozentsätze in Kupfergeld ausbedungen werden.

Valutarisch wurde nach Einführung des Münzsystems von 1868 weiter das Goldgeld behandelt. Daneben bestand aber ferner als Kurantgeld das silberne Fünfpesetastück, das frei ausprägbar war. Das bare Kurantgeld in Silber konnte aber jetzt eine Gefahr für die Aufrechterhaltung der Währung bilden. Denn die Silberpreise waren seit dem Jahre 1867 auf dem Londoner Metallmarkte wieder gefallen, und man hatte in Spanien infolgedessen im Rechnungsjahr 1867/68 zum ersten Male seit Jahrzehnten wieder mehr Silber- als Goldgeld geprägt.

Im Februar des Jahres 1869 begann man mit der Herstellung der neuen Münzen und prägte zunächst Kupfer- und Silberscheidemünzen. Am 1. Juli 1870 trat dann der Ankaufstarif[1]) für frei ausprägbares Silbergeld in Kraft, und es wurden an der Madrider Münzstätte Barren Silbers mit 222,22 Pesetas pro Kilogramm fein in Zahlung genommen und zu 5-Pesetastücken ausgeprägt.

Die Gewichtsverminderung der Duros wurde vom Verkehr ruhig hingenommen,[2]) und alte und neue Silbermünzen kursierten friedlich neben einander, da in den vergangenen Jahren bei hohen Silberpreisen alle nur einigermaßen vollwichtigen Silber-

---

der Verbote der Regierung, sie an Staatskassen anzunehmen, und trotz der Verbote ihrer Einfuhr massenweise die sogenannten Ochavos moruños (maurisch) mit einem Werte von 2 Maravedis, wiewohl sie in ihrem Heimatlande nur einen Wert von 1 Mr. repräsentierten. Die Ungewißheit über ihre gesetzliche Annahme in Spanien ging so weit, daß 1881 ein Industriellenverband eine staatliche Erklärung forderte, ob man verpflichtet sei, diese Ochavos moruños im Privatverkehr anzunehmen. Darauf wurde am 26. 1. 1881 durch Dekret verordnet, daß weder Staatskassen sie anzunehmen hätten noch Privatleute sie zu nehmen brauchten. Erst in neuster Zeit fanden größere Umprägungen der 5- und 10-Centimosstücke in Stücke à 1 und 2 Centimos statt. 1904 wurden 300000 Pesetas in 2-Cts., 1906 25000 Pesetas in 1-Cts. geprägt.

[1]) Col. legislat. Jahrgang 1870.

[2]) Joaquin María Sanromá, La cuestion monetaria en España, Madrid 1872, S. 42—43.

stücke exportiert waren und fast nur abgenutzte Münzen der alten Systeme zirkulatorisch verwendet wurden.

Anders lagen die Verhältnisse beim Goldgelde. Man prägte vorläufig Goldmünzen nach dem alten Münzfuß weiter und ließ die Reform betreffs Neuprägungen von Goldgeld in der Schwebe; denn die Regierung erwartete Modifikationen im Münzsystem Frankreichs und wollte vorher keine davon abweichenden Münzen schaffen.

Es hatte nämlich die französische Regierung am 8. November 1869 die Pariser Währungskommission mit Informationen über eine eventuelle Aufgabe von Silberkurantgeld und über die Vorteile goldener 25-Frankenstücke betraut, um den Eintritt Englands und der Vereinigten Staaten in die lateinische Union zu erleichtern. Beide Staaten hatten Goldmünzen fast gleichen Betrages wie 25-Frankenstücke, und man gedachte in Frankreich auf der Basis der Goldwährung zu einem universellen Geldsystem gelangen zu können.[1])

Es waren damals noch die Zeiten, wo die Ideen der universellen Weltmünze alle Gemüter begeisterten, die Zeiten, wo kosmopolitische, weltumfassende Ideen überhaupt sehr im Schwange waren.

Durch den deutsch-französischen Krieg fanden jedoch diese Bestrebungen jähe Unterbrechung.[2])

Nachdem die spanische Regierung die ganze Zeit hindurch in ihren Reformplänen über Goldgeld in abwartender Stellung verharrt hatte und einen entscheidenden Entschluß über Goldprägungen von den Schritten der Handelsvormächte hatte abhängig machen wollen, ging sie schließlich im März 1871 selbständig vor und dekretierte die Prägung von Stücken zu 25 Pesetas an Stelle der im Münzgesetz angeordneten Goldmünzen zu 20 Pesetas. Ferner wurde Einzug und Umschmelzung aller seit 1848 ge-

---

[1]) Frankreich berief gleichfalls im November 1869 eine neue Münzkonferenz auf das folgende Jahr zur Verhandlung über die Beitrittsgesuche Spaniens und auch Österreichs zur Münzunion.

[2]) Seit der Gründung des Deutschen Reiches setzte sich mehr der Gedanke des Nationalismus im Geldwesen durch.

prägten Gold- und Silbermünzen angeordnet, wobei der Staat $1^1/_2$% Prämie für altes Goldgeld, $^1/_2$% Prämie für altes Silbergeld zahlen sollte.

Die Regierung hielt damals die Wahl von 25-Pesetastücken für zweckmäßig, da sie im Handel mit England und den Vereinigten Staaten Erleichterungen durch Annäherung an die Geldtypen dieser Länder erhoffte, sie glaubte ferner, die Staaten der lateinischen Union würden homochartale Münzen einführen, und dann wollte sie die Kontinuität der alten spanischen Centenen à 100 Realen (= 25 Pesetas) aufrecht erhalten. Über die Stellung, welche Silbermünzen zu 5 Pesetas in Zukunft im Münzsystem haben sollten, sprach sich das Dekret gleichzeitig aus.

Die spanische Regierung sah wohl ein, daß zwei bare Kurantgeldarten im Geldsystem die größten Konflikte verursachen könnten, und erklärte, man müsse später Silbergeld zu 5 Pesetas überhaupt aufgeben oder zum Scheidegelde machen, sie wollte aber die essentiellen Bedingungen des baren Silbergeldes nicht unabhängig von der lateinischen Union ändern und die Entschlüsse Frankreichs auch für Spanien maßgebend sein lassen.[1]) Bei den Spezialumständen des spanischen Marktes, auf welchem fast nur Gold zirkulierte, befürchtete sie vorläufig keine Obstruktion des Silbergeldes. Wiewohl es damals einfach gewesen wäre, zur reinen Goldwährung überzugehen, hielt man den Bimetallismus in blinder Nachahmung Frankreichs aufrecht.

Als nun die spanische Regierung an die Herstellung der neu dekretierten Goldstücke gehen wollte und schon die ersten Prägungen davon auf ihre Brauchbarkeit untersucht wurden, gab die Bank von Spanien zu erkennen, daß sie dem neuen leichten Goldgelde heftigen Widerstand entgegensetzen und es nicht zum gleichen Nominalwert wie die alten schweren Goldmünzen zu 100 Realen akzeptieren würde.

Da nun das spanische Schatzamt die verfügbaren Mittel (die man auf 20 Millionen Pesetas schätzte) nicht hatte und

---

[1]) Bericht der Währungskommission vom 21. März 1871, Col. legislat. Jahrgang 1871, Band 106.

wohl auch nicht aufbringen wollte, um zum Einzug des alten Goldgeldes nach dem Gewichte zu schreiten, so wurde durch königliche Verfügung vom 15. September 1871 bestimmt, es sollte Goldgeld nach dem alten Münzfuß des Münzsystems von 1864 und mit den Geprägen jener Epoche weiter hergestellt werden. Der Einzug von altem Gold- und Silbergeld unterblieb auch.

So wurden denn unter dem König Amadeus I. von Savoyen, der im Jahre 1869 zur Regierung gelangt war, Goldstücke mit dem Bilde Isabella II. von Bourbon und mit der Jahreszahl 1868 weiter geprägt, ein Anachronismus, über den man viel spottete.

Dem Fiskus wurden durch diese Prägungen nach dem alten Münzfuß große Lasten aufgebürdet, er stellte fast allein neue Goldstücke her, die, in das alte Geldsystem eingefügt, positives Agio gezeigt hätten. Denn die neuen Goldstücke hatten einen viel höheren Gehalt, als die abgeschliffenen Goldmünzen im Durchschnitt aufwiesen.[1])

Da nun Goldgeld nach der Norm des Münzsystems von 1864 aus einem Kilogramm feinen Goldes 3312 Pesetas — und nicht 3444,44 Pesetas, wie das Münzgesetz von 1868 es verlangte —, Silbergeld nach neuer Norm 222,22 Pesetas aus einem Kilogramm feinen Silbers hergestellt wurde, ergab sich ein Wertverhältnis der Ausmünzung von Gold zum Silber von 14,904 zu 1. Dieses Ausprägungsverhältnis der spanischen Münzen entfernte sich aber weit von der Marktrelation der Edelmetalle zu Ungunsten des Goldes. Das Münzgesetz wurde also in einem seiner wesentlichsten Teile nicht ausgeführt.

Die große Schwäche der spanischen Regierung den Privatinteressen der Bank von Spanien gegenüber, bei welcher sie den

---

[1]) Die 1868—1873 in Spanien geprägten Goldmünzen hatten einen um 3,99% höheren Gehalt als die durch Münzgesetz vom 19. Oktober 1868 beschlossenen Goldmünzen; der Gehalt sämtlicher früherer Goldmünzen war nach vielen 1867 und 1868 angestellten Versuchen in der Madrider Münze im Durchschnitt 2,72% höher, als die 1868 beschlossenen Goldmünzen hatten.

einmal erwählten rekurrenten Anschluß des neuen Goldgeldes nicht durchsetzen konnte, läßt sich wohl nur aus dem damaligen anarchischen Zustand des Landes, in welchem der Bürgerkrieg wütete, erklären.

Durch die Ausmünzung von Gold zum alten Münzfuß und durch die gleichzeitige Beibehaltung des baren Silberkurantgeldes mußte sich aber die spanische Regierung die Aufrechterhaltung der erwählten Goldwährung bedeutend erschweren. Fielen doch auch die für Silber günstigeren Ankaufspreise in Spanien zeitlich mit einem ständigen Rückgang der Silberpreise auf dem Londoner Metallmarkte zusammen.

Infolge der geringeren Nachfrage nach Silbergeld, die seit 1866 in Indien eingetreten war, infolge Rückstroms von Silbergeld aus Ostasien und gesteigerter amerikanischer Produktion von Silber[1]) war der Londoner Silberpreis seit 1867 ständig zurückgegangen.

Ein besonderes Fallen der Silberpreise veranlaßte aber der Übergang Deutschlands zur Goldwährung und die Sperrung der Silberfreiprägung in Deutschland, womit die starke Nachfrage nach Silber von deutscher Seite aufhörte. Skandinavien folgte im Jahre 1872 dem Deutschen Reiche in der Sperrung der Silberprägung, und die Silberpreise in London kamen infolge der Verringerung des Absatzgebietes immer mehr ins Wanken. Die Unze Standard-Silber ($^{37}/_{40}$ fein) fiel in London

1872 auf $60^{5}/_{16}$d (Gold zu Silber verhielt sich danach wie 1 : 15,63),

1873 auf $59^{1}/_{4}$d (Gold zu Silber wie 1 : 15,92).

In Spanien verfuhr man jedoch bei der Ausmünzung und dem

---

[1]) Im Jahre 1866 waren in Kalifornien, Colorado, Nevada und Arizona sehr reichhaltige Silberminen entdeckt worden. Die Gesamtweltproduktion an Silber stieg nach Soetbeer infolgedessen folgendermaßen:

1861—1865	1 101 150 kg
1866—1870	1 339 085 „
1871—1875	1 969 425 „
1876—1880	2 450 252 „
1881—1885	2 861 709 „

Ankauf beider Edelmetalle zur Relation von 1 : 14,904 konträr dem Metallhandel auf dem Weltmarkt.

Auf die Zusammensetzung des Geldbestandes Spaniens hatte dies natürlich den größten Einfluß. Waren bis 1867 ausschließlich Silberduros und deren Teilstücke wegen ihrer besseren platischen Verwendbarkeit ins Ausland gezogen, so kaufte man nun in London Silber und ließ es mit Gewinn in Silberduros, wie man 5-Pesetastücke heute noch nennt, umprägen. Auch die nationalen Silberproduzenten brachten jetzt die Erzeugnisse der heimischen Minen zur Ausprägung in Spanien, da ja Silber im Heimatlande höher bezahlt wurde als im Auslande.

Da Silber in der Münzstätte zum festen Preise von 222,22 Pesetas pro Kilogramm zur Ausprägung angenommen werden mußte, strömte es namentlich aus England herbei, wo Silbermetall billig erhältlich war.[1]) Welchen Einfluß der Ankaufstarif für Silber auf die Vermehrung der Silberduros hatte, zeigten ihre Prägungen, die in den Rechnungsjahren Juli 1869 bis Juli 1873 114457362 Pesetas betrugen, während vor 1867 kaum bare Silbermünzen hergestellt worden waren.

Zwar wurden in den Fiskaljahren 1869/1873 bedeutend stärkere Goldprägungen vorgenommen, doch fanden diese (ca. 271 Millionen Pesetas, die ausschließlich in Centenes geprägt wurden) fast nur für Rechnung des Staates statt, der gerade in den Jahren 1869—1873 ganz erhebliche Goldanleihen im Auslande aufnahm.

Da nun aber bei der vorteilhaften Verwendung des spanischen Goldgeldes als Ware den Staatskassen mit Vorliebe die neuen Goldstücke entzogen wurden und andererseits nur Silbergeld in sie eindrang, entschloß sich der spanische Staat, seine

---

[1]) Der Silberimport Spaniens aus England betrug: / Der Silberexport Spaniens nach England betrug:

Jahr	Silberimport aus England		Jahr	Silberexport nach England	
1869	978	Pfund Sterling	1869	8374	Pfund Sterling
1870	336515	„ „	1870	11246	„ „
1871	1054590	„ „	1871	291	„ „
1872	731400	„ „	1872	2410	„ „
1873	376700	„ „	1873	7013	„ „

Zahlungen nur noch in Silbergeld zu leisten, und so kam Silbergeld durch Obstruktion und restauratorisch im Jahre 1873 in valutarische Stellung.

Der Staat, welcher es müde geworden war, Goldgeld stets unter Verlusten zu prägen und an Private auszuliefern, stellte damals die Goldprägungen ganz ein. Da aber Private kein Goldmetall mehr zur Münze brachten, wurde die Goldprägung in den Jahren 1873—1876 durch einfachen Verwaltungsakt ganz suspendiert.

Dem Golde wurde hiermit rechtlich die hylische Stellung nicht genommen, denn nach dem Gesetz blieb es jedem Privatmann freigestellt, Goldmetall in Goldgeld durch die Münzstätte umwandeln zu lassen. Die Chrysolepsie blieb aber deshalb unwirksam, weil es unvorteilhaft war, Gold zur Ausprägung zu bringen.

Goldgeld wurde jetzt akzessorisches Kurantgeld und hatte ein positives Agio, das in den Jahren 1873—1876 ca. 1—1½% betrug.[1]) Zum Teil zog es ins Ausland, zum größeren Teil wurde es jedoch im Lande selbst thesauriert.

Um nun dem Goldexport für Silberankauf in London Einhalt zu tun, wurde durch königliche Verfügung vom 24. September 1873 der Ankaufspreis für das Kilogramm feinen Silbers von 222,22 Pesetas auf 220 Pesetas herabgesetzt. Das war der Preis, zu welchem Silber bei dem damaligen spanisch-englischen intervalutarischen Kurse auf dem Londoner Metallmarkt bezahlt werden mußte.

In den intervalutarischen Kursen machte sich der Währungsumschlag Spaniens nicht bedeutend und erst nach und nach geltend, denn die pantopolischen Verhältnisse waren infolge von Kapitalsinvestitionen des Auslandes in der Zeit 1867—1876 zu Gunsten Spaniens. Die Auslandsschuld, welche in den Jahren 1867—1873 um 2814 Millionen Pesetas gesteigert wurde, brachte viel fremde, namentlich französische Zahlungsmittel nach Spanien.

---

[1]) cf. La conferencia monetaria de 1881 von Joaquin María Sanromá, Madrid 1881, S. 15.

Als aber der Staat im Jahre 1874 seine Auslandsanleihen einstellte und in den Jahren 1874—1876 seine Couponszahlungen unterbrechen mußte, kamen trotzdem mehr fremde Zahlungsmittel ins Land als herausströmten. Die Provinzen und Gemeinden des Landes machten jetzt Auslandsanleihen, und dann waren es ausländische Gesellschaften, welche die Ausbeutung der von den Spaniern vernachlässigten Industrien in die Hand nahmen und fremde Zahlungsmittel einführten.

Eisenbahn- und Wegebau, Minen- und Metallindustrie, Gasfabrikation, Bank- und Versicherungsgeschäfte wurden damals in großem Maßstabe von Ausländern in Spanien aufgenommen. Die Franzosen waren dabei stets die Hauptkreditgeber des Landes.

Die maßgebliche Devise für die spanischen Plätze wurde daher immer mehr die Pariser und nach ihr wurde die Valuta Spaniens von nun an ausschließlich beurteilt. Der Devise London kam erst an zweiter Stelle Bedeutung zu, und diejenigen der andern Plätze spielten und spielen im Vergleich zur Pariser Devise eine ganz untergeordnete Rolle in Spanien.

Man betrachtete nun in Spanien seit der Einführung des neuen Münzsystems einen Stand von 100 Franken gleich 100 Pesetas als Paristand der Valuten Frankreichs und Spaniens, wiewohl nur ein Münzpari zwischen dem Silberfranken und der Silberpeseta von 1 : 1 bestand. Denn das spanische neue Goldgeld war im Gehalt ca. 4 %, das alte spanische Goldgeld im Durchschnitt ca. 2,70 % stärker als der französische Goldfrank.

Solange nun in Spanien alte und neue Goldpeseten valutarisch waren, konnte man für die jederzeit erhältlichen Goldpeseten sich in Frankreich mehr Goldfranken verschaffen, als das Wechselpari angab. Denn der Übergang Frankreichs zum Papiergelde im Jahre 1870 hatte keine Bedeutung, da Goldfranken in Frankreich bares Geld blieben und man durch Verwandlung spanischen Goldes an den Münzstätten Frankreichs stets eine bestimmte Anzahl französischer Werteinheiten herstellen konnte.

Infolgedessen hatte die Peseta gegenüber dem Franken zur

Zeit der Goldvaluta stets ein positives Agio.[1]) Das mittlere jährliche positive Agio der Peseta dem Franken gegenüber betrug:[2])

1868	1,613 %	1871	4,854 %
1869	3,193 %	1872	2,875 %
1870	3,371 %	1873	2,573 %.

Durch den Übergang Spaniens zur Silberwährung machte sich nun nach und nach ein Sinken des spanischen Geldes der französischen Valuta gegenüber bemerkbar. Das positive Agio der Peseta gegenüber dem Franken fiel von 4 % im September des Jahres 1873 langsam, aber ständig und hatte im Jahre 1875 eine mittlere Höhe von 0,938 %. Jedoch stand der spanisch-französische intervalutarische Kurs stets zu Gunsten Spaniens, da spanische Zahlungsmittel in dieser Zeit in Frankreich sehr begehrt waren. Man mußte also, da sich der Pesetakurs in Frankreich im Durchschnitt streng reziprok zeigte, dort mehr als 100 Werteinheiten in Banknoten zahlen, um 100 Pesetas zu erhalten.

§ 11.

UNVOLLSTÄNDIGE MASSNAHMEN ZUR DURCHFÜHRUNG DER ERWÄHLTEN GOLDWÄHRUNG UND OBSTRUKTIONELLER ÜBERGANG ZUR NOTALEN SILBERVALUTA.

Der ständige weitere Fall der Silberpreise auf dem Londoner Markte[3]) mußte zu einer schnellen Umgestaltung der

---

[1]) Bis zum Jahre 1887 wurden die Wechselkurse in Spanien noch nach alter Weise in Pesos fuertes notiert, wobei man den Peso fuerte als feststehend und die fremde Werteinheit als variabel ansah. Amtlich wurden jedoch die Wechselkurse auf Frankreich umgerechnet nach dem Paristande 100 Frs. = 100 Pesetas und der Frank als feststehend angenommen, so daß Unterschiede im Wechselkurse durch Angabe in Prozenten gekennzeichnet wurden.

[2]) Die Wechselkurse auf Paris sind nach den Angaben des Anuario de la Bolsa (1909), in welchem auch die durchschnittlichen monatlichen Notizen seit dem Jahre 1868 enthalten sind, aufgeführt.

[3]) Die Unze Standardsilber fiel in London im Preise auf

58 5/16 Pence im Durchschnitt des Jahres 1874.
56 7/8 „ „ „ „ „ 1875.

Bargeldzirkulation in Spanien führen. Gold wurde nicht mehr geprägt, und Goldgeld mit metallopolischem Agio wurde zirkulatorisch nicht mehr verwendet und zum großen Teile thesauriert. Man hatte in Spanien, namentlich in den agrarischen Provinzen, seit alter Zeit eine große Neigung dazu.[1]) Da die intervalutarischen Kurse der Goldländer nicht ungünstig für Spanien lagen, wurde ein Goldexport im großen Maßstabe noch vermieden.

Bisher zurückgehaltene Silberstücke drängten sich nun aber in die Zirkulation, die im Jahre 1874 neben 1100 Millionen Pesetas in Goldgeld schon 300 Millionen Pesetas an Silbergeld aufgewiesen haben soll.[2])

Andererseits brachte die Silberfreiprägung den Silberhändlern großen Vorteil, sie steigerten die Einfuhr von Silbermetall und brachten es zu der Münzstätte, die es zu dem alten Preise von 220 Pesetas pro Kilogramm fein ankaufen mußte.

Die Prägungen von Silberkurantgeld steigerten sich infolgedessen von 14,35 Millionen Pesetas im Jahre 1873
auf 25,37 „ „ „ „ 1874
„ 58,20 „ „ „ „ 1875.

Angesichts des Übertretens großer Handelsmächte in die Gruppe der Goldländer entschloß sich nun die spanische Regierung, aus ihrer exceptionellen Stellung herauszukommen. Denn Deutschland hatte im Jahre 1871 die freie Silberprägung eingestellt und war im Jahre 1873 zur Reichsgoldwährung übergegangen, die drei Skandinavischen Staaten wurden 1872 Goldländer, Holland prägte seit 1874 keine Silberkurantmünzen mehr aus, und die Staaten der lateinischen Union, zunächst

---

[1]) Schon 1834 berichtete Borrego: „Ein jeder, welcher mit Spaniens Verhältnissen vertraut ist, kennt die allgemeine Sitte der Landleute, ihr Geld zu vergraben. In den Städten pflegen reichere Privatleute ihr Geld ebenfalls zu verbergen, weil sie nicht wissen, wie sie es anlegen sollen.

Diese Sitte hielt sich bis in die achtziger Jahre des 19. Jahrhunderts, bis zu der Zeit, in welcher die Bank von Spanien viele Filialen im Lande anlegte und als Geldinstitut größere Bedeutung gewann.

[2]) Barthe y Barthe, La crisis monetaria, Madrid 1905, Seite 35.

Belgien seit dem Jahre 1873, schränkten die Silberprägungen ein.[1])

Um nun nicht bei weiterer Suspension der Goldprägung und bei freier Silberprägung in die jetzt handelspolitisch schwächere Zahl der Silberländer zurückgedrängt zu werden, entschied sich die spanische Regierung, die Silberprägungen zu beschränken, Goldmetall zu beschaffen und Goldgeld in valutarische Stellung zu bringen.

So schloß denn die Münzstätte im Auftrag des Finanzministeriums, ohne gesetzliche Verfügung, seit dem Jahre 1875 keine neuen Kontrakte für Silberlieferung zwecks Prägung mehr ab und beschränkte, gegen das Münzgesetz vom Jahre 1868 handelnd, den Kauf von Silberbarren auf die Erzeugnisse der nationalen Silberproduzenten, welche langfristige Abmachungen mit dem Staate auf Silberverkauf getroffen hatten.

Aber auch den nationalen Produzenten wurden Silberbarren nicht zum gesetzlichen Preis, sondern zu einem vom Finanzministerium erwählten Satze abgekauft. Die Preisdifferenz zwischen dem Metallwert des Silberkurantgeldes und dem proklamierten Wert wurde für den Staat reserviert.[2]) So wollte man Barrenankauf von Silber in Goldländern und ungünstige Beeinflussung der spanischen Devise verhindern.

Diese ganz einfach verwaltungsmäßig getroffenen Entscheidungen über die Silberkurantgeldprägung wurden nach-

---

[1]) Die Verteidigungsmaßregeln gegen Silberzufluß begannen in den Ländern der lateinischen Union im Jahre 1873. Obwohl die Gesetze betr. Beschränkung der Silberprägung für Privatrechnung erst am 18. 12. 1873 in Belgien, betr. Sperrung der Silberprägung am 27. 4. 1875 in Belgien und am 6. 8. 1876 in Frankreich erlassen wurden, hatte man dort zuvor die Hülfsmittel der Geldbons ergriffen, indem man dadurch die Aushändigung geprägter Silberstücke derart verzögerte, daß der Zinsverlust den Vorteil bei der Silberprägung fast aufhob.

[2]) cf. Raimund Fernández Villaverde, La cuestion monetaria, Madrid 1903 (enthalten in den Memorias de la real academia de ciencias morales y politicas, Teil VII, 1903, S. 107), ferner auch Bericht der Währungskommission vom 20. August 1876 in der Col. legislat., Jahrgang 1876.

träglich durch das von den Cortes angenommene Gesetz über den Staatshaushalt für das Jahr 1876/77 zum geltenden Rechte erhoben. Zusatz-Artikel 3 dieses am 21. Juli 1876 publizierten Gesetzes lautete: „Während des Rechnungsjahres 1876/77 soll die Silberprägung ausschließlich für Staatsrechnung vorgenommen werden.“

Das wesentliche Merkmal des (genetischen) Bimetallismus, wonach zwei Metalle unbeschränkt in Werteinheiten zu verwandeln sind, war somit aufgehoben worden.

Mit der Ausarbeitung des Planes, wie Goldgeld in Zirkulation zu setzen sei und wie der Staat seine Silberbeschaffung vornehmen solle, wurde darauf im Juli des Jahres 1876 die ständige Währungskommission betraut.

Nach ihren Vorschlägen wurde durch Dekret vom 20. August 1876 der Übergang zur Goldwährung in folgender Form proklamiert:

Artikel 1. Es sollen Goldstücke zu 25 Pesetas mit einem Feingehalt von $^{900}/_{1000}$ und einem Gewicht von 8,06451 g in genauer Übereinstimmung mit den im Münzgesetz vom 19. Oktober 1868 fixierten Goldstücken geprägt werden.

Artikel 2. Die Regierung wird in der durch Artikel 7 des Dekrets vom 19. Oktober 1868 vorgeschriebenen Form Goldbarren annehmen, welche Privatleute zur Prägung bringen. Wenn Goldbarren wegen hoher Goldpreise nicht in genügender Menge präsentiert werden, soll die Regierung geeignete Maßnahmen ergreifen, damit die Goldprägung nicht wieder suspendiert wird.

Artikel 3. Die Regierung wird, wenn nach ihrer Meinung genügend Goldgeld in Zirkulation ist, ein Datum festsetzen, nach welchem bei jeder Zahlung nicht mehr als 150 Pesetas in Silbergeld anzunehmen sind.

Artikel 4. Für die Silberprägung der von der Regierung für nötig gehaltenen Menge soll die Regierung in der Münze alle Barren nationaler Produktion zulassen, indem sie für jedes Kilogramm feinen Silbers während des laufenden Rechnungsjahres 200 geprägte Pesetas zahlt. Wenn das angebotene Silber der nationalen Produktion nicht zur Deckung der von der Regierung für nötig gehaltenen Silberprägung ausreicht, so kann die Regierung ausländisches Silber in derselben Weise und kraft besonderer Verfügungen für jeden einzelnen Fall annehmen.

Artikel 5. Um zu vermeiden, daß unter der Zahl der nationalen Silberbarren auswärtige angeboten werden, sollen folgende Regeln beachtet werden.

I. Man soll von jedem spanischen Silberproduzenten, der Silberbarren zur Münze bringt, eine Erklärung über sein Produktionssystem fordern, über Zahl und Art seiner Apparate und über das monatliche Maximum, das er produzieren kann.

II. Das Silber soll immer in der Münze präsentiert werden, begleitet von dem Zollpaß und der Bescheinigung der Mutungsabgabe.

III. Die Verwaltung soll sich Gewißheit über die Wahrheit der angegebenen Tatsachen verschaffen, indem sie alle möglichen Mittel zu ihrer Prüfung anwendet.

In dem Gutachten der Währungskommission, welches dem Dekret angeschlossen war, wurde festgesetzt, daß der allgemeine Geldumlauf sich vermittelst Goldgeldes zu vollziehen habe, das der Staat sogleich zur Ausprägung bringen solle.

Demgemäß ließ die Regierung sofort für 32 Millionen Pesetas Goldbarren ausprägen, welche sie bereits im Jahre 1875 in London und Paris angekauft hatte, und zahlte an den staatlichen Kassen auf Verlangen in Goldgeld, das wieder valutarisches Geld wurde.

Exaktorisch ging man zur neuen Währung über.[1])

---

[1]) Die Erkenntnis, warum man zur Goldwährung übergehen müsse, hatte sich bei den spanischen Währungspolitikern schon etwas geklärt. Wie aus dem Bericht der Währungskommission vom 20. 8. 1876 hervorgeht, wollte Spanien den stärkern Staaten in der Goldwährung folgen, weil es an der Festigkeit der Wechselkurse interessiert war, nicht weil es am Metalle Gold Interesse hatte, für dessen Vorzüge die Goldmetallisten früher die wunderlichsten Gründe (Stabilität der Produktion, geringes Volumen etc.) angegeben hatten.

Die neuen Goldmünzen, die jetzt nach der hylogenischen Norm des Gesetzes vom 19. Oktober 1868, also mit dem gleichen spezifischen Gehalt wie die Goldmünzen der lateinischen Union ausgeprägt werden sollten, wurden auf 25 Pesetas begültigt und fortan Alphonsdors genannt. Andere Goldmünzen als diese wurden mit Ausnahme von 1,24 Millionen Pesetas in 10-Pesetastücken in der Zeit von 1876 bis 1886 nicht ausgeprägt.

Abweichend von der in der lateinischen Union für Goldmünzen geltenden Stückelung wählte man Münzen zu 25 Pesetas, da im Lande die Rechnung nach Realen noch weit verbreitet war und die alten Centenen à 100 Realen in der Geltung mit den Alphonsdors nun übereinstimmten. Man glaubte, bei einem etwaigen späteren Eintritt in den lateinischen Münzbund würde die differierende Geltung kein Hindernis für ihre Tarifierung bilden.

Die Chrysolepsie war durch die Wahl der gesetzlichen Norm, nach welcher die Münzstätte jetzt das Kilogramm fein Gold mit 3444,44 Pesetas ankaufen mußte, tatsächlich wieder hergestellt worden. Bei dem damaligen englisch-spanischen kurzen Wechselkurse von 48 Pence für den Peso[1]) und einem Londoner Goldpreise von 136 Lstrl. 11 Sh 2 d für das Kilogramm fein Gold machte man sogar einen kleinen Gewinn, wenn man Goldmetall in London ankaufte und durch die Madrider Münze in Werteinheiten spanischen Geldes verwandeln ließ. Auch wurden den Metallhändlern große Erleichterungen für die Goldeinreichung zugestanden; einmal wurde ja kein Schlagschatz erhoben, dann aber machte die Bank von Spanien Vorschüsse von 90 % auf Gold, welches bei der Madrider Münze deponiert war.[2])

---

[1]) Auch der Londoner Wechselkurs wurde in Madrid bis zum Jahre 1887 nach alter Weise in Pesos notiert.

Angaben über den damaligen Londoner Kurs, Goldpreis in London und Berechnung der Umwandlung englischen Goldes in spanische Werteinheiten siehe im Bericht der Währungskommission (publiziert 23. 8. 1876, Col. legisl. Jahrg. 1876).

[2]) cf. Ottomar Haupt, Arbitrages et parités, Paris 1882.

Von einem ausgebildeten Chrysophantismus konnte man aber bis zum Jahre 1879 in Spanien nicht sprechen. Wohl waren die neuen Alphonsdors valutarisches Geld, doch wurden sie in den ersten Jahren mit einer gewissen Unvollkommenheit ausgeprägt, denn die gesetzliche Fehlergrenze im Feingehalt von 2 Tausendsteln wurde nicht festgehalten. Nach den auf der Pariser Münze angestellten Proben gingen die bis zum Jahre 1879 geprägten Alphonsdors bis auf $^{895}/_{1000}$ feinen Goldes herab und waren im Durchschnitt $^{896}/_{1000}$ fein.[1])

Für das Silberkurantgeld war im Dekrete vom 20. August 1876 ein späteres Datum vorgesehen, an welchem es zum Scheidegelde mit der kritischen Höhe der Annahme von 150 Pesetas gemacht werden sollte. Die Regierung hatte zwar die löbliche Absicht, einen Termin dafür festzusetzen, wenn genügend Goldgeld in Zirkulation sei, tatsächlich ist dieser Plan aber niemals verwirklicht worden, und die Silberduros sind bis auf den heutigen Tag Kurantmünzen geblieben.

Auch wurde im Jahre 1876 die hylische Stellung des Silbers nicht vollständig zerstört, wie es in den Staaten der lateinischen Union geschah. Der Staat kaufte für das Rechnungsjahr 1876/77 den nationalen Silberproduzenten ihre Erzeugnisse unbegrenzt zum festen Preise von 200 Pesetas pro Kilogramm fein ab. Silber war also noch hylisches Metall, allerdings beschränkt auf die nationale Produktion. Die Währungskommission hatte zwar vorgeschlagen, die Silberprägungen auf einen Betrag von 12½—15 Millionen Pesetas jährlich zu begrenzen und dadurch dem Lande, das so sehr an kleines Geld gewöhnt sei, die für den kleinen und mittleren Verkehr notwendigen Münzen zu schaffen. Die Regierung wollte jedoch die Silberproduzenten schützen und nicht absolut auf den Export ihrer Produkte verweisen. So sollte also die Währung dazu dienen, um die Interessenten des privaten Bergbaus vor etwaigen Verlusten bei weiterem Sinken der Silberpreise zu bewahren!

Der absolute Freihandel in Silber sollte beseitigt werden

---

[1]) cf. Ottomar Haupt, Arbitrages et parités, Paris 1882.

und nur nationale Erzeugnisse an den Münzen zum festen Preise angekauft werden, da die Regierung auch eine Beeinflussung der Wechselkurse durch Silberankauf im Auslande verhindern wollte. Deswegen wurden gesetzliche Kautelen gegen die Einlieferung ausländischer Barren getroffen, wie sie das Dekret vom 20. August 1876 angab.

So schwebte damals dem ersten Ministerium der restaurierten bourbonischen Dynastie die reine Goldwährung als Ideal vor, über ihre konsequente Durchführung war es sich jedoch nicht klar.

Warum man den Silberduro gemäß den ersten Vorschlägen der Währungskommission nicht sofort zum Scheidegelde machte, ist nicht recht ersichtlich. Vermutlich geschah es, weil man wieder erst Frankreichs Vorgehen in der Behandlung der Fünffrankenstücke abwarten wollte.

Noch viel bedrohlicher für den Bestand der Goldwährung war jedoch der Umstand, daß man unterwertiges Silbergeld durch Einreichung von Silberbarren seitens Privater weiter entstehen ließ. Silberkurantgeld mit negativem Agio konnte so weiter geprägt werden, was später oder früher zu einer Stauung der exvalutarischen Silberduros führen mußte, wenn in der folgenden Zeit eine derartige Währungspolitik weiter befolgt wurde. Denn daß bei fallenden Silberpreisen des Londoner Metallmarktes die spanischen Silberproduzenten einen gewissen Raubbau treiben würden, um große Quantitäten Silbers an der Münzstätte abzusetzen, war wohl vorauszusehen.

Die Silberprägungen fielen zwar infolge der Beschränkung der Argyrolepsie für die nationalen Produzenten im Rechnungsjahr 1876/77 bedeutend, sie gingen aber mit einem Betrage von 26½ Millionen Pesetas weit über das anfangs beabsichtigte Maximum von ca. 15 Millionen hinaus.

Man hatte nämlich im Laufe des Jahres durch Dekret vom 19. März 1877, da die Silberpreise in London sich wieder etwas erhöht hatten, die Ankäufe an der Münze für die heimische Produktion auf den festen Satz von 208 Pesetas pro kg feinen Silbers gesteigert.

So erschwerte sich die Regierung dadurch, daß sie Silberprägungen weiter gestattete, gleich von vornherein die Durchführung der Goldwährung.

Sie versuchte nun wenigstens das noch im Lande befindliche und zurückgehaltene Goldgeld wieder in Zirkulation und in die Staatskassen zu bringen, so daß es ihr gelang, selbst in Goldgeld zahlen zu können. Im Oktober 1876 war, um einen Export der alten schwereren Goldmünzen zu verhüten und Gold zur Münze zu ziehen, angeordnet worden,[1]) es sollten die Centenen Isabellas auf der Münze in Madrid folgendermaßen bezahlt werden:

Mit 3444,44 Pesetas pro kg fein, wenn sie in Beträgen von mehr als 200 Stück eingereicht würden und die Lieferanten die Umprägekosten bezahlten.

Mit 3093,10 Pesetas pro kg Münzen, wenn 10—200 Stück davon eingeliefert würden und man ihr Gewicht genau festgestellt habe.

Bei Einreichung von weniger als 10 Stück sollten sie ohne Rücksicht auf ihr Gewicht mit 25,40 Pesetas bezahlt werden, wenn sie in Stücken eingereicht würden, die vor dem Jahre 1854 hergestellt wären und keine Zeichen von Goldentnahme aufwiesen. Für Centenen, die nach dem Jahre 1854 geprägt und schwerer waren als die ersteren, sollten sogar 25,90 Pesetas bezahlt werden.

Man sah jetzt ein, daß man den im Jahre 1868 aufgestellten rekurrenten Anschluß von 25 Pesetas = 1 Centen à 100 Realen nicht vollständig aufrecht erhalten könne und den Besitzern alter Goldmünzen die Differenz im Metallgehalte gegenüber neuen Stücken vergüten müsse. Denn bei gleichzeitiger Verwendung alter schwerer und neuer leichter Goldmünzen mußten natürlich die schweren Stücke ein metallopolisches Agio erhalten und exportiert werden.

Die Privatleute suchten nun alle Mittel ins Werk zu setzen, um sich für Silbergeld alte Goldstücke zu verschaffen. Das schlecht zirkulatorisch verwendbare alte Goldgeld wurde in großem Maßstabe an den Staat infolge der Prämie, welche er gewährte,

[1]) Königl. Verordnung vom 25. 10. 1876. Col. legislat., Jahrg. 1876.

verkauft, die thesaurierten Centenen kamen herbei und drangen nach Umprägung in neue Goldstücke wieder in die Zirkulation.[1])

Der Staat brachte, wie wir sehen, jetzt die Opfer, welche er im Jahre 1871 gescheut hatte, um die Goldwährung aufrecht und Gold dem Lande zu erhalten. Infolge der Vergütung, welche der Staat für Centenen gewährte, stiegen die Neuprägungen von Goldgeld im Rechnungsjahre 1876/77 auf 175 Millionen Pesetas.

Wiewohl nun eine große Menge bisher thesaurierten Goldes herbeiströmte, so machte die Regierung doch schon im folgenden Jahre die Entdeckung, daß man wohl Goldgeld im Lande hielt, daß sich aber der Totalbetrag der Goldzirkulation nicht vermehrte und Goldbarren von privater Seite kaum eingereicht wurden. Dem Staate waren aber wegen Kapitalmangels Goldankäufe nicht möglich, und ins Budget waren keine Summen für Goldankauf während des Finanzjahres 1877/1878 eingestellt worden. Der Goldbezug aus England war überdies, da der spanisch-englische intervalutarische Kurs für Spanien ungünstiger geworden waren, verlustbringend geworden.[2])

Jetzt suchte der Staat nach einem Mittel, durch Private das für die Aufrechterhaltung der Goldwährung nötige Goldmetall herbeizuschaffen und gleichzeitig den Zustrom von Silbermetall einzudämmen. Er glaubte dies darin zu finden, daß er Privatinteressenten nur dann zu der begehrten Silberprägung, bei der Gewinne zu erzielen waren, schreiten ließ, wenn sie gleichzeitig Gold zur Prägung einreichten. Der Verlust bei der Umwandlung von Goldmetall in Werteinheiten sollte durch den

[1]) Aus Neuprägungen und Umprägungen entstanden nach Federico G. Patón, La fabricacion de las monedas, Madrid 1903, Tabelle IV, in den Jahren 1877—1885 749601825 Pesetas in Alphonsdors. Davon gingen 536 Millionen Pesetas aus Umprägungen hervor (ibid. S. 101), ein Beweis, daß der größte Teil des alten spanischen Goldgeldes thesauriert und nicht exportiert worden war. Die meisten alten Goldstücke wurden in Posten unter 10 Stück zum Umtausch eingereicht.

[2]) Am 20. 8. 1876 stand der kurze Wechselkurs auf London in Madrid 48 Pence = 1 Peso, am 20. 8. 1877 47,52$^1/_2$ Pence = 1 Peso. Außerdem war der Goldmetallpreis seit einem Jahre wenig gestiegen.

Gewinn bei freier Silberprägung kompensiert werden. Es wurde deshalb im August 1877 dekretiert, die Silberprägung auch ausländischer Silberbarren sollte frei sein, wenn gleichzeitig auf $15^1/_2$ Gewichtsteile Silbers 1 Gewichtsteil Goldes ausländischer Herkunft eingereicht würde. Der Preis, zu welchem die Münzstätte ausländische Barren Silbers zur Umwandlung in Geld anzunehmen hatte, wurde auf 208 Pesetas pro Kilogramm feinen Silbers festgesetzt, während Goldmetall weiter mit 3444,44 Pesetas pro kg fein Gold bezahlt wurde. Silber war also von nun an bedingt hylisches Metall, wenn es aus dem Auslande kam.

Den nationalen Silberproduzenten wurden dagegen ihre Produkte ohne gleichzeitige Präsentation von Goldbarren zu dem etwas tieferen Preise von 206 Pesetas pro kg feinen Silbers abgekauft. Bei Lieferung von Goldmetall in proportioneller Menge von $15^1/_2 : 1$ erhielten sie dieselben Preise wie Lieferanten ausländischer Edelmetalle.

Hierdurch gelang es dem Staate, größere Mengen Goldes herbeizuziehen. Aus Neuprägungen und Umschmelzungen alter Goldstücke gingen im Finanzjahr 1877/78 $230^3/_4$ Millionen Pesetas in Alphonsdors hervor.

In gleicher Weise hoben sich jedoch auch die Silberprägungen, da bei den sinkenden Londoner Silberpreisen (die Unze Standardsilber ging im Preise von $54^{13}/_{16}$ Pence im Jahre 1877 auf $52^9/_{16}$ Pence im Jahre 1878 zurück) ein Metallexport von England nach Spanien sehr lohnend wurde.

Den größeren Münzgewinn bei den Silberprägungen machte zwar der Staat, aber auch die Privatinteressenten kauften Silber billiger als zu dem Preise ein, welchen ihnen der Staat an seiner Münzstätte vergütete. Bei gleichzeitiger Einreichung von Gold- und Silbermetall hatten sie nach den Berechnungen der Währungskommission vom 30. 8. 1877 durch Ausmünzung einen Vorteil von ca. 1,50 %, der sich 1878 bei Rückgang des Silberpreises noch erhöhte.

Die spanische Regierung ließ selbst, in der Absicht, die Goldwährung durchzuführen, nur wenig Silbermünzen prägen, die Gefahr für den Bestand der Goldwährung lag jedoch darin, daß Privatleute Silberkurantgeld mit negativem Agio herstellen lassen konnten.

Zu der Unsicherheit in der Währungspolitik des spanischen Staates trugen die privaten Silberbergwerkbesitzer viel bei, die vom Parlament Protektionierung ihrer durch die gefallenen Silberpreise stark gefährdeten Betriebe forderten.

Wohl wären sie durch die Sperrung der Silberprägung stark geschädigt worden, aber keine gesetzliche Verfügung, so wohltuend sie auch ist, verletzt nicht bestimmte Interessen.

Ferner war es die Bank von Spanien, welche, angeregt durch große Gewinne bei der Silberprägung, den Staat vor der Silbersperrung warnte. In ihrem Geschäftsberichte für das Jahr 1876 führte sie über ihre Stellung in der Silberfrage folgendes aus: „Die Überfülle und die Entwertung des Silbers auf den Märkten habe alle Staaten zu Vorsichtsmaßregeln gegen den Silberzufluß veranlaßt, um die Konsequenzen der Emission von Silbergeld zu vermeiden. Solche Befürchtungen habe die Verwaltung der Bank von Spanien nicht geteilt und immer darauf gedrängt, die Prägung von Silbergeld aufrecht zu erhalten. Man müsse hoffen, daß sich, wenn die Furcht vor dem Fall des Silberpreises sich vermindere, die Silberprägung in stärkerem Maße ausdehne. Man solle daher von jeder Art Erwägungen über Einschränkung der Silberprägungen absehen, damit das Publikum das für die ungeheure Menge der kleinen Transaktionen so nötige Geld nicht entbehre“.

Während also nach den Prinzipien der Regierung vom Jahre 1876 die Geldverfassung monometallistisch und auf Gold basierend sein sollte, ließ sie aus Unsicherheit über die Stellung des Silbergeldes in andern Staaten und da sie von internationalen Abkommen noch immer eine Hebung des Silberpreises erwartete, dem Silber vorläufig die hylische Eigenschaft.

Der Silberzufluß nahm aber Anfang des Jahres 1878 dermaßen zu, daß die Münzstätte auf Weisung der Regierung die Metalllieferanten übermäßig lange auf Bezahlung warten ließ, um durch den entstehenden Zinsverlust von der Präsentation von Silberbarren abzuschrecken, aber trotzdem mehrten sich die Lieferungen von Silbermetall.

Infolgedessen entschloß sich die Regierung endlich im März des Jahres 1878, auf Anraten der Währungskommission und des Generalmünzdirektors durch Verordnung die Annahme von Silberbarren für Privatrechnung vom 1. Mai 1878 an aufzuheben.[1])

Hiermit hatte man die hylische Eigenschaft des Silbers vollständig vernichtet. Der Bimetallismus, der seit Begründung des spanischen Staates mit der kurzen Unterbrechung der Jahre 1851—1854 bestanden hatte, hörte damit auf, was jedoch bis heute in Spanien vielfach noch nicht erkannt ist. Beurteilte und beurteilt man doch in Spanien den Bimetallismus nur als Geldsystem mit goldenem und silbernem Kurantgelde.

Die Silberduros blieben wohl Kurantgeld, aber genetisch betrachtet wurden sie in notales Geld verwandelt.

Die Möglichkeit der ungünstigen Beeinflussung der spanischen Devise durch Silberankauf Privater in Goldländern war damit ausgeschlossen; ebenso konnten Ausländer auf den Pesetenkurs durch Silberimport nach Spanien nicht mehr wirken, denn Silber hatte in Spanien keinen untern Preis mehr.

Durch die Verwandlung der Duros in Notalgeld fand 1878 der größte Einschub paratypischen Geldes ins Geldsystem statt, das sich zwar noch immer zum größeren Teile aus barem Gelde, zum kleineren aus notalem Gelde zusammensetzte.

Valutarisch blieb monochrysisches Goldgeld, denn es war noch jederzeit an staatlichen Kassen erhältlich; notal waren silberne Scheide- und Kurantmünzen, Kupfergeld und Banknoten.

Hatte sich bisher die spanische Regierung größtenteils durch Frankreichs Währungspolitik bestimmen lassen, so begann sie jetzt eigene Wege einzuschlagen. Denn während sich am 5. November 1878 die Signatarmächte der lateinischen Union endgiltig verpflichteten, auch für Rechnung der Staatskassen keine 5-Frankenstücke mehr zu prägen und die Silberkurantgeldprägung vollständig sperrten, schloß sich der spanische Staat ihrem Vorgehen nicht an. Gesetzlich blieb in Spanien

---

[1]) Königl. Verordnung vom 25. März 1878, Col. legislat., Jahrgang 1878.

für den Staat die Silberprägung von Duros offen; auch wurde keine Kontingentierung für Silberkurantgeld festgelegt.

In der Absicht, die Goldwährung durch Stauung von Silbergeld nicht zu gefährden, machte jedoch der spanische Staat zunächst von seiner Prägungsfreiheit wenig Gebrauch und stellte in den Jahren 1879 nur 19,3 Millionen, 1880 1,4 Millionen, 1882 14,4 Millionen Pesetas an Silbergeld her.

Goldmünzen wurden dagegen geprägt:

im Jahre 1879	86,5	Millionen Pesetas
„ „ 1880	171,6	„ „
„ „ 1881	109,2	„ „ .

Goldgeld herrschte noch im Jahre 1881 bedeutend in Spanien vor. Es sollen damals davon noch 1400 Millionen Pesetas im Verkehr sich befunden haben.[1])

Es fehlte jedoch im Lande eine Währungskasse, welche die Goldbewegung beherrscht und bei sich konzentriert hätte, denn die erst seit dem Jahre 1874 in der Bank von Spanien geschaffene Zentralbank erfüllte die Aufgaben einer lytrischen Verwaltung in recht unvollkommener Weise.

Wir wenden uns damit der Bank von Spanien und den Banknoten als staatlichem Zahlungsmittel wieder zu.

Die Bedeutung der seit dem Jahre 1856 entstandenen Privatnotenbanken wie der Bank von Spanien war im Laufe der Zeit stets weiter zurückgegangen. Die Banknoten als lokales Geld ohne gesetzlichen Kassenkurs, diskreditiert durch die Zahlungseinstellungen und Bankbrüche, wurden im Privatverkehr ungern genommen, da ihre Einlösbarkeit nicht stets sicher war und der Staat keine rechtlichen Verpflichtungen zu ihrer Akzeptation übernommen hatte.

Im Dezember 1872 wurde nun durch eine allgemeine Regierungsverfügung[2]) die Stellung der Banknote weiter verschlechtert. Die Finanzverwaltungen wurden darauf aufmerksam

---

[1]) Jiménez y Rodriguez, Estudio critico de la crisis monetaria, Madrid 1905, S. 164.

[2]) Verfügung vom 15. 12. 1872 über Annahme von Banknoten bei Staatskassen, Col. legisl., Jahrg. 1872.

gemacht, daß sie zwar die Provinzialbanknoten im lokalen Bezirke annehmen könnten, es sollten aber die verschiedenen staatlichen Verwaltungs-, Kontroll- und Kassenchefs persönlich und solidarisch für ihre Einlösung in Metallgeld haften. Banknoten sollten bei allen Zahlungen der Staatskassen möglichst schnell wieder ausgegeben oder zur Einlösung gebracht werden, und die Bestände der Staatskassen an Banknoten sollten gering sein.

Da also die Annahme der Banknoten eine Verpflichtung und Haftung der akzeptierenden Beamten in sich schloß, wurden sie an Staatskassen häufig zurückgewiesen und waren kaum noch als staatliches Geld zu bezeichnen. Wirkliche Zirkulationsmittel waren sie nicht, wie auch daraus hervorgehen dürfte, daß ihre Metalldeckung immer größer, ihr Umlauf immer kleiner wurde. Die Metalldeckung betrug Ende des Jahres 1874 bei allen Notenbanken 89 Millionen Pesetas bei einer Gesamtzirkulation von 98 Millionen Pesetas in Banknoten. Die Notenzirkulation war von 6,50 Pesetas pro Kopf der Bevölkerung des Jahres 1859 auf 6 Pesetas pro Kopf im Jahre 1874 zurückgegangen.

Das Banknotenwesen war damals noch völlig unentwickelt, so daß auch im innern Verkehr Zahlungen in gemünztem Gelde vorherrschten.

Schon seit dem Jahre 1864 hatte sich infolge der Mängel der Dezentralisation des Bankwesens ein lebhaftes Verlangen nach einer einzigen Notenbank geltend gemacht[1]), aber 10 Jahre vergingen, ehe sich die Regierung dazu entschloß, die Freiheit der Notenemission seitens der Lokalbanken aufzuheben und ein Zentralnoteninstitut zu schaffen.

Durch Dekret vom 19. März 1874 wurde schließlich die Auflösung sämtlicher Provinznotenbanken als solcher und die Errichtung einer einzigen Notenbank für das ganze Reich ver-

[1]) Siehe „La crisis monetaria en 1864“, resumen de una discusion que sobre este tema tuvo lugar en varias sesiones de la academia en 1864 (enthalten in den Memorias de la real academia de ciencias morales y politicas, Teil V, Madrid 1884); ferner Queipo, La crisis monetaria española, Madrid 1866, Seite 55.

fügt.[1]) Die Bank von Spanien sollte in Zukunft das alleinige Recht der Banknotenemission haben und mit dem 1. Januar 1875 als Nationalbank Spaniens funktionieren.

Den 15 im Jahre 1874 noch bestehenden Privatnotenbanken der Provinzen stellte man frei, entweder gegen Umtausch ihrer Aktien in Aktien der Bank von Spanien zum Paristande in die Einverleibung in die Bank von Spanien einzuwilligen oder unter Verzicht auf das Notenprivileg als Privatbanken weiter fortzuleben.

11 der Provinzialbanken wählten die Vereinigung mit der Bank von Spanien, die größten jedoch, die Notenbanken in Barcelona, Bilbao und die nach ihrer Liquidation reorganisierten Banken in Cadiz und Valladolid willigten in die Verbindung nicht ein. An diesen vier Orten gründete die Bank von Spanien Filialen, ebenso wandelte sie die verbundenen, früher selbständigen Notenbanken in Zweiganstalten um.

Der Hauptgrund für die Zentralisierung der Notenbanken war damals kein währungspolitischer, es kam der Regierung nicht darauf an, in der Zentralbank einen Regulator der Währung zur Sicherung der Valuta dem Auslande gegenüber zu schaffen; die Momente, aus denen der damalige Finanzminister José Echegaray eine Vereinheitlichung des Notenbankwesens anstrebte und herbeiführte, waren vielmehr finanzpolitischer Natur.

Der durch den Bürgerkrieg und Steuerausfall finanziell riesig geschwächte Staat wollte eine starke Kapitalsmacht schaffen, die durch Gewährung umfangreicher Kredite die Finanzen des

---

[1]) Die Zirkulation der Banknoten beschränkte sich aber nur auf die spanische Halbinsel. In den Kolonien bestanden besondere Notenbanken. Durch kgl. Erlaß vom 25. 1. 1855 wurde der Banco Español de Filipinas ins Leben gerufen, ein weiteres Dekret vom 6. 2. 1855 schuf den Banco Español de la Habana (später Banco Español de Cuba genannt) und ein ferneres vom 10. 4. 1866 den Banco Español de Puerto Rico. Sie unterstanden dem Gesetz über die Aktiengesellschaften, keinem besonderen Bankgesetz. Durch Dekret vom 10. 8. 1878 wurde dann bestimmt, daß in den überseeischen Provinzen keine andern privilegierten Emissionsbanken bestehen dürften als die drei vorgenannten und daß sie dem Bankgesetz vom 19. 3. 1874 unterworfen sein sollten. (Col. legisl. 1878).

Staates stützen sollte. Man glaubte nur durch Konzentrierung aller in den Provinzen zerstreuten Kapitalien in einer Nationalbank die Mittel zur Bestreitung der Staatsausgaben und zur Beendigung des Bürgerkrieges gewinnen zu können.[1])

Die Bank von Spanien wurde nunmehr mit einem Kapital von 100 Millionen Pesetas reorganisiert und erhielt das Privileg der Notenausgabe gleich dem fünffachen Betrage des Aktienkapitals. Die Notenemission wurde also fest begrenzt auf 500 Millionen Pesetas. Im Jahre 1882 wurde durch Generalversammlungsbeschluß, genehmigt durch königliche Verordnung vom 23. Dezember 1882, das Aktienkapital auf 150 Millionen und die Notengrenze auf 750 Millionen Pesetas gesteigert. Die Privilegien der Bank sollten nach dem Dekret vom 19. März 1874 30 Jahre dauern und wurden später durch Bankgesetz vom 14. Juli 1891 bis zum 31. Dezember 1921 verlängert.

Die juristisch bedeutendste Reform des Banknotenwesens führte das Dekret vom 19. März 1874 insofern ein, als den Banknoten gesetzlicher Kassenkurs eingeräumt wurde. Artikel 9 des Dekrets verfügte: „Die Noten der Bank von Spanien werden an Zahlungsstatt angenommen bei Zahlung von Steuern, Nationalgütern, Zollgebühren und allen übrigen festgelegten und in Zukunft festzulegenden Einnahmen des Staates.“ Nicht nur zu Zahlungen an die Bank, sondern bei sämtlichen Zahlungen

---

[1]) Exposition del decreto de 19. 3. 1874 in den Leyes organicas del Banco de España, Madrid 1907. S. 17. Über den damaligen heillosen Zustand im spanischen Kreditwesen und über die Entstehung des Bankgesetzes von 1874 äußerte sich Echegaray im Jahre 1902:

„In der Not des Bürgerkrieges mußte der Staat an vielen Stellen finanzielle Teiloperationen unternehmen; um aus der augenblicklichen Not herauszukommen, borgte der Staat den einen Tag 1 Million Pesetas, den andern $^1/_2$ Million. Man mußte, um das Heer mit Proviant zu versehen, Geld zu hohen Zinsen, zu 10, 12 und 15 % aufnehmen. Dazu gaben die Gläubiger einen Teil in Metallgeld, einen Teil in Kupons von Staatspapieren, die den Rentenempfängern nicht gezahlt wurden und auf der Börse zu niedrigen Preisen zu kaufen waren, die aber vom Staat zum vollen Wert angenommen wurden. Der Mangel an Geld machte die Kriegsbeendigung durchaus nötig und nur durch die Unterstützungen der starken Kapitalsmacht einer Zentralbank konnte dies geschehen.“

an Staatskassen des ganzen Landes wurden die Banknoten verwendbar und obligatorisch. Das bisher usuelle Banknotengeld wurde an Staatskassen gesetzmäßiges Zahlungsmittel.

Für den Betrag der umlaufenden Noten schrieb das Dekret eine Viertelsdeckung in Metall, Gold- oder Silberbarren vor. Die Gesetzgebung machte also zunächst keinen Unterschied der Metalldeckung, so daß die notale Banknote durch andere notale Geldarten, durch Silber- und Kupferscheidemünzen und später durch das notale Silberkurantgeld ebenso gedeckt werden konnte wie durch bares Geld. Die Mängel dieser Vorschriften bestanden darin, daß die Bank nach dem prinzipiellen Übergang des Staates zur Goldwährung im Jahre 1876 nicht zur bestimmten Deckung in barem Golde angehalten wurde.

Im Privatverkehr blieben die Banknoten rein fakultatives Geld und haben nie in ihm gesetzlichen Annahmezwang erhalten. Ferner haben sie seit dem Jahre 1874 stets ihre Einlösbarkeit beibehalten, waren also provisorisches und nicht definitives Geld. Sie wurden gemäß dem Zahlungsversprechen, mit welchem sie sich präsentierten, den Inhabern nach Sicht in die gleiche Anzahl von Werteinheiten in Metallgeld umgewechselt.

Nach Wahl der Bank waren sie in Gold- oder Silbergeld einlösbar; nach dem Jahre 1876 löste nun die Bank infolge administrativer Anordnung ihre Noten in Goldgeld, also in barem Gelde, ein, da die „allgemeine Zirkulation sich vermittels Goldgeldes vollziehen sollte“ und die Silberduros nicht als aufdrängbar behandelt wurden.

Die Stückelung der Noten war durch Gesetz dem Belieben der Bank anheimgestellt, doch wurde 1874 ein Höchstbetrag der Note von 1000 Pesetas, 1891 eine unterste Grenze von 25 Pesetas festgelegt. Zunächst wurden Abschnitte von 1000, 500, 100 Pesetas und in ganz geringem Maße Stücke zu 50 Pesetas emittiert. Seit dem Jahre 1882 wurden Stücke zu 25 Pesetas herausgegeben.

Als Entschädigung für die ihr zugestandene Erhöhung des Kapitals und der Notenemission hatte die Bank dem spanischen Staatsschatz einen Betrag von 125 Millionen Pesetas vorzuschießen.

Nachdem die Bank von Spanien als Zentralbank geschaffen war, fiel ihr wohl die, zwar nicht in ihren Statuten geschriebene Aufgabe zu, als Rückgrat, als Regulator des gesamten Zahlungsverkehrs hervorzutreten und nicht nur die Note, sondern das Geldwesen überhaupt zu überwachen. Man hätte meinen sollen, daß die Bank, nachdem die Goldwährung einmal proklamiert war, das vielfach im Lande zerstreute Gold in ihre Kassen geleitet und für Inlandszahlungen in kluger Berechnung Banknotengeld emittiert hätte.

In den Jahren 1877—1881 waren ca. 673 Millionen Pesetas an Goldgeld geprägt worden. Es gelang aber der Bank nicht, Goldgeld bei sich zu konzentrieren noch der Banknote eine weite Verbreitung zu geben. Jene umsichtige Goldpolitik, welche heute den wichtigsten Faktor der Zentralbanken bildet, wurde von ihr nicht betrieben.

Die Bank dehnte auch ihre Notenausgabe bei weitem nicht bis zur gesetzlich zugestandenen Höchstgrenze von 500 Millionen Pesetas aus, wie uns die Zahlen der am 31. Dezember der Jahre 1875—1882 umlaufenden Noten beweisen. Es zirkulierten an Banknoten am Ende der Jahre

1875:	90,9	Millionen Pesetas
1876:	102,6	„ „
1877:	95,5	„ „
1878:	92,6	„ „
1879:	84,8	„ „
1880:	91,7	„ „
1881:	130,8	„ „
1882:	199,4	„ „

Aus verschiedenen Gründen war es in dieser Periode der Bank nicht möglich, Banknoten beim Publikum beliebt zu machen und Goldgeld aus dem Verkehr herbeizuziehen.

Kleine Banknoten zu 25 Pesetas, welche bei der großen Vorliebe der Spanier für kleines Geld große Vorteile haben konnten und die Funktion des notalen Banknotengeldes als

Ersatz für bares Geld bedeutend erleichtert hätten, wurden nicht emittiert, Banknoten zu 50 Pesetas in ganz geringem Umfange ausgegeben. So wurden im innern Verkehr Beträge von 25 Pesetas hinauf bis 100 Pesetas meist in Goldgeld gezahlt. Es wurden auch wenig Filialen angelegt, Giro- und Scheckzahlungen fanden infolgedessen keine Verbreitung, so daß vielfach große Zahlungen, die 100 Pesetas überstiegen, im baren Goldgelde geleistet wurden.

Dann aber blieb trotz der Zentralisation des Bankwesens die Banknote in ihrem Umlauf behindert. Das Bankgesetz hatte in seinen Artikeln 7 und 8 über die Zirkulation und Einlösung der Banknoten Folgendes bestimmt:

Artikel 7: „Da es angesichts der Situation, in welchem sich das Land gegenwärtig befindet, nicht möglich ist, die materielle Übertragung von Fonds mit der Schnelligkeit zu vollführen, welche die Einlösung von Banknoten bei ihrer Präsentation in den Filialen erfordert, so sollen für jetzt in jeder Filiale die Beträge an Banknoten domiziliert werden, welche die Bedeutung ihrer Operationen erfordert. Diese Noten sollen sich durch einen Stempel unterscheiden, welcher die Filiale bezeichnet, der sie gehören."

Artikel 8: „Die nicht domizilierten Noten (der Zentrale) können in den Filialen, in welchen sie präsentiert werden, für Noten derselben getauscht werden und Filialnoten für Zentralnoten, wenn in den Filialen von der einen oder der andern Sorte eine genügende Anzahl vorhanden ist, um dem Verlangen danach zu entsprechen. Die nicht domizilierten Noten können auch in Metallgeld eingelöst werden mit der klugen Beschränkung, welche die Situation der Fonds der Filiale erfordert, bis die Zentralkasse der Bank sie mit dem Metallgelde versehen kann, das für die Einlösung notwendig ist.

Die bei den Filialen domizilierten Noten werden in der Zentralkasse zu Madrid gegen solche getauscht, welche nicht domiziliert sind, oder sie werden gegen Metallgeld eingelöst."

Diese Beschränkungen in der Einlösung und Formalitäten, wodurch der Zahlungsverkehr mit Banknoten in den Provinzen vollständig von der Zentralkasse abhing, verhinderten aber eine größere Ausdehnung der Noten.[1]) Zahlungen durch Banknoten von einem Provinzort zum andern waren dadurch sehr erschwert.

Auch war die Deckung der Banknote wohl nicht dazu geeignet, Vertrauen auf die Aufrechterhaltung der Barzahlungen zu erwecken. Denn neben der Viertelsdeckung in Metall wurden nicht nur kurzfällige Wechsel und Lombardunterpfänder als Garantie für die Banknoten und Depositen benutzt, sondern die Bank hatte in den Jahren 1877 und 1878 einen großen Teil ihres Portefeuilles in langfristigen Wechseln und Schatzscheinen festgelegt. Andererseits hatte sie öfters längere Zeit Goldbarren bei der Münze zu Madrid zwecks Prägung immobilisiert, so daß die Einlösungen der Banknoten in Goldgeld nicht stets in vollem Umfange aufrecht erhalten werden konnten.[2])

Waren dies auch nur vorübergehende Erscheinungen, so trugen sie doch dazu bei, daß das Banknotengeld nicht die Ausdehnung erreichte, die man wohl hätte erwarten sollen.

Im Jahre 1881 war sogar der Bank durch das Konversionsgesetz vom Staate gestattet worden, die ganze statutarische metallisch nicht gedeckte Notenemission mit 4%igen amortisierbaren Renten, mit Staatsschatzscheinen und Aktien der in engster Verbindung mit dem Staate stehenden Tabaksgesellschaft zu decken. Gerade aber der Umstand, daß die Bank sich nicht auf sichere Geschäfte beschränkte, sondern sich in starkem Maße vom Staate in Anspruch nehmen und sich Goldgeld von ihm ab-

---

[1]) Joaquin María Sanromá, Mitglied der ständigen Währungskommission, sprach sich noch 1881 in seiner Schrift „La conferencia monetaria de 1881“ über die spanischen Banknoten aus, wie folgt: „Unsere fiduziäre Zirkulation ist noch sehr gering; wir haben keine Einheit der Banknote (wegen der Domizilierungen), und die Noten einiger Filialen der Bank akklimatisieren sich sehr schwer.“

[2]) Anlagen der Bank in langfristigen Schatzscheinen und Immobilisierung von Metallbarren bei der Münze für längere Zeiträume gaben Veranlassung zu den berüchtigten „colas“ der Jahre 1877 und 1878, d. h. zu Schwänzen oder Ansammlungen vor den Bankschaltern von Leuten, welche Banknoten in Metall ausgezahlt haben wollten.

zwingen ließ, schwächten ihre Stellung als lytrische Behörde und stellten die Aufrechterhaltung der Goldwährung in Frage.

Wiewohl die Bank in den Jahren 1875—1881 durch Ankauf und durch Emission von Bankobligationen 300 Millionen Pesetas Goldbarren erworben[1]) und zur Ausmünzung gebracht hatte, waren ihr durch allzu freigiebige Ausgabe von Goldgeld bis zum Ende des Jahres 1881 die Goldbestände bis auf 126 Millionen Pesetas entzogen worden, bis zum Schluß des Jahres 1882 sanken sie auf 60 Millionen Pesetas herab.

Angesichts dieser ständigen Verringerung ihrer Barbestände entschloß sich die Bank von Spanien gegen Ende des Jahres 1882, bei Einlösung von Banknoten nur einen geringen prozentualen Betrag in Goldgeld auszuhändigen, den übrigen Teil aber in Silbergeld zu zahlen. Denn Silbergeld, dessen Prägung der Staat in finanzieller Not im Jahre 1882 in großem Maßstabe wieder aufgenommen hatte (es wurden 1882 52½ Millionen Pesetas Silbergeld hergestellt) stand der Bank in unbeschränkter Menge zur Verfügung.

Das definitive Silbergeld war nach und nach in die Staatskassen eingedrungen und dort, da es weder der Staat noch die Bank als aufdrängbar behandelt hatten, als Staugeld liegen geblieben.

Um aber weiter Zahlungen in Goldgeld vornehmen zu können und Gold sich durch Ankauf im Auslande zu beschaffen, fehlten sowohl dem Staate wie der Nationalbank die Mittel und die Kraft. So erließ denn die Bank von Spanien in der begründeten Furcht, ihre fast erschöpften Goldreserven vollständig zu verlieren, im Einvernehmen mit der Regierung, im Sommer des Jahres 1883 die Verfügung an sämtliche Filialen, sie sollten ebenso wie die Zentrale in Madrid Einlösung von Banknoten in Goldgeld vollständig einstellen und Noten nur noch in Silbergeld wechseln.[2])

Apozentrische Zahlungen in Goldgeld an jedermann hörten auf, es wurden nur die Kupons der äußern Anleihen weiter

---

[1]) Barthe y Barthe, La crisis monetaria, Madrid 1905, S. 48.

[2]) Jiménez y Rodriguez, Estudio critico de la crisis monetaria, Madrid 1905, S. 240.

in Goldgeld bezahlt, und einige höhere Beamte bekamen noch mehrere Jahre ihre Gehälter in Gold ausgezahlt. Goldgeld abzwingen ließen sich seit dem Sommer 1883 aber weder die Bank noch der Staat.

Durch Obstruktion waren die Silberduros so in valutarische Stellung gekommen, und Goldgeld war akzessorisch geworden.

Mit dem Übergang zum notalen Silbergelde hörten alle ausgebildeten metallodromischen Einrichtungen auf; die Währung entbehrte seitdem einer eigentlichen metallischen Basis.

Spaniens Valuta blieb seither Silberwährung im platischen Sinne, im genetischen Sinne jedoch war sie es nicht, da die freie Ausprägbarkeit von Silber im Jahre 1878 aufgehoben war und die Silberprägung für Private gesperrt blieb.

Beim Goldgelde lagen die Verhältnisse umgekehrt. Gold war auch ferner hylisches Metall und ist noch heute bei Einlieferung größerer Quantitäten in Werteinheiten spanischen Geldes zu verwandeln (Chrysolepsie), die Goldgeldzahlungen (Chrysophantismus) sind jedoch vom Staate aufgegeben worden.

Goldgeld blieb seit 1883 stets in akzessorischer Stellung, wurde aber zirkulatorisch nicht mehr verwendet, es erhielt wegen seiner besseren platischen Verwendbarkeit ein positives inneres Agio.

Für Spaniens Geldwesen brach im Jahre 1883 eine neue Zeit heran, denn das im Verkehr wirksame Geld wurde ausschließlich Notalgeld. Silberkurantgeld, Silber- und Kupferscheidemünzen wie Banknoten beherrschten von nun an den Geldmarkt.

Ebenso wie Goldmünzen wurden die französischen 5-Frankenstücke, welche noch in großen Mengen zu Anfang der achtziger Jahre in Spanien zirkulierten,[1]) zu Zahlungszwecken im Inlande nicht mehr benutzt. Aus alter Zeit waren die früher mit 19 Realen tarifierten Silber-Napoleons noch teilweise im Lande geblieben; nachdem Spanien aber 5-Pesetenstücke nach derselben Norm wie Silber-Napoleons ausgeprägt hatte, waren viele französische

---

[1]) Jiménez y Rodriguez, Estudio critico de la crisis monetaria, Madrid 1905, Seite 164.

5-Frankenstücke nach Spanien gedrungen. Diese homochartalen Münzen wurden bisher, da man Geld nur metallistisch beurteilte, im Privatverkehr wie die 5-Pesetenstücke genommen; ja, selbst die öffentlichen Kassen akzeptierten sie, wiewohl dafür ein einseitiger Synchartismus durch das Münzgesetz von 1868 nicht mehr ausgesprochen war.

Zu Staatsverträgen zwischen Spanien und den Staaten der lateinischen Union über reziproke Annahme von Geldstücken, wie es im Münzgesetz von 1868 vorausgesehen war, ist es bisher niemals gekommen, Spanien ist stets außerhalb der lateinischen Union geblieben.

Nur mit Frankreich wurde von der spanischen Regierung die gegenseitige Annahme an öffentlichen Kassen der Stücke zu 10 und 20 Franken resp. Pesetas vom 1. März 1891 an verabredet. Dies waren aber nur auf dem Verwaltungswege getroffene Verfügungen der beiderseitigen Ministerien, die nicht zu Gesetzen geworden sind.

Für das Gros der in Spanien geprägten Goldmünzen, für die Alphonsdors à 25 Pesetas, blieb aber die Annahme an französischen Staatskassen stets ausgeschlossen, da sie durchschnittlich bedeutend im Feingehalt von der gesetzlichen Norm abweichen und die erlaubte Fehlergrenze unterschreiten.

Um aber eine Akzeptation wenigstens des spanischen Goldgeldes an Staatskassen Frankreichs durchsetzen zu können, hat auch die spanische Regierung die Prägung von Stücken zu 25 Pesetas aufgegeben und durch das Gesetz über das Budget vom 29. Juni 1887 verfügt (siehe Gazeta de Madrid vom 30. 6. 1887), Goldprägungen sollten nach den Bestimmungen des Münzgesetzes von 1868 und in der dort vorgeschriebenen Stückelung, also konform den französischen Goldmünzen, vorgenommen werden.

Ferner wurden Goldmünzen in Spanien, da sich die Staaten der lateinischen Union am 6. Dezember 1885 auf eine Herstellung von Goldgeld mit einer Fehlergrenze von $^1/_{1000}$ geeinigt hatten, kraft administrativer Anordnung vom 1. September 1890 mit der gleichen Abweichung im Feingehalt geprägt. Diese verwaltungsmäßig getroffene Verfügung wurde am 26. 12. 1899 zum Gesetz erhoben, da es der spanischen Regierung daran gelegen war, mit ihren Goldmünzen wenigstens in Frankreich Zahlungen leisten zu können.

Alle weiteren Versuche und Gesuche Spaniens (Anträge und Verhandlungen darüber aus den Jahren 1869, 1887, 1892) zwecks Aufnahme in den lateinischen Münzbund sind aber erfolglos geblieben, da die Konventionsländer durch Eintritt Spaniens in den Münzbund einen weiteren unerwünschten Umlauf von Silbergeld befürchteten. Denn Spanien wollte sich die Freiheit der Silberprägungen nicht nehmen lassen, setzte seine Silberprägungen unentwegt fort[1]), schränkte Goldprägungen ein und hatte außerdem bis zum Jahre 1902 noch sehr viele alte abgenutzte Münzen im Umlauf.

Der Einzug der vor dem Jahre 1868 geprägten Münzen geschah nämlich nur äußerst langsam und erstreckte sich über mehrere Jahrzehnte, sodaß Spanien keine einheitliche platische Währung und einen kolossalen Münzwirrwarr hatte. Dem Schatzamt fehlten aber die Mittel, um einen schleunigen Einzug herbeizuführen.

Die alten Münzen wurden bis zum 28. Januar 1881 stets wieder ausgegeben, und erst seit dieser Zeit fand ein stiller Einzug wenigstens der schadhaften und brüchigen Silbermünzen statt.

Zunächst hatte der Staat damals versucht, Münzen, welche an Gewicht verloren hatten und Fehler zeigten, nur nach dem

---

[1]) Nach dem Pesetamünzfuß sind in Spanien seit dem Jahre 1869 geprägt worden:

Goldmünzen	1 103 705 030	Pesetas (davon 932,6 Millionen in Alphonsdors)
Silberkurantmünzen .	1 052 187 430	„
Silberscheidemünzen .	278 402 377	„
Kupfermünzen	58 722 213	„

cf. Acuñaciones de Moneda, herausgegeben von der Nationalmünze in Madrid im Jahre 1907. Seit dem Jahre 1907 sollen sich diese Zahlen nur für Kupfermünzen und Silberscheidemünzen, jedoch nur unwesentlich, erhöht haben.

Metallwert anzunehmen; er mußte aber, da sich hiergegen ein allgemeiner Aufstand erhob, den Grundsatz der chartalen Geltung alter Münzen aufrecht erhalten und seine diesbezüglichen Verfügungen an die Staatskassen zurücknehmen. Die Staatskassen wurden darauf mit Annahme der alten Geldstücke nach der Proklamation und mit ihrem stillen Einzug betraut.[1])

Zum 10. Februar 1887 wurden alle Silberstücke zu 20 Realen[2]) wie die Kupfer- und Bronzemünzen der alten Systeme eingerufen und mit dem 10. März 1887 verrufen.

Die stark verbreiteten[3]) Silberscheidemünzen der Münzsysteme vor dem Jahre 1868 wurden erst zum 1. 11. 1902 außer Kurs gesetzt.

Die alten Goldmünzen aber, die Onzen und Centenen, sind nicht eingezogen, nicht eingerufen und verrufen worden. Sie waren nach dem Jahre 1883 zur Ware geworden und hatten einen Börsenkurs erhalten. Noch heutigen Tages werden die alten spanischen Goldmünzen in gleicher Weise wie fremde Goldmünzen an den Börsen zu Madrid und Barcelona notiert[4]). Dabei

---

[1]) Dekret vom 10. 3. 1881, Col. legislat. Jahrgang 1881.

[2]) Nach Patón, La fabricacion de las monedas, Madrid 1903, Tabelle 8 und nach Villaverde, La cuestion monetaria, Madrid 1893, S. 165, wurden ca. 22 Millionen alte Duros = 110 Millionen Pesetas damals eingezogen. Hieraus ergibt sich wohl auch, daß die spanischen baren Silbermünzen vor 1868 größtenteils das Land verlassen hatten. Außerdem soll ein großer Teil der 1887 eingezogenen Duros aus dem Auslande in den 80er Jahren zurückgeströmt sein.

[3]) Nach Patón wurden an Silberscheidemünzen der alten Systeme 1868—1901 eingezogen:

ca. 12	Millionen	Stück	Pesetas columnarias (seit 1772 geprägt)
„ 60	„	„	ältere Pesetas (vor 1772 geprägt)
„ 31½	„	„	Pesetas Isabelinas (seit 1833 geprägt)
„ 10	„	„	halbe Duros oder Escudos.

[4]) Am 25. August 1911 notierten z. B. in Madrid:

Onzas	8,20 %	Agio
Isabelinas	11,40 %	„
Alfonsinos	7,70 %	„
Francos	7,70 %	„
Libras (englische Goldmünze) .	8,60 %	„
100-Pesetas	7,70 %	„

zeigt sich die Erscheinung, daß Centenen Isabellas wegen ihres höheren Feingewichtes einen mehrere Prozent höheren Kurs haben als Alphonsdors und die Onzen wie deren Teilstücke trotz gleicher proklamatorischer Geltung.

Goldgeld war im Jahre 1883 akzessorisch geworden und alle guten Absichten des Staates, es wieder in valutarische Stellung zu bringen, scheiterten. Der Staat ließ auch nach dem Jahre 1883 Goldgeld prägen, doch wurde es stets bei gelegentlicher Ausgabe sofort als Ware behandelt und schwand aus dem Verkehr.[1]) Valutarisch blieb Silbergeld, da der Staat nicht die Kraft hatte, stets Goldgeld auf Verlangen an seinen Kassen zu zahlen. Eine automatische Regelung der Wechselkurse Goldländern gegenüber war infolgedessen nicht mehr möglich.

Wenn sich jedoch nach dem Jahre 1883 die notale Silberpeseta den Valuten der Goldländer gegenüber auf dem Paristande behaupten sollte, mußten andere Maßregeln ergriffen werden, um eine Regulierung der Wechselkurse herbeizuführen. Im andern Falle mußte sich der intervalutarische Kurs der Peseta anarchisch herausbilden.

Wie sich nun die spanische Währung als notale Silber- und Banknotenvaluta entwickelte, will ich an der Hand des französisch-spanischen intervalutarischen Kurses darzulegen suchen. Denn der französische Frank blieb der ruhende Punkt, nach welchem man in Spanien stets die eigene Valuta beurteilte.

---

[1]) Namentlich im Jahre 1889 versuchte der spanische Staat noch einmal, Goldgeld in Zirkulation zu setzen. Er gab einige Millionen Pesetas Goldmünzen aus, die aber sofort ein positives Agio von 3% erhielten und von der Bank von Spanien und andern Geldinstituten aufgesogen wurden.

IV. Kapitel.

DIE INTERVALUTARISCHEN BEZIEHUNGEN DER PESETA SEIT DEM JAHRE 1883.

§ 12.

DAS SINKEN DES PESETAKURSES INFOLGE DER VERSCHLECHTERUNG DER HANDELSPOLITISCHEN STELLUNG UND DES MANGELS EXODROMISCHER VERWALTUNGSTÄTIGKEIT.

In den Jahren 1868—1882 waren die pantopolischen Verhältnisse, welche auf den spanischen intervalutarischen Kurs gegen Frankreich wirkten, infolge reichlichen Kapitalzustroms aus Frankreich durchaus für Spanien günstig. Mit der September-Revolution des Jahres 1868 setzte ein gewaltiger Geldzufluß aus dem Auslande ein, der eine immense Verschuldung Spaniens hervorrief und früher oder später seine ungünstigen Rückwirkungen auf die Geldverhältnisse des Landes und die Wechselkurse haben mußte.

Die staatlichen Finanzen Spaniens waren 1868 sehr zerrüttet, wurden aber durch ständigen Appell an den Auslandskredit gestützt, wobei besonders Frankreich dem spanischen Fiskus Summen vorschoß. Die Auslandsanleihen steigerten sich in den Jahren 1867—1877 von 1025 Millionen Pesetas auf 4379 Millionen Pesetas, also um 3354 Millionen Pesetas.[1])

---

[1]) Allein in den Fiskaljahren 1868/69 bis 1872/73 wurden folgende Summen an 3%iger äußerer Schuld (1882 in 4%ige äußere Schuld umgewandelt) emittiert und fast vollständig in Frankreich placiert:

1868/69	1107	Millionen Pesetas
1871/72	1076	„ „
1872/73	871	„ „
Zusammen	3054	„ „

Außerdem wurden in derselben Zeit 590 Millionen Pesetas spanischer Schatzbons an die Bank von Paris begeben.

Alle dem spanischen Staat zu ungünstigsten Bedingungen geliehenen Beträge fanden aber im Lande keine produktive Anlage, sondern wurden in einem ruinösen Bürgerkriege verwendet und hatten den Charakter reiner Defizitschulden.

Andererseits beraubte sich der spanische Staat in dieser Periode durch den Verkauf der Kupferminen von Rio Tinto an englische Kapitalisten für den Betrag von 98 Millionen Pesetas und durch Verpfändungen der Quecksilberminen von Almaden ständiger reicher Einnahmequellen.[1])

Wohl kamen in der Zeit 1868—1882 große Mengen Geldes ins Land, für die Zukunft wurden aber damals die Grundlagen einer sehr mißlichen wirtschaftlichen und finanziellen Lage Spaniens gelegt.

Nach Beendigung der Bürgerkriege und nach der Restauration der bourbonischen Dynastie nahmen die französischen Eisenbahngesellschaften auch den unterbrochenen Eisenbahnbau in Spanien wieder auf und emittierten in der Zeit von 1876 bis 1882 ca. 700 Millionen Pesetas an Eisenbahn-Aktien und Obligationen. Nach den Angaben von M. E. Théry und andern Finanzpolitikern sollten von den 3500 Millionen Pesetas an Aktien und Obligationen spanischer Eisenbahnen, deren größter Teil vor dem Jahre 1882 ausgegeben wurde, im Jahre 1900 etwa 2500 Millionen Pesetas Ausländern, größtenteils Franzosen, gehören.[2])

Andere Industrie-, Minen- und Versicherungsgesellschaften, die namentlich wieder von Franzosen gegründet wurden, sollen in den Jahren 1868—1882 etwa 300 Millionen Pesetas in spanischen Unternehmungen investiert haben.

Während sich so die Ausländer der reichsten Erwerbsquellen des Landes bemächtigten, schädigte die spanische Regierung die Produktionskräfte des Inlandes. Im Jahre 1869

[1]) Orti y Brull, La cuestion monetaria, Madrid 1893, S. 255.

[2]) Der französische Nationalökonom Neymarck schätzte 1891 die Anlagen der Franzosen in spanischen Eisenbahn- und Industrie-Werten auf: 2500—3000 Millionen Pesetas Eisenbahn-Aktien und Obligationen,
1500—2000 „ „ Industriewerte.

hatte sie den Zolltarif im freihändlerischen Sinne revidiert und die bisher bestehenden Schutzzölle fallen lassen und nur Fiskalzölle beibehalten. Eine eigene nationale Industrie konnte sich so nicht entwickeln und kam erst im zwanzigsten Jahrhundert nach Änderung der Zollpolitik zur größeren Entfaltung.

Das Land blieb bis zur Jahrhundertwende vorwiegend agrarisch und führte ländliche Produkte wie Wein, Früchte und Öl aus, dagegen vornehmlich Industrieprodukte ein. Der Warenimportüberschuß war, da stets im Lande ein großer Luxus bei den wohlhabenderen Klassen herrschte und fremde Fabrikate ganz vorwiegend importiert wurden, gewaltig und betrug in der Zeit von 1868—1881 1341 Millionen Pesetas.

Doch aus der ständigen Kapitalienübertragung, besonders aus Frankreich, die den Passivsaldo der Handelsbilanz bedeutend überwog, ergab sich bis zum Jahre 1882, daß spanisches Geld im Vergleich zum französischen Gelde meist mehr gesucht war. Dies mußte sich im intervalutarischen Kurse äußern.

Im Jahre 1876 hatte man, wie wir gesehen haben, durch die Wahl der hylogenischen Norm des französischen Geldes für spanische Alphonsdors ein Münzpari zwischen der Goldpeseta und dem Goldfranken geschaffen. Theoretisch bestand nun bis zum Jahre 1878 kein Wechselpari für Spanien und Frankreich, da in Spanien Goldgeld und in Frankreich die uneinlösliche Banknote valutarisch war. Praktisch war aber bei der aufrecht erhaltenen freien Goldprägung Frankreichs die in Spanien jederzeit erhältliche Goldpeseta in französisches Goldgeld zu verwandeln, und man stellte nach herkömmlicher Weise die Gleichwertigkeit des Franken und der Peseta als Forderung auf.

Kleine und kurz dauernde Schwankungen im Wechselkurse gegen Frankreich konnten bei Goldwährung in Spanien durch Goldsendungen reguliert werden. Stieg der Frankenkurs in Madrid bis $^1/_2$% über den Paristand,[1]) so lohnte es sich mehr, Goldgeld nach Frankreich zu senden und in Goldfranken um-

---

[1]) Der Bankdirektor der Bank von Spanien Jiménez y Rodriguez gibt die Goldpunkte Spaniens Frankreich gegenüber auf $^1/_2$% über resp. unter dem Paristande an, Crisis monetaria, S. 166.

wandeln zu lassen, als französische Devisen anzukaufen. Dieser obere Goldpunkt wurde durch die Transport- und Versicherungskosten sowie den Schlagschatzverlust in Frankreich bestimmt. Eine automatische Regelung des spanisch-französischen intervalutarischen Kurses von Frankreichs Seite aus war beim Zwangskurs der französischen Banknote nicht möglich und wurde später durch die Goldprämie der Bank von Frankreich erschwert.

So war Spanien bei Barverfassung des Goldgeldes in der günstigen Lage, Stabilisierungen des Wechselkurses gegen Frankreich vorzunehmen. Diese automatischen Regulierungen hielt man in Spanien für ausreichend, dachte aber niemals daran, durch Diskont- oder Devisenpolitik den Kurs, sobald er für Spanien ungünstig stand, zu regulieren und so den Barschatz der Bank wieder herzustellen.

In den Jahren 1876—1881 bewegte sich nun allerdings der Frankenkurs meist unter dem Paristande. Der Frank wies in dieser Zeit im mittleren Durchschnitt der Jahre folgendes positive resp. negative Agio auf:

1876	— 0,792 %	
1877		+ 0,276 %
1878	— 0,07 %	
1879		+ 0,389 %
1880	— 1,066 %	
1881	— 0,461 %[1])	

Aus der damaligen günstigen Lage der spanischen Peseta gegenüber dem Franken ließen sich jedoch keinerlei definitive Schlüsse über dauernde günstige pantopolische Verhältnisse Spaniens ziehen. Sie bewies nur, welchen ungeheuren Einfluß

[1]) Es notierten also in Madrid 100 Franken

1876 =	99,208	Pesetas
1877 =	100,276	„
1878 =	99,93	„
1879 =	100,389	„
1880 =	98,934	„
1881 =	99,539	„

auf die Gestaltung der intervalutarischen Kurse der Effekten- und Kapitalienverkehr von Land zu Land hatte.

Sobald einmal die Anlagen von Franzosen in spanischen Unternehmungen aufhörten, Frankreich dauernd seinen Besitz an spanischen Papieren abstieß, war eine automatische Regelung des intervalutarischen Kurses nicht mehr möglich. Sollte die Goldwährung Spaniens nicht dementiert werden, so mußten bewußt starke exodromische Maßregeln von der Bank von Spanien ergriffen werden.

Ein Umschwung in den Zahlungsverpflichtungen zwischen Frankreich und Spanien trat nun im Jahre 1882 ein, ohne daß jedoch in Spanien Schritte dagegen getan wurden.

Die Gründe dafür waren in der Lage des französischen Geldmarktes wie in Spaniens Finanztransaktionen zu suchen. In Frankreich herrschte in den Jahren 1881 und 1882 eine schwere Börsen- und Geldkrisis, welche den ganzen Geldmarkt des lateinischen Bundes ergriff. Man entledigte sich dort in starkem Maße ausländischer, namentlich spanischer Papiere, wodurch große Goldsendungen aus Spanien nötig wurden.

Beschleunigt wurde diese Abstoßung spanischer zinstragender Papiere in Frankreich durch die Konvertierung, welche Spanien mit seinen Anleihen vornahm. Durch das Konversionsgesetz vom 9. Dezember 1881 verwandelte Spanien einen Betrag von 1469 Millionen Pesetas meist 6%iger amortisabler Anleihen in 1728 Millionen Pesetas 4%ige amortisable Schulden. Dabei wurde den Inhabern der Anleihetitel Umwandlung oder Rückzahlung in Metallgeld freigestellt. Da nun französische Besitzer der alten Titel teilweise Rückzahlung in Gold verlangten, mußte der spanische Staat im Januar und Februar 1882 etwa 24 Millionen[1]) Franken in Gold nach Paris zahlen. Außerdem verkauften aber Franzosen, als sich im Jahre 1882 die Geldnot in Frankreich steigerte, ca. 236 Millionen Pesetas[1]) neuer amortisabler Schuld nach Spanien.

---

[1]) Nach Angaben von Jiménez y Rodriguez, La crisis monetaria, S. 155 u. 156.

Mitgewirkt auf den Verkauf spanischer Papiere in Frankreich hat entschieden auch der Umstand, daß die Zinsen der neuen amortisablen spanischen Anleihen nicht mehr in ausländischer Valuta zahlbar waren; auf die Aufrechterhaltung der Goldwährung in Spanien und eine fernere Festigkeit des Pesetenkurses vertraute man aber in Frankreich angesichts des Schwindens der Goldreserven in der Bank von Spanien nicht mehr.

Infolge der andauernden Goldsendungen nach Frankreich machte sich nun bei der Bank von Spanien starke Einlösung von Banknoten und eine ständige Verringerung des Barbestandes bemerkbar. Jetzt wären starke exodromische Maßregeln nötig gewesen, um den seit dem November 1881 sich stets über dem oberen Goldpunkt bewegenden Frankenkurs zum Paristande zurückzuführen. Jedoch die Bank von Spanien ließ ihren Diskontsatz bis zum Februar 1882 unverrückt auf 4% stehen, steigerte ihn nur zwei Monate auf 5%, um ihn dann dauernd auf $4\frac{1}{2}$% ruhen zu lassen. Diese geringen Diskontveränderungen genügten aber nicht, um Kapital aus dem Auslande herbeizuziehen. Da aber die französischen Verkäufe spanischer Papiere nicht nachließen und die Noteneinlösung gegen Goldgeld sich bei der Bank von Spanien steigerte, gab die Bank im Sommer 1883 die Goldzahlungen vollständig auf.

Der Wechselkurs wurde nunmehr völlig sich selbst überlassen. Eine obere Grenze für den Frankenkurs war hinfort nur im Metallgehalte der Silberpeseta gegeben. Keineswegs brauchte sich aber nach dem Übergang Spaniens zur Silberwährung der Wechselkurs deshalb ungünstiger für Spanien zu gestalten, weil das valutarische Geld den Valuten anderer Länder mit Goldwährung gegenüber „entwertet" war, wie die herrschende Meinung war.

Wenn sich jetzt ständig ein Frankenagio zeigte, so lag dies an den pantopolischen Verhältnissen, die nach dem Aufhören französischen Kapitalzuflusses einen konträren Lauf spanischen Geldes nach Frankreich notwendig machten. Zinsen des Staates mußten nach Frankreich gezahlt werden und wurden nicht mehr mit neuen Anleihen gedeckt, Eisenbahn- und Industriegesellschaften mußten ebenfalls große Summen Geldes nach Frankreich zahlen, und neue Kapitalien kamen nicht ins Land. Denn niemand legte Gelder in dem Lande mit der nun schwankenden Valuta an; war man doch nicht sicher, es ohne Verlust am Wechselkurse wieder zurück zu erhalten.

Die Goldsendungen von Spanien nach Frankreich wurden jetzt chronisch. Wechsler und Bankiers kauften alles Goldgeld, welches ihnen angeboten wurde, mit einer geringeren Prämie,[1]) als der Frank zeigte, sandten es unmittelbar über die französische Grenze und zogen auf die dort geschaffenen Guthaben Wechsel, welche sie teuer verkauften.

Damals zeigte sich deutlich noch der Unterschied zwischen dem innern Agio der Goldpeseta und dem äußern Agio des Goldfranken. Man hat zwar in Spanien allgemein das Agio des Franken Goldagio genannt, was aber — wenigstens für die damalige Zeit — wohl dem Mangel an begrifflicher Unterscheidung entspricht. Denn spanische Goldstücke hatten ein inneres Agio wegen gewinnbringender metalloplatischer Verwendung, während das Agio des valutarischen Geldes Frankreichs pantopolischen Verhältnissen entsprach; der Preis für Goldpeseten und Franken war aber nicht vollständig gleich.

Erst mit dem Jahre 1891[2]) trat eine Annahme spanischer Goldstücke an französischen Staatskassen ein. Von dieser Zeit an konnte man wohl das Frankenagio mit Goldagio bezeichnen. Wenn wir uns der Kürze halber des einfachen Wortes „Agio“ bedienen, so weisen wir darauf hin, daß wir darunter das Agio des französischen Franken gegenüber der Silberpeseta verstehen.

Ebenso wie spanische Goldmünzen bekamen nach Aufgabe der Goldwährung die synchartal behandelten, vielfach in Spanien zirkulierenden, französischen Silber-Napoleons ein Agio. Dieses schmiegte sich genau dem Frankenkurse an, denn Silber-Napoleons konnten unmittelbar zu Zahlungen nach Frankreich verwendet werden.

Man hätte nun meinen sollen, die ständigen Exporte von Goldgeld und Silber-Napoleons hätten den Pesetakurs wieder

---

[1]) Jiménez, La crisis monetaria, S. 166.

[2]) cf. § 11 S. 193.

auf den Paristand erhoben, aber einmal war es die Drainage, welche das Agio künstlich hoch hielt, und dann hatte man keine Goldreserven für die ungünstigen Zeiten und konnte nicht ständig Gold exportieren. Wie auch in andern Ländern, so zeigte sich damals in Spanien, daß das viele, im freien Verkehr sich noch befindende Gold für die Sicherung der Parität des Wechselkurses nahezu gleichgültig war. Aus folgender Tabelle über das Frankenagio auf der Madrider Börse dürfte dies klar hervorgehen:

	Höchster Stand:	Niedrigster Stand:	Jahresdurchschnitt:
1882	3,305 %	0,603 %	1,832 %
1883	1,832 %	1,112 %	1,555 %
1884	2,145 %	0,603 %	1,114 %
1885	3,519 %	0,200 %	2,071 %
1886	3,626 %	0,200 %	2,040 %
1887	1,832 %	0,603 %	1,036 %
1888	2,150 %	0,950 %	1,695 %
1889	5,400 %	1,950 %	3,188 %
1890	6,350 %	1,450 %	4,270 %
1891	14,100 %	2,200 %	6,687 %

Zu dem ständig ungünstigen Stande der Valuta nach 1882 trug die Bankpolitik der Bank von Spanien viel bei. Im Gegensatz zu den Gepflogenheiten anderer Zentralbanken hielt sie ihren Diskont- und Lombardzinsfuß[1]) Jahre lang unter dem Realzinsfuß der Staatspapiere. Die 4%ige äußere Rente, welche sich bei einem Kursstande weit unter Pari in den Jahren 1882 bis 1890 durchschnittlich mit 6,60 % ca. verzinste, belieh die Bank mit einem durchschnittlichen Zins von $4^1/_2$ % in der gleichen Periode. Eine solche Währungspolitik bedeutete aber ein völliges Aufgeben des Schutzes der intervalutarischen Kurse, denn die äußere Rente befand sich mit Ausnahme eines kleinen Betrages von etwa 50 Millionen Pesetas, der im spanischen Besitze war, im Jahre 1882 noch fast vollständig in französischen Händen und wurde wegen des Zinsgewinnes mit dem von der

[1]) Diskont- und Lombardzinssatz der Bank von Spanien waren meist gleich. Seit Jahrzehnten haben sie die gleiche Höhe und differieren nicht um 1 % wie bei vielen andern Notenbanken.

Bank erborgten Gelde von Spaniern natürlich in großem Umfange in Frankreich zurückgekauft. Französische Zahlungsmittel waren infolgedessen auf der Börse zu Madrid stets sehr gesucht.

So wünschenswert für ein Schuldnerland infolge progressiver Verstärkung des nationalen Reichtums eine Rückzahlung von Auslandsschulden sein mag, so verhängnisvoll mußte für Spanien die vorzeitige Repatriierung seiner zinstragenden Papiere innerhalb ungünstiger wirtschaftlicher Verhältnisse sein.

Die von der Bank von Spanien damals ergriffenen Maßregeln bedeuteten nicht nur keinen Schutz der Valuta, sondern standen im diametralen Gegensatz zu einer einsichtsvollen Exodromie.

So kam es, daß in der Zeit von 1882—1891 1122 Millionen Pesetas äußerer Schuld aus dem Auslande nach Spanien zurückgeführt wurden, wofür bei einem mittleren Kurse der Rente von 70% 785 Millionen Pesetas exportiert wurden. Ebenso waren von den 1882—1891 emittierten 620 Millionen Pesetas kubanischer Anleihen, die gleichfalls für das Ausland bestimmt und zunächst dort untergebracht waren, etwa 520 Millionen Pesetas bis Ende 1891 nach Spanien zurückgeströmt.[1])

War so die spanische Kapitalbilanz in der Periode 1882 bis 1891 höchst ungünstig, so brachte auch die Warenhandelsbilanz keine Geldzuflüsse. Sie wies in diesem Jahrzehnt einen Überschuß der Einfuhr von 682 Millionen Pesetas auf.

Dazu kam der aus der Seeschiffahrt resultierende Verlust; 1892 wurden nach Angaben von Sanchez de Toca 16% der Seefrachten auf inländischen Schiffen, 84% auf ausländischen Schiffen bewerkstelligt.[2]) In gleichem Mißverhältnis standen

---

[1]) Die spanische Staatsschuld belief sich Ende 1891 auf ca. 6 ½ Milliarden Pesetas. Davon befanden sich nach zuverlässiger Schätzung (siehe auch „Die Handelspolitik Spaniens in den letzten Jahrzehnten" von Arthur Gwinner, 1892) 85% im Inlande. Auch der größte Teil der vom Mutterlande garantierten Schuld Cubas von 875 Millionen Pesetas war im spanischen Besitz.

[2]) Sanchez de Toca, Rede in den Sitzungen der Akademie über den anormalen Stand der Wechselkurse, enthalten in den Memorias de la real academia de ciencias morales y politicas, Teil VII, Madrid 1893, S. 553.

die Reisen von Spaniern im Auslande und von Ausländern in Spanien.

Im intervalutarischen Kurse, der die Bilanz der Zahlungen und Empfänge im auswärtigen täglichen Verkehr aufweist, kam die Verschlechterung der handelspolitischen und finanziellen Stellung, durch den Mangel an Exodromie noch geschwächt, unweigerlich zum Ausdruck.

Da nun aber der Frankenkurs fast stets höher war als das innere Agio der Goldpeseta, so wurde im Laufe der Zeit fast sämtliches Goldgeld aus Spanien exportiert. Von den 1400 Millionen Pesetas spanischer Goldmünzen, welche sich im Jahre 1881 noch im Verkehr befanden, waren im Jahre 1892 nur noch höchstens 250 Millionen Pesetas in den Kassen der Bank wie im Privatbesitz.[1])

Die Lücke, welche durch das Verschwinden des Goldgeldes entstand, mußte daher durch Banknoten und Silbergeld ausgefüllt werden.

Die Banknote begann seit dem Jahre 1882 sich mächtig auszudehnen und wurde ein höchst beliebtes Zahlungsmittel.[2])

---

[1]) Nach Angaben Osmas im Kongreß vom 5. 3. 1902 und nach Angaben der Zeitschrift „El Economista" vom 15. 3. 1902.

[2]) In den Sitzungen der Akademie (Nov. 1891—April 1892) über den anormalen Stand der Wechselkurse sprach sich Sanchez de Toca über die Umwandlung in der Stellung des Publikums den Banknoten gegenüber folgendermaßen aus: „Die Erziehung des Publikums zur Banknote hat sich vollständig vollzogen und auf so schnelle Weise, daß man ihr große Aufmerksamkeit schenken muß. Noch vor einigen Jahren waren hier alle Leute Gegner der Banknoten; wir erinnern uns alle, Personen von höchster Bedeutung in der Bankwelt gekannt zu haben, welche ebenso wie der ganze Handelsstand mit Argwohn die Banknoten betrachteten, und man braucht nicht zu verweilen bei dem Widerstande, welchen die Volksmassen den Banknoten entgegensetzten. Jetzt (1892) zirkuliert die Note in allen Volksschichten sowohl auf dem Lande wie in der Stadt mit eben so großer oder noch mit größerer Leichtigkeit als Metallgeld." Toca sieht die Gründe für diese Wandlung in den billigen Lombardsätzen der Bank, die Privatleuten gestatteten, mit geringen Kapitalien hohe Zinsen zu erlangen; mitbestimmend waren aber sicherlich die unbedingte Annahme durch Staatskassen und der Wegfall der Domizilbeschränkungen.

Denn seit diesem Jahre fielen endlich die hinderlichen Domizilbeschränkungen fort, ferner wurde eine große Anzahl neuer Filialen gegründet, und man schuf kleine Banknoten im Betrage von 25 Pesetas.

Diese kleinen Banknoten, welche man zur Zeit der Goldvaluta nach doktrinellen Grundsätzen nicht emittieren zu dürfen glaubte, mußte man als Ersatz des außer Landes ziehenden Goldes notwendiger Weise schaffen. Sie milderten den Goldgeldmangel im innerstaatlichen Verkehr und sind seither im Verkehr höchst begehrt. Leider hatte man sie in Spanien erst dann ins Leben gerufen, als die Goldvaluta bereits aufgegeben war. Rechtzeitig von der Bank emittiert, hätten sie wohl für die Aufrechterhaltung der Währung, für eine Konzentration des Goldgeldes in der Bank für den Auslandsverkehr und für eine stärkere Verbreitung notalen Geldes im Inlande außerordentlich genützt.

Ebenso wie die Noten zu 25 Pesetas in der Zeit von 1882—1891 gesteigert wurden, erhöhte man die Emission von Noten zu 50 Pesetas. Jedoch ist die Bank von Spanien dem Verlangen des Publikums nach kleinen Banknoten noch nie ganz gerecht geworden.

Im Gegensatz zu ihrer früheren Mißachtung im Zahlungsverkehr nahmen die Banknoten seit dem Jahre 1882 den breitesten Raum in der Zirkulation ein und wurden das wichtigste Zahlungsmittel, so daß man vielfach die spanische Währung als Papierwährung bezeichnet hat. Rechtlich haben sie aber abweichend von dem Papiergeld anderer Länder, in denen ein Agio auf Goldgeld besteht, niemals Zwangskurs erhalten. Sie blieben stets in Silbergeld einlösbar. Tatsächlich jedoch dürfte kaum ein Unterschied zwischen den spanischen Banknoten und dem uneinlösbaren Papiergelde bestehen; denn sie unterliegen dem Zwangskurse der Tatsachen, den offen zu deklarieren niemals nötig war, da sie — abgesehen von der schweren Krisenzeit

(Forts. d. Anm. [*]) S. 206.) Wie segensreich die Banknoten im inneren Verkehr als Ersatz für Metallgeld wirkten, bewiesen die Wechselkurse auf Inlandsplätze. Vor der Unifizierung der Banknote kosteten Wechsel zwischen Madrid und Barcelona ca. 2 % Aufgeld, nachher nur ca. 0,20 %.

und den ganz besonderen Umständen des Jahres 1898 — stets lieber genommen wurden, als das schwere Silbergeld. Währungspolitisch und im Verhältnis zu den Valuten des Auslandes bilden die spanischen Banknoten keine vom valutarischen Silbergelde unterschiedenen Zahlungsmittel; in dem äußeren Agio des Franken gegenüber der Silberpeseta kommt einfach das Agio auch gegenüber der Banknote zum Ausdruck.

Die Notenemission der Jahre 1882—1891 war größtenteils aus den Erfordernissen des Staates hervorgegangen, der bei der Bank Schatzanweisungen und andere Staatspapiere dafür hinterlegte. Der Staat mußte, da sein Interesse, seine Selbsterhaltung es erforderte, notales Banknotengeld schaffen und dem Verkehr zur Verfügung stellen. Die pantopolischen Verhältnisse, die Liquidation der internationalen Zahlungsbilanz hatten Goldgeld aus dem Lande gezogen; die Regulierung der Zahlungsbilanz konnte aber der mit höchsten finanziellen Schwierigkeiten kämpfende Staat nicht beeinflussen.

Es wurden nicht, wie die Anhänger des Greshamschen Gesetzes behaupteten,[1]) die „guten" Goldstücke durch „schlechtes" Silber- und Banknotengeld vertrieben; vielmehr war es die Not, welche den Staat zwang, nur noch in notalem Gelde zu zahlen,

---

[1]) Der „französische Ökonomist" schrieb im Juli 1894: „Die Entwertung des spanischen Geldes war ausschließlich eine Folge davon, daß auf Grund wiederholter Vorschüsse an den Staat durch die Bank die umlaufenden Noten übermäßig vermehrt wurden, denn mit dem Eintritt dieser in die Zirkulation wurden kraft des Greshamschen Gesetzes die Goldmünzen aus Spanien vertrieben." Die spanischen Zeitungen brachten diese Artikel und fast alle spanischen Ökonomisten erkannten diese Gründe an. Die Anhänger der klassischen Ideen gaben jedoch weder Ziffern noch Zeitpunkte an. Wie wir aber gezeigt haben, machten die wirtschaftlichen und finanziellen Verhältnisse seit dem Jahre 1882 einen Goldexport notwendig, Goldgeld zog aus Spanien seit Ende 1882, als die Notenzirkulation erst 200 Millionen Pesetas betrug, also noch sehr gering war. Wohl geben wir zu, daß die Not des Staatsschatzes die unmittelbare Ursache der Notenemission war, aber der Staat erfüllte, wohl unbewußt, damit eine Rolle, welche durchaus notwendig war. Das abgeflossene Geld mußte ersetzt werden, denn jedes Land braucht eine bestimmte Menge Zahlungsmittel, die um so größer ist, je weniger die Krediteinrichtungen ausgebildet sind.

und erst dann, als Goldgeld wegen seiner besseren platischen Verwendbarkeit das Land verließ, dieses zu ersetzen.

Die Verhältnisse lagen aber damals in Spanien so, daß bei ungenügender Produktion und starker Verschuldung des Landes sämtliches Goldgeld verschwinden mußte, auch wenn der Staat keine Silberstücke geprägt und keine Banknotenausgabe veranlaßt hätte.

Das Defizit des Staatsbudgets betrug in den Jahren 1880/81 bis 1888/89 durchschnittlich 90 Millionen Pesetas, und alle diese Summen wurden jetzt im Inlande, namentlich durch Banknotenemission und Hinterlegung von Staatsschatzscheinen bei der Bank gedeckt. Ohne diese Ausgabe von Banknoten wäre es wohl infolge Kontraktion der Zahlungsmittel zu Produktionseinschränkungen und Konkursen gekommen, und das Agio hätte infolge eingeschränkten Exportes einen viel höheren Stand erreicht, als es tatsächlich aufwies.

Für die Zahlungsmittel im Inlande kam es auf den wertvollen oder billigen Stoff garnicht an; es genügte für sie, daß sie, ob Metallgeld, ob Banknoten, an staatlichen Kassen jeder Zeit unbedingt angenommen wurden.

Auf das Agio des Franken hatte aber die Erhöhung der Notenausgabe durchaus keinen Einfluß, wie man fast allgemein nach der Schablone der Quantitätstheorie zu behaupten suchte. Die Höhe des Notenumlaufs und das gleichzeitige Frankenagio an den einzelnen Jahresenden bewiesen dies aufs deutlichste:

	Die Notenzirkulation betrug: Millionen Pesetas	Das Agio des Franken betrug: %
1882	199,4	1,337
1883	270,4	1,337
1884	383,3	0,981
1885	469,0	3,233
1886	526,6	0,381
1887	612,1	0,801
1888	719,7	1,916
1889	735,5	4,092
1890	734,1	2,108

Bei den Ansprüchen des Staates, mit dessen gesamten Schatzdiensten im Innern und Zinsenzahlungen auch nach dem Auslande durch Gesetz vom 12. Mai 1888[1]) die Bank betraut worden war, und bei unvermindertem Bedarf des Publikums an Zahlungsmitteln sah sich die Bank, da ihre Notenemission auf 750 Millionen Pesetas fest begrenzt war, seit dem Jahre 1888 nicht mehr imstande, allen Ansprüchen auf Banknotengeld nachzukommen. Sie wies deshalb die Filialen an, daß täglich die Ausgaben von Banknoten auf die Eingänge beschränkt und möglichst Zahlungen in Silbergeld gemacht würden.

Einen Beweis gegen die Metallisten, welche eine möglichst große Einschränkung des Banknotengeldes forderten und bereits von übermäßigen Emissionen sprachen, bildete der Umstand, daß damals der gesamte Handelsstand gegen die Verweigerung von Noten seitens der Bank protestierte und daß die akzessorische Banknote häufig ein Agio gegenüber dem valutarischen Silbergeld erhielt,[2]) wiewohl damals auch fast sämtliches Silbergeld sich im Verkehr befand.

Infolge der zu niedrigen Notengrenze und der sich dadurch empfindlich fühlbar machenden Geldknappheit auf dem Leihkapitalmarkt wurde am 14. Juli 1891 ein neues Bankgesetz[3]) erlassen, wodurch der Bank eine Notenemission bis 1500 Millionen Pesetas eingeräumt wurde. Die Metalldeckung der Banknote sollte nach dem Gesetze nicht mehr nur den vierten, sondern

---

[1]) Durch dieses Gesetz wurde der Bank der gesamte Schatzdienst des Staates, d. h. Empfangnahme der Staatseinkünfte und Zinszahlungen im Inlande, übertragen. Die Bank eröffnete dem Finanzministerium ein Kontokurrent. Wenn der Debetsaldo des Staates auf diesem 165 Millionen Pesetas übersteigen würde, sollte nach dem Gesetz der Staat Schatzscheine und andere Handelswerte mit 3, 6, 9 und 12 Monaten Laufzeit zum festgesetzten Zinsfuß einlegen.

Die Zahlung der staatlichen Zinsen im Auslande, in Paris, London, Berlin, Frankfurt a. M., Amsterdam, Brüssel und Lissabon wurde der Bank gleichzeitig zugewiesen.

[2]) Orti y Brull, La cuestion monetaria, Madrid 1893, Seite 271 und 272.

[3]) Siehe Leyes Organicas del Banco de España, Madrid 1907, S. 29.

den dritten Teil der Notenzirkulation betragen, und die Hälfte der Metalldeckung sollte in Gold bestehen. Merkwürdigerweise ließ das Gesetz statt geprägten Silbergeldes auch Silberbarren als gleichwertig zu, wiewohl von der Bank bei gesperrter Silberprägung Silberbarren nicht in Geld zu verwandeln waren.[1])

War bisher die Deckung der Banknote ganz allgemein in Metall, Gold- oder Silberbarren gesetzlich bestimmt worden, so glaubte jetzt der Gesetzgeber den Noten eine größere Garantie durch die Deckung des sechsten Teiles in barem Goldgelde zu geben.

Der metallisch nicht gedeckte Teil der Notenemission, die Depositen- und Kontokurrentschulden der Bank durften ebenso wie durch kurzfällige Wechsel und Darlehenspolizen weiter durch Staatspapiere und Staatsschatzscheine gedeckt werden.

Als Kompensation für die neuen Konzessionen hatte die Bank dem Staate einen unverzinslichen und bis zum 31. Dezember 1921 nicht zurückzufordernden Vorschuß von 150 Millionen Pesetas einzuräumen.

Dieses neue Bankgesetz wurde im Parlament heftig angegriffen, wurde aber trotz aller Opposition angenommen. Man fürchtete von der Ausdehnung des Notenumlaufs den Zwangskurs, der doch eigentlich schon bestand; denn die Einlösung der Banknote in Silbergeld konnte damals nur einen währungspolitischen Zweck haben, wenn die Silberpreise ihren früheren hohen Stand in London wieder erreichten.

Namentlich aber die französischen Ökonomisten und Finanzleute führten einen scharfen, ungerechtfertigten Feldzug gegen das neue spanische Bankgesetz.

Sie erblickten in ihm nur Versuche des Staates, neue Kreditoperationen mit der Bank vorzunehmen und gegen Hinter-

---

[1]) In den 80er und 90er Jahren des 19. Jahrh. hatte die Bank einen großen Teil ihrer Reserven in Silberbarren, z. B. Ende 1891 76 Millionen Pesetas. Die Silberbarren der Bank von Spanien als Deckung für Banknoten schwanden vollständig erst im Jahre 1898, als die Silberprägung des Staates ganz ungeheuer war und der Bank zugestanden wurde, ihre Silberbarren ausprägen zu lassen.

legung von Staatspapieren eine übermäßige Zirkulation zu schaffen.

Daß aber der Verkehr Spaniens durchaus mehr Zahlungsmittel bedurfte und daß nur die zu niedrige Grenze der Notenemission erhöht worden war, ohne daß das Maximum erreicht zu werden brauchte, erkannte man nicht.

In Frankreich sah man damals die Währungsfrage Spaniens durchaus nur als Problem der Geldmengen an und schloß aus einem verstärkten Geldstock in Spanien auf ein Steigen des Frankenagios und ein Fallen der Peseta. Da man nun von einem Sinken der Peseta einen Preissturz der spanischen äußern Rente erwartete, verkaufte man wie einst im Jahre 1882 in Frankreich andauernd spanische Exteriors. In gleicher Weise wie im Jahre 1882 kamen anfangs der neunziger Jahre Gründe für den Verkauf spanischer Papiere auf den Börsen Englands und Frankreichs hinzu, die nicht in der finanziellen und wirtschaftlichen Lage Spaniens selbst lagen.

Durch den Staatsbankerott Argentiniens im Jahre 1890 und die dadurch herbeigeführte Liquidation des großen Bankhauses Baring Brothers machte sich in London und Paris ein allgemeines Mißtrauen gegen die Staatspapiere von Schuldnerstaaten bemerkbar. Da auch Portugal und Brasilien im Jahre 1891 in schwere Finanzkrisen verwickelt waren, verkauften die englischen und französischen Kapitalisten in großen Mengen die Papiere der südamerikanischen Staaten, Österreichs, Italiens und namentlich Portugals wie Spaniens. Frankreich, das besonders in spanischen Papieren Anlagen gemacht hatte, stieß andauernd spanische äußere Rente ab.

Andererseits wurde durch den Mangel exodromischer Maßnahmen den Spaniern bis zum Jahre 1892 der Rückkauf spanischer Renten sehr erleichtert. Die Bank von Spanien erhöhte ihren Zinsfuß in den Jahren 1886—1891 nicht und ließ ihn ständig auf dem tiefen Satz von 4 % ruhen, während man in London im Jahre 1890 den Diskont bis auf 6 % gesteigert hatte.

So wanderte einerseits spanisches Geld nach Frankreich, da man stets aus der Differenz zwischen Lombardzinsfuß der

Bank von Spanien und der tatsächlichen Verzinsung repatriierter spanischer Papiere Gewinn zog, andererseits suchten bei höherer Verzinsung ihrer Kapitalien auch Spanier aus dem englischen hohen Diskontsatz Vorteile zu ziehen.

Hatten die finanziellen Transaktionen und der Mangel exodromischer Eingriffe im Jahre 1883 die Bank von Spanien zur Aufgabe der Goldwährung gezwungen, so waren es im Jahre 1891 dieselben pantopolischen Momente, welche das bisher in mäßiger Höhe sich haltende Agio gewaltig hinauftrieben, nicht aber war die wachsende Notenzirkulation die Ursache, daß sich das Agio ständig hoch hielt.[1])

In der nun folgenden Zeit war es Spaniern nicht mehr möglich, nötigenfalls dem innern Verkehr Gold zu entziehen, denn durch den Verkauf spanischer Papiere durch Frankreich und das seit dem Januar 1891 von 2,10 % bis zum Schluß des Jahres auf 12,60 % gestiegene Agio waren auch die bisher thesaurierten Goldstücke hervorgeholt und exportiert worden.

---

[1]) Daß die finanziellen und wirtschaftlichen Verhältnisse, nicht die gewachsene Notenzirkulation an sich, auf die Höhe des Agios wirkten, zeigte der Wechselkurs, der in gar keiner Korrespondenz zur gestiegenen Notenmenge stand. Der Notenumlauf war am 31. 12. 1890 bis zum 31. 12. 1891 von 734,1 Millionen Pesetas auf 811,7 Millionen gestiegen. Der Wechselkurs auf Paris zeigte aber im Maximum und Minimum der einzelnen Monate des Jahres 1891 folgendes Agio:

	Maximum %	Minimum %
Januar	2,90	2,10
Februar	3,—	2,60
März	3,10	2,70
April	3,10	2,40
Mai	8,40	3,—
Juni	5,90	3,90
Juli	7,35	5,05
August	7,90	7,10
September	8,50	7,65
Oktober	12,25	8,40
November	13,90	10,65
Dezember	13,90	10,40

Eine bisher reiche Goldquelle war Spanien auch durch die Kündigung des «Giro mutuo internacional» benannten Vertrages mit Portugal, welche durch Portugal im Jahre 1891 erfolgen mußte, verschlossen worden.

Im Juli 1886 hatten nämlich die Generaldirektion des spanischen Schatzamtes und die Generalpostdirektion Portugals einen internationalen Vertrag geschlossen, um Geldsendungen zwischen Spanien und Portugal zu erleichtern.

Diese an Stelle unserer Postanweisungen, die man in Spanien und Portugal nicht eingeführt hat, vereinbarten Überweisungen wurden so vollzogen, daß auf Grund eines festen Kurses von 180 Reïs = 1 Peseta bei der damit beauftragten Behörde, dem Giro mutuo, Beträge bis 500 Pesetas resp. 90 Milreïs eingezahlt werden konnten und dem andern Lande überwiesen wurden. Der Einzahler erhielt eine Anweisung auf staatliches Geld des auszahlenden Staates, welche er dem Empfangsberechtigten zwecks Erhebung beim Giro mutuo einsandte.

Der zu Gunsten oder zu Lasten des einen oder des andern Landes bleibende Saldo wurde zu dem Kurse 180 Reïs = 1 Peseta, der die Münzparität des Goldgeldes beider Länder angab, liquidiert.

Diesen Vertrag hatte man abgeschlossen, als der Unterschied zwischen dem valutarischen Silbergelde und dem akzessorischen Goldgelde in Spanien noch nicht stark in Erscheinung getreten war und das innere Goldagio in Spanien erst eine mäßige Höhe erreicht hatte. Da man aber in Spanien, als das Goldagio sich hielt, stets Einzahlungen in Silbergeld leistete, im Goldwährungslande Portugal jedoch Auszahlungen in Gold gemacht wurden, entzog die einsetzende Spekulation Spaniens dem Nachbarlande große Summen Goldgeldes.[1]) Ebenso wurde, da sich bei den

[1]) Joaquin Sanchez de Toca, El oro, la plata y los cambios, Madrid 1894, S. 191. Sanchez de Toca berichtet, daß man in kurzer Zeit alles Goldgeld aus dem lusitanischen Königreiche (Portugal) hierdurch gezogen habe. Siehe auch darüber Diskussionen über den anormalen Stand der Wechselkurse, enthalten in den „Memorias de la real academia etc.“ Teil VII, Seite 534 und Seite 568.

Schlußabrechnungen zwischen beiden Staaten stets Schulden Portugals an Spanien ergaben, dem spanischen Staate von Portugal nicht geringe Goldbeträge gezahlt.

Auf diese Weise sollen 150 Millionen Pesetas Goldgeld aus Portugal nach Spanien gekommen sein.

Diese internationalen Giro-Überweisungen von Spanien nach Portugal und umgekehrt führten eben deshalb zu großen Unzuträglichkeiten und Verlusten für Portugal, weil man sich nicht auf gleiches valutarisches Geld mit Spanien geeinigt hatte, der spanische Staat trotz seines guten Willens jedoch Goldgeld nicht wie Portugal valutarisch behandeln konnte.[1])

Seit dem Jahre 1892 machten sich nun die gewaltigsten Schwankungen des Agios bemerkbar. Man beklagte sie in Spanien sehr, tat aber nichts, um den Wechselkurs auf einem gewissen Stande zu befestigen.

Die Bank von Spanien erhöhte zwar im Jahre 1892 ihren Lombardzinsfuß auf $5^1/_2$ % und hielt ihn mehrere Jahre in dieser Höhe. Aber Diskont- und Lombardpolitik konnten der Kursregulierung nicht mehr dienen, nachdem einmal starke Variationen im Frankenkurse eingetreten und Goldmünzen abgeflossen waren. Auf die praktischen Vorschläge, Devisenpolitik zu treiben, Frankenwechsel zu Zeiten der großen Exporte von Wein und Früchten billig anzukaufen, um sie in Zeiten des Bedarfs ohne Gewinn abzugeben, ging die Bank aber nicht ein.

Bisher hatten sowohl der spanische Staat wie die Bank von Spanien noch immer auf eine internationale Regelung der Silberankaufspreise durch die einzelnen Staaten und auf eine Hebung der Silberpreise gehofft. Der spanische Staat hatte die Silberprägungen weiter betrieben und im Dezennium 1882/91 400 Millionen Pesetas an Silbergeld hergestellt und hatte so, da er sich bei seinen Ankäufen nicht nur auf die Produkte der

---

[1]) Seit mehreren Jahren ist der „Giro mutuo" mit Portugal, wo seit 1891 Papierwährung herrscht, wieder aufgenommen. Doch besteht jetzt nur ein Überweisungsverkehr von Portugal nach Spanien, nicht von Spanien nach Portugal. Für denselben ist der feste Umrechnungskurs 190 Rs. = 1 Peseta festgesetzt.

spanischen Silberlieferanten beschränkte, die spanischen Wechsel im Kurse gegen die Goldländer herabgedrückt.

Wiewohl die beiden von den Vereinigten Staaten zwecks Hebung der Silberpreise berufenen internationalen Pariser Münzkonferenzen der Jahre 1878 und 1881 steril gewesen waren, hoffte der spanische Staat von der neuen Brüsseler Münzkonferenz des Jahres 1892 eine endgültige Lösung des Währungsproblems. Der dort mit der Vertretung der spanischen Regierungsmaximen betraute Delegierte Osma trat für einen gemeinsamen Ankauf der europäischen verbündeten Staaten von jährlich 30 Millionen Onzen Silbers ein unter der Bedingung, daß die Vereinigten Staaten ihre gegenwärtigen Käufe fortsetzten und Indien und Mexiko die freie Silberprägung nicht sperrten.[1]) Jedoch die Brüsseler Münzkonferenz verlief ebenso wie die früheren Konferenzen resultatlos.

Auch der auf den Konferenzverhandlungen vielfach diskutierte Anschluß Spaniens an die lateinische Union wurde nicht zur Tatsache. Denn Spanien konnte und wollte zwei Bedingungen nicht erfüllen: die Sperrung oder Kontingentierung des Silbergeldes und die Zahlung der Silberstücke anderer Länder in Gold.

Da die spanische Regierung von einer Reduzierung der Silberzirkulation den perhorreszierten Zwangskurs der Note befürchtete und nunmehr von internationalen Abkommen keine Lösung der Währungsfrage mehr erwartete, behielt sie ihre Aktionsfreiheit und blieb außerhalb der lateinischen Union.

Die Anschauungen der damaligen spanischen Regierung deckten sich vollkommen mit der allgemein herrschenden Meinung. Sie dachte sich den ungünstigen Kursstand der Peseta durchaus im Zusammenhang mit dem Rückgang der Silberpreise und meinte andererseits, bei einem Zwangskurs der Note müßte der Pesetenkurs unbedingt weiter sinken.

Wiewohl es die Tatsachen klar zeigten, daß sich durch die pantopolischen Verhältnisse für die Peseta gegenüber Goldvaluten ein neuer Wert herausgebildet hatte, der garnichts mit

---

[1]) Orti y Brull, La cuestion monetaria, Madrid 1893, S. 129 u. 130.

ihrer metallischen Basis zu tun hatte, wiewohl es klar war, daß die Silberpeseta im internationalen Verkehr stets mehr wert war als das in ihr enthaltene Metallquantum, glaubte man vom Fallen der Silberpreise den gesunkenen Wert der notalen Silberpeseta ableiten zu können.

Ebenso wären beim ausgesprochenen Zwangskurs der uneinlösbaren Note für den Kursstand der Peseta nur die wirtschaftlichen und finanziellen Verhältnisse maßgebend gewesen. Denn die Silberpeseta wurde niemals im Auslande platisch, sondern ebenso wie die Banknote lytrisch beurteilt.

Der Grund des Frankenagios war nicht, wie man allgemein annahm, der Stoff der valutarischen Zahlungsmittel Spaniens, sondern die seit dem Jahre 1883 eingetretene Verschlechterung der handelspolitischen Stellung, die durch exodromische Eingriffe nicht gehoben wurde.

Dem spanischen Staate kam dies aber damals noch nicht zum Bewußtsein; der intervalutarische Kurs blieb sich vollständig selbst überlassen und war, da die Valuta des Schutzes einer führenden Hand entbehrte, von unberechenbaren Situationen und Spekulationen abhängig und schwankte gewaltig.

Eine weitere Erhöhung des Agios trat im Jahre 1892 ein durch den Bruch der kommerziellen Beziehungen zwischen Frankreich und Spanien. Frankreich, welches bisher wegen der Verwüstung seiner Weinberge durch die Phyloxera notwendigerweise Handelsverträge im Jahre 1882 wie 1887 mit Spanien hatte abschließen müssen, kündigte diese zum Februar 1892, da sich in Frankreich der Weinbau durch die Bekämpfung der Schädlinge wieder gehoben hatte.

Der Weinexport nach Frankreich, welcher in der Zeit von 1882—1891 die ungünstige Kapitalienströmung infolge dort abgestoßener spanischer Anleihen noch etwas kompensiert und eine Verdoppelung in dieser Periode erfahren hatte, wurde dadurch erheblich eingeschränkt.

Der größte Reichtum vieler spanischer Landstriche und der Wohlstand zahlreicher Familien, welche ihr Vermögen in Weingütern angelegt und den französischen Weinbezug für dauerhaft gehalten hatten, wurde damals vernichtet. Der Gesamtweinexport Spaniens ging von 304 Millionen Pesetas des Jahres 1891

auf 142 Millionen im Jahre 1892
„ 94 „ „ „ 1893
„ 83 „ „ „ 1894 zurück.

Das Agio stieg infolgedessen und bewegte sich

1892	zwischen	21 %	und	11 %
1893	„	23,85 „	„	14,75 „
1894	„	23,02 „	„	10,25 „ .

Da das Agio für die nationale Industrie gleichzeitig einen Schutzzoll wie eine Ausfuhrprämie bildete, konnte sich diese einigermaßen entfalten, und es entstanden damals in Katalonien große Textilfabriken, in Vizkaya Eisenminengesellschaften, in Asturien wurde der Kohlenbau in großem Maßstabe aufgenommen, und der Gesamtwarenabsatz nach dem Auslande hob sich bedeutend. Die Ausländer, Franzosen und Engländer, wandten infolge des Aufblühens des Landes ihr Interesse ihm wieder zu und kauften die billige spanische Rente zurück, welche sie 1890—1892 abgestoßen hatten, so daß während des Jahres 1894 und der ersten beiden Monate des Jahres 1895 130 Millionen Pesetas in spanischen Papieren nach dem Auslande, besonders nach Frankreich, exportiert wurden.

Das Agio ging, da französische Zahlungsmittel nun stärker angeboten wurden, im März 1895 bis auf 7 % zurück und erreichte damit seinen niedrigsten Stand seit dem Krisenjahr 1891. Trotz des Wachstums der Notenzirkulation, die bis über 900 Millionen Pesetas gestiegen war, senkte sich entgegen den Prophezeiungen der Quantitätstheoretiker der Frankenkurs.

Auf Grund dieser Besserung der Valuta erwachte in den Spaniern die Hoffnung, es würde ihnen gelingen, das Ausland durch Warenabsatz von sich abhängig zu machen, so daß die Peseta den Paristand mit dem Franken erreichen würde. Es kam ihnen aber nicht zum Bewußtsein, daß bei sinkendem Agio der Warenimport steigen und der Export wegen Minderung des im Agio liegenden Schutzes nachlassen würde, wodurch sich ein ständiger verhängnisvoller Kreislauf ergeben mußte. Bei den dadurch hervorgerufenen Schwankungen mußte der gesamte Verkehr viel mehr leiden, als wenn eine Stabilisierung der Wechselkurse auf einem bestimmten Punkte, wenn auch nicht auf dem durch die Verhältnisse unmöglich gemachten Paristande, erfolgte.

Hatte der spanische Staat in der Friedenszeit keine Maßnahmen zur Regulierung der Währung ergriffen, so wurden bei den vier Jahre lang den Staat in Anspruch nehmenden Kolonialkriegen exodromische Maßregeln unmöglich gemacht.

Im März 1895 begann der Separationskrieg auf Cuba und zwang den spanischen Staat zu gewaltigen Kriegsausgaben, während gleichzeitig der größte Teil der Einnahmen aus den Kolonien wegfiel. Die Kosten des Krieges für Kriegsmaterial waren teilweise im Auslande zu bestreiten und zwangen den Staat zu Ankäufen von Golddevisen.

Das Mißgeschick des spanischen Staates mehrte sich sehr, denn auch im Innern des Landes, in Valencia, brachen im August 1895 Unruhen aus, in Cuba kämpfte man mit Mißerfolgen, und im Jahre 1896 erhoben sich auch die Bewohner der Philippinen.

Anleihen, welche darauf Spanien im Dezember 1896 bei Frankreich aufzunehmen suchte, scheiterten an den unerschwinglichen Forderungen französischer Bankiers, so daß die spanische Regierung sämtliche Ausgaben durch innere Anleihen bestreiten mußte. Fremde Zahlungsmittel kamen nicht ins Land, und Spanier suchten Anlagen in andern Ländern, namentlich im benachbarten Frankreich. Das Agio erhob sich bei solch unglücklicher Lage der spanischen Finanzen, da auch spanische Papiere von Franzosen ständig verkauft wurden, im Jahre 1897 auf 33,90 %.

Die Geldpolitik mußte bei der Not des Staates gänzlich der Finanzpolitik untergeordnet werden. Die Bank von Spanien wurde vom Staate dabei vollkommen in Anspruch genommen. Zunächst entzog ihr der Staat, um das Agio zu umgehen, einen großen Teil ihrer Silberbestände, die nach Cuba zwecks Bestreitung der Kriegskosten gesandt wurden. 279 Millionen Pesetas wurden auf diese Weise in den Jahren 1895—1897 vom Überseeministerium nach Cuba transportiert. Als Gegengabe erhielt die Bank Schatzanweisungen auf Kolonialeinkünfte, die ohne enormen Kurssturz nicht realisierbar waren.

Die Ansprüche des Staates für das Inland konnten von der Bank nur durch weitere Emissionen von Banknoten befriedigt werden, die sich von

	909	Millionen	Pesetas	Ende	1894
auf	994	„	„	„	1895
„	1031	„	„	„	1896
„	1206	„	„	„	1897
„	1443	„	„	„	1898

steigerten.

Gewaltig verschlechtert wurde die finanzielle Situation Spaniens und dadurch der Stand des intervalutarischen Kurses, der jetzt ganz von den Finanztransaktionen abhängig wurde, durch den im April 1898 ausbrechenden Krieg mit den Vereinigten Staaten von Nordamerika. Infolge der nun entstehenden politischen Befürchtungen, der Angstverkäufe spanischer Papiere und der einsetzenden Spekulation wies das Agio eine kurze Zeit ganz ungeheure Schwankungen auf, wie folgende Kurse der Monate April und Mai des Jahres 1898 zeigen. Das Agio der Franken betrug:

am	16. April	. . . .	40 %
„	30. „	. . . .	76 %
„	8. Mai	. . . .	115 %
„	10. „	. . . .	100—95 %
„	15. „	. . . .	73—75 % [1])

Zu dem exorbitant hohen Stand des Agios trugen außer

[1]) Ähnliche Variationen, namentlich im Monat Mai 1898, zeigte der Vista-Kurs auf London in Madrid, der bei einem als Wechselpari betrachteten Satze von 1 Pfund Sterling = 25,22 Pesetas

am	8. Mai	54,45	Pesetas	für	1	Pfund Sterling
	10. „	50,—	„	„	1	„ „
	15. „	44,10	„	„	1	„ „

betrug.

den psychologischen Momenten, außer den Gefühlen und Stimmungen, die einen nahen Staatsbankerott Spaniens vermuteten, die großen Silberankäufe Spaniens bei.

Da es dem Staate nicht mehr möglich war, Silbergeld der Bank zu entziehen, ohne die gesetzmäßige Deckung zu gefährden, deckte er seit dem März 1898 die Kosten der Kolonialkriege und den noch viel stärkeren Bedarf für den amerikanischen Krieg durch Silberankauf in London, wodurch infolge der Arbitragegeschäfte auch der Frankenkurs beeinflußt wurde. Die Steigerungen der Londoner Silberpreise von 25 Pence pro Unze Standardsilber zu Anfang März 1898 auf $28^{5}/_{16}$ Pence in der zweiten Hälfte des September waren fast ausschließlich den spanischen Käufen zuzuschreiben. Im Jahre 1898 ließ der spanische Staat die hohe Summe von 199886890 Pesetas an Silbergeld prägen, wofür der Regierung die Goldmonometallisten die heftigsten Vorwürfe machten.

Zwar verschaffte sich der Staat hierbei große fiskalische Gewinne, doch war es die Not, welche ihn zur Geldschaffung zwang.

Einen Teil der neu geprägten Silberstücke stellte der Staat der Bank von Spanien zur Verfügung, doch bei der allgemeinen Panik, welche nach dem Ausbruch des Krieges mit Amerika entstanden war, wurden der Bank die Silberbestände gegen Noteneinlösung entzogen, wiewohl Silbergeld platisch gar nicht zu verwenden war. Vom 16. April bis 7. Mai 1898 flossen 110 Millionen Pesetas aus der Bank, und am 21. Mai war die gesetzliche Bargelddeckung nicht mehr vorhanden. Bei einer Notenemission von 1309 Millionen Pesetas hatten sich die Metallbestände auf 245 Millionen Pesetas in Gold und auf 115 Millionen Pesetas in Silber reduziert.

Mit dem steigenden Agio war die Beunruhigung beim Publikum, das vollkommen metallistisch die Silberpeseta beurteilte, die ja noch einigen Metallwert hatte, gestiegen. Die ständige Einlösung von Noten ließ gleichfalls bei der Regierung die Furcht entstehen, daß Mangel an Silbergeld die Bank in den Zustand der Zahlungsunfähigkeit versetzen würde und daß man so zum Zwangskurs der Note gelangen könnte.

Der Bank wurde deshalb zugestanden, die Silberbarren, welche sie bisher als Notendeckung benutzt hatte, zur Prägung der Münze einzuliefern.

Ferner entschloß sich der Staat am 1. Juni 1898, als das Frankenagio noch immer 83 % betrug, ein Dekret[1]) zu erlassen, wonach er den Export von Silber in Form von Münzen und Barren verbot. „Eine skrupellose Spekulation," so motivierte man das Dekret, „habe Platz gegriffen, die Silbergeld als Ware verkauft oder dorthin transportiert habe, wo es noch seinen Nominalwert besitze."

Tatsächlich war aber eine platische Verwendung des spanischen Silbergeldes stets ausgeschlossen, was wir kurz darlegen wollen, um zu zeigen, daß die Einlösung der Banknote in Silbergeld niemals einen währungspolitischen Zweck hatte und daß die umfangreichen Notenwechselungen zum großen Teil übertrieben metallistischen Befürchtungen entsprachen.

Nach dem gesetzlichen Ausmünzungsverhältnis war Silbergeld so bewertet, daß ein Gewichtsteil in Goldmünzen gleich $15^1/_2$ Gewichtsteilen in Silbermünzen ausmachte, was einem Goldpreis von 60,838 Pence für die Unze Standardsilber gleichkam. Bei dem damaligen Preise von 25,875 Pence pro Unze Standardsilber hatte spanisches Silbergeld 57,5 % an Metallwert verloren oder hatte nur 42,5 % seines proklamierten Wertes (an Gold gemessen).

Die Platte der Silberpeseta, als Ware betrachtet, erzielte folglich bei dem Preis von 94,45 Franken pro kg fein Silber in Paris, welcher dem Londoner Silberpreis entsprach, nur 0,425 Frank oder der Frank hatte bei einer platischen Beurteilung der Peseta 2,35 Pesetas Wert.

Also wäre erst bei einem Kursstande von 100 Franken = 235 Pesetas oder einem Agio des Franken in Madrid von 135 % eine platische Verwendung des Silbers in Frage gekommen, während der Frankenkurs nur bis 115 % Agio erhalten hatte. Da aber die Peseta gegenüber dem Franken infolge pantopolischer

[1]) Col. legislativa, Jahrgang 1898.

Verhältnisse nie bis zu ihrem Metallwert gesunken und niemals der Silberausfuhrpunkt erreicht worden ist, konnte Silbergeld Spaniens auch nicht als Ware mit Vorteil verkauft worden sein, wie die spanische Regierung in ihrem Dekret annahm.

Vielmehr hatten Spezialumstände des spanischen Geldmarktes auf die Ausfuhr von Silbergeld gewirkt. Namentlich katalonische Banken hatten sich während der gewaltigen Steigerungen des Agios im April und Mai des Jahres 1898 Silbergeld im Umtausch gegen Banknoten verschafft und es als Ware bei den Banken in Marseille gegen Gold und Golddevisen verpfändet. Mit den Goldwerten hatten sie bei steigendem Frankenagio große Gewinne erzielt, bei Rückgang des Agios hatten sie die verpfändeten Silberstücke wieder eingelöst.

Ferner bestand seit alter Zeit ein einseitiger Synchartismus in Marokko in Bezug auf spanisches Geld. Wurde bereits stets viel spanisches Silbergeld nach Marokko exportiert, so waren bei dem exorbitant hohen Agio der Franken ganz besondere Gründe für die Spekulation gegeben, spanisches Silbergeld dorthin auszuführen. In Marokko kursierten noch viele Silber-Napoleons, die auch, wenn auch nicht gesetzmäßig wie spanische Duros, auf Grund der früher in Spanien bestehenden Tarifierung 5 Franken gleich 19 Realen genommen wurden. Die Mauren zogen nun wegen des Prestige, welches bei ihnen der spanische Name damals hatte, in völliger Unkenntnis der europäischen Geldverhältnisse, spanische Silberduros den französischen Silber-Napoleons vor, mindestens aber nahmen sie spanisches Silbergeld zum gleichen Werte wie französisches. Die spanischen Spekulanten benutzten dies und entzogen den Mauren im Umtausch gegen Silberduros die französischen Silbermünzen.

Weiter kam Silbergeldausfuhr wohl nur nach Cuba in Betracht, wo spanisches Silbergeld nach dem proklamierten Werte genommen wurde.

Alle diese Erscheinungen, daß man Silbergeld der Banknote vorzog und Noten zur Einlösung brachte, dauerten jedoch nur kurze Zeit. Das Frankenagio, welches nach der unglücklichen Seeschlacht von Manila die gewaltige Höhe von 115 %

im Mai 1898 erreicht hatte, ging sehr schnell und ganz bedeutend zurück. Zu der Senkung benutzten die Spanier vornehmlich die äußere Rente, welche nach einem 50 %igen Rückgange von den Franzosen gern aufgekauft wurde.[1]) Es zeigte sich hier wieder, welchen großen Dienst internationale Staatspapiere in Krisenzeiten als intervalutarische Zahlungsmittel zu bieten vermögen.

Da sich bei dem hohen Agio der Warenexport bedeutend hob, der durch eine vorzügliche Ernte in Getreide, Wein und Öl sehr gefördert wurde, ging gleichfalls aus diesem Grunde das Agio zurück und fiel bis Mitte November auf 41,80 %.

Jetzt entschloß sich die spanische Regierung, durch Dekret vom 29. November 1898[2]) den Export von Silbermünzen und Silberbarren wieder zu gestatten. Über die überwundene kritische Lage äußerte sie sich folgendermaßen: „Die Furcht, daß Mangel an Silbergeld die Bank von Spanien in die Verlegenheit bringen könne, Notenwechsel in Silbergeld verweigern zu müssen, habe seiner Zeit große Beunruhigung im Publikum und ein übermäßiges Verlangen nach Silbergeld verursacht. Jetzt sei die Gefahr vorüber, und es sei glücklicher Weise nicht zum Zwangskurs gekommen; das Vertrauen zur Banknote sei wiedergekehrt, das Verlangen nach Silbergeld sei geringer geworden und die Devisenkurse der Goldländer seien gefallen. Deshalb sollte Export von Silberbarren und Silbermünzen wieder gestattet sein.“

Silbergeld war in großem Maßstabe aus dem Auslande wieder zurückgeströmt, und die zurückgehaltenen Silbermünzen, die man in Spanien kurze Zeit thesauriert hatte, waren wieder in den Verkehr gedrungen, da man sah, daß ihre platische Verwendbarkeit unmöglich war.

Der Staat begrüßte die Wiederkehr der Silberduros, da er die reine Papiervaluta als Übelstand betrachtete, als eine Besserung der Geldverhältnisse. Die metallistische Auffassung

---

[1]) Die spanische äußere Rente, welche Anfang März 1895 in Paris noch 79,25 % notierte, war am 6. Mai 1898 bis auf 29,75 % zurückgegangen und hob sich dann langsam bis zum Dezember 1898 auf 46,50 %.

[2]) Col. legislat., Jahrg. 1898.

zeigte sich hier mächtig; man hielt die Silbermünzen für vorteilhaftere Zahlungsmittel als Papiergeld, weil sie noch immer einigen platischen Wert hatten.

Ob es aber bei einem Zwangskurs der Note zu einem höheren Agio gekommen wäre, muß doch sehr fraglich erscheinen. Hatte man im Auslande die Silberpeseta stets höher bewertet als das in ihr enthaltene Metallquantum, weil sie lytrisch besser verwendbar war als platisch, so dürften für die uneinlösbare Banknote, die ebenso zu Zahlungen nach Spanien verwendbar war, dieselben Bewertungen des Auslandes maßgebend gewesen sein.

Solange Silbergeld in Spanien valutarisch war, hatte zwar das Frankenagio eine obere Grenze an dem Metallgehalt des spanischen Silbergeldes. Gerade aber der Umstand, daß der Silberausfuhrpunkt in Spanien nie erreicht wurde, zeigte, daß selbst in der höchsten Krisenzeit Spaniens die Möglichkeit, mit spanischem Gelde nach Spanien Zahlungen zu machen, im Auslande nicht unterschätzt wurde.

Da sich der Wechselkurs auf Grund der Gesamtheit der Zahlungsverpflichtungen von Land zu Land herausbildete, brauchte keineswegs die uneinlösbare Note ein höheres Frankenagio zu veranlassen als die Silberpeseta, welche noch stofflichen Wert hatte.

Silbergeld kam für Spanien in währungspolitischer Hinsicht niemals wegen seiner Substanz in Betracht, sondern nur weil es überhaupt ein Zahlungsmittel bildete, und von den Silberpreisen war die Geldverfassung unabhängig.

Von metallistischer Seite hat man den Umstand, daß der Kurswert der Peseta gegenüber französischem Gelde nie bis zu ihrem platischen Wert gesunken ist, aus den wunderlichsten Gründen zu erklären gesucht. Die Silberpeseta sei, so sagte man, stets in teilweise durch Gold gedeckte Banknoten zu tauschen gewesen, und die Golddeckung der Note und der Kredit der Bank habe der Peseta als „Fallschirm“ gedient und ihren Fall bis zum Metallpunkt aufgehalten.

Wie sollte aber das Gold, das in der Bank eingesperrt war, auf den intervalutarischen Kurs wirken? Solange Gold in der Bank eingeschlossen war, kam es für ihn auf die Golddeckung nicht an, denn tatsächlich wurde doch Gold dem Verkehr nicht dienstbar gemacht, und bei der Erklärung des intervalutarischen Kurses kann man sich nur an die realen Verhältnisse halten. Bei wachsender Golddeckung hätte nach jener Meinung sich ständig der Kurs der Peseta heben müssen, aber auch damit standen die Tatsachen im Widerspruch.[1])

Vielmehr konnte sich nach der Aufhebung der Silberfreiprägung die Peseta über ihrem Metallwert behaupten, weil die tausendfachen merkantilen und finanziellen Transaktionen eine höhere lytrische als platische Bewertung spanischen Geldes im Auslande herausbildeten.

Wiewohl sich im Jahre 1898 die Geldzirkulation Spaniens immer mehr notalisierte, der Silberumlauf und die Notenzirkulation stieg, ging seit dem Mai des Jahres das Frankenagio bei den sich bessernden wirtschaftlichen Verhältnissen ständig zurück. Ein neues Bankgesetz, wonach während der schlimmsten Finanznot der Staat die Bank zur Ausdehnung der Notenemission zwecks weiterer Vorschüsse an die Regierung ermächtigte, hatte nicht den von den Quantitätstheoretikern gefürchteten Erfolg, den Valutakurs ungünstig zu beeinflussen. Durch Dekret vom 9. August 1898[2]) hatte der Staat, der weder äußere Anleihen kontrahieren noch auf andere Weise Geld aufbringen konnte, jedoch weitere Mittel zur Kriegführung mit den Vereinigten Staaten brauchte, die Bank ermächtigt, ihre Notenemission über die bisherige Grenze von 1500 Millionen Pesetas auszudehnen. Das Maximum der

---

[1]) Häufig stand sowohl vor dem amerikanischen Kriege wie nach ihm bei größerer Golddeckung der spanischen Banknote das Frankenagio höher. — Bei genauerem Studium der Deckungsverhältnisse der Notenemissionsbanken muß man zu dem Schluß kommen, daß die beiden Faktoren, Notendeckung und intervalutarischer Kurs, nicht immer innig mit einander verknüpft sind, wie man irrtümlich in Spanien damals fast allgemein annahm. Die größere oder geringere Golddeckung der Banknote hat nicht absoluten Einfluß auf den intervalutarischen Kurs, und Vermehrung des Goldstockes allein bessert den intervalutarischen Kurs nicht. wie uns Spaniens Währung beweist.

[2]) Leyes organicas del Banco de España, Madrid 1907, Seite 31,

Notenemission sollte danach 2500 Millionen Pesetas betragen; die Metalldeckung in Gold- oder Silbergeld oder Edelmetallbarren sollte sich mindestens auf ein Drittel des Umlaufs stellen bei einer Notenausgabe bis zu 1500 Millionen Pesetas, der Überschuß von 1500 bis 2000 Millionen Pesetas sollte zur Hälfte, von 2000 bis 2500 Millionen Pesetas zu zwei Dritteilen in Metall gedeckt sein. In jedem Fall sollte aber die Hälfte der Metallreserven in Gold bestehen.

Die metallisch nicht gedeckten Noten wurden nun fast ausschließlich durch Schuldscheine der schwebenden Kolonialschuld gedeckt, von denen die Bank am 31. Dezember 1898 1111 Millionen Pesetas in ihrem Portefeuille hatte.

Aber weder die erhöhte Notenemission noch die schwer zu realisierende Deckung der Note hatten ungünstigen Einfluß auf den Wechselkurs, der im Gegenteil sich ständig besserte, wenn er auch immer noch sehr ungünstig stand.

Nicht aber der höhere oder tiefere Stand des Agios, sondern die immensen Schwankungen, die im Jahre 1898 von Monat zu Monat oft 10 und mehr Prozent betrugen, bildeten das größere Übel, unter welchem die Volkswirtschaft Spaniens so unmäßig zu leiden hatte.

Wenn wir noch einmal die Entwickelung der spanischen Valuta seit der Aufgabe der Barzahlungen kurz überschauen, so dürfte sich wohl ergeben, daß nicht die Notalität der Zahlungsmittel noch ihre Quantität an den ungünstigen Währungsverhältnissen schuld waren, wie man a priori und deduktiv zu erweisen gesucht hat. Bei historischer Betrachtung der spanischen Währung zeigt sich, daß die Gründe für eine Währungskrisis in der großen Verschuldung des Landes und in einer zu geringen Produktion lagen. Wie schon in den früheren Jahren, so hatten sich namentlich in der Zeit von 1868—1881 Staat, Gemeinden und private Gesellschaften übermäßig verschuldet, so daß die Aufgabe der Barzahlungen infolge der Ungunst der pantopolischen Verhältnisse im Jahre 1883 notwendig wurde.

Von da an blieben die Währung und die Wechselkurse sich

vollständig selbst überlassen, ohne daß der Staat noch die Bank von Spanien bestimmte Ziele hatten. Mangels exodromischer Maßregeln verließ das bare Geld das Land, ständige Geldexporte und eine gesteigerte Weinausfuhr vermochten jedoch bis zum Jahre 1892 ein stärkeres Anziehen des Frankenkurses noch aufzuhalten. Als aber im Jahre 1892 Goldausfuhr nicht mehr möglich war, die handelspolitische Stellung weiter durch Aufhebung der Handelsverträge mit Frankreich geschwächt wurde und eine weitere Verschlechterung der staatlichen Finanzen eintrat, wurde ein hohes Frankenagio zu einer stehenden Erscheinung. Die stets steigende Tendenz der fremden Wechselkurse war ein untrügliches Zeichen einer überwiegend passiven Zahlungsbilanz.

Eine Besserung der Währungsverhältnisse konnte nur eintreten durch eine finanzielle Reorganisation des Staates, durch Hebung der handelspolitischen Stellung des Landes und durch eine wirksame Exodromie.

§ 13.

ERFOLGLOSE VERSUCHE ZUR BESSERUNG DES INTERVALUTARISCHEN KURSES.

Die Jahre der hohen Frankenkurse hatten natürlich ganz verschiedene Wirkungen auf diejenigen Kreise, welche vom Auslande Zahlungen zu empfangen hatten, und auf die, welche dem Auslande verpflichtet oder von ihm abhängig waren.

Den spanischen für den Auslandsmarkt arbeitenden Produzenten brachte das hohe und steigende Agio — besonders das Agio des Jahres 1898 mit einem mittleren Stande von 54,156 % — bedeutende Gewinne und war für sie ein aleatorischer Stimulus für die Ausnützung der Konjunktur. Die Exporteure konnten bei der Umsetzung des Auslandsgoldpreises in einheimisches Silbergeld durch billigen Ankauf der im Auslande gesunkenen spanischen Devisen oder durch Verkauf der im Kurse gestiegenen fremden Golddevisen im Heimatlande einen Gewinn erzielen, der ganz beträchtlich war. Denn ihre

Produktionskosten, die zum großen Teil in Löhnen und Mieten bestanden, steigerten sich nicht entsprechend dem Goldagio. Auf den „Binnenwert" des Geldes hatten die fallenden Valutakurse der Peseta nicht den Einfluß, den man ihm oft fälschlich zuschrieb. [1]) Die Preise der inländischen Waren stiegen nicht allgemein mit dem Agio, im Gegenteil senkten sich sogar vielfach.

Die hohen Kurse der ausländischen Devisen bildeten für die Exporteure neben Exportprämien auch Schutzzölle; denn den Ausländern, welche aus Goldländern nach Spanien importierten, brachte die Umsetzung des in Spanien erlangten Silbergeldpreises in Goldgeld beim Verkaufe der gesunkenen spanischen Devise starke Verluste und schreckte sie vom Import nach Spanien ab.

Welche intensiven Wirkungen die hohen ausländischen Devisenkurse auf die spanische Produktion fürs Ausland hatten, zeigte die Warenhandelsbilanz der Jahre 1896—1898.

War in der ganzen Periode seit 1868 die Handelsbilanz mit nur viermaliger Ausnahme passiv, so zeigten die Jahre 1896—1898 bei ständig steigendem Agio [2]) die bedeutenden Überschüsse der Ausfuhr über die Einfuhr von 113,5, 165,5 und 196 Millionen Pesetas.

---

[1]) Gehälter, Löhne und Mieten, wie inländische Produkte waren damals in Spanien vielfach billiger als in Goldwährungsländern. Nur die Preise derjenigen Güter und Leistungen, die zu dem Auslandsgoldpreis irgendwie in Beziehung standen, wurden durch das hohe Agio betroffen. — Auch geben wir den oft behaupteten Einfluß einer Vermehrung der Banknoten oder des Silbergeldes auf die Erhöhung der Preise aller Güter nicht zu. Eine Preissteigerung (oder eine Verschlechterung des Geldes) im Inlande tritt schon deshalb nicht ein, weil es für den Inlandsverkehr vollkommen gleichgültig ist, aus welchem Material das Geld besteht, wenn nur das aus irgend einem Material bestehende Geld jeder Zeit zum proklamierten Wert an Staatskassen angenommen wird. Die Erhöhung aller Preise von Gütern und Leistungen, die man als eine Folge des hohen Agios und der „übermäßigen" Zirkulation notalen Geldes oft behauptet hat, würde übrigens bei der amphitropischen Stellung jedes Einzelnen vollständig irrelevant sein, da ja niemand dadurch geschädigt würde.

[2]) Das mittlere jährliche Agio betrug: 1896: 20,688, 1897: 29,605, 1898: 54,156.

Aber objektiv betrachtet lag unzweifelhaft ein volkswirtschaftlicher Nachteil in dem unmäßig hohen Agio. Spanien war zur Entfaltung seiner Industrie auf die Einfuhr von Rohstoffen und Fabrikaten zu sehr angewiesen, um dauernd vom Agio Vorteil zu haben. Für Importeure und Konsumenten ausländischer Waren und für die mit ausländischem Kapital gegründeten Industrie-Gesellschaften war der hohe Frankenkurs ein großer Nachteil. Ferner blieb bei hohem und stark schwankendem Agio schon lange Jahre ausländisches Kapital dem Lande fern, das zur Erschließung Spaniens durchaus nötig war.

Die größten Nachteile vom hohen Frankenkurse hatte der Staat als stärkster Auslandsschuldner. Er hatte die Zinsen der äußern 4 % Anleihen, der Kolonial-Anleihen und einen großen Teil der Kriegskosten in den Jahren 1896—1898 in Gold aufgebracht und aus diesen Anlässen 107 Millionen Franken, 2 932 000 Pfund Sterling, 9 447 000 Mark, 4,1 Millionen Goldpesos vermittelst der Bank ankaufen und dafür 277 Millionen Pesetas unter einem mittleren Agioverlust von 30 % zahlen müssen.[1]) Durch seine Golddevisenkäufe hatte er zu dem hohen Stande der Franken viel beigetragen.

Da der Fiskus durch die Bezahlung der Zinsen der äußern Renten in Goldgeld ständig große Verluste erlitt und das Agio herabdrücken wollte, entschloß sich die Regierung im Mai 1898[2]) innerhalb der ärgsten Kriegs- und Finanznot, von nun an Inländern Zinsen der äußern Rente nur noch in einheimischem valutarischen Gelde zu zahlen. Um sich aber den ausländischen Kredit nicht vollständig zu verscherzen, garantierte der Staat durch Gesetz vom 9. August 1898 den ausländischen Rentengläubigern wie in Spanien lebenden Ausländern die fernere[3]) Zinszahlung der 4 % äußern Rente in Goldgeld.

---

[1]) Jiménez y Rodriguez, La crisis monetaria, Madrid 1905, Seite 180.

[2]) Dekret vom 17. Mai 1898, Col. legislat. Jahrg. 1898.

[3]) Die 1882 geschaffene 4 % äußere spanische Rente war unter der Verpflichtung gegenüber dem Council of foreign bondholders kreiert worden, daß die Zinszahlung in Gold geschehen und daß die Rente in Zukunft von jeder Couponssteuer ausgeschlossen sein sollte.

Den Inländern wurde die Umwandelung der in ihrem Besitz befindlichen 4% äußern Rente in 4% innere in spanischer Währung zahlbare Schuld auf Grund des Konversionssatzes 100 Pesetas äußerer Rente = 110 Pesetas innerer Rente freigestellt.[1])

Diejenigen Rententitel, auf welche Ausländer Zahlung der Zinsen in Gold beanspruchten, wurden von den spanischen Finanzdelegationen in Paris, London und Berlin abgestempelt und registriert. Vom 1. Oktober 1898 an wurden (seitdem ist bis heute keine Änderung eingetreten) die Zinsen der äußern Rente nur dann in Pfund Sterling, Frank oder Mark gezahlt, wenn die Einreicher der Zinsscheine die eidesstattliche Versicherung abgaben, daß sie Besitzer der Papiere seien und daß kein Spanier Teil noch Interesse daran habe (Affidavit).[2]) Ausländer in Spanien, welche Bezahlung der Rentencoupons in Gold wünschten, mußten sie mit der gleichen ehrenwörtlichen Erklärung und beglaubigter Unterschrift an die im Auslande befindlichen Finanzdelegationen senden.

Nach Artikel 2 des Dekrets vom 9. August 1898 wurde Ausländern freigestellt, nachträglich nicht abgestempelte Titel noch abstempeln zu lassen.

Da aber die inländischen Rentenpapiere einer 20%igen Couponssteuer unterworfen wurden, fanden natürlich Rückkäufe von äußerer Rente in Frankreich von Spaniern offenkundig nicht mehr statt, andererseits strömten etwa 200 Millionen Pesetas äußerer Rente vom 1. Oktober 1898 bis zum 14. Mai 1899, als man die Abstempelung schloß, nach dem Auslande.

---

[1]) Dekret vom 9. August 1898, Col. legislat. 1898.

[2]) In Deutschland sind die Coupons an den Couponsterminen mit einem Nummernverzeichnis und folgender wörtlicher Erklärung bei der Deutschen Bank in Berlin einzureichen:

„Ich erkläre auf Ehrenwort, daß die vorstehend aufgeführten Coupons, deren Netto-Betrag von Mark . . . . ich in Mark bezahlt haben möchte, sowie die dazu gehörigen Stücke mein Eigentum sind und kein spanischer Untertan irgend welches Interesse oder Anteil daran hat.

Berlin, den

(Unterschrift des Einreichenden.)

Man hätte meinen sollen, daß durch den Ankauf spanischer Papiere seitens des Auslandes, wobei immer Frankreich am meisten beteiligt war, der spanische Wechselkurs gegen Frankreich günstig beeinflußt wurde. Diese Käufe spanischer Rente fanden jedoch zum großen Teil für Spanier selbst statt, welche trotz des Affidavits vielfach Besitzer spanischer äußerer Rente wurden.[1])

Die Beschränkungen der Zinszahlungen in Gold auf die Ausländer mußte natürlich zu einer großen Erleichterung des Budgets führen und konnte wegen der sich dadurch bessernden Zahlungsbilanz einen günstigen Einfluß auf den intervalutarischen Kurs Spaniens gegen die Goldländer ausüben. Von den 1774 Millionen Pesetas äußerer Rente waren nach der definitiven Abstempelung 1026 Millionen Pesetas in Goldgeld verzinslich,[2]) so daß der Staat statt ca. 71 Millionen Pesetas nur etwa 41 Millionen Pesetas an Goldgeld jährlich für Zinsen zu zahlen hatte.

Seinen den ausländischen Rentengläubigern gegenüber festgehaltenen Verpflichtungen auf Zahlung der Zinsscheine in Gold konnte der Staat aber auch in der Folgezeit nur unter großen Opfern nachkommen; das spanische Schatzamt hatte in den Jahren 1899—1904 immerhin noch einen Agioverlust von 90 Millionen Pesetas für Couponszahlungen in Goldgeld. Jedoch

[1]) Nach der Zeitschrift „El Economista, Jahrg. 1902, sollten damals ca. 500 Millionen Pesetas äußerer im Auslande befindlicher Rente Spaniens im Besitze von Spaniern gewesen sein.

[2]) El Economista (Jahrg. 1899) gibt an, daß von der abgestempelten spanischen Rente am 30. 6. 1899, als man die Statistik über die Abstempelung schloß, folgende Beträge registriert waren.

670,8	Millionen	Pesetas	in Frankreich
140,5	„	„	in England
121,—	„	„	in Belgien
53,7	„	„	in Deutschland
34,8	„	„	in Holland
17,5	„	„	in Portugal
0,175	„	„	in Spanien
1038,475	Millionen	Pesetas.	

Bis zur definitiven Trennung äußerer und innerer Rente verschob sich die Gesamtsumme auf ca. 1026 Millionen Pesetas.

konnte vielleicht nun ein größeres Vertrauen auf eine bessere spanische Finanzpolitik im Auslande etwas auf die Höherbewertung der Peseta wirken.

Die Nachteile des Affidavits für die Valuta, welche sich bald herausstellten, waren aber viel größer als seine Vorteile.

Der Staat beraubte hierdurch den Verkehr eines seiner wichtigsten intervalutarischen Zahlungsmittel; denn die Rente, welche gleichzeitig in Madrid, in Paris, London, Berlin, Brüssel und Lissabon auf den Börsen gehandelt und notiert wurde, kam bisher beim Ausgleich von Auslandsschulden völlig den Auslandsdevisen gleich. Ebenso dienten die in Gold zahlbaren Coupons vor und nach ihrer Fälligkeit in starkem Maße zur Tilgung von Zahlungsverpflichtungen von Land zu Land.

Es ist ja bekannt, in wie hohem Maße selbst zwischen barzahlenden Ländern, z. B. zwischen England und Frankreich, internationale Anlagepapiere hin- und her transportiert werden, um in Zeiten des Goldmangels Goldgeld zu ersetzen.

Das nicht barzahlende Spanien hatte aber solche Arbitragewerte besonders nötig gehabt.

Wie aus den Notierungen der Rente in Madrid und in Paris bis zur Einführung des Affidavits im Jahre 1899 hervorging, stand das Frankenagio und der Kursunterschied zwischen den beiderseitigen Notierungen im Durchschnitt in einem strengen Parallelismus; die Rente wurde ebenso wie Devisen benutzt, um Zahlungen zwischen Frankreich und Spanien zu regeln.

Die Notierungen der Rente fanden in Madrid in Pesetas und in Paris in Franken statt und waren in der Zeit des Frankenagios natürlich in Madrid stets höher als in Paris.

Stand nun der Frankenwechsel auf der Madrider Börse höher, als die Differenz der Notierungen der Rente in Madrid und Paris betrug, so machten die Spanier solange Zahlungen nach Frankreich in Rentenpapieren, als sie als Zahlungsmittel vorteilhafter als Devisen verwendbar waren. Wenn dagegen in Frankreich Devisen auf Spanien mangelten, so verkauften die Franzosen bei vorteilhafterer Zahlung in Rententiteln spanische Exteriors.

Die Bedingungen, unter welchen die äußere Rente bis zum Affidavit ausgeführt werden konnte, bildeten die Grenze des spanisch-französischen intervalutarischen Kurses.

Auf den Kurs der Rente wirkten aber Betrachtungen über die finanzielle Lage des Staates und über die ganze wirtschaftliche Situation des Landes. Infolgedessen standen die Oszillationen des spanischen Wechselkurses in engster Verbindung mit den mobilen Werten, welche einen äußern Markt hatten; sie waren abhängig von Gefühlen und Stimmungen, welche auf den Rentenkurs wirkten.[1])

Diese Rententransaktionen in Frankreich und Spanien hatten bisher den größten Einfluß auf den Wechselkurs; nicht aber waren die Variationen der Zahlungsmittel, ihre Notalisierung und Vermehrung von Bedeutung für den Stand der Peseta, wie man bisher allgemein annahm.

Da man nun vor Einführung des Affidavits in der 4% äußeren Rente das beste Mittel zur Beeinflussung der Wechselkurse hatte, war das ganze Interesse des spanischen Geldmarktes ihr fast ausschließlich zugewandt. Aus folgenden an der Börse von Madrid getätigten Umsätzen geht hervor, in welchem Maße sie zwecks Ausgleichung internationaler Zahlungen gekauft resp. verkauft wurde und wie sich dies nach dem Affidavit seit 1899 änderte:

	Umsätze in Pesetas:
1896	603 401 200
1897	708 921 960
1898	532 564 500
1899	207 869 870
1900	120 213 250
1901	19 722 200
1902	9 815 400.[2])

[1]) cf. auch Bertrand Nogaro, Le problème du change espagnol, Brüssel, Oct. 1910, Seite 14.

[2]) Anuario de la Bolsa von 1909; siehe auch Barthe y Barthe, La crisis monetaria, Madrid 1905, Seite 84. Bemerkt sei, daß der Handel in Exteriors von 1899 bis Februar 1902 in Spanien nicht verboten war. Ja, Ausländern wurde durch königl. Verordnung vom 30. 7. 1901 noch gestattet, daß sie die von ihnen vor der Veröffentlichung der Verordnung vom

Nach dem Jahre 1899 bildete die unabgestempelte äußere Rente nur noch Gegenstand des inländischen Handels; man konnte sich nicht mehr durch ihren Verkauf im Auslande Gold verschaffen. Durch Gesetz vom 28. November 1901 wurde dann ihre obligatorische Umwandlung in 4°/o innere Rente und die Zahlung der 20°/oigen Couponssteuer auf die endgültig konvertierten Titel verfügt.

Spanien hatte nun zwar in den Aktien und Obligationen der großen Eisenbahngesellschaften, in den Aktien der spanischen Hypothekenbank und der Philippinischen Tabakgesellschaft wie in den Obligationen der Stadt Madrid internationale Arbitragepapiere, welche in Spanien und Frankreich notiert wurden, aber wegen der Spezialität und der Verschiedenheit der Ursachen, welche auf ihren Kurs wirkten, standen sie als intervalutarische Zahlungsmittel in keinem Vergleich zu den Rentenpapieren und wurden zu Zahlungsausgleichungen wenig benutzt.

Das Fehlen der äußern Rente als eines Zahlungsmittels nach dem Auslande machte sich im Lande um so mehr geltend, als Spanier selbst nur wenige Kapitalien in ausländischen Werten angelegt hatten, die sie im Notfall abstoßen konnten.[1])

So war man denn fast ausschließlich auf Devisenankauf angewiesen, um Verpflichtungen nach dem Auslande nachkommen zu können. In den letzten Jahren hat sich infolgedessen wiederholt das Verlangen nach Aufhebung des Affidavits geltend gemacht, die Regierung hat jedoch diesen Ansprüchen bisher nicht nachgegeben, da sie von der Aufhebung eine Agiosteigerung befürchtet.[2])

---

13. 5. 1899 erworbenen Titel der Exteriors noch bis zum 31. 10. 1901 abstempeln lassen dürften, um dadurch Anspruch auf Goldzahlung und Freiheit von der Zinsscheinsteuer zu erlangen.

[1]) El Economista (Jahrgang 1904) schätzte die ausländischen Papiere in Spanien auf 500—1000 Millionen Pesetas.

[2]) Eine Steigerung des Agios ist von einer Beseitigung des Affidavits wohl aber nicht zu erwarten, da danach die vielen Millionen, welche jetzt an äußerer Rente im Auslande liegen, in spanische Depots überführt würden. Außerdem brauchte der Staat den Inländern Zinsen nicht in Goldgeld in natura, sondern etwa in einheimischer Währung zum Frankenkurse zu zahlen.

Hatte die spanische Regierung ihre Verpflichtungen gegenüber den ausländischen Gläubigern, in fremder Valuta die Zinsen der äußern Rente zu zahlen, getreulich aufrecht erhalten, so glaubte sie für die Kolonialanleihen Couponszahlungen in Gold einstellen zu können. Deshalb verfügte sie durch Gesetz vom 26. Juni 1898, daß in Zukunft die Zinsen der 6%igen kubanischen Anleihen von 1886 und der 5%igen von 1890, ohne Unterschied zwischen ausländischen oder inländischen Gläubigern zu machen, in einheimischer Währung gezahlt werden sollten. Die Zinsen hierfür erforderten nunmehr nur noch ca. 54½ Millionen Pesetas und die Amortisationen ca. 7½ Millionen Pesetas. Für den Fiskus bildete der Fortfall des Agioverlustes hierauf eine bedeutende Erleichterung, aber die Ausländer entledigten sich zum großen Teil dieser Papiere, sodaß eine dauernde Valutaverbesserung durch diese Maßnahme erst für spätere Jahre zu erwarten war.

Die Einführung des Affidavits und die Einstellung der Zinszahlungen in Gold für die Kolonialanleihen waren die ersten Schritte, welche der spanische Staat zur Besserung der Valuta tat, jedoch waren sie nur aus der Not des Staates während des amerikanischen Krieges hervorgegangen. Weitere Maßnahmen konnten während des Krieges nicht ergriffen werden, denn exodromische Eingriffe des Staates oder der Bank waren wegen der Finanznot unmöglich gemacht.

Die Valuta blieb sich infolgedessen nach wie vor selbst überlassen, und der Staat schenkte ihr keine Aufmerksamkeit.

Eine Änderung trat hierin aber ein, als mit Amerika der Friedensvertrag am 10. Dezember 1898 abgeschlossen worden war. Durch die unglücklichen Kriegsereignisse hatte Spanien Cuba, Puerto Rico und die Philippinen abtreten und seine innere Schuld um 3 Milliarden Pesetas vermehren müssen. Reiche Einnahmequellen des Staates waren weggefallen und seine Schulden immense gewachsen. Das bildete den Grund, daß sich die Regierung der Ordnung der Finanzen endlich zuwandte und dann zu einer Währungsregulierung schritt — oder zunächst zu schreiten versuchte.

Der tatkräftige Finanzminister Villaverde nahm sofort eine umfassende Steuerreform vor, wodurch im Rechnungsjahr 1899/1900 das bisherige chronische Defizit verschwand. Gab es in der finanziellen Geschichte Spaniens in der ganzen Epoche von 1850—1899 nur drei defizitlose Budgets, so trat jetzt ein Wendepunkt ein; der Staatshaushalt wies in den Jahren 1899/1900 bis 1907 inkl. folgende Überschüsse auf: 77½, 88¾, 36, 47, 22¼, 54, 66¼, 101¾, 70½ Millionen Pesetas.[1])

Gleich im ersten Jahre dieser sich ergebenden Mehreinnahmen entschloß sich die Regierung, diese zu teilweisen Rückzahlungen ihrer Schulden bei der Bank zu verwenden, und glaubte dadurch eine Besserung der Währungsverhältnisse herbeiführen zu können.

Die Valutaregulierung war jetzt eins der Schlagworte der Regierung. Sie bildete unter dem Komplexe der Probleme, welche sich Spanien zu lösen vorgenommen hatte, das schwierigste und wichtigste.

Wie glaubte nun die spanische Regierung es lösen zu können?

Die leitenden Staatsmänner standen durchaus unter dem Einfluß der klassischen Nationalökonomie und lagen im Banne der von den französischen Ökonomisten verbreiteten Doktrinen. Die französischen Währungs- und Finanzpolitiker hatten seit Erscheinen eines ständigen Agios in Spanien stets Mahnungen an ihre westlichen Nachbarn gesandt, sie sollten die notalen Zahlungsmittel nicht ausdehnen. Sie stellten von vornherein den Satz auf, daß auf eine Ausdehnung der papiernen Umlaufsmittel ein Sinken der Peseta folgen müsse und daß bei einer Reduzierung der Notenmenge eine Besserung im Stande der Peseta gegen-

---

[1]) Notiz der Frankfurter Zeitung Nr. 183 vom 5. Juli 1910 über Spaniens Staatshaushalt 1890/91 bis 1907.

Bemerkt sei, daß das Rechnungsjahr 1899/1900 nur sechs Monate umfaßte und daß seit 1900 das Fiskaljahr auf das Kalenderjahr verlegt wurde. — Im Jahre 1909 ergab das Budget zum ersten Male seit 1900 infolge der Marokkokampagne ein Defizit und zwar von 31⅓ Millionen Pesetas, doch wurde dies im folgenden Jahre wieder ausgeglichen.

über dem Franken eintrete. Die herrschende Meinung war, daß die handelspolitische schwache Stellung Spaniens und die Verschuldung des Staates ans Ausland nur sekundäre Ursachen für die Währungskrisis Spaniens bildeten; man glaubte, Warenimport und Export würden sich automatisch regulieren, wenn die Geldzirkulation nicht übertrieben sei, und hielt eine Intervention der Regierung zur Besserung der Währungsverhältnisse nur insofern für nötig, als sie für Einschränkung der notalen Zahlungsmittel sorgen sollte.

Solange man nun in Spanien in finanzieller Not die währungspolitischen Pläne den finanzpolitischen hatte unterordnen müssen, hatten die Ratschläge der orthodoxen Schule kein Gehör gefunden. Als aber die Finanzen des Staates einigermaßen geordnet worden waren, erklärte sich die spanische Regierung wie die große Mehrzahl spanischer Finanzleute mit jenen Vorschlägen einverstanden.

Der Finanzminister hoffte bei einer Beschränkung des Notenumlaufs von 1500 Millionen Pesetas (Mitte des Jahres 1899) auf 1300 Millionen Pesetas, — eine Zirkulation, welche vor dem Kriege mit Amerika bestanden hatte —, das Frankenagio leicht um 10—15 % bis auf etwa 15 % herabdrücken zu können. Er zahlte deshalb im Jahre 1899 167 Millionen Pesetas der Kolonialschulden von 1111 Millionen Pesetas an die Bank zurück. Ferner nahm er im Jahre 1900 eine innere Anleihe auf,[1]) um aus einem

[1]) Diese neue 5%ige amortisable Anleihe betrug 1200 Millionen Pesetas. Um sie günstig unterzubringen, wurde im Mai 1900 von der Bank von Spanien der Diskontsatz von 4% auf 3½% herabgesetzt. Die Diskontherabsetzung wurde im Auslande, namentlich in Frankreich, heftig angegriffen, wohl mit Unrecht, denn bei der so heftig schwankenden Valuta konnte die Diskontpolitik der Wechselkursregulierung wenig nützen. Auf welche Höhe sollte man den Diskont setzen, damit sich das Ausland entschließen konnte, trotz der geringen Stabilität des spanischen Wechselkurses Geld einzuführen?

Diskonterhöhungen konnten damals in Spanien nicht dieselbe Wirkung haben wie in Deutschland, England und Frankreich, denn für Kapitalsübertragungen vom Auslande nach Spanien kamen in erster Linie die schwankenden Wechselkurse in Frage, die Höhe des Diskontsatzes wurde erst an zweiter Stelle dafür maßgebend.

Teil ihres Erlöses 148 Millionen Schatzobligationen des Staates bei der Bank einzulösen. Die Bank sollte dafür Noten zurückziehen.

Wie man damals das Währungsproblem nur als Problem der Geldmengen ansah, ging aus folgenden Äußerungen des Finanzministers anläßlich der staatlichen Rückzahlungen bei der Bank hervor: „Für unsere ökonomische Zukunft," so erklärte er, „ist es von großer Wichtigkeit, daß der Staat einen beträchtlichen Teil seiner Vorschüsse bei der Bank zurückzahlt, was dahin führen wird, daß sich die fiduziäre Zirkulation vermindert und der anormale Stand unseres Wechselkurses gebessert wird, der auf diese Weise stabiler und weniger ungünstig gemacht werden kann."

Von einer Kontraktion der Zahlungsmittel war aber wenig für eine Besserung der Valuta zu erwarten. Sollten die Währungsverhältnisse sich günstiger gestalten, so mußte sich der spanische Warenabsatz nach dem Auslande heben, sollte aber eine Stabilisierung der Wechselkurse eintreten, so mußten exodromische Maßregeln ergriffen werden und der Staat oder die Bank aktiv auf dem Geldmarkt auftreten.

Der Fehler lag nun in Spanien mehrere Jahre lang darin, daß die Regierung und die Nationalbank keine einheitliche Währungspolitik betrieben. Das Streben des Staates war auf Reduzierung der notalen Umlaufsmittel gerichtet, die Bank hatte aber durchaus nicht die Absicht, Noten zurückzuziehen. Schwere Vorwürfe hat sich damals die Bank zugezogen, weil sie die Notenemission nicht beschränkte, sondern sogar ausdehnte.

Nach meiner Ansicht waren aber diese Vorwürfe nicht berechtigt; im Interesse des Landes lag ein Einzug von Noten kaum, denn weder damals noch heute, wo der Notenumlauf noch erweitert ist, haben sich Stauungen von Banknoten in Staatskassen noch Rückströme in die Kassen der Bank gezeigt.

Wenn die Bankpolitik damals Angriffspunkte bot und den Bestrebungen der Regierung nach Besserung der Wechselkurse entgegengesetzt war, so war es jegliches Außerachtlassen exodromischer Eingriffe. Und hierzu hatten sich gerade nach Beendigung des amerikanischen Krieges die günstigsten Gelegenheiten geboten.

Infolge des Rückzuges vieler spanischer Kapitalien aus den früheren Kolonien Spaniens war das Agio von Anfang des Jahres 1899 bis zum April um 13 % auf 17 % gesunken. Ferner trug die von den Vereinigten Staaten im Mai 1899 als Entschädigung für die Philippinen gezahlte Summe von 20 Millionen Dollars viel dazu bei, um den Kurs der Peseta zu bessern. Diese in Auslandsdevisen gezahlte und vom spanischen Staat der Bank von Spanien zu einem Agio von 19 % abgetretene amerikanische Entschädigung benutzte die Bank aber nicht, um die Devisen zum festen Kurse dem Verkehr zur Verfügung zu stellen, vielmehr waren ihre Absichten nur auf privatwirtschaftliche Gewinne gerichtet. Sie behielt diese Devisen so lange im Portefeuille, bis sie dieselben mit Gewinn verkaufen konnte.

Die Bank von Spanien verkannte damals ihre Stellung als lytrische Behörde vollkommen. Die Verwaltung der Bank war der Ansicht, daß die Regulierung der Wechselkurse nicht zu den Aufgaben der Bank gehöre und sah nicht ein, daß gerade der Schutz der Valuta eine der Hauptpflichten einer Zentralnotenbank bildet.

Sie bezahlte Devisen mit ihren eigenen Noten, deren Herstellung sie nichts kostete, und zeigte stets Interesse, die Devisen zu einem höhern als zum Ankaufspreise zu verkaufen.

Mit Recht konnte Edmond Théry in seiner Schrift „Le problème du change en Espagne“ (Paris, 1901) von dem antisozialen Verhalten der Bank von Spanien in ihrer Währungspolitik Folgendes behaupten: „Der Devisenhandel, welcher unter dem direkten Einfluß der Geldpolitik der Bank von Spanien steht, vollzieht sich in Spanien unter Bedingungen, die absolut dem Staatsinteresse konträr sind, und das Gesetz des Angebots und der Nachfrage funktioniert speziell in diesem Handel höchst anormal“.

Exodromie durch Diskontpolitik wurde von der Bank von Spanien auch nicht betrieben, wiewohl hierdurch weniger als durch Devisenpolitik zu erreichen war, denn selbst bei hohem

Diskontsatz wären fremde Kapitalien wegen der schwankenden Wechselkurse nicht ins Land gekommen.

Da aber die Währung durchaus einer starken Führung entbehrte, hatte sich eine mächtige Spekulantengruppe gebildet, welche den Wechselmarkt der Frankenwechsel vollständig beherrschte. Bei dem stets niedrigen Diskontsatz der Bank von Spanien (1899—1903 3½—4%) wurden ihnen unter den günstigsten Zinsbedingungen von den Madrider Kreditinstituten gegen eine geringe Deckung von 4000—8000 Pesetas Kredite von 150 000—200 000 Franken eingeräumt. Allein in Madrid sollen 400 solcher Spezialkonten bestanden haben.[1] Bei der im ganzen steigenden Tendenz der Franken waren die Operationen der Spekulanten fast sicher; denn sie waren nicht den Bedingungen unterworfen, wie die Käufer von Devisen, welche an festen Terminen zahlen mußten. Sie verkauften nur dann, wenn sie beträchtliche Gewinne hatten.

So galt denn ein hoher Verkaufspreis der Franken als neuer Ausgangspunkt, und der Frankenkurs ging infolge des Treibens der Spekulation fast automatisch herauf. Von ihr wurde der intervalutarische Kurs künstlich beeinflußt, und die Bank von Spanien tat nichts, um eine bewußte Gegenspekulation ins Werk zu setzen; im Gegenteil, sie stellte sich als größter dieser Spekulanten dar.

Der Staat zeigte sich jedoch nicht mächtig genug, die Bank administrativ oder gesetzlich zur Regulierung der Währung anzuhalten. Eine einheitliche Leitung des Zahlungswesens fehlte vollständig, da die Absichten des Staates und der Bank durchaus entgegengesetzt waren.

Der Staat erstrebte Senkung oder vollständige Beseitigung des Agios, um den Aufwand an Peseten zur Verzinsung der Goldschuld und zur Bestreitung anderer Ausgaben im Auslande zu mindern. Die Bank aber, welche bisher Jahr ein, Jahr aus über 20% Dividenden gezahlt hatte, strebte nach hohen Gewinnen und trieb deshalb ihre den Staatsinteressen wider-

[1]) E. J. Lacombe, La cuestion de los cambios, Barcelona 1905, S. 150.

strebenden Devisengeschäfte. „Bank und Staatsschatzamt", so äußerte sich der spätere Ministerpräsident Moret in der Sitzung der Deputiertenkammer vom 5. Januar 1901, „kämpften wie zwei wilde Tiere, von denen das eine das andere zu verschlingen suchte, das wiederum unerhörte Anstrengungen machte, sich von jenem zu befreien".

Eine Besserung der Währungsverhältnisse war unter solchen Umständen kaum zu erwarten. In den Jahren 1900 und 1901 waren infolge ungünstiger wirtschaftlicher Verhältnisse die Frankenkurse ständig gestiegen; der südafrikanische Krieg hatte im Jahre 1900 zu einer allgemeinen Goldverteuerung geführt, Handels- und Börsenkrisen auf den andern Märkten hatten den Bezug von Rohstoffen, namentlich von Kohle und Baumwolle für Spanien erschwert, so daß die Textil- und Mühlen-Industrie des Landes vollständig darniederlag. Außerdem machten sich jetzt für den Handel nach dem Verlust der Kolonien Absatzschwierigkeiten[1]) von Fabrikaten bemerkbar. So hatte infolge ungünstiger pantopolischer Verhältnisse und spekulativer Treibereien das Agio im November 1901 wieder eine Höhe von 42 % erreicht.

Trotzdem hatte die Regierung die Hoffnung, sie könne in kurzer Zeit die Barzahlungen in Gold wieder aufnehmen und erklärte, daß sie die Finanzlage des Staates nicht eher als gefestigt ansähe, bis die Goldwährung eingeführt sei. Zunächst sollte jedoch die Valuta verbessert werden. Ein in dieser Richtung unternommener Versuch bildete die Einstellung der Silberprägung durch den Staat.

Durch Gesetz vom 28. November 1901 wurde durch die Cortes dekretiert, daß die Erwerbung von Silberbarren durch das Schatzamt und die Prägung von silbernen 5-Pesetenstücken für Rechnung des Staates für die Zukunft verboten sei. Ferner wurde bestimmt, daß das Silberscheidegeld zu 2, 1 und 0,50

---

[1]) Der Umstand, daß jetzt die amerikanische Währung in den früheren spanischen Kolonien herrschte, trug erheblich zur Erschwerung der Handelsbeziehungen mit ihnen bei.

Pesetas[1]) in Zukunft nur noch aus altem abgenutzten Silbergeld, aus dem damals noch kursierenden Scheidegeld der Systeme vor 1868 und nötigenfalls aus 5-Pesetenstücken hergestellt werden sollte.

Lediglich im Interesse der Valutaverbesserung, so erklärte das Finanzministerium, habe man die Silberprägungen durch den Staat aufgeben müssen.

Doch es zeigte sich bald, daß auch die gänzliche Einstellung der Silberprägung nicht genügte, um das Frankenagio zu senken, geschweige denn einen Paristand der Peseta und des Franken durchzusetzen.

Hier erwies sich eben, daß die Geschäfte des Silberhandels innerhalb der großen Anzahl von Auslandsgeschäften — vielleicht mit Ausnahme des Krisenjahres 1898, in welchem 200 Millionen Pesetas in Silbermünzen geprägt waren — den Valutakurs wenig beeinflußt hatten.

Über das Faktum, daß nach Einstellung der Silberprägung durch den Staat der Kurs der Peseta sich nicht besserte, zeigte sich allgemeines Erstaunen; hatte man doch bisher in den staatlichen Silberprägungen neben der gesteigerten Notenemission den Hauptgrund für den ungünstigen Stand der Peseta erblickt.

Wie aber die Silberprägungen niemals den großen Einfluß auf den intervalutarischen Kurs gehabt hatten, den man ihnen zuschrieb, so war die vollständige Sperrung der Silberprägung auch kein wirksames Mittel zur Besserung der Währungsverhältnisse.

Rätlich war dagegen bei den damaligen Plänen der Regierung, durch schrittweise Reduzierung der Frankenkurse zum Paristande und restauratorisch zur Goldwährung zu gelangen, die Einstellung der Silberprägungen aus anderm Grunde. Wollte man später die Goldwährung einführen, so mußte man eine übermäßige Stauung exvalutarischer Silberduros für jene Zeit rechtzeitig zu verhindern suchen. Wenn der Silberduro in akzessorische Stellung rücken sollte, so mußte der Staat auf den

[1]) Die im Münzgesetz vom 19. Oktober 1868 angeordneten Stücke zu 0,20 Pesetas waren nur im Betrage von 1018,20 Pesetas im Jahre 1871 ausgemünzt worden; seitdem sind diese Münzen nicht mehr geprägt worden.

Münzgewinn verzichten, den er bisher in finanzieller Not als Fiskus gemacht hatte. Aus der Herstellung von ca. 1300 Millionen Pesetas in Silbergeld hatte der Staat seit dem Jahre 1868 171½ Millionen Pesetas gewonnen; nach einem etwaigen Übergang zur Goldwährung mußten diese Gewinne bei Abstoßung der Silbermünzen wieder verloren werden oder eben von vornherein Stauungen von Silbergeld eintreten.

Das war wohl der eigentlich tiefere Sinn der vollständigen Silbersperrung. Nicht eine Besserung der Valutakurse konnte hierdurch eintreten, da der intervalutarische Kurs vom Silberpreis und der größeren oder geringeren Menge umlaufender Silbermünzen vollständig unabhängig war. Wohl aber konnte für eine spätere Zukunft größeren Verlusten beim Verkauf von Silbergeld und einem Währungsumschlag vorgebeugt werden.[1])

Unbegreiflich muß jedoch die Schwäche der spanischen Regierung erscheinen, die selbst auf den Münzgewinn aus Silberprägungen verzichtete, jedoch nicht gegen die ihr schon damals bekannten heimlichen Silberprägungen energisch vorging.[2]) In Sevilla zuerst waren Unmengen von privater Seite geprägte Duros aufgetaucht, die von den staatlich geprägten Münzen kaum zu unterscheiden waren und die Jahre lang ungehindert kursierten. Diese „Duros Sevillanos" wurden erst im Jahre 1908 gegen legitime Münzen umgetauscht, da bei ihrer bisherigen Duldung der Staat ihre Annahme nach dem Plattenwert wegen eines allgemeinen Aufstandes[3]) dagegen nicht durchsetzen konnte. Wenn

---

[1]) Die Absichten gingen damals dahin, später die Silbermünzen teilweise zu dechartalisieren.

[2]) Schon 1892 waren in der Academia real die heimlichen Silberprägungen erörtert worden. Von einer Aufdeckung der Falschmünzerwerkstätten oder gar einer Bestrafung der wirklich Schuldigen hörte man bis zum Jahre 1908 nichts. cf. auch Barthe, El problema monetario en España, 1908, S. 48.

[3]) Über die Panik, welche infolge der Ankündigung des Finanzministers Sanchez Bustillo, daß Sevillanos nur nach dem Metallwert angenommen werden sollten, im Juli 1908 ausbrach, vgl. auch

Frankf. Zeitung vom 21. Juli 1908 Nr. 201

„ „ „ 22. Juli 1908 Nr. 202.

auch die Schätzungen der Duros Sevillanos damals sehr übertrieben waren, so waren doch immerhin bei der mit dem Umtausch der illegitimen Münzen betrauten Bank von Spanien 100 Millionen Pesetas in Duros als zweifelhaft anerkannt worden, wovon die Münzbehörde im Jahre 1909 15 Millionen Pesetas definitiv als falsch erklärte.

Gesetzmäßig fanden jedoch nach dem November 1901 keine Neuprägungen von Silbermünzen mehr statt, denn die wenigen seitdem hergestellten Silberstücke gingen nur aus Umprägungen alter Münzen hervor. Auch Goldmünzen, die ja nur für Staatsrechnung geprägt wurden, sind seit dem Jahre 1900 nur 76280 Pesetas geprägt worden.

Einen weiteren Schritt zur Regulierung der Währung versuchte die Regierung zu unternehmen, indem sie nach dem Muster anderer Staaten einen Teil der Zölle in Goldgeld erhob.[1])

Schon seit dem September 1900 hatte der Staat die Dividenden- und Couponssteuern von Aktiengesellschaften, welche im Auslande ihren Stammsitz hatten und ihre Zinsen in Gold entrichteten, auch seinerseits in Goldgeld erhoben; diese Summen reichten aber nicht im entferntesten zur Bestreitung der Goldausgaben des Staates. Der Staat mußte immer noch als größter Käufer von Devisen auftreten und beeinflußte dadurch den intervalutarischen Kurs im ungünstigen Sinne. Die Regierung erkannte nun, welche günstigen Erfolge andere Staaten durch eine umfangreichere Goldbeschaffung in Goldzöllen erzielt hatten und wies die Cortes darauf hin, daß man nach dem Beispiel Rußlands, Österreichs und Italiens auf diese Weise Gold beschaffen und dadurch zu einer Besserung der Valuta kommen müsse. Ein von der Regierung vorgelegtes Projekt dieser Art wurde darauf am 1. März 1902 zum Gesetz[2]) erhoben.

Das Gesetz ordnete an, daß sämtliche Ausfuhrzölle und ein Teil der Einfuhrzölle hinfort in Gold oder Goldwerten zu zahlen seien. Die Goldzahlungen auf Einfuhrzölle beschränkte

---

[1]) Rußland hatte 1876, Österreich 1878 und Italien 1894 diese Maßnahme ergriffen, um die Valuta zu verbessern resp. zu stabilisieren.

[2]) Col. legislat. Jahrgang 1902.

man zunächst auf diejenigen, welche den nationalen Industriellen am wenigsten schadeten, auf Nahrungsmittel und Rohstoffe (Getreide, Wein, Öl, Kohle, Petroleum, Kaffee, Tee, Zimmt usw.), Fabrikate ließ man dagegen größtenteils von Goldzöllen frei.

Um nun aber bei hohem Agio den Handel mit dem Auslande nicht zu sehr zu erschweren, wurden die Zölle nach einer gleitenden Skala erhoben. Bei einem mittleren Agio von

40—100 %	wurden	die	Preise	um	30 %
30—39 %	„	„	„	„	25 %
20—29 %	„	„	„	„	20 %
10—19 %	„	„	„	„	10 %

herabgesetzt. Bei einem mittleren Agio von 10 % excl. und darunter fand keine Reduktion der Zölle statt.

Als mittlerer als Basis für die Zollerhebung dienender Wechselkurs wurde vom Finanzministerium am 15. und letzten Tage jeden Monats der Durchschnittskurs von Sichtwechseln auf Paris in der vorangegangenen halbmonatlichen Periode festgesetzt und in der Gazeta de Madrid publiziert.

In richtiger Erkenntnis, daß die Beschaffung von Goldmünzen auf große Schwierigkeiten stoßen würde, ließ die Regierung zu Zollzahlungen außer dem Goldgeld spanischen Gepräges und den Goldmünzen der Länder der lateinischen Union folgende Goldersatzmittel zu:

1. Banknoten der Bank von Frankreich,

2. Wechsel und Schecks auf Paris, London, Brüssel und Berlin, falls sie auf Franken, Pfund Sterling und Mark lauteten und genügend garantiert waren.

Um eine Verbilligung von Auslandswechseln herbeizuführen, gestattete die Regierung durch Dekret vom 31. Mai 1902, daß auch durch Gold, Silber oder Wertpapiere gedeckte Zahlungsverpflichtungsscheine (Bonos oder Vales) besonders ermächtigter Banken und Quittungen über noch nicht fällige Zinsscheine der äußern abgestempelten Anleihe bei Zollzahlungen angenommen würden. So konnten Bankiers und Kreditgesellschaften Gold oder andere Werte bei der Depositenkasse des Staates zinstragend hinterlegen und dagegen Bons ausgeben, die erst dann in Gold zahlbar waren, wenn das Finanzministerium die Einlösung forderte.

Der größte Teil aller Zollzahlungen fand jedoch stets in ausländischen Wechseln, namentlich in Frankenwechseln, statt.

Durch die teilweise Erhebung der Goldzölle wurden nun die Absichten der Regierung auf eine dauernde Senkung des Agios nicht erfüllt. Denn der Staat erhielt dadurch vorläufig nur die Mittel, welche zu seinen Auslandszahlungen für Zinsen und sonstige Ausgaben für Gesandschaften, Konsulate etc. hinreichten. Die Einnahmen aus Goldzöllen, welche 1902 39,2 Millionen Pesetas, 1903 49,2 Millionen Pesetas einbrachten, deckten zusammen mit den Erträgnissen der staatlichen Quecksilberminen von Almaden die ausländischen staatlichen Verpflichtungen von ca. 60 Millionen Franken.

Eine größere Stabilisierung des intervalutarischen Kurses, was jedenfalls eine bemerkenswerte Tatsache war, zeigte sich jedoch, als der Staat nicht mehr als größter Käufer von Auslandsdevisen auftrat. Der Schwingungsspielraum des Pesetenkurses gegenüber dem Franken betrug in den dreijährigen Perioden vor und nach Einführung der Goldzölle:

1899	17,60 %,	1902	8,35 %,
1900	10,— %,	1903	6,80 %,
1901	12,95 %,	1904	6,— %.

Freilich wurde die Nachfrage nach Golddevisen auf die einzelnen Monate und Tage jetzt besser verteilt, indem nicht mehr der Staat mit durchaus notwendigem Bedarf für Couponszahlungen an bekannten Terminen als Käufer von Goldwechseln hervortrat, freilich hörte die Intensität und Zentralisation der Nachfrage nach Devisen auf Seiten des Staates auf, aber der Staat hatte noch nicht die Mittel, um aktiv auf dem Devisenmarkte einzugreifen und die starke Spekulation zu bezwingen. Exodromische Maßregeln konnten noch nicht vom Staate ergriffen werden.

Infolgedessen hatte sich das Agio zwar stets gesenkt, wenn die Spekulanten Anstrengungen der Regierung zur Besserung der Währung wahrnahmen, jedoch war es immer wieder durch die Haussespekulation in Franken in die Höhe getrieben worden, da man keine starke Hand bemerkte, welche die Währung schützte.

Die Einführung des Affidavits, die Einstellung der Silberprägung durch den Staat und die teilweise Erhebung der Zölle in Gold, das waren die ersten Versuche der Regierung zur Senkung des Agios. Die Ergebnisse waren nicht gerade trostreich. Das Agio war seit den Anfängen der „Valutaregulierung" im Jahre 1899 nicht nur nicht gesunken, sondern hatte sich von einer mittleren Höhe von 24,59 % im Jahre 1899 auf 38,316 % im Jahre 1901 und auf 35,768 % im Jahre 1902 erhoben.

Von dem Ziel, welches sich die Regierung gesetzt hatte, einen Paristand der Peseta mit dem Franken zu erreichen, war sie noch weit entfernt. Jetzt glaubte nun die Regierung durch eine umfangreiche Bankreform-Gesetzgebung die Valuta bessern zu können. Es kam vor allem der Regierung darauf an, den Staat allmählich von seinen Verpflichtungen gegen die Bank zu lösen und diese zu einer Reduzierung der Notenzirkulation zu bewegen. Vorbereitende Schritte in diesem Sinne hatte der Staat bereits seit dem Jahre 1899 getan. Durch Vertrag mit dem Finanzministerium hatte sich die Bank von Spanien schon im August 1899 verpflichtet, den Vorschußzins auf die schwebenden Kolonialschulden des Staates, die damals noch 1100 Millionen Pesetas betrugen, von 5 % auf $2^1/_2$ % zu reduzieren; am 17. Juli 1902 wurden die Zinsen abermals, und zwar auf 2 % herabgesetzt. Hierdurch wurde die Regierung in die günstigere Lage versetzt, Rückzahlungen ihrer Schulden bei der Bank leichter vornehmen zu können.

Die Bank sollte dadurch veranlaßt werden, Banknoten aus der Zirkulation zurückzuziehen, und dadurch glaubte man die Währungsverhältnisse bessern zu können. Ganz in diesem Sinne wurde das letzte, heute noch geltende Bankgesetz vom 13. Mai 1902[1]) erlassen. Besserung der Valuta war das Ziel, und Mittel dazu sollte die Vernichtung von Banknoten sein.

---

[1]) Leyes organicas del Banco de España, Madrid 1907, S. 38.

Um die Bank nach und nach in den Stand zu setzen, Noten zurückziehen zu können, verpflichtete das Gesetz das Schatzamt zur Rückzahlung der damals noch bestehenden Überseeschuld von 900 Millionen Pesetas bis spätestens zum 31. Dezember 1911. Neue Vorschüsse bei der Bank wollte ferner der Staat nicht aufnehmen.

Um den Banknoten eine größere Garantie zu geben, wurde die Notengrenze und die vorgeschriebene Deckung geändert. Der Höchstbetrag der auszugebenden Noten wurde von 2500 Millionen Pesetas auf 2000 Millionen Pesetas herabgesetzt, während die Deckungsvorschriften andererseits verschärft wurden.

Die Metalldeckung sollte in Prozenten wenigstens betragen:

bei einer Emission von:	Gesamtdeckung:	davon in Gold	Silber
1 bis 1200 Millionen Pesetas	$33^1/_3$	$16^2/_3$	$16^2/_3$
1200 „ 1500 „ „	60	40	20
1500 „ 2000 „ „	70	50	20

Die Drittelsdeckung in Metall blieb damit nur bis zur Emission von 1200 Millionen Pesetas bestehen, für die 1200 Millionen übersteigende Emission wurde die Metalldeckung, namentlich die Golddeckung, bedeutend erhöht. Das Gold der Deckung konnte in spanischem und ausländischem Goldgelde oder in Goldbarren bestehen, welche zum Satze von 3444,44 Pesetas pro kg fein angerechnet wurden. Die Silberdeckung wurde insofern geändert, als Barrensilber verständlicher Weise nicht mehr als geeignet für die Notengarantie angesehen wurde, sondern von jetzt ab mußte die Silberdeckung in Silbergeld spanischen Gepräges bestehen.

Die gesamte Deckung sollte in jedem Fall ebenso groß sein als die Summe der zirkulierenden Noten, der Depositen und Kontokurrente. Der metallisch nicht gedeckte Teil der Verbindlichkeiten der Bank sollte nach und nach allein durch diskontierte Handelswechsel und Lombardforderungen ersetzt werden. Bis zur Rückzahlung der Überseeschulden durch den Staat sollten die von ihm hinterlegten Kolonialanweisungen als Deckung den Handelswechseln gleichgeachtet werden. Gleichfalls wurden die im Besitz der Bank sich befindenden 4% Staatsanleihen und Aktien der Tabakkompagnie als Deckung wie Diskonten und Lombardunterpfänder betrachtet.

Weiter wurde die Art der Geschäfte der Bank neu geordnet. Als Hauptaufgabe wurde ihr nicht mehr wie zur Zeit ihrer Errichtung und zur Zeit des amerikanischen Krieges Unterstützung des Staates zugewiesen, sondern sie sollte Handel, Industrie und Landwirtschaft gleichmäßig fördern. Um besonders den industriellen und ländlichen Kredit zu heben, wurde der Bank nahe gelegt, die Wechsel landwirtschaftlicher und industrieller Syndikate, ländlicher Kreditvereine und der Landwirtschaftskassen ebenso wie die Wechsel des Handels zu diskontieren.

Dann sollte die Bank gegen Einzahlung nationaler und fremder Goldmünzen Goldkontokurrente errichten, um den daran Interessierten jeder Zeit leicht Gold für Zollzahlungen abtreten zu können; ferner sollte sie ebenfalls zur Erleichterung des Verkehrs den Kreis ihrer Filialen vergrößern.

Wurde der Geschäftskreis der Bank einerseits erweitert, indem ihr Diskonterleichterung zugestanden wurde, so wurden ihr andererseits Beschränkungen auferlegt. Selbständige Beteiligung am Kauf oder Verkauf von Wertpapieren und der Handel mit Effekten wurde der Bank verboten. Dann wurde durch Vertrag mit dem Finanzministerium vereinbart, daß der Ausschuß der Bank die Höhe des Lombardzinsfußes im Einvernehmen mit dem Finanzministerium festsetzt.

Durch die Beaufsichtigung des Lombardzinses wollte die Regierung verhindern, daß die Bank zu niedrigem Zinssatz die höher verzinslichen spanischen Papiere zu stark beleihe und so ihre Notenemission erhöhe.

Die Rückzahlungen der Staatsschulden an die Bank, die Reduzierung der Notengrenze, die verschärften Deckungsvorschriften und das erforderliche Einverständnis des Finanzministers bei der Festsetzung des Lombardzinsfußes, alle diese Maßregeln bezweckten eine Herabsetzung des Notenumlaufs und eine Beseitigung des Agios, welche man hiervon erwartete.

Gesetzlich war die Bank zwar nicht verpflichtet worden, Noten zurückzuziehen und Schritte zur Herstellung des Paristandes der Peseta und des Franken zu tun, die Absichten des Gesetzgebers gingen aber dahin. In den Parlamentsverhandlungen sprach es die Regierung offen aus, daß man das Frankenagio beseitigen müsse durch Beschränkung der notalen Umlaufsmittel.

Man nahm in Spanien an, daß bei einer Kontraktion der Zahlungsmittel der Binnenwert der Peseta steigen würde, daß die Warenpreise im Inlande sinken müßten, und schloß daraus, daß infolge der Werterhöhung der Peseta im Inlande auch der Wert der Peseta dem Franken gegenüber steigen würde. Man übersah jedoch dabei ganz, daß diese Werterhöhung der Valuta dem Auslande gegenüber nur stattfinden konnte, wenn Ausländer bewogen wurden, für spanische Wechsel höhere Preise zu zahlen. Dies konnte höchstens geschehen, wenn mit dem Sinken der Warenpreise im Inlande auch die Exportartikel im Preise fallen würden. Jedoch bei sinkenden Warenpreisen des Inlandes fallen niemals die Ausfuhrartikel im Preise, da die inländischen Exporteure Waren nicht billiger abgeben, als sie dieselben im Auslande verkaufen können.

Von der Einschränkung der inländischen Zahlungsmittel ließ sich keine Valutaverbesserung erwarten. Niemals zahlte der Ausländer schon deshalb mehr Werteinheiten seines Geldes für fremdes Geld, weil das fremde Geld sich vermindert hatte. Ebenso lieferte der inländische Inhaber von Auslandsdevisen seine Wechsel nicht deshalb billiger, weil die Warenpreise im Inlande infolge Kontraktion der Zahlungsmittel gefallen sein konnten. Eine Besserung der Valuta konnte nur pantopolisch eintreten, wenn das Ausland bewogen wurde, mehr spanische Zahlungsmittel zu begehren oder das Inland weniger ausländische Zahlungsmittel zu verlangen.

Sollte aber ein dann erreichter Kursstand der Peseta festgehalten werden, so bedurfte es durchaus einer den Kurs beaufsichtigenden und leitenden Behörde.

Neben der Verminderung des Banknotenumlaufes als Mittel zur Wiederherstellung des Paristandes hatten die Gesetzgeber des Bankgesetzes vom Jahre 1902 den Gedanken, das Portefeuille der Bank allmählich mit leicht realisierbaren Werten an Stelle der Staatsobligationen zu füllen und die Bank von Spanien auf die den Banknoteninstituten eigenen Geschäfte, Diskont- und Lombardgeschäfte, zu begrenzen.

Hierdurch sollte sich die Lage der Bank bedeutend bessern. Die Handelswechsel, welche in der Zeit von 1894—1902 nur ca. 130—200 Millionen Pesetas betrugen, haben sich seitdem sehr gesteigert, noch mehr hoben sich die Lombardgeschäfte von Jahr zu Jahr.[1]

Auch die Metalldeckung, namentlich die Golddeckung, wurde auf Grund des Bankgesetzes gesteigert, und hierauf glaubte die Regierung ein besonderes Gewicht legen zu müssen. Man war in Spanien allgemein der Ansicht, daß sich bei verstärkter Deckung der Banknote der Kurs der Peseta heben müsse.

Aber auch die größere oder geringere Deckung der Note hatte gar keinen Einfluß auf die Valuta, solange nicht exodromische Maßregeln dadurch möglich gemacht wurden. Einen deutlichen Beweis, wie wenig die intervalutarischen Kurse von Bardeckungen der Banknoten abhängen, konnte man in Spanien finden, wenn man die Bank von Belgien und den belgisch-französischen intervalutarischen Kurs zur Vergleichung heranzog. Die Bank von Belgien hatte fast im ganzen Jahre 1901 eine geringere Golddeckung als die Bank von Spanien, in Belgien bewegte sich jedoch der Kurs auf Frankreich dicht um den

---

[1]) Das Portefeuille der Bank wies an Handelswerten auf

am 31.	August	1907	541 Millionen Pesetas,
„ 29.	„	1908	617 „ „
„ 28.	„	1909	760½ „ „
„ 27.	„	1910	760½ „ „

dagegen verminderten sich die Staatsobligationen und Vorschüsse an den Staat; sie betrugen

am 31.	August	1907	805 Millionen Pesetas,
„ 29.	„	1908	618 „ „
„ 28.	„	1909	606 „ „
„ 27.	„	1910	606 „ „

(Revista de economia y hacienda, Nr. 34 vom 26. 8. 1911).

Paristand, während in Spanien der Frank in der gleichen Zeit ein Agio von über 35 % hatte[1]).

Von der Golddeckung der Note hing also der intervalutarische Kurs in Spanien nicht ab; sein ungünstiger Stand erklärte sich allein aus widrigen wirtschaftlichen Verhältnissen bei finanzieller Verschuldung, aus dem Treiben der Spekulation und aus dem Mangel exodromischer Eingriffe.

Wie sich voraussehen ließ, war der Einfluß des Bankgesetzes von 1902 auf die Kurse gleich Null. Ein Schluß auf die Beweiskraft der Quantitätstheorie ließ sich leider aus der damaligen Währung nicht ziehen. Es wäre aber ein interessantes Experiment gewesen, wenn man 400 Millionen Banknoten verbrannt, 450 Millionen Silberduros als Ware eingeschmolzen hätte, eine Kraftanstrengung, die bedeutende Finanzleute damals verlangten, um die Valuta zu bessern.

Dieses Kunststück machte die Bank im eigenen und im Interesse des Landes aber nicht. Für das Land war eine starke Kontraktion der Zahlungsmittel nicht von Vorteil; sie hätte nur eine Einschränkung der Produktion und eine ungünstigere Zahlungsbilanz hervorgerufen. Die Bank war aber bestrebt, den Ausfall, den sie durch die großen Schuldrückzahlungen des Staates und durch Zinsreduktionen auf die Kolonialschuldverschreibungen hatte, durch andere Gewinne und Geschäfte zu ersetzen, sie gewährte große Personalkredite[1]) und Lombarddarlehen.

---

[1]) Am 8. Februar 1901 hatte z. B. die Bank von Belgien eine Banknotenzirkulation von 592 Millionen Franken und eine Golddeckung von 95 Millionen Franken oder von 18,85 %. Zur gleichen Zeit hatte die Bank von Spanien einen Notenumlauf von 1623 Millionen Pesetas und eine Golddeckung von 350 Millionen Pesetas oder von 21,56 %. Das Frankenagio war an diesem Tage 0,10 % in Brüssel und 37,40 % in Madrid. Die gleichen Beobachtungen waren aber jahrelang zu machen.

[1]) Personalkredite werden von der Bank von Spanien gegen Dokumente gewährt, in welchen sich zwei oder mehr Personen von bekannter Zahlungsfähigkeit zur Zahlung der dem Schuldner gewährten Summe im Nichtzahlungsfalle des Schuldners solidarisch verpflichten. (Reglement der Bank von Spanien, Art. 106.)

Namentlich die Ausdehnung der garantierten Personalkredite trug zur Erweiterung der Notenemission bei. Da diese Geschäfte aber auf durchaus sichern Grundlagen — bei Haftung von mindestens 3 Personen — beruhten, lag wohl für die Bank kein Grund vor, Kredite zu verweigern und die Notenausgabe einzuschränken. Infolgedessen war die Notenemission, wiewohl der Staat bis zum Ende des Jahres 1903 450 Millionen Pesetas Kolonialanweisungen der Bank zurückgezahlt hatte, folgendermaßen gestiegen:

Ende des Jahres	1899 :	1518	Millionen	Pesetas
" " "	1900 :	1592	"	"
" " "	1901 :	1639	"	"
" " "	1902 :	1623	"	"
" " "	1903 :	1608	"	"

So fand denn Jahre hindurch ein beständiges Ringen des Staates mit der Bank um die Valuta statt.

Solange aber keine Einheitlichkeit in der Währungspolitik bestand, war eine Besserung der Währungsverhältnisse ausgeschlossen. Wir sehen aber weniger in den verschiedenen Ansichten der Regierung und der Bankleitung über die Art und Menge der Umlaufsmittel, sondern in der Differenz der Meinung über die Heilung der Valuta überhaupt die Ursachen dafür, daß keine Besserung eintrat.

Die Regierung war bestrebt, eine Besserung der Wechselkurse herbeizuführen, hatte aber noch nicht die richtigen Mittel dazu erkannt, die Zentralbank aber, deren elementarste Pflicht der Schutz der Werteinheit Spaniens gegen die Valuten des Auslandes war, hatte noch nicht das Bewußtsein exodromischer Aufgaben, trieb im Gegenteil in ihren Devisengeschäften eine der Exodromie entgegengesetzte Politik.

Unter dem hohen Agio hatten nun besonders die mit ausländischem Kapital gegründeten Eisenbahn-Aktien-Gesellschaften schwer zu leiden, wodurch wiederum der Staat wegen der dadurch entstehenden Steuerausfälle sehr geschädigt wurde. Neuanlagen, Erweiterungen und Verbesserungen der Transportmittel fanden infolgedessen ebenfalls lange Zeit schon nicht mehr statt, was die notwendige Erschließung des Landes sehr hemmte. Die Eisenbahngesellschaften, welche an ihre ausländischen Rentengläubiger etwa 68 Millionen Franken an Obligationenzinsen [1]) zu zahlen hatten, waren in den Jahren 1895 und 1896 genötigt, infolge der Agioverluste den ausländischen Gläubigern Zinszahlungen nur noch in spanischer Währung zu leisten, sie hatten aber im Jahre 1900 die Goldzahlungen wieder aufgenommen [2]). Ihre an die Regierung gerichteten Forderungen, zur Beseitigung des Agios zu schreiten, führten zu einem vom Finanzminister Rodrigañez in die Wege geleiteten Frankensyndikat, wovon man eine Verbesserung der Valuta erwartete.

Dieses am 15. Januar 1903 gegründete Frankensyndikat bestand aus der spanischen Nordbahn-Gesellschaft, der Madrid-Zaragoza-Alicante-Bahn, den Andalusischen Eisenbahnen und aus der Bank von Spanien. Ziel dieses Syndikats war, sich von der Spekulation unabhängig zu machen, gemeinsam die jeder Gesellschaft nötigen Franken zu den besten Bedingungen des Marktes aufzukaufen und möglichst wenig den Frankenkurs nach oben zu beeinflussen. Man wollte die Wechselkurse drücken und die Spekulation paralysieren.

Die Verteilungsquote der anzukaufenden Franken wurde folgendermaßen festgesetzt. Es sollten kommen auf:

die Bank von Spanien	12 %
die Nordbahn	43 %
die Madrid-Zaragoza-Alicantebahn	37 %
die Andalusischen Eisenbahnen	8 %.

Die Syndikatsvertretung bestimmte jede Woche einen Preis, über welchen hinaus die Bank von Spanien, welche mit dem Frankenankauf betraut war, Franken nicht kaufen sollte;

---

[1]) Edmond Théry, Le problème du change en Espagne, Paris 1901, Seite 46.

[2]) Die aus den Zins- und Amortisationszahlungen in Goldgeld resultierenden Agioverluste betrugen bei der Nordbahn

im Jahre 1900	11,89	Millionen Pesetas,
„ „ 1901	15,—	„ „ .

Die Madrid-Zaragoza-Alicante-Bahn hatte in den 10 Jahren 1899—1908 einen Agioverlust von insgesamt 88,34 Millionen Pesetas.

die angeschafften Frankenwechsel wurden dann wöchentlich pro rata der Bedürfnisse zwischen den einzelnen Mitgliedern verteilt.

Es war dies also eine ohne Beteiligung der Regierung geschlossene, aber unter staatlichem Schutz stehende Verbindung von Gesellschaften, welche in den Handel der auswärtigen Valuta eingreifen und nach den Absichten der Regierung die Übermacht über die übrigen Devisenhändler erlangen sollte. Als Mittel zu diesem Kampf gegen die Verkäufer von Frankenwechseln ließ sich das Syndikat bei dem Crédit Lyonnais und der Banque de Paris et des Pays-Bas einen Kredit von 50 Millionen Franken gegen eine 4%ige Verzinsung einräumen.

Dieser Kredit wurde aber erst zu spät benutzt; erst als sich der Frankenkurs von Anfang des Jahres bis zum August 1903 um 4% auf 137,25% gehoben hatte, entschloß sich das Syndikat den ausländischen Kredit in Anspruch zu nehmen, nachdem es vorher auf die verschiedenste Weise Franken billig zu kaufen gesucht hatte. Aber sowohl durch den alleinigen Ankauf in den Provinzen des Landes, wie durch Ankauf nur in Madrid, wie durch gemischtes System wurde keine Verbesserung der Valuta herbeigeführt.

Zwei Umstände mußten von vornherein die Wirkungslosigkeit dieses Syndikats klar machen: Die Aktionsmittel von 50 Millionen Franken, welche ihm als Reserve zur Verfügung standen, waren viel zu klein, um eine mächtige Spekulation auszuschalten[1]). Der Gesamtgruppe von Spekulanten standen dagegen beträchtliche Kredite für Devisenankauf bei den spanischen Banken offen.

Dann aber mußte das Syndikat, welches nur Franken kaufte, nicht aber verkaufte, von Anfang an keinen Erfolg haben, denn es zeigte durch den von ihm angegebenen Kaufpreis den Frankenverkäufern nur die unterste Grenze an, welche sie für ihre Devisen erhalten konnten.

---

[1]) Das Frankensyndikat hatte sich wohl die Verfügung über Franken verschafft, hatte aber kein Mittel, sie sich zu erhalten. Soviel es von kreditierten Franken benutzte, mußte es früher oder später wieder einlösen.

Ein Grund für den Mißerfolg des Syndikats soll auch die zwiespältige Haltung der Bank von Spanien gewesen sein, die sich durch den Ankauf von Franken in ihrer auf Gewinn gerichteten Frankenspekulation gestört sah. Ferner wurde infolge der Konzentration der Nachfrage nach Auslandswechseln der Kurs eher ungünstig als günstig beeinflußt.

Da sich der Erfolg des Syndikats in bezug auf Valutaverbesserung gleich Null zeigte, wurde es nach Ablauf eines Jahres nicht erneuert und stellte am 15. Januar 1904 seine Operationen ganz ein.

Der Totalbetrag der vom Syndikat in der Zeit seiner ephemeren Existenz gemachten Ankäufe an Goldwechseln betrug unter Berücksichtigung des Agios 112 Millionen Pesetas; dabei war der mittlere Ankaufspreis der Franken, der sich auf 135,14 % stellte, nicht niedriger als in den früheren Jahren[1]).

In der Einrichtung des Frankensyndikats stellte sich nur die Augenblickspolitik dar, welche man seit dem Jahre 1899 in Währungsfragen befolgte. Die Haussespekulation in Franken ließ sich solange nicht ausschalten, als sie nicht die sichere Hand der Regierung fühlte, die stetig den Kurs überwacht und reguliert hätte. Ungünstige Momente, welche im Jahre 1903 in schlechter Ernte und in politischen Unruhen in den nördlichen Provinzen hinzukamen, ließen sich infolgedessen nicht überwinden.

Trotz aller Mißerfolge hatte jedoch die Regierung den ernsthaften Willen, den Paristand der Peseta mit dem Franken wiederherzustellen und glaubte dies nur durch Einführung der Goldwährung erreichen zu können. Den ungünstigen Kursstand der Peseta leitete sie nicht aus den pantopolischen Verhältnissen, sondern aus den notalen Zahlungsmitteln des Landes ab. Der Hauptvertreter der Goldmetallisten war der bisher wohl be-

[1]) Insgesamt wurden vom Frankensyndikat gekauft:
57 Millionen Frcs. zum mittleren Kurse von 135,14 %,
1 Million Pfund Sterling zum mittleren Kurse von 33,88 Pesetas für 1 Lstrl.
Die Gesamtsumme, umgerechnet in Franken, betrug 82 783 907 Frcs., wofür das Syndikat 112 195 965 Pesetas bezahlt hatte (El Economista, 1904).

deutendste Finanzmann Spaniens, der Ministerpräsident Villaverde, der jedoch in Währungsfragen durchaus auf dem Standpunkt der klassischen Nationalökonomie stand.

Im August des Jahres 1903 brachte er ein umfangreiches Projekt vor die Kammern, in welchem er die Notwendigkeit und die Mittel zur Heilung der Valuta klarlegte. In einer von ihm selbst unter dem Titel

„Gesetzesvorschlag zur Regulierung und Verbesserung der auswärtigen Wechselkurse sowie zur Anbahnung der Wiederherstellung des Goldumlaufs und der Prägung von Goldmünzen“

verfaßten Denkschrift legte er den Cortes die Motive für eine notwendige Währungsänderung und die Mittel zur Beseitigung des Agios folgendermaßen dar:

„Für die Wahl der Währung sei der Auslandshandel, der sich größtenteils in Devisen vollziehe, maßgebend; der Devisenhandel bestehe aber darin, daß man das Geld des Auslandes mit einheimischem Gelde kaufe. Wenn aber der Auslandspreis in Gold zu entrichten sei und man ihn nur, wie es in Spanien geschähe, in Silber zahlen könne, so müsse notwendigerweise das Silber oder die in Silber einlösbare Banknote ein Disagio gegenüber Goldvaluten haben. Da sich dies in Spanien in Krisen äußere, so könne man nicht die Ungunst der Zahlungsbilanz oder übermäßige Schulden ans Ausland als Grund dafür hinstellen, sondern es sei aus den Fehlern des monetären Umlaufs zu erklären, aus jeglichem Mangel Spaniens an gutem, barem Gelde, das im Auslande als vollgültig angenommen werde und durch seinen Metallwert garantiert sei. Da der effektive oder innere Wert des Geldes ein wesentliches Element seiner Schätzung im Auslande bilde, so müsse man in Spanien Gold in Zirkulation setzen.“

Ihm erschien wie allen Metallisten der spanisch-französische Wechselkurs nur als Austausch von Gold gegen Silberpeseten, einer Goldquantität von hohem und einer Silberquantität von geringerem Werte. Wie aber z. B. in Niederländisch-Indien das einzig dort zirkulierende Silbergeld einen Paristand gegenüber Goldvaluten haben konnte, wie in andern Ländern die uneinlösbaren Banknoten ihren Kurs gegenüber dem valutarischen Gelde von Goldländern vollständig behaupten konnten und wie Geld ohne materielle Substanz sich derselben internationalen Schätzung erfreuen konnte wie Goldgeld[1]), das konnten die Goldmetallisten nicht erklären.

Das von Villaverde vor die Kammern gebrachte Projekt hatte folgenden wesentlichen Inhalt: „Im Rahmen des Münzgesetzes von 1868, modifiziert durch das Gesetz über die Aufhebung der Silberprägung, soll die Währung auf die Basis des Goldgeldes wieder gebracht und die Goldprägung auch durch Private aufgenommen werden. Die Regierung hat ein Datum zu bestimmen, von welchem an die Goldpeseta Rechnungseinheit und Währungsgeld (patron monetario) sein und als einzig frei ausprägbares Kurantgeld kursieren soll. Bis zu dem Termin, von welchem an Silberduros nur in beschränkter Anzahl in Zahlung zu nehmen sind, behalten diese ihre volle gesetzliche Zahlkraft."

Man wollte also auf obligatorische Barzahlungen lossteuern, und das valutarische Geld sollte Barverfassung mit dem allein frei ausprägbaren Metall Gold haben.

Für die Übergangszeit schlug Villaverde vor: „Um die Stabilität der Wechselkurse und eine progressive Reduktion des Frankenagios zu erreichen, wird in der Bank von Spanien ein Wechselbureau (Oficina de cambio) unter der Überwachung

---

[1]) Italiens Währung konnte den Vertretern der metallistischen Ideen das Irrtümliche ihrer Ansichten am besten beweisen. Die Valuta Italiens, Papiergeld mit Zwangskurs, stand damals ungefähr auf dem Pari mit dem Franken, während spanisches Silbergeld, welches stofflichen Wert hatte, ein so starkes negatives Agio gegenüber dem Franken aufwies. Hatten italienische Noten 1894 noch ein negatives Agio von 16 %, so war dieses durch Erschließung neuer Reichtumsquellen, durch vermehrten Export, verminderten Import wie durch Goldrimessen aus dem Auslande von Seiten italienischer Auswanderer permanent und beträchtlich gefallen. Durch verstärktes Angebot von Golddevisen waren dort die Kurse der fremden Valuten gesunken, ohne daß der Stoff noch die Quantität der italienischen Zahlungsmittel verändert worden war.

des Gouverneurs der Bank, des Generaldirektors des Schatzamtes und des Finanzministers errichtet.

Dieses hat durch die Bank und deren Filialen, aber stets für Rechnung und unter Aufsicht des Schatzamtes, zu einem von ihm erwählten, öffentlich bekannt zu machenden Preise Gold und in Gold zahlbare Werte, Schecks und Devisen, anzukaufen und zu verkaufen, sobald es die Regierung für nötig und günstig hält.

Solange das Wechselbureau besteht, kann die Bank Kaufs- oder Verkaufsoperationen in Gold oder Devisen nur mit Einverständnis der Regierung betreiben. Einlösung von Banknoten in Goldgeld findet vorläufig nicht statt, der Goldbestand der Bank soll aber später dem Verkehr dienstbar gemacht werden."

Die Goldbeschaffung für das Wechselbureau sollte nach dem Projekte durch Emission einer schwebenden Schuld bis zur Höhe von 400 Millionen Pesetas und durch Aufnahme einer Auslandsgoldanleihe von 94 Millionen Pesetas unter Garantie der Produkte der Minen von Almaden geschehen. Um Goldzahlungen aber ständig aufrecht erhalten zu können, sollte der Staat sämtliche Zölle, nicht nur einen Teil wie bisher, in Gold erheben und die Erträgnisse zur Verfügung des Wechselbureaus stellen.

Die Mittel, wie man zur Goldwährung gelangen und Gold dem Lande erhalten könnte, hatten sich in diesem Projekte schon etwas geklärt; der Ministerpräsident hatte immer die Währungsfragen anderer Länder zur Vergleichung herangezogen und die Cortes auf die Vorteile von Goldzöllen und die dadurch ermöglichten Wechselkursregulierungen hingewiesen. Ferner lag ein bemerkenswerter Vorschlag darin, daß der Staat nicht nur wie das Frankensyndikat Devisen kaufen, sondern auch an jedermann verkaufen sollte.

Das eine war nur sehr fraglich, ob man nach dem beabsichtigten Fortfall des Wechselbureaus und nach der Aufnahme der Barzahlungen, die in kurzer Zeit angestrebt wurde, auch weiter die Goldzahlungen hätte aufrecht erhalten können. Man hielt die Einführung der Goldwährung für zweckmäßig, fragte aber nicht danach, ob die pantopolischen Verhältnisse die Barzahlungen und einen Paristand überhaupt gestatteten. Die Verhältnisse lagen jedoch, wie das Frankenagio von ca. 35% bewies, so, daß auch bei bestehender Barverfassung ein Pari nicht aufrecht erhalten werden konnte.

Es war wohl vorauszusehen, daß bei schneller Senkung des Frankenkurses zum Paristande und Ausstattung des innern Umlaufs mit Goldgeld Gold schnell das Land verlassen würde und daß aus solcher Valutaregulierung nur ein furchtbares Opfer für den Staat entspringen würde. Eine Beseitigung des Agios und eine dauernde Festhaltung des Franken auf dem Paristande mit der Peseta war wohl nur durch mühsame Aufbesserung der pantopolischen Momente und durch exodromische Eingriffe möglich.

Der zweite Teil des Projektes Villaverdes beabsichtigte die Rückzahlungen der Kolonialschulden des Staates an die Bank im Betrage von 700 Millionen innerhalb einer kürzeren als der gesetzlich festgelegten zehnjährigen Frist. Ihre Rückzahlung war in 4 Jahren mittels der Emission von 5% amortisabler innerer Rente im Projekt vorgesehen.

Im Einvernehmen mit der Bank sollte das Finanzministerium Mittel erwägen, um die Notenemission in gleichem Maßstabe zu reduzieren, als die Abzahlungen der Kolonialschulden durch den Staat erfolgten. Ferner wurden Abrechnungsstellen vorgeschlagen, damit eine Einziehung von Noten erfolgen könnte.

Als notwendiges Postulat für die Heilung der Valuta wurde wie bisher stets wieder die Einschränkung der Notenmenge in das Reformprojekt aufgenommen. Sie galt nun einmal allgemein als Mittel zur Beseitigung des Agios. Vorübergehend konnten vielleicht wegen der psychologischen Wirkung auf Ausländer, welche davon Verbesserung der wirtschaftlichen Lage des Landes erwarteten, ausländische Kapitalien herbeigezogen werden. Eine günstige Kapitalbewegung konnte jedoch nur so lange anhalten, als die Erwartungen von der Besserung des Pesetenkurses dauerten. Sobald man aber zur Erkenntnis kam, daß sich der Kurs infolge der Verminderung der Notenmenge nicht besserte und nun fremde Kapitalien ausblieben, war das Land allein wieder auf seinen Export angewiesen. So war auch von dem zweiten Teil dieses Gesetzesvorschlags nicht viel für eine dauernde Besserung der Valuta zu erhoffen.

Günstigere Wirkungen waren wohl von denjenigen Vorschlägen Villaverdes zu erwarten, die auf eine Hebung der handelspolitischen Stellung des Landes hinausliefen. Die Regierung sollte nach seinem Projekt auch neue Handelsverträge und kommerzielle Regelungen mit dem Auslande bei den Cortes beantragen, um die Handelsbeziehungen Spaniens auszudehnen und die Produktion und den Export des Landes zu entfalten.

Mit Recht war wohl ein Agiofall aus der Hebung der Handelsbeziehungen zum Auslande zu erwarten. Aber vorteilhafter für die gesamte Volkswirtschaft war wohl mehr eine Stabilisierung des Kurses als eine schnelle, schrittweise Reduzierung des Agios.

Wie aus dem Reformprojekt hervorging, hoffte man nach Abzahlung der Kolonialschulden in 4 Jahren zur Goldwährung zu gelangen bei einem damaligen Agio von ca. 35 %. Eine Stabilisierung des Wechselkurses stand jedoch mit einem so schnellen Senken nicht recht in Einklang.

Welch kapitale Bedeutung für das ganze Leben der Nation aber die Währungsfrage hatte, zeigte sich in der noch nie in Spanien vorgekommenen Erscheinung, daß ein Ministerpräsident unter eigenem Namen, nicht ressortmäßig das Finanzministerium, Währungsprojekte vor die Cortes brachte.

Villaverdes Entwurf fand im Auslande allgemeine Anerkennung, da man in ihm einen ersten energischen Versuch in Spanien, zu einer Heilung der Valuta und zur spätern Goldwährung zu kommen, sah. Man kam zur Erkenntnis, daß man in Spanien den Wechselkurs nicht mehr anarchisch, wie es seit 20 Jahren stets der Fall war, sich bilden lassen wolle.

Infolge der dadurch hervorgerufenen günstigeren Stimmung für spanisches Geld sank das Frankenagio vom Tage des Bekanntwerdens der Projekte in zwei Monaten über 4 %.

Jedoch besserte sich der intervalutarische Kurs nur vorübergehend; die auf die Spekulation wirkenden psychologischen Momente schlugen in das Gegenteil um, als sich im Parlamente eine heftige Opposition gegen die neue Währungsregulierung zeigte.

Die in den Kammern stark vertretenen Großgrundbesitzer und Exporteure von Früchten, Konserven und Mineralien feindeten Villaverdes Projekt heftig an, so daß er sich selbst zur Zurückziehung desselben und zur Demissionierung genötigt sah. Die Exporteure wollten den im hohen Agio liegenden Schutz nicht entbehren und meinten, die Steuerzahler müßten das Gold aufbringen, welches der Staat zur Senkung der Devisenkurse verschwenden wolle. Sie drangen, einseitig ihre Interessen vertretend, mit ihren Protesten gegen die Währungssanierung durch.

Nach der Demissionierung Villaverdes im Dezember des Jahres 1903 trat ein völliger Umschwung in den Ansichten der Regierungskreise über Währungsfragen ein. Hatte Villaverde aus dem Umlaufe der notalen Zahlungsmittel, aus monetären Gründen, den Tiefstand des spanischen Geldes abgeleitet, so war das neue Kabinet mit Maura als Ministerpräsidenten und Osma als Finanzminister der Ansicht, daß das Agio nur aus wirtschaftlichen und finanziellen Ursachen sich ergäbe. Der Ministerpräsident erklärte kategorisch, man solle sich nicht in neue monetäre Abenteuer einlassen und eine schnelle Senkung des Agios, da viele Interessen dadurch geschädigt würden, durch Regierungsmaßnahmen vermeiden. Das bedeutete eine vollständige capitis diminutio der Währungspolitik der klassischen Elemente, welche sein Vorgänger Villaverde repräsentiert hatte. Maura suchte durch Gesetze den allgemeinen Wohlstand zu heben, den Export durch Steuererleichterungen und Einführung niederer Tarife für Transporte und durch Anknüpfung neuer Handelsbeziehungen mit dem Auslande zu beleben.

Seine Ansichten über die Entstehung des Agios entsprachen wohl eher den tatsächlichen Verhältnissen als die von den Metallisten angeführten Gründe. Er erklärte den ungünstigen Wechselkurs historisch aus den pantopolischen Momenten und weder aus dem gefallenen Silberpreise noch aus der zu hohen Notenzirkulation. Das Frankenagio, so behauptete jetzt die Regierung, hänge von der schlechten Situation des Landes ab, von der zu geringen Produktion und von der großen Verschuldung ans Ausland, und die durch eine fehlerhafte Ökonomie und eine frühere beklagenswerte Finanzgebahrung hervorgerufenen Mißstände könnten nicht plötzlich durch einen Akt der Staatsgewalt oder in kurzer Zeit gelöst werden. Es sei das Agio nicht allein durch Geldpolitik zu beseitigen, denn wenn auch die Bank die Barzahlungen aufnähme, so würde das Goldgeld nur aus dem Lande ziehen, um den Passivsaldo der Zahlungsbilanz zu begleichen.

Man erkannte wohl jetzt, daß die Barverfassung sich nicht aufrecht erhalten lasse, da es die Gesamtheit der wirtschaftlichen Verhältnisse noch nicht gestattete, und übereilte Aufnahme der Barzahlungen wurde als großer Fehler betrachtet.

Wenn man nun auch in den Ursachen des Agios etwas klarer sah, so war doch wohl eine vollständige Aufgabe aktiver Währungspolitik damit nicht gerechtfertigt. Die Regierung zeigte sich jetzt vollkommen indifferent der Valuta gegenüber. Wohl war eine Einführung der Barzahlungen damals weder möglich noch notwendig, was aber dem ganzen Lande durchaus Not tat, das war eine Stabilisierung der Kurse. Und diese ließ sich ohne bedeutende Opfer erreichen und mußte, mit Kunst und Geschicklichkeit durchgeführt, die besten Resultate zeitigen.

Mit kleinen Mitteln suchte zwar der Finanzminister den Wechselkurs zu beeinflussen. Das Schatzamt versteigerte aus seinen Überschüssen aus Zöllen Goldgeld à 25 und 20 Pesetas zu Kursen, die unter den Tageskursen für Franken lagen.[1]) Diese tropfenweise, nicht dauernde Abgabe von Gold hatte aber nur die Wirkung, daß die Kurse am Tage der Subhastation fielen, um sich am nächsten Tage wieder zu erheben. Die Agioteure kauften dies Gold auf, um es mit Vorteil wieder zu verkaufen.

Der Staat, welcher aber nur 10—12 Millionen Gold-Pesetas zur ständigen Verfügung hatte, um sie auf dem Markte zu ver-

[1]) Der Finanzminister Osma setzte einen Minimalpreis für die Goldverkäufe fest, damit der Staat daran nicht verliere. Der Staat war also damals nicht bereit, Opfer für die Kursregulierung zu bringen.

kaufen, gab schließlich angesichts des sich stets wieder hebenden Agios jede Beeinflussung der ausländischen Kurse auf. Die ewige Komödie wurde fortgesetzt, eine aktive Währungspolitik nicht betrieben und die Reformprojekte, durch welche man die Goldwährung einführen wollte, kamen in Vergessenheit. Das Schatzamt sah sich in seinen Versuchen, den Frankenkurs zu drücken, überwältigt, weil der Kurs nicht fiel, und der Kurs fiel nicht, weil weder Schatzamt noch Zentralbank tatkräftige Schritte dazu taten.

Nach jahrelangen Versuchen, die Währung zu bessern, hatte das Agio im Jahre 1904 eine durchschnittliche Höhe von 37,75 %, der intervalutarische Kurs stand also ungünstiger als vor den Einleitungen aller Währungsreformen. Man erklärte den Mißerfolg daraus, daß die Bank ihre Notenemission nicht eingeschränkt hatte, daß Silbergeld nicht dechartalisiert worden war und daß die Banknote noch immer zum größten Teil durch Kolonialanweisungen gedeckt war.[1])

Pantopolisch konnte das hohe Frankenagio aber nur erklärt werden aus schlechter Getreideernte und geringem Früchteexport, aus starker Einfuhr von Maschinen und Fabrikaten und aus dem Fehlen einer kursregulierenden Behörde. Es fehlte die Intervention des Staates, welcher die Spekulation ausschaltete und die Mißbräuche im Geldhandel eindämmte. Denn wie auch objektiv urteilende finanzielle Kreise damals versicherten, wurde der Frankenkurs durch spekulierende Banken und Exporteure um 15—20 % zu hoch gehalten.

§ 14.

DIE REGULIERUNGEN DES INTERVALUTARISCHEN KURSES DURCH DEN STAAT.

Seit dem zweiten Semester des Jahres 1905 begannen sich die wirtschaftlichen und finanziellen Verhältnisse Spaniens

[1]) Es befanden sich im Juli 1904 noch 700 Millionen Pesetas Pagarés de Ultramar in der Bank (Kolonialanweisungen), die gleich den Handelswechseln als Notendeckung galten.

bedeutend zu bessern. Die Industrialisierung des Landes hatte Fortschritte gemacht, die Nachfrage nach Maschinen, namentlich für die Zuckerindustrie, im Auslande und der Dampfschiffankauf, wodurch in den Jahren vorher viele Millionen ins Ausland gezogen waren, ließen sehr nach.

Ferner setzte jetzt eine dauernde günstige Kapitalienströmung aus dem Auslande nach Spanien ein. Aus dem spanischen Amerika, besonders aus Cuba, kamen in einem Jahre nach den Schätzungen spanischer Finanzleute 400—500 Millionen Franken zurück,[1]) die bisher dort von Spaniern in Staatswerten und privaten Unternehmungen angelegt waren. Eine einzige bedeutende Bank in Madrid erhielt auf diese Weise 100 Millionen Franken im Jahre 1905.

Dann brachten die aus Frankreich vertriebenen Orden, welche nach Spanien übersiedelten, viele französische Zahlungsmittel ins Land. Hierzu kam, daß sich das Ausland wegen der ungünstigen politischen Verhältnisse in Rußland russischer Werte entledigte und die frei werdenden Kapitalien vielfach in industriellen Unternehmungen Spaniens anlegte. Namentlich der spanischen Erzminen-Industrie wurden französische und englische Kapitalien zugeführt, da sich die Preise für Erze sehr gehoben hatten.

So traten große Änderungen im Vorrat und Bedarf französischer Devisen in Spanien ein, da sich die zwischen Spanien und Frankreich zu leistenden Zahlungen dauernd änderten, und das Agio fiel permanent.[2])

---

[1]) Siehe u. a. Villar Grangel, El problema de los cambios, Madrid 1906, S. 36 und Francisco Gil y Pablos, Estudios sobre la moneda y los cambios, Madrid 1906, S. 346.

[2]) Grangel führt unter den Gründen, welche auf eine höhere Bewertung der Peseta im Auslande und auf das große Angebot der Frankenwechsel in Spanien im Jahre 1906 Einfluß hatten, auch die psychologischen Momente an: der Eingriff Spaniens in die europäische Politik, das finanzielle Protektorat Englands, die Konferenz zu Algeciras, den spanischen Einfluß auf das marokkanische Bankwesen.

Die psychologischen Faktoren und die Wahrnehmung einer ständig steigenden Tendenz der Peseta sollen Anfang 1906 auch zu einer doppelt

Je mehr aber die Fülle der Frankenwechsel stieg und die kurssenkenden Ursachen sich fühlbar machten, um so größer wurde das Vertrauen des Auslandes auf die Steigerung der Peseta und die Furcht der spanischen Spekulanten vor einem weiteren Frankensturz.

Diese Umstände benutzte nun der damalige Finanzminister Salvador, um eine aktive Währungspolitik zu beginnen. Das neue Ministerium hatte die Absicht, zunächst einen Fall der Frankenkurse zu forcieren und dann, wenn es die wirtschaftlichen Verhältnisse gestatteten, die Kurse langsam zu konsolidieren und zu stabilisieren.

Man war zur Einsicht gekommen, daß zur Aufschließung des kapitalarmen Landes noch viel reichlichere Zufuhr von ausländischem Kapital nötig sei, daß man aber auf dieses nicht rechnen könne, wenn die Erträge der Unternehmungen in einem Zahlungsmittel aufgebracht würden, das gegenüber den auswärtigen Valuten so stark entwertet war. Wenn die Regierung jetzt auf eine Besserung der Valuta hindrängte, so geschah es auch, weil sie die Notierung der 4% inneren Rente in Paris veranlassen wollte und eine Verbesserung des Staatskredites und günstigere Kurse spanischer Anleihen dadurch erwartete.

Seit dem 15. März 1906 begann deshalb das Schatzamt infolge ministerieller Verfügung vom 9. März die dem Staate zur Verfügung stehenden Devisen dazu zu verwenden, um täglich auf der Börse die Wechselkurse zu beeinflussen und das Agio nach unten zu drücken.

Um dem Staate ständig die Mittel hierzu zu verschaffen, hatte die Regierung unter dem 23. Februar den Cortes einen Gesetzentwurf vorgelegt, nach welchem s ä m t l i c h e Einfuhr-

---

günstigen Kapitalienbewegung für Spanien geführt haben. Die Franzosen legten, um aus der Besserung der Peseta Nutzen zu ziehen, große Summen in spanischen Papieren an und kauften namentlich in Barcelona Eisenbahnaktien und Obligationen. Aus demselben Grunde zog ein großer Teil spanischer Kapitalisten, welche ihre Gelder in französischen und englischen Banken angelegt hatten, Kapitalien aus dem Ausland zurück.

und Ausfuhrzölle in Gold erhoben werden sollten. Dieses Projekt wurde von den Kammern genehmigt und als Gesetz vom 20. März 1906 veröffentlicht. Rußlands, Österreichs und Italiens Beispiele, alle Zölle in Gold zu erheben und mit den durch die Zolleinnahmen gewonnenen Mitteln die Wechselkurse zu regulieren, hatten der spanischen Regierung die Wege gezeigt, wie man zu einer Heilung der Valuta kommen könne.

Das Gesetz ordnete an, daß vom 1. Juli 1906 alle Zollzahlungen mit den bisher zugelassenen Geldarten und Devisen[1]) in Gold oder Goldwerten zu zahlen seien und ließ hinfort auch Noten der Bank von England als Zahlungsmittel für Zollzahlungen zu.

Die Zahlungen in effektivem Golde wurden dadurch geringer, man dehnte den Kreis von Goldersatzmitteln immer weiter aus.

Die Erhebung sämtlicher Zölle in Gold[2]) hatte die größten Vorteile für die Valuta. Denn erstens wurde durch die im Goldaufschlag liegende materielle Erhöhung der Zölle der Import von Waren erschwert und dadurch die Zahlungsbilanz erheblich entlastet. Dann aber brachten die Goldzölle dem Staate jetzt die Summen, um eine wirksame Beeinflussung der Wechselkurse vornehmen zu können. Die Goldeinnahmen, welche in den Jahren 1902—1905 nur gereicht hatten, um die staatlichen Goldausgaben von ca. 60 Millionen Franken zu decken, gingen seit 1906 bedeutend über die notwendigen Bedürfnisse des Staates hinaus.

---

[1]) Siehe § 13, Seite 246.

[2]) Der für die Zollerhebung geltende Frankenkurs wird zur Zeit monatlich durch königliche Dekrete festgesetzt und ist stets der Durchschnittskurs der offiziellen Frankennotierung an der Madrider Börse des Vormonats. Die Reduktion der Zolltarife bei höherem Agio als 10% ist durch königl. Dekret vom 23. März 1906 aufgehoben. Die Zollsätze bleiben sich seitdem gleich, ganz gleichgültig, wie hoch das Agio notiert. Bei allen Zollzahlungen werden die Goldpeseten in valutarisches Geld, d. h. in Silberpeseten, umgerechnet und der errechnete Betrag ist in Goldwerten zu entrichten.

In folgender Weise steigerten sich die Goldeinkünfte[1]) des Staates aus den Zollerhebungen:

	Millionen Franken oder Goldpesetas:
1902	39,2
1903	49,2
1904	52,6
1905	78,6
1906	173,4
1907	138,4
1908	137,3
1909	156,75
1910	168,75

Da der Staat seit dem Jahre 1906 stets größere Goldbestände besaß, nahm nun das Wechselbureau, welches Villaverde 1903 vorgeschlagen, de facto, wenn auch nicht de jure seine Funktionen auf. Ohne gesetzlich ausgesprochene Autorisation wirkte seit 1906 das Schatzamt täglich durch Abgabe von Frankenwechseln auf die Kurse ein. Denn die Bank von Spanien verkaufte infolge Delegation des Finanzministeriums auf der Börse die dem Staate in der Bank zur Verfügung stehenden Franken in den vom Finanzministerium angegebenen Beträgen und zu den vom Schatzamt erwählten Kursen.[2]) Aus dem früheren größten Käufer von Auslandsdevisen war jetzt im Staate der größte Verkäufer entstanden.

Die Nachfrage nach ausländischen Wechseln war zwar seit 1906 durch den erweiterten Bedarf der Importeure erhöht worden, aber die jetzt in einer starken Hand vereinigten Goldwerte konnten sowohl durch die ermöglichte Intensität wie durch die

[1]) Die Zahlen für 1902—1905 sind der Zeitschrift „El Economista", Jahrg. 1906, für 1906—1908 dem Deutschen Handelsarchiv, Jahrg. 1909, für 1909—1910 der Frankfurter Zeitung Nr. 234 vom 24. Aug. 1911 entnommen.

[2]) Diese Devisenabgabe erfolgte in der Form, daß die Bank von Spanien bis zu einem täglich vom Schatzamt festgesetzten Höchstbetrage, dessen Höhe naturgemäß nicht bekannt gegeben wurde, durch Vermittlung ihrer Börsenmakler Devisen an der Nachmittagsbörse in Madrid am offenen Markte verkaufte.

Permanenz des Verkaufes viel größere Wirkung auf eine Besserung des Pesetenkurses wie auf seine Stabilität haben als an vielen Punkten zerstreute Goldwerte.

Ein großer Goldstock des Staates — und das war die entscheidende Wirkung der Goldzölle — bildete auch eine ständige Drohung für die Haussespekulation in Franken. Denn sobald die pantopolischen Verhältnisse sich ungünstig gestalteten und der Frankenkurs Neigung zum Steigen haben sollte, mußte die Spekulation einen Eingriff des Staates befürchten.

Ein bedeutender Faktor für die Besserung der Valuta war auch die seit dem Jahre 1906 geänderte Bankpolitik. Infolge stillschweigender, nicht gesetzlich veranlaßter Vereinbarung mit dem Schatzamt beteiligte sich die Bank nicht mehr mit ihren eigenen Mittel am Devisenhandel, um privatwirtschaftliche Gewinne daraus zu ziehen, sondern sie verhielt sich passiv und kreuzte die Absichten des Staates auf Besserung und Stabilisierung der Wechselkurse nicht mehr. Damit war endlich in Spanien eine einheitliche lytrische Politik geschaffen worden, die bis heute der Staat, nicht die Zentralbank, in die Hand genommen hat.

Infolgedessen war es dem Finanzministerium seit 1906 gelungen, auch die übrigen Spekulanten, welche ja bisher an der Bank von Spanien ihre größte Stütze hatten, durch starken Verkauf von Devisen zu bezwingen. Der Frankenkurs, welcher im Jahre 1906 mit 26 % Agio eingesetzt hatte, schloß infolge der sich ständig bessernden Verhältnisse und des bewußten Eingreifens des Staates in den Devisenhandel mit 8,65 % Agio am 31. Dezember 1906.

Wohl waren im Jahre 1906 seine Schwankungen größer als in den früheren Jahren, jedoch es kam dem Staat zunächst darauf an, um seine Goldschulden ans Ausland leichter zahlen zu können, eine tiefere Basis des Agios zu erreichen und dann den Kurs auf Grund der gegebenen wirtschaftlichen und nicht durch die Spekulation bedingten Verhältnisse festzuhalten; Salvador wollte das Agio beim Kurse von 9—10 % stabilisieren.

Die Einführung der 4 % inneren Rente in Paris und

ein dadurch hervorgerufener Kapitalienzustrom aus Frankreich, eine sehr günstige Ernte und der Geldzufluß durch die Fremden, welche anläßlich der königlichen Hochzeit Spanien besuchten, waren an und für sich schon weitere Momente, welche im Jahre 1906 günstig auf den Kursstand des spanischen Geldes wirkten.

So waren die vorteilhafteren wirtschaftlichen und finanziellen Verhältnisse wie ein tatkräftiges Eingreifen des Staates in den Handel der Devisen einer ständigen Senkung des Agios im Jahre 1906 förderlich.

Von metallistischer Seite wurde die Besserung des Pesetenkurses mit einer steigenden Goldproduktion und mit einer Preissteigerung des Silbers begründet. Man behauptete, das Silber habe sich von seinem tiefsten Preise von 21 Pence pro Unze Standard auf 31 Pence im Jahre 1906 gehoben und so sei spanisches Silbergeld seitdem um 50 % im Werte gestiegen. Nach unserer Auffassung hatte aber der Wechselkurs, der sich pantopolisch erklärt, auch nicht das Geringste mit dem Silberpreise zu tun.

Unerwartet kam auch denjenigen die Besserung der Währungsverhältnisse, welche in dem großen Notenumlauf den Grund für den Tiefstand der Valuta erblickt hatten. Die Bank hatte, ihr Interesse wahrend, die durch Rückzahlungen des Staates von Kolonialschulden frei werdenden Banknoten stets wieder ausgegeben oder höchstens um ein Geringes vermindert.

Diese Minderung hatte sie teilweise schon in den Jahren 1902 und 1903 auf Grund des Drängens der Regierung, welche vom Einzug der Noten Heilung der Währung erwartete, vorgenommen und hatte kurze Zeit 25 %—50 % aller Zahlungen in Silbergeld geleistet, es zeigte sich aber stets ein heftiger Widerstand des Publikums dagegen. Denn die Noten besaßen nach dem Krisenjahr 1898 durchaus wieder das Vertrauen des Verkehrs und versahen ihren Dienst besser als Metallgeld.

Da aber bei der größeren Regsamkeit des Handels und der Industrie ein zunehmender Bedarf an Umlaufsmitteln, besonders seit dem Jahre 1906, bestand und der Verkehr keinen erheblichen Teil der Notenmenge entbehren konnte, dehnte die Bank die Notenzirkulation von 1524 Millionen Pesetas auf 1715 Millionen Pesetas vom Schluß des Jahres 1906 bis zum Schluß des Jahres 1910 aus.

Wenn man nun häufig von einer übermäßigen Notenzirkulation in Spanien noch heute spricht und die Verhältnisse anderer Länder zur Vergleichung heranzieht, so muß demgegenüber wohl gesagt werden, daß die Verhältnisse Spaniens sich nicht ganz mit denen anderer Länder vergleichen lassen. Denn der Scheckverkehr ist in Spanien nicht generalisiert, Clearinghäuser bestehen noch nicht,[1]) und der Giroverkehr ist nicht stark ausgebildet. Der Handel ist dem Giroverkehr wegen der hohen Kosten von 1 °/oo, welche selbst die Inhaber der zinslosen Kontokurrente bei der Bank von Spanien zu zahlen haben, noch sehr abgeneigt.

Der Anweisungsverkehr durch Giro mutuo, welcher den nicht bestehenden Postanweisungsverkehr zwischen etwa 600 Orten Spaniens ersetzt und in welchem Beträge bis 750 Pesetas innerhalb Spaniens überwiesen werden, ist gleichfalls mit einem Kostensatz von 2 °/o sehr teuer.

Infolgedessen bildet die Banknote in Spanien das beliebteste und verbreitetste Zahlungsmittel.

Wie aber das Publikum Banknoten in den letzten Jahren dem Silbergeld vorzieht und sich allmählich von den metallistischen Vorurteilen losmacht, beweisen auch die Rückflüsse des Silbergeldes in die Bank von Spanien, die sich nach Beendigung des amerikanischen Krieges von Jahr zu Jahr steigerten.

Befanden sich während der schlimmsten Kriegszeit im Mai 1898 nur 115 Millionen Pesetas an Silbergeld in der Bank, so stiegen die Silberbestände infolge des Rückstroms aus Cuba und aus den Philippinen am 31. Dezember 1901 auf 429 Millionen Pesetas, und am 31. Dezember 1908 beliefen sie sich

---

[1]) Um die Notenzirkulation zu reduzieren, ordnete man durch Dekret vom 30. März 1905 Abrechnungsstellen in Madrid und Barcelona an, sie wurden aber nicht errichtet. Der Zahlungsverkehr zwischen den Banken wird noch immer durch Banknoten oder Silbergeld oder durch Schecks auf die Bank von Spanien reguliert.

auf 810 Millionen Pesetas.[1]) Von den ca. 1300 Millionen Pesetas geprägter Silbermünzen befinden sich zur Zeit etwa $^2/_3$ in der Bank von Spanien; ein Teil von etwa 50 Millionen spanischer Silbermünzen kursiert ferner noch in Marokko, woselbst laut Friedensvertrag Frankreichs, Spaniens und Marokkos vom Oktober 1904 spanisches Geld weiter gesetzlichen Kurs hat, also einseitig synchartal behandelt wird.[2])

Im Publikum zirkuliert in Spanien infolgedessen nur das Silbergeld, welches nötig ist, um Beträge unter 25 Pesetas (die kleinste Banknote beträgt 25 Pesetas) zu tauschen.

Man dechartalisierte aber bisher weder Silbergeld noch zog man Banknoten ein, und trotzdem hielt sich der Pesetenkurs seit 1906 auf einem ca. 20 % günstigern Niveau als in

[1]) Die Silbergeldbestände in der Bank von Spanien stiegen im Jahre 1908 auch wegen der Beunruhigung des Verkehrs durch die über die „Sevillanos" getroffenen Verfügungen. cf. S. 244 und S. 245.

[2]) Auch in der Algeciras-Akte vom Jahre 1906 wird der fernere gesetzliche Umlauf spanischen Geldes in Marokko in Artikel 37 mit den Worten bestätigt: „La monnaie espagnole continuera à être admise à la circulation avec force libératoire." — Neben dem spanischen Silbergelde zirkuliert in Marokko einheimisches Silbergeld „Hassani" genannt. Der Vorgänger von Muley Abd-el-Aziz ließ Silbergeld prägen 29,120 gr schwer und $^{900}/_{1000}$ fein, sodaß die Münzparität bestand $116^1/_2$ spanische Pesos (5 Pesetastücke) = 100 marokkanische Pesos.

In Praxi hatte aber die marokkanische Regierung die Schwäche, an den öffentlichen Kassen beide Pesos mit gleicher Geltung anzunehmen. Später wurden in Marokko, namentlich unter Abd-el-Aziz, Pesos maroccanos zu 25 gr Gewicht, also gleich den spanischen 5-Pesetastücken, geprägt, doch der alte und neue marokkanische Peso erhielt dem spanischen Silbergelde gegenüber ein negatives Agio, das 1905 ca. 20 %, 1906 ca. 38 bis 40 % betrug, so daß bei einem Frankenagio in Spanien von 31 resp. 13 % (Durchschnittsagio 1905 resp. 1906)

1905 . . . 151 Hassanis = 100 Franken

1906 . 151—153 „ = 100 „ waren.

Der Zahlungsverkehr mit dem Auslande außer mit Spanien vollzieht sich aber in Marokko besonders in der neusten Zeit fast vollständig durch französische Devisen.

Der Kurs des marokkanischen Peso gegenüber der Peseta beweist ebenso wie der Pesetenkurs gegenüber dem Franken, daß im internationalen Verkehr eine platische Beurteilung der beiden Silbermünzen, Peseten und marokkanischer Pesos, nicht in Betracht kam.

den Jahren 1899 bis 1905. Von dem Ideal der Goldmetallisten hatte man sich sehr weit entfernt, die Notalisierung des Geldumlaufs hatte weitere Fortschritte gemacht, und Gold war und ist noch immer in den Kassen der Bank eingesperrt.

Viel mehr wirkten auf einen günstigeren Kursstand der Peseta die Goldzölle und die dadurch ermöglichte Devisenpolitik des Staates als alle früheren Maßnahmen mit der Tendenz, den Notenumlauf zu reduzieren oder durch Golddeckung zu garantieren und die Barzahlungen herbeizuführen.

Die seit 1906 betriebene Kursregulierung, welche für Spanien ganz neu war, hatte, wie die Folgezeit zeigte, die Währungsfrage am besten gelöst. Da man wirtschaftlich und finanziell noch nicht stark genug war, um einen Paristand mit dem Franken erreichen und die Goldwährung aufrecht erhalten zu können, mußte man sich mit dem begnügen, was überhaupt zu erlangen war, mit einer gewissen Stabilisierung der Wechselkurse.

Aus dem großen Projekt Villaverdes vom Jahre 1903 hatte man diejenigen Vorschläge akzeptiert und in die Tat umgesetzt, die sich praktisch verwirklichen ließen und Erfolg haben mußten: Erhebung der Zölle in Gold, Verständigung des Staates mit der Bank über eine einheitliche Leitung der Währung und Devisenpolitik.

Dagegen war seit dem Jahre 1906 in folgender Frage ein Umschwung in der Währungspolitik eingetreten: In der Zeit von 1899 bis 1904 wollte die Regierung um jeden Preis ein restauratorisch beschlossenes Pari der Peseta und des Franken herbeiführen und Gold möglichst bald in Zirkulation setzen. Jetzt kam es dem Staate weniger auf eine Senkung des Frankenkurses überhaupt als vielmehr auf seine Befestigung an. Um starke Oszillationen des Kurses von Tag zu Tag zu vermeiden, verkaufte das Schatzamt mit einer gewissen Ökonomie Devisen und hielt es für zweckmäßig, nicht akzidentiell und episodisch wie etwa im Jahre 1904 Goldgeld abzugeben, sondern ständig den Frankenkurs zu beaufsichtigen, permanent Devisen zu verkaufen und den Kurs nur dann langsam zu senken, wenn es die wirtschaftlichen Verhältnisse gestatteten.

Die Erfolge dieser Währungspolitik zeigten sich bald. Ausländisches Kapital floß Spanien nach dem Aufhören der gewaltigen

Kursschwankungen reichlich zu, und die Industrialisierung des Landes schritt unter Mitwirkung französischen, britischen, belgischen und deutschen Geldes bedeutend fort.

Wiewohl die Zeiten des hohen Agios von 30—40 % vorüber waren, welche den spanischen Exporteuren große Gewinne gebracht hatten, waren die ausgeführten Waren in den Jahren nach 1906 nicht zurückgegangen, die Handelsbilanz war im Gegenteil günstiger geworden. Denn das plötzliche Sinken des Agios hatte den spanischen Ausfuhrhandel angespornt, intensiver als bisher an der Pflege des Absatzes zu arbeiten. Diese Bestrebungen waren, besonders was den Verkauf von Früchten und Edelweinen auf den europäischen Märkten und den Industrieproduktenabsatz im lateinischen Amerika anlangte, von nicht nur vorübergehendem Erfolg. Die Ziffern des spanischen Außenhandels wurden von Jahr zu Jahr besser; sie lauteten (in Millionen Pesetas):

	Einfuhr	Ausfuhr	mehr Einfuhr	mehr Ausfuhr
im Durchschnitt der fünf Jahre 1899 bis 1903:	929,9	819,9	110,—	— —
im Durchschnitt der fünf Jahre 1904 bis 1908:	991,—	920,6	70,4	— —
im Jahre 1909:	951,2	910,5	40,7	— —
im Jahre 1910:	930,4	947,6	— —	17,2

Auch der für die Zahlungsbilanz wichtige Posten Seefrachten hat sich seit dem Jahre 1906 ständig gebessert.[1])

[1]) Während im Jahre 1892 nur 16 % der Seefrachten auf inländischen Schiffen, 84 % auf ausländischen Schiffen bewerkstelligt wurden, waren in den ersten sechs Monaten des Jahres 1911

ca. 3,7 Millionen Tonnen auf inländischen Schiffen,
„ 6,5 „ „ „ ausländischen „ verfrachtet.

(Revista de economia y hacienda, Nr. 34 vom 26. 8. 1911).

Wie ich nach Abschluß meiner Arbeit aus der Frkf. Zeitg. Nr. 307 vom 5. Nov. 1911 ersah, soll allerdings die Handelsbilanz der ersten 8 Monate des Jahres 1911 ein Überwiegen der Einfuhr über die Ausfuhr um 113 Mill. Pes. verzeichnen, doch bleibt abzuwarten, ob das Endresultat für das Jahr 1911 sich nicht bedeutend besser gestaltet, da gerade die letzten Monate des Jahres Zeiten starken Früchteexportes sind. Außerdem dürfte das Jahr 1911 mit seinen revolutionären und Streik-Bewegungen, Krisengerüchten, Ausnahmezuständen und kriegerischen Operationen im Rif das spanische Wirtschaftsleben in anormaler Weise beeinflußt haben.

Die Devisenpolitik, welche die Regierung betrieb, erleichterte vielen nationalen Betrieben das Leben und förderte Handel und Verkehr, da die bisherige Unsicherheit über die Schwankungen des intervalutarischen Kurses beseitigt war und neue Auslandsgeschäfte angeknüpft wurden. Das Aufblühen des Landes, erhöhte Steuerkraft der Bewohner und vermehrte Zolleinnahmen erleichterten andererseits dem Staate die Exodromie durch Devisenpolitik. Namentlich die Eisenbahngesellschaften, welche wegen der bisherigen hohen Agioverluste nur kleine Nettoeinnahmen und eine geringe Steuerkraft hatten, brachten jetzt bei den gebesserten Währungsverhältnissen dem Staate hohe Steuern, auch konnten sie die lang hinausgeschobenen Verbesserungen und Erweiterungen der Eisenbahnen vornehmen und das Land weiter erschließen helfen.

Dann aber hatte die Devisenpolitik des Staates den Vorteil, daß die Bank von Spanien lange Jahre dem Lande die Vorzüge eines mäßigen und gleichbleibenden Diskont- und Lombardzinssatzes zukommen lassen konnte. Die Bank von Spanien konnte ihren Diskont- und Lombardzinsfuß vom September 1903 bis heute (September 1911) ständig auf 4½% halten.

Diskonterhöhungen, welche bei dem sich erst allmählich entwickelnden[1]) Diskontgeschäft der Bank wie den Kunden der Bank höchst unerwünscht waren, wurden unnötig gemacht, denn sobald sich ein zu starker Abstrom spanischen Geldes ins Ausland zeigte, trat das Schatzamt mit seinen Devisenverkäufen hervor und brachte die Wechselkurse wieder auf den von ihm gewünschten Stand, wodurch fremde Zahlungsmittel herbeigezogen und ein Abfluß spanischen Geldes verhindert wurde.

Das Agio konnte sich daher auch in den Jahren 1906 bis 1909 auf einem gewissen Beharrungsstande behaupten, was der Entwickelung des Landes durchaus förderlich war.

---

[1]) Nach Angaben der Zeitschrift „El Economista" vom Jahre 1902 war die Gewohnheit des Diskontierens in Spanien deshalb so wenig verbreitet, weil man dies als Symptom einer wenig guten wirtschaftlichen Lage ansah. Bei der Bank von Spanien sind daher auch die Lombardgeschäfte, Kredite unter Garantie und Personalkredite von größerer Bedeutung.

Die mittleren jährlichen Durchschnittskurse der Franken betrugen:

1906	100 Frcs.	= 112,886	Pesetas
1907	100 „	= 111,527	„
1908	100 „	= 113,005	„
1909	100 „	= 110,10	„

Zu einer größeren Stabilisierung des intervalutarischen Kurses trug die Regierung seit dem Jahre 1908 auch dadurch bei, daß sie innerhalb einer bestimmten Frist den importierenden Kaufleuten Goldwerte zu einem festen Kurse aushändigte.

Im März 1908 wurde die Bank von Spanien durch königliche Verordnung[1]) angewiesen, aus dem aus Zöllen stammenden Goldguthaben des Staates sowohl in der Zentrale zu Madrid wie in ihren Filialen den Kaufleuten Gold zur Verfügung zu stellen. Dies sollte in folgender Form geschehen. Die Bank hatte an die Importeure bis zum Maximum von 1000 Pesetas täglich, doch nicht öfters als 15 Mal im Laufe eines Monats, zum mittleren Pariser Vista-Kurse der dem Geschäfte vorausgehenden halbmonatlichen Periode Gold abzutreten. Dieses Gold, welches gegen Einzahlung von Silbergeld oder Noten oder auf Grund von Übertragungen vom Kontokurrent bei der Bank verkauft wurde, ließ man jedoch nicht in den freien Verkehr, sondern es blieb in den Kassen der Bank eingeschlossen. Den Importeuren wurde dagegen ein Spezialgoldkonto bei der Bank eröffnet mit der Bestimmung für Zollzahlungen, über das sie bei Bedarf in beliebigen Summen verfügen konnten; die Schecks, auf Goldgeld lautend, durch welche über die Goldkonten disponiert wurde, wurden bei Zollämtern wie andere Goldwerte in Zahlung genommen.

Hierdurch erreichte der Staat, daß die Zahl derer, welche Franken zu Zollzahlungen verlangten und selbst dann, wenn eine Erhöhung des Agios sich bemerkbar machte, mehr oder minder stark begehren mußten, gemindert wurde. Dem Frankenkurse wurde dadurch eine gewisse Festigkeit gegeben innerhalb

---

[1]) Königl. Verordnung vom 4. 3. 1908, Col. legislat. Jahrg. 1908.

des Typus, welchen der Finanzminister für einen halben Monat festgelegt hatte. Nur dann wurden Franken von den kleinen Importeuren außerhalb der Bank gekauft, wenn sie fielen und die Kaufleute dabei einen größeren Vorteil hatten.

Handelte es sich bei diesen Transaktionen mit dem Staate als Goldverkäufer auch nicht um umfangreiche Summen, so war damit eine größere Stabilisierung der Wechselkurse gegeben, ohne daß Goldgeld in den Verkehr drang.

Wohl schwebte den spanischen Währungspolitikern damals die Barverfassung des valutarischen Goldgeldes als fernes Ideal vor; da man größtenteils der Ansicht war, daß Schwankungen des intervalutarischen Kurses gegen die Goldländer sich automatisch regeln würden, wenn man zur Goldwährung überginge, strebte man noch immer an, die Goldwährung vorzubereiten. In diesem Sinne brachte das Finanzministerium im November 1908 ein neues Projekt vor die Kammern. Danach sollte die Golddeckung der Banknoten bedeutend verstärkt und Silbergeld zum Teil dechartalisiert werden, wobei man mit den Silberscheidemünzen anfangen sollte. Man sah jedoch ein, daß eine „Entmünzung" des Silberkurantgeldes bei der Menge umlaufender Silberduros und bei dem Stande der staatlichen Finanzen nicht möglich sei, und wollte deshalb den Silberduro als valutarisches Geld vorläufig beibehalten.

Das Projekt wurde jedoch in den Kammern überhaupt nicht votiert, und die Regierung scheint selbst seitdem den Grundgedanken der bisherigen Reformpläne, zur Goldwährung überzugehen, aufgegeben zu haben.

Jedenfalls kam die Regierung seitdem immer mehr zur Einsicht, daß die Exodromie durch Devisenpolitik der Kursregulierung am besten diene. In seiner Devisenpolitik ahmte zwar der Staat bisher nicht vollständig eine Konversionskasse nach, welche Auslandsdevisen zum festen Kurse oder zum Paristande lieferte, aber er suchte sie zu einem durch die wirtschaftlichen Verhältnisse und nicht durch die Spekulation bedingten Preise stets abzugeben.

Bei allen ungünstigen Situationen, politischen Bewegungen

und finanziellen Transaktionen, welche ein Steigen des Agios zur Folge hatten, wurde der Pesetenkurs kräftig vom Schatzamt gestützt. Als im Juli und August 1909 kriegerische Mißerfolge während der Marokkokampagne sich zeigten, und Aufstände in Katalonien, namentlich in Barcelona, sich bemerkbar machten, konnten diese Erscheinungen den Valutakurs nicht mit sich fortreißen, wie es in früheren Jahren, als die Regierung auf dem Geldmarkte nicht intervenierte, bei ungünstigen politischen und kriegerischen Ereignissen so häufig geschah.

Als ferner im Dezember des Jahres 1910 anläßlich der Erhöhung des Aktienkapitals der Rio de la Plata-Bank, deren Aktien an den spanischen Börsen notiert werden, eine beträchtliche Kapitalienausfuhr aus Spanien stattfand, ein starkes Angebot inländischer spanischer Werte sich zeigte und der Wechselkurs bei dieser Operation in erster Linie in Mitleidenschaft gezogen wurde, verhinderte wieder das Schatzamt durch reichlichen Verkauf französischer Wechsel einen weiteren Kapitalienabfluß und ein Anziehen des Frankenkurses. Denn bei fallendem Agio legten Spanier nicht weiter ihre Gelder in den südamerikanischen Unternehmungen, bei denen sie nach alter Tradition sich gern beteiligten, an, da sie bei einem Verkauf dieser Werte am Wechselkurse verlieren mußten.

Wie bei allen Zahlungen nach dem Auslande, die in Gold zu leisten sind, bildet auch zu Zahlungen nach Südamerika der Wechsel auf Paris das häufigste Zahlungsmittel, und in immer stärkerem Maße ist in den letzten 30—40 Jahren Paris der wichtigste Geldplatz für Spanien geworden. Fast alle ausländischen Verbindlichkeiten aus überseeischem Verkehr werden durch Wechsel auf Paris bezahlt, wie denn auch der Zahlungsverkehr nach Belgien, Holland und Deutschland teilweise über Paris geht.

So mußte denn und muß der Frankenkurs nicht nur für den Zahlungsverkehr zwischen Spanien und Frankreich, sondern auch zwischen Spanien und dem Auslande überhaupt von der kursregulierenden Behörde bewacht werden.

Freilich brachte der Staat bei der Beeinflussung der Kurse schwere Opfer; denn die Goldbestände des Schatzamtes, über welche der Staat verfügen will, bringen ihm keine Zinsen, da sie nicht auf Kontokurrent gegen Zinsen, sondern als Depositen bei der Bank von Spanien hinterlegt sind. Außerdem verlor der Staat in den letzten Jahren sehr häufig am Frankenkurse, da er die Zölle zum mittleren Kurse des Vormonats einnahm und der Kurs eine meist fallende Tendenz hatte, was jedoch den Absichten der Regierung entsprach. Der Allgemeinheit wurden aber durch die Kursbeeinflussungen des Staates die besten Dienste geleistet. Die Schwankungen der Wechselkurse, welche früher dem Lande, namentlich während des amerikanischen Krieges, die größten Verlegenheiten bereiteten, vollzogen sich seit der Intervention des Staates auf dem Geldmarkte in viel milderer Form.

Wirkten auf die absolute Höhe des Kurses schon die seit dem Jahre 1906 eingetretenen günstigen pantopolischen Momente, die dauernde wirtschaftliche, handelspolitische und finanzielle Konsolidierung des Landes, so trug zur Stabilisierung allein die Exodromie des Staates bei.

Diese Stabilisierung der Kurse erreichte aber der Staat mit verhältnismäßig geringen Mitteln. Eine offizielle Statistik über die Höhe der von der Bank von Spanien für den Staat in den letzten Jahren verkauften Golddevisen besteht meines Wissens nicht. Doch dürfte ihre Höhe aus den Beständen des Schatzamtes an Goldwerten wie aus den Zolleinkünften des Staates hervorgehen, da der Staat weder Gold kaufte, noch auf andere Weise erhebliche Einnahmen in Gold hatte. Die Goldguthaben des Schatzamtes bei der Bank von Spanien betrugen im

Oktober 1907 . . .	62	Millionen	Pesetas
Dezember 1909 . .	70	„	„
„ 1910 . .	80	„	„
August 1911 . . .	50	„	„ ;

haben sich im Laufe der letzten Jahre also nur unerheblich geändert. Da aber die Zolleinkünfte des Staates in den letzten fünf Jahren durchschnittlich ca. 155 Millionen Goldpesetas betrugen, die Ausgaben des Staates in Goldgeld von etwa 60 Millionen Franken vor ihrer Fälligkeit flüssig gemacht und den ausländischen Korrespondenten überwiesen wurden, also auch der Kursbeeinflussung dienten, so dürfte sich ergeben, daß der spanische Staat mit Summen von etwa 150 Millionen Franken erfolgreich auf dem Devisenmarkt interveniert hat.[1])

Besonders im Jahre 1910 und auch im ersten Semester des Jahres 1911 zeigten sich die Resultate der spanischen Währungspolitik. Das Frankenagio und der Spielraum des Kurses betrug im Jahre 1910

im Maximum	im Minimum	Differenz	im Jahresdurchschnitt
8,10 %	6,50 %	1,60 %	7,17 %

Im ersten Semester des Jahres 1911 hielt sich das Agio auf einer Höhe von 8 % bis 8½ %.[2])

Seit dem 1. Mai des Jahres 1911 hat das spanische Schatzamt mit dem seit fünf Jahren angewendeten Verfahren, zur Regulierung der Wechselkurse und zur Auffüllung seiner Pesetenguthaben bei der Bank von Spanien zwecks Bestreitung inländischer Zahlungen nur auf der Börse Frankendevisen abzugeben, gebrochen, da es die Preisbildung der Frankenwechsel ganz der Spekulation entziehen will. Der seit dem März 1911 sich im Amt befindende Finanzminister Rodrigañez ging wohl von dem richtigen Gedanken aus, daß es zu einer allmählichen Herabsetzung des Agios beitragen könnte, wenn die Bank von Spanien

[1]) Diese Schätzungen stimmen mit den Angaben spanischer Bankiers fast überein. Denn wenn auch zeitweise täglich, um einen Druck auf das Agio auszuüben und gegen Spekulanten anzukämpfen, mehrere Millionen Frcs. von der Bank verkauft wurden (so hat z. B. der Finanzminister Sanchez Bustillo im Jahre 1908 in 14 Tagen ca. 25—30 Millionen Frcs. an der Börse verkaufen lassen), so sollen die durchschnittlichen täglichen Verkäufe sich auf etwa 500000 Frcs. belaufen haben.

[2]) Im Monat September zog der Kurs unwesentlich an bis auf 9 %. Die Streikbewegungen und revolutionären Umtriebe in ganz Spanien beeinflußten den Kurs im ungünstigen Sinne. Jedoch ist zu bemerken, daß der Pariser Kurs wegen des Rückzuges französischer Kapitalien während der Ungewißheit der Marokko-Angelegenheiten auf allen Börsenplätzen Europas anzog, und daß die Bewegungen des Pesetenkurses keinen außergewöhnlichen Charakter annahmen. Spekulativen Absichten trat auch jetzt das spanische Finanzministerium entgegen und erklärte, Vorstößen der Partei der Frankenhausse kräftig begegnen zu wollen.

außer den Frankenverkäufen en gros an der Börse auch solche in kleinen Partien an ihren Schaltern vornehme. Auf diese Weise wollte er wohl dem kleinen Handel Gelegenheit geben, seine Bedürfnisse an Franken direkt bei der Bank von Spanien zu befriedigen, ohne die teuere Vermittelung eines Bankiers zu brauchen. Es wurde deshalb angeordnet, die Bank von Spanien sollte von 11 Uhr vormittags ab an ihren Schaltern Franken für Rechnung des Schatzamtes zu einem täglich am Schalter bekannt gemachten festen Kurse ohne Börsenvermittelung an jedermann verkaufen.

Der Erfolg dieser Maßregel war jedoch zunächst, daß außer dem kleinen Handel auch die Madrider Banken und Bankiers ihre Frankenbedürfnisse, die zum Teil Valutenspekulationen und Effektentransaktionen mit dem Auslande entspringen, bereits vormittags bei der Bank von Spanien deckten und nachmittags ihre Börsenoperationen darauf beschränkten, den vormittags bezahlten Kurs nicht sinken zu lassen, um für den Verkauf an ihre Kundschaft eine Grundlage zu besitzen. An Tagen großen Frankenbedarfs sah sich die Bank von Spanien daher bis zum Kassenschluß fast des gesamten ihr vom Schatzamte zur Verfügung gestellten Devisenbetrages beraubt, sodaß zu einer Intervention nachmittags an der Börse ihr nicht mehr viel davon zur Verfügung stand und es der Spekulation leichter wurde, das Frankenagio im Laufe der Börsenzeit zu steigern. Die Spekulation hatte um so mehr Interesse daran, wenn sie vormittags bei der Bank von Spanien Franken zu einem bestimmten Kurse gekauft hatte[1]).

Diese Maßregel bewirkte somit gerade das Gegenteil von dem, was man von ihr erwartet hatte. Das Agio wurde dadurch nicht herabgesetzt, sondern erhöhte sich etwas. Außerdem bemächtigte sich der Börsenvermittler eine große Unzufriedenheit, da sie sich fast völlig zur Untätigkeit verdammt sahen.

---

[1]) Der vormittags von der Bank von Spanien festgesetzte Kurs erscheint nämlich im offiziellen Kursblatt nicht, da derselbe ohne Vermittelung von Börsenmaklern getätigt wird.

Das Finanzministerium hat sich daher auf Vorstellungen bereit finden lassen, anzuordnen, daß am Schalter der Bank von Spanien zu den vormittags festgesetzten Kursen, welche in der Regel die Börsenschlußkurse des Vortages sind, nur noch Beträge bis 7500 Frcs. an jeden einzelnen Interessenten direkt ohne Börsenvermittelung verkauft werden.

In der Praxis hat sich aber bisher nicht viel geändert, da mit wenigen Ausnahmen es die Madrider Bankiers nicht verschmähen, ihre Frankenbedürfnisse vormittags bei der Bank von Spanien in der Weise zu decken, daß sie die benötigten Devisen in Teilen von je 7500 Frcs. — auf die Namen ihrer Angestellten oder auf Mittelspersonen lautend — kaufen.[1]) Zur Abstellung dieser Übelstände hat man sich in neuster Zeit wieder an das Finanzministerium gewandt.

Eine Lösung dieser Frage könnte man in Spanien wohl leicht darin finden, wenn man das Verhalten der Österreich-ungarischen Bank in den Jahren der Geldteuerung 1906 und 1907 nachahmte.[2]) Diese machte damals einen Unterschied zwischen der Devisennachfrage, um regelrechte Schuldverpflichtungen zu begleichen und solchen der Spekulation, die darauf hinausliefen, aus der Differenz der Zinssätze im In- und Auslande durch Hinauslegung großer Kapitalien oder aus Effektentransaktionen Nutzen zu ziehen. Sie vermochte die verschiedenen Zwecke der Devisennachfrage dadurch zu differenzieren, daß den regelrechten Schuldverpflichtungen auch mit Devisen auf Termin gewöhnlich gedient ist, da im internationalen Handelsverkehr Zahlungsverpflichtungen erst nach einer gewissen Zeit fällig zu werden pflegen, während Zinsfußarbitrageure und Effektenspekulanten stets sofort verwendbare Guthaben im Auslande brauchen. Devisen auf Zeit gab die Österreichisch-ungarische Bank damals leicht ab, prompte De-

[1]) Ein größeres Bankinstitut soll auf diese Weise an einem Tage ca. 3/4 Millionen Franken bei der Bank von Spanien gekauft haben.

[2]) Siehe Walther Federn, Moderne Geldtheorie im österreich-ungarischen Bankprivilegium (in Schmollers Jahrbüchern für Gesetzgebung usw. 35. Jahrg. III. Heft, Seite 354, Leipzig 1911).

visen[1]) aber nicht, so daß die letzteren gewöhnlich einen höheren Kurs hatten als Devisen auf Zeit.

So könnte die Bank von Spanien durch Differenzierung zwischen den Personen, welche Devisen zu Zahlungszwecken oder zur Spekulation gebrauchen, die ihr genehmen Devisen so lange behalten, als sie dieselben nicht freiwillig herausgeben will, und die spekulierenden Banken und ihre Klientel würden dadurch in ihren Devisenankäufen beschränkt.

Bei dem regen Interesse aber, welches man Währungsproblemen im spanischen Finanzministerium jetzt entgegenbringt, ist wohl zu hoffen, daß man bald zu dieser Art der Devisenabgabe übergeht oder einen anderen zweckmäßigen Verkauf von Devisen ersinnt.

Jedenfalls aber ist es, wie sich aus den geringen Kursdifferenzen der Franken in Spanien während der Jahre 1910 und 1911 ergibt, dem spanischen Staat durch Devisenpolitik überhaupt bereits gelungen, die Schwankungen des Kurses so weit einzuengen, daß fast die Verhältnisse erreicht sind, welche im Zahlungsverkehr zwischen zwei Ländern mit Barzahlungen in Goldgeld bestehen.

Genaue Erklärungen des Kabinetts, ob die Regierung an einen restauratorischen Paristand der Peseta und des Franken denkt, wie man ihn in den Jahren 1899 bis 1904 mit Macht anstrebte, liegen zur Zeit nicht vor, doch schon die bisherige Taktik des Schatzamtes, den intervalutarischen Kurs zu regulieren und zu stabilisieren, hat in objektiven spanischen Finanzkreisen die lebhafteste Anerkennung gefunden, und es bleibt im Interesse der spanischen Volkswirtschaft nur zu wünschen, daß sich das Schatzamt auch fernerhin mit Erfolg für die Stabilität des Kurses einsetzt.

Abgeschlossen scheint aber die Währungsregulierung in Spanien noch nicht zu sein. Auf zwei Weisen könnte man ihre endgültige Erledigung durch Kurspolitik erreichen.

---

[1]) Prompte Devisen sind solche, die am nächsten Tage, eventuell auch am gleichen Tage des Geschäftsabschlusses geliefert bzw. bezahlt werden, Devisen auf Zeit gelangen am Ultimo-Kassentage oder auch nach zwei oder drei Monaten zur Abwickelung.

Entweder könnte man in Spanien wie in Italien, mit dessen Geldwesen, finanzieller und ökonomischer Lage der letzten Jahrzehnte Spanien große Ähnlichkeiten hat, durch allmähliche Aufbesserung der Zahlungsbilanz und durch ständige Überwachung und Regulierung des Kurses den durch das Münzpari gegebenen Paristand wieder herstellen. Vielleicht gehen die Bestrebungen der Regierung dahin. Herrscht doch noch in Spanien ein starkes Gefühl der Zusammengehörigkeit mit den übrigen romanischen Ländern und hat man doch stets nach einem Eintritt in den lateinischen Münzbund gestrebt, den man nach Beseitigung des Agios erst vollziehen zu können glaubt.[1]) Die Agiobeseitigung läge vielleicht auch im Interesse des spanischen Staatskredites, da die Hauptgläubiger und Hauptkreditgeber des Landes, die Franzosen, ihr Vertrauen Spanien wohl im reichsten Maße wie in früheren Jahren zuwenden würden. Die Inhaber der spanischen inneren Anleihen in Frankreich, welche anläßlich des rapiden Fallens des Frankenagios im Jahre 1906 spanische Interiors sehr begehrten, würden wohl diese Anleihen in verstärktem Maße kaufen, sobald sie den ernstlichen Willen der spanischen Regierung sähen, den Kurs auf den Paristand zu bringen und dort festzuhalten.

Ein zweiter Weg der endgültigen Währungsregulierung wäre für Spanien durch das Beispiel Österreichs und Rußlands vorgezeichnet. Ebenso wie diese Staaten könnte Spanien einen Teil des Agios unbeseitigt lassen und das Frankenagio auf einer bestimmten Höhe festlegen, über welcher innerhalb eines gewissen Spielraums der Staat oder die Bank jede gewünschte Menge an Franken verkauft und unterhalb welcher gleichzeitig

---

[1]) Trotz der heute bei Sachverständigen anderer Länder herrschenden Abgeneigtheit zu internationalen Abkommen über Währungsfragen ist man in Spanien zu Verträgen mit der lateinischen Union durchaus geneigt. Noch in dem — allerdings nicht angenommenen — Projekt des Finanzministeriums über eine Bank- und Währungsreform vom Jahre 1908 sprach sich der Finanzminister Besada dahin aus, daß die Geldpolitik Spaniens dahin gehen müsse, den Eintritt in die lateinische Union vorzubereiten.

mit einem bestimmten Spielraum alle Frankenwechsel angekauft werden. Die Befestigung des Kurses könnte Spanien ebenso wie Österreich auf einen Stand beziehen, der dem Durchschnittskurs einer genügend langen Zeit entspricht, dem Durchschnittskurs von günstigen und ungünstigen Jahren; auf diese Weise wären wohl die Interessen von Exporteuren und Importeuren, für welche ja die Währungsfragen stark in Betracht kommen, gleichmäßig und gerecht gewahrt.

Die der spanischen Regierung namentlich zu Zeiten eines bedeutend höheren Agiostandes, z. B. 1903 und Anfang 1906, von verschiedenen Seiten gegebenen Ratschläge, das Agio teilweise unbeseitigt zu lassen, sind aber bisher vom Staate nicht in Erwägung gezogen worden. Für Spanien selbst würde freilich eine solche Währungsreform mit geringern Opfern verbunden sein als eine langsame Senkung des Frankenkurses, der spanische Staatskredit im Auslande würde wohl aber erheblich darunter leiden.

Für beide Fälle jedoch, nach der Erreichung des Paristandes durch allmähliche Senkung des Agios wie für die Festhaltung des Kurses auf einem gewissen Stande über dem früheren Pari, bliebe die Sicherung des Kurses nach außen durch Devisenpolitik des Staates oder der Bank die Hauptsache.

Da aber die bisherige erfolgreiche Währungspolitik der Devisenverkäufe ganz dem freien Ermessen des Finanzministers anheimgestellt war und noch ist, eine Änderung bei dem ständigen Ministerwechsel in Spanien immerhin möglich wäre, so sind vielleicht die in den letzten Jahren erhobenen Forderungen der Presse, durch Gesetz das Schatzamt oder die Bank zur Wechselkursregulierung zu verpflichten, nicht ganz unbegründet.

Eine hinreichende Reserve, um die Regulierung durchzuführen, dürfte bei einem Bestand der jetzigen besseren wirtschaftlichen Lage des Landes bereits durch die sich stets erneuernden Goldbestände des Schatzamtes infolge der Goldzölle gegeben sein. Bei einem Rückgang der handelspolitischen Stellung könnten aber die Quellen des Reichtums zur Wohlfahrt des Landes noch weiter erschlossen werden, denn noch immer soll die Besteuerung der Nation von ihrer vollen Leistungsfähigkeit beträchtlich entfernt sein.

Weiter aber könnte der über das gesetzliche Mindestmaß hinausgehende Betrag der Banknotendeckung in Krisenzeiten zur Kursregulierung verwendet werden, den man in günstigen Momenten wieder anfüllen könnte.

In den letzten Jahren war die Banknotendeckung stets bedeutend höher, als das Bankgesetz von 1902 mindestens forderte. Nach dem letzten mir zur Verfügung stehenden Ausweis der Bank von Spanien vom 19. August 1911 betrug:

die Notenemission	1755,6	Millionen	Pesetas
der Bestand an Goldgeld	501,6	„	„
„ „ an Silbergeld	771,6	„	„ [1]).

Die als Übergangsposten in der Bank von Spanien sich darstellenden und nicht als Notendeckung geltenden Golddevisen- und Bargoldbestände des Schatzamtes, die sowohl im Aktivum wie im Passivum der Bankbilanz erscheinen, betrugen gleichzeitig ca. 50 Millionen Pesetas.

Größere Goldrekurse zwecks Stabilisierung des intervalutarischen Kurses dürften wohl auch in Zukunft kaum nötig sein, denn seine durch das Schatzamt herbeigeführte Festigkeit gibt keinen Grund zur Noteneinlösung in Goldgeld und zu einem Abfluß von Goldgeld.

Von metallistischer Seite wird zwar noch eine bedeutend stärkere Deckung der Banknoten in Goldgeld gefordert, da die Metallisten jetzt Barverfassung des valutarischen Goldgeldes als einziges Ideal einer Währung ansehen. Doch ist die Zahl derjenigen Währungspolitiker auch in Spanien schon im Steigen begriffen, die obligatorische Barzahlungen für das Land nicht für nötig halten.

Mag Spanien einen Paristand seines Geldes mit dem

---

[1]) Die Kolonialanweisungen des Staates, welche 1898 1100 Millionen Pesetas im Portefeuille der Bank ausmachten, waren am 19. 8. 1911 schon bis auf 100 Millionen Pesetas abgezahlt und zum Teil durch Handelswerte ersetzt worden, so daß die Elastizität des Notenumlaufes gegen frühere Jahre bedeutend gebessert ist.

Franken allmählich erreichen oder einen Teil des Agios unbeseitigt lassen, in beiden Fällen wäre bei einer organischen Weiterentwickelung des bisher Erreichten nicht nötig, Goldgeld in Zirkulation zu setzen. Hat die Goldwährung doch auch nur den einzigen Zweck, infolge valutarischer Goldzahlungen jedermann die Möglichkeit zu geben, Werteinheiten seines Landes leicht in Werteinheiten eines andern Goldlandes umzusetzen und so eine automatische Regelung der Wechselkurse zu ermöglichen. Kann dies aber durch eine geschickte Devisenpolitik erreicht werden, so daß die daran Interessierten ausländische Zahlungen ohne Kursverlust leisten können, und wird der Wert des spanischen Geldes dem Auslandsgeld gegenüber stabilisiert, so braucht Goldgeld keineswegs in den Verkehr gelassen zu werden. Die Währungsverhältnisse der achtziger Jahre des 19. Jahrhunderts, in welchen das im Verkehr zerstreute Goldgeld auch garnichts zur Sicherung der Parität der Wechselkurse beitrug, könnten in Zukunft der spanischen Regierung ein warnendes Beispiel bilden.

Es ist aber in Spanien die Aufnahme von Goldzahlungen um so weniger nötig, als sich der Goldbesitz Spaniens seit ca. zwanzig Jahren vollständig in den Kellern der Bank konzentriert und die Zahlungssitten eng mit der Banknote verbunden sind und sich nicht ohne weiteres ändern werden. Hat die Bevölkerung Jahrzehnte lang gern Banknoten hingenommen, so wird sie nicht lieber Goldstücke nehmen als bequemere Noten, wofern nur die Einrichtung bestehen bleibt, daß das heimische Geld für Auslandszahlungen in Goldwerte umgesetzt werden kann.

Um aber Goldzahlungen im Inlande auch für die fernere Zukunft unnötig zu machen und einen ausreichenden Ersatz für die Goldstücke zu schaffen, müßte wohl die Leitung der Bank von Spanien den vielfachen Forderungen des Handelsstandes nachgeben und nach dem Muster fremder Notenbanken mehr kleine Banknoten zu 25 Pesetas oder Stücke geringerer Geltung einführen.

In fast allen andern Ländern mit verbreitetem Papier- oder Banknotengeld sind Scheine, welche in ihrer Geltung den spanischen Noten zu 25 Pesetas entsprechen, weit verbreiteter als in Spanien, wo sich im Laufe der letzten 25 Jahre die kleinen Noten trotz des völligen Schwindens von Goldgeld aus der Zirkulation nicht vermehrt haben und wo im Jahre 1910 die Stücke zu 25 Pesetas nur 6,2 % der Gesamtemission ausmachten.[1])

Die Ansichten über den Umlauf kleiner Noten haben sich bei den Bankleitungen und Währungspolitikern anderer Staaten in den letzten Jahren sehr geändert, und auch die Bank von Spanien wird sich schwerlich den Gründen ihrer Vorzüge verschließen können.

In früheren Jahren galt es in Spanien wie in andern Ländern als Axiom, es solle möglichst viel Gold im Verkehr sich befinden. Man war gegen kleine Noten, weil man annahm, daß sie den Umlauf von Goldstücken behinderten und Goldgeld aus dem Lande trieben.

---

[1]) Die einzelnen Abschnitte in Prozenten der Emission betrugen:

	im Jahre 1884	im Jahre 1891	im Jahre 1910
	%	%	%
Noten à 1000 Pes.	26,55	31,70	25,80
„ à 500 „	21,55	12,20	12,30
„ à 100 „	33,95	30,50	38,30
„ à 50 „	10,90	16,45	17,40
„ à 25 „	7,05	9,15	6,20.

Nach der Zeitschrift „El Economista“ betrugen im Jahre 1902 in andern Ländern, z. B. in Italien, Rußland und Portugal die kleinen 25-Peseten- oder geringeren Stücken entsprechenden Banknoten 30 % der Emission. In Holland stellten 1911 die 10-Gulden-Noten fast 50 % der Notenausgabe dar.

In Spanien könnte sich bei dem geringen Umlauf kleiner Noten sehr leicht derselbe Fall ereignen wie in Italien, wo trotz eines größeren Prozentsatzes kleiner Noten Mangel daran besteht und die Banca d'Italia sich im August 1911 außerstande sah, der großen Nachfrage nach kleinen Noten zu genügen und ein Agio von 5,3 per Tausend dafür fordern mußte. Allerdings hat die Bank von Spanien einen viel größeren Bestand an großen Silbermünzen, aber diese sind wegen ihrer Schwere und der teuern Transportkosten im Publikum höchst unbeliebt.

Heute werden in Praxi überall kleine Noten stark begehrt, und die theoretischen Bedenken gegen ihre Zirkulation sind in andern Ländern teilweise geschwunden. Man hält heute den Umlauf kleiner Noten für ein wirksames Mittel, entweder die Barzahlungen zu erleichtern oder die Stabilität der Wechselkurse aufrecht zu erhalten. Beim größeren Umlauf kleiner Noten, welche sich weit länger im Verkehr als große Banknoten halten, wird eine Konzentration des Goldgeldes in einem Sammelbecken, in der Zentralbank, leichter ermöglicht und dadurch eine wirksame Beeinflussung der ausländischen Wechselkurse erleichtert.

Eine Maßregel wäre dann vielleicht in Spanien noch nötig. Man müßte wohl den Banknoten im Privatverkehr gesetzliche Zahlkraft verleihen, um der Gefahr der Zurückweisung in kritischen Zeiten vorzubeugen.

Wenn nun auch der spanischen Geldverfassung wohl noch einzelne Mängel anhaften, die Hauptsache einer geordneten Währung ist jedoch bereits erreicht worden. Das spanische Schatzamt hat sich zu einer exodromischen Behörde emporgeschwungen und hat seine Aufgaben, die es sich gestellt hat, zum mindesten in den letzten 1½ Jahren mit Erfolg gelöst. Es sind feste intervalutarische Kurse geschaffen worden, ohne daß dem Goldgelde die valutarische Eigenschaft verliehen zu werden brauchte. Von einer Weiterbefolgung dieser Währungspolitik läßt sich wohl mit Recht das Beste für die spanische Volkswirtschaft erwarten.

Nach vielen tastenden Versuchen ist man endlich zur Wechselkursregulierung gelangt. Sollte man nicht ähnlich wie im Staate Österreich-Ungarn, nach dem man sich schon in so Manchem in Spanien betreffs Währungsfragen gerichtet hat, zu der Erkenntnis kommen, daß die Regulierung der ausländischen Wechselkurse für die Währung genügt und daß weder Barverfassung des valutarischen Goldes noch Einschränkung der notalen Umlaufsmittel nötig ist? Denn auch bei Notalverfassung und ohne oft wechselnden und hohen Diskont läßt sich der Geldumlauf eines Landes in befriedigender Weise regeln.

Notenemission der Bank von Spanien (in Millionen Pesetas)

am 31. Dezember		am 31. Dezember		am 31. Dezember	
1874	67,5	1887	612,1	1900	1591,6
1875	90,9	1888	719,7	1901	1638,8
1876	102,6	1889	735,5	1902	1623,3
1877	95,5	1890	734,1	1903	1608,0
1878	92,6	1891	811,7	1904	1597,2
1879	84,8	1892	884,1	1905	1550,1
1880	91,7	1893	927,7	1906	1524,0
1881	130,8	1894	909,7	1907	1556,0
1882	199,4	1895	994,4	1908	1642,5
1883	270,4	1896	1031,4	1909	1670,0
1884	383,3	1897	1206,2	1910	1715,0
1885	469,0	1898	1443,9		
1886	526,6	1899	1517,9		

Madrider Notierungen für kurzfällige Wechsel auf Paris

Jahr	höchster Stand der Franken 100 Frcs. = Pesetas	niedrigster Stand der Franken 100 Frcs. = Pesetas	mittlerer Stand der Franken 100 Frcs. = Pesetas
1868	98,814	97,847	98,387
1869	98,425	95,602	96,807
1870	99,206	95,419	96,629
1871	97,847	93,283	95,146
1872	98,814	95,602	97,125
1873	99,601	94,517	97,427
1874	99,206	95,057	97,571
1875	99,502	97,847	99,063
1876	100,401	98,619	99,208
1877	101,419	99,206	100,276
1878	101,214	99,108	99,93
1879	101,832	99,403	100,389
1880	99,80	96,899	98,934
1881	101,832	98,911	99,539
1882	103,305	100,603	101,832

Jahr	höchster Stand der Franken 100 Frcs. = Pesetas	niedrigster Stand der Franken 100 Frcs. = Pesetas	mittlerer Stand der Franken 100 Frcs. = Pesetas
1883	101,832	101,112	101,555
1884	102,145	100,603	101,114
1885	103,519	100,20	102,071
1886	103,626	100,20	102,040
1887	101,832	100,603	101,036
1888	102,15	100,95	101,695
1889	105,40	101,95	103,188
1890	106,35	101,45	104,270
1891	114,10	102,20	106,687
1892	121,—	111,—	115,345
1893	123,85	114,75	118,929
1894	123,02	110,25	119,654
1895	122,—	106,95	114,594
1896	126,95	117,80	120,688
1897	133,90	123,60	129,605
1898	215,—	126,—	154,156
1899	134,60	117,—	124,59
1900	134,40	124,40	129,546
1901	143,45	130,50	138,316
1902	139,10	130,75	135,768
1903	137,80	131,—	135,143
1904	140,—	134,—	137,73
1905	134,05	126,40	130,886
1906	126,15	106,10	112,886
1907	115,15	107,80	111,527
1908	115,35	111,—	113,005
1909	111,90	106,70	110,10
1910	108,10	106,50	107,17

SCHLUSS.

Wenn wir, um einen Gesamtüberblick über das spanische Geldwesen seit dem Jahre 1772 zu bekommen, die Währungspolitik des spanischen Staates rückschauend betrachten, so finden wir zwei charakteristische Merkmale, einen ständigen Wechsel der Geldverfassung und einen langsamen, späten Anschluß Spaniens an die lytrischen Maßnahmen anderer Staaten.

Der Wechsel, wohl häufiger als in allen andern europäischen Staaten, bestand einmal in der Wahl der verschiedensten Werteinheiten, von denen in einem Säkulum der Maravedi, der Real de vellon, der Real, der Escudo und die Peseta einander folgten. Die Ruhelosigkeit im spanischen Geldwesen zeigte sich aber besonders in der Ablösung einer valutarischen Geldart durch die andere, was namentlich durch den traditionellen Bimetallismus Spaniens, dem Nebeneinander zweier barer Kurantgeldarten, bewirkt wurde. Das Jahrhunderte lang bestehende Währungsgeld, die Silbermünze, wurde 1786 durch Obstruktion des Goldgeldes seiner valutarischen Herrschaft beraubt, im Jahre 1823 wurden die zu hoch tarifierten, einseitig synchartal behandelten, französischen Silbermünzen valutarisch. Diese wie die seit 1849 gleichmäßig aufgedrängten spanischen Silbermünzen mußten trotz aller Änderungen der hylogenischen Normen für spanisches Silbergeld, das man im Lande zu halten suchte, im Jahre 1861 vollständig dem Golde weichen. Die Silberflucht, welche schon 1849 in Spanien eingesetzt hatte, war von Jahr zu Jahr stärker geworden, sodaß ein Währungsumschlag die notwendige Folge war. Im Jahre 1873 verdrängte wieder bei einem ganz unverständlichen, für Silber zu günstigen Ausmünzungsverhältnis das auf dem Markte billige Silber die Goldmünzen aus ihrer valutarischen Stellung. Der Staat ließ immer den Dingen freien Lauf und mußte so viermal auf obstruktionellem Wege zu einer Währungsänderung kommen. Durch die Freiprägung von Gold und Silber hatte er zwar eine untere Preisgrenze für die Edelmetalle geschaffen, ein Preisverhältnis von Gold und Silber festzulegen, stand aber nicht in der Macht des schwachen spanischen Staates.

Im Jahre 1876 entschloß sich die spanische Regierung zum ersten Male, exaktorisch zur neuen Währung überzugehen und zwar zur Goldwährung deshalb, weil Gold das Währungsmetall der Handelsvormächte bildete. Hatte die damalige Regierung die richtige Erkenntnis für die Wahl des valutarischen Geldes, so beging sie aber den Fehler, die Silberprägung für Private bis zum Jahre 1878 offen zu halten und selbst auch nach dem Jahre 1878 Silber weiter zu prägen; und hierdurch wurde dann ein endgültiger Übergang Spaniens zum notalen Silbergelde bedingt, da dem Staate die Kraft versagte, weiter in Goldgeld zu zahlen. Seit dem Jahre 1883 ist Silbergeld valutarisch geblieben.

Wechselte Spanien schon sechsmal die Metallvaluta seit 1772, so wurden ferner auch für kürzere Zeit Papierscheine valutarisch. Im Jahre 1799 erhielten die uneinlösbaren Vales Zwangskurs, 1848 wurde die uneinlösbare Banknote valutarisch, was sich im Jahre 1864 — wenigstens in Madrid — wiederholte.

Die steten Änderungen in der Währungspolitik fanden auch darin ihren Ausdruck, daß man notales Geld durch bares Geld ersetzte und dann wiederum notale Geldarten an die Stelle des Bargeldes setzte.

Jetzt ist das im Verkehr Spaniens wirksame Geld allein notal und unterwertig und genügt für den inländischen Geldverkehr vollkommen.

Das zweite Charakteristikum der spanischen Währungspolitik seit 1772 bestand darin, daß die spanische Regierung, deren Maßnahmen zur Zeit der „Katholischen Könige" für die Währungen anderer Staaten maßgebend waren, nicht mehr aus eigener Initiative lytrische Maßregeln ergriff, sondern stets zögernd und langsam dem Beispiel anderer Länder folgte und teilweise auch folgen mußte.

Im Jahre 1772, später als die andern europäischen Staaten, ging der spanische Staat von morphisch-pensatorischen Zahlungen zu Chartalzahlungen über, sich hierin nach Frankreich, Italien und Portugal richtend.

In den Jahren 1813 und 1823 tarifierte man französische Geldzeichen und ebenso 1835 englische und portugiesische. Von 1823—1861 war Spanien ebenso wie andere schwache Staaten vollkommen abhängig von französischen Silbermünzen, war gewissermaßen Silbergeldprovinz Frankreichs.

Vollständig beeinflußt von den metallistischen Gesetzgebern des französischen Münzgesetzes von 1803 akzeptierte ferner der spanische Staat im Jahre 1848 die Barverfassung für alle Gold- und Silbermünzen und gab das notale Silbergeld auf. 1851 wurde nach dem Beispiel von Holland und Belgien die Goldprägung gesperrt, da aber Frankreich Goldgeld weiter prägte, führte man in Spanien den schädlichen Bimetallismus im Jahre 1854 wieder ein.

Da die Schweiz, Italien und Frankreich Silberscheidemünzen prägten, entschloß sich die spanische Regierung 1864, die im Jahre 1848 abgeschafften unterwertigen Silbermünzen, die sich jetzt als höchst zweckmäßig zeigten, wieder in das Geldsystem aufzunehmen.

1868 adoptierte man das Münzsystem der lateinischen Union. Seit dem Jahre 1868 machte der spanische Staat wiederholt Anstrengungen, in den lateinischen Münzbund einzutreten, und auch noch heute gehen die Bestrebungen dahin, da man sich, wohl irrtümlich, große Vorteile davon verspricht.

In der Silbersperrung im Jahre 1878 für Private und im Jahre 1901 für den Staat folgte man wieder langsam dem Beispiele anderer Staaten.

Dann entschloß sich die spanische Regierung, als die notale Valuta wegen des Mangels an Exodromie sich den Goldvaluten gegenüber nicht behaupten konnte, wie Italien das Affidavit, nach Österreichs, Rußlands und Italiens Beispiel Goldzölle und nach Österreichs erfolgreichem Vorgehen Wechselkursregulierung durch Devisenpolitik einzuführen.

Die Währungspolitik des spanischen Staates innerhalb der betrachteten Epoche seit dem Jahre 1772 war in den einzelnen Zeiträumen in Bezug auf die Geldschaffung sehr verschieden, so daß sich in der Entwickelung der Valuta wohl vier Stadien unterscheiden lassen.

In den Jahren 1772—1848 faßte die spanische Regierung ihr Recht der Geldschaffung durchaus als Quelle zur Stärkung der staatlichen Finanzen auf. Notale, unterwertige Geldarten wurden einsichtslos ganz unmäßig emittiert, die staatlichen Schatzscheine (Vales), welchen bei der Emission die Annahme an staatlichen Kassen zugesichert worden war, stiegen bis über 2 Milliarden Realen. Der Staat aber, welcher das Recht der Gelderzeugung hatte, sah nicht ein, daß es auch seine Pflicht sei, die Herrschaft im Geldwesen zu behalten; er nahm Vales an seinen Kassen schließlich nicht mehr an oder entschloß sich allenfalls, sie in einem beschränkten Verhältnis zum Metallgeld zu akzeptieren. Nichtannahme oder beschränkte Annahme staatlich emittierten Geldes von Seiten des Staates müßte wohl aber in einem geordneten Rechtsstaat ausgeschlossen sein.

Kupfer und notale Silbermünzen wurden gleichzeitig ohne Beschränkung ausgegeben, und namentlich die Kupfermünzen überwucherten den Verkehr, da auch sie bei bestimmten Zahlungen an den Staat (Zollzahlungen) ausgeschlossen wurden. Die Zahlungen in Silbergeld mühsam aufrecht zu erhalten, gelang schließlich dem Staate nur infolge ständiger Anleihen bei Frankreich, indem er die ihm hierdurch zuströmenden französischen Silber-Napoleons an seinen Kassen aufdrängte. Eine bewußte Leitung des Geldwesens fehlte aber vollständig.

In der Zeit von 1848—1864 machte sich eine Reaktion darauf geltend. Man verfiel ganz in metallistische Anschauungen, notale Silbermünzen wurden abgeschafft, und Kupfergeld wurde in der kritischen Höhe der Annahme herabgesetzt. Gleichzeitig entschloß sich der Staat, nunmehr Kupfergeld nur bis 300 Realen und in Beträgen von 20—300 Realen nur prozentual an allen seinen Kassen anzunehmen. Die für Kupfergeld ausgegebenen Calderilla-Noten Kataloniens wurden an den Staatskassen Kataloniens auch nur prozentual (10 °/o) akzeptiert. Die notalen Banknoten wurden lokal beschränkt, genossen keinen gesetzlichen Kassenkurs und unterlagen der Mißachtung.

Die Geldschaffung überließ der Staat vollkommen dem Verkehr. Infolge wirtschaftlichen Aufschwungs in den 50er Jahren und starker Kapitalübertragungen aus dem Auslande strömte Gold ganz überwiegend dem Lande zu, und das platisch besser verwendbare Silbergeld floß ab.

Im allgemeinen drang in dieser Periode der Notalscheu

das bare Geld sehr stark vor; im Jahre 1859 waren 400 Millionen Realen (100 Millionen Pesetas) an notalen Banknoten und 1600 Millionen Realen (400 Millionen Pesetas) an baren Gold- und Silbermünzen im Umlauf, und es kamen auf den Kopf der Bevölkerung 6,50 Pesetas an Banknoten, 9 Pesetas an Silbergeld und etwa 15 Pesetas an Goldgeld. Die Metallgeldzirkulation vermehrte sich aber weniger infolge günstiger wirtschaftlicher Verhältnisse als infolge Verschuldung Spaniens durch Anleihen im Auslande, wodurch wohl damals die Barzahlungen aufrecht erhalten werden konnten, wie aber auch in der ersten Periode die Gründe zu späteren ungünstigen Wechselkursen geschaffen wurden.

Seit dem Jahre 1864, und damit begann die dritte Periode, fand ein starker Einschub unterwertigen notalen Silbergeldes statt, der sich nach 1868 noch verstärkte.

Die kleinen Silbermünzen, die 17 Jahre lang vollwertig und bar waren, wurden 1864 nicht frei ausprägbar und Scheidemünzen. Auch Kupfermünzen wurden jetzt in größerem Maßstabe vom Staate geprägt, der wieder zu diesem Mittel griff, um seinen Finanzen aufzuhelfen. 130 Millionen Realen (32,5 Mill. Pesetas) wurden in 5 Jahren hergestellt gegenüber der geringen Summe von 24 Mill. Realen (6 Mill. Pesetas) in der ganzen Periode von 1848—1864.

Die alte Gewohnheit, Scheidemünzen an staatlichen Kassen nur prozentual anzunehmen, wurde aber zum Schaden des Publikums für Silberscheidemünzen bis zum Jahre 1864 aufrecht erhalten; sie ist sogar noch heute für die Kupfermünzen nicht beseitigt.

Wie in andern Ländern nahm in dieser Zeit das Scheidegeld auf Kosten des Kurantgeldes stark zu. Noch hatte aber das bare Geld, das fast ausschließlich im freien Verkehr sich befand, überwiegend die Vorherrschaft, da es nicht gelang, das Banknotenwesen auszubilden. 1874 wurde der Goldgeldumlauf auf 1100 Mill. Pesetas, die gesamte Silbergeldzirkulation auf 300 Mill. Pesetas geschätzt, während an Banknoten noch nicht 100 Mill. Pesetas im Umlauf waren.

Aufgabe der 1874 gegründeten Zentralnotenbank wäre es nun wohl gewesen, das im Lande zerstreute Gold bei sich zu sammeln und für ungünstige Zeiten exodromische Maßregeln zu ergreifen. Es fand aber weder das eine noch das andere statt. Während die Goldvorräte des Landes zunahmen, wurden der Bank ihre Goldbestände sogar entzogen.

Während dieser ganzen Periode aber hatte sich der Staat durch gewaltige Anleihen bei Frankreich verschuldet, private Gesellschaften hatten andererseits auch übermäßig Kapital aus Frankreich eingeführt. Ein Rückschlag mußte eintreten und sich in den Währungsverhältnissen äußern, sobald das Ausland spanische Werte nicht mehr kaufte und die Auslandszinszahlungen nicht mehr durch neue Anleihen gedeckt werden konnten. Infolgedessen sah sich der Staat in finanziellen Nöten zur Verstärkung der Silberprägung gezwungen; auch wurde die Bank gegen Hinterlegung von Staatspapieren zur Erweiterung der Notenemission genötigt. Da aber die Bank weder Diskontpolitik noch Devisenpolitik betrieb und keine bewußte Leitung des Geldwesens vorhanden war, mußten die Barzahlungen durch den Staat wie durch die Bank aufgegeben werden. Die Periode, in welcher bares Goldgeld und notale Banknoten wie notales Silbergeld nebeneinander friedlich zirkulierten, wich einer neuen, in welcher nur unterwertige Silbermünzen und besonders Banknoten den Markt beherrschten.

Mit dem Übergang Spaniens zur notalen Silbervaluta im Jahre 1883 fand in den Währungsverhältnissen ein völliger Umschwung statt; die Notalisierung des Geldumlaufs machte die größten Fortschritte, Silbergeld wurde in starkem Maße geprägt, da der Staat durch Herstellung unterwertigen Silbergeldes den Staatsfinanzen aufzuhelfen suchte. Ferner war der Staat gezwungen, in finanziellen Nöten bei der Bank von Spanien Hilfe zu suchen, die nur dadurch gewährt werden konnte, daß immer mehr Noten ausgegeben wurden. Die Banknoten blieben aber stets in Silbergeld einlösbar.

Hatte man nun in früheren Zeiten einen sinkenden-unstetigen Wechselkurs nur während der Herrschaft der Papiervaluta bemerkt, so mußte man jetzt die Erfahrung machen, daß auch bei valutarischem Silbergelde der Pesetakurs sich senkte und gewaltig schwankte. Eine automatische Wechselkursregulierung gegen die Goldländer durch Goldversendung war nicht mehr möglich, da aber Silber in den mit Spanien in engsten Handelsbeziehungen stehenden Ländern nicht frei ausprägbar war, hatte die Einlösung der Banknote in Silbergeld keinen währungspolitischen Zweck und geschah wohl nur, um metallistische Vorurteile zu schonen.

Sollten die intervalutarischen Kurse auf einer bestimmten Höhe gehalten werden, so mußten in Spanien ebenso wie in Ländern mit einem Zwangskurs des Papiergeldes exodromische Maßregeln ergriffen werden.

Da dies aber nicht geschah, die Zentralbank im Gegenteil durch einen allzu niedrigen Lombardzinsfuß einen frühzeitigen Rückkauf spanischer Papiere in Frankreich beförderte, die wirtschaftlichen und finanziellen Verhältnisse sich dauernd ungünstig gestalteten, fand ein allmählich immer stärker werdender Verfall der spanischen Währung statt. Dieser wurde auch durch das viele in der Zirkulation sich befindende Goldgeld nicht aufgehalten. Spaniens Währung bildete gerade in der Zeit von 1883 bis etwa 1892 das deutlichste Beispiel dafür, daß eine allzu freigiebige Ausgabe von Goldgeld seitens staatlicher Kassen, wie sie vor 1883 dort stattfand, und der Mangel einer Konzentration von Gold in einer starken Hand die schlimmsten Folgen für die Valuta zeitigen können.

Der Goldbestand des Landes war von ca. 1400 Millionen Pesetas im Jahre 1881 auf ca. 250 Millionen Pesetas im Jahre 1892 gesunken, und alle ins Ausland gewanderten Goldstücke hatten zur Sicherung des Pesetakurses nichts beigetragen.

Infolge des Abflusses von Goldgeld mußte eine Ersetzung durch Silbergeld und namentlich durch Banknoten stattfinden, die im inneren Verkehr jetzt die vorzüglichsten Dienste leisten sollten und deren Wert man in Spanien wohl zu spät erst erkannte. Besonders während der Kolonialkriege und des Krieges mit Amerika wurde die Banknotenemission ausgedehnt und half dem Staat über die schwierigsten Situationen hinweg. Ohne Auslandsanleihen überwand der Staat mit Hilfe der notalen Zahlungsmittel die größten politischen und finanziellen Krisen. Mit den Banknoten konnte der Staat, da sie im Innern so wirksam waren wie Goldgeld, seine sämtlichen inländischen Schulden während der Kriegszeit tilgen und konnte dadurch seinen ausländischen Verpflichtungen vollständig genügen.

Freilich war der intervalutarische Kurs der Peseta gegenüber den Goldländern gewaltig gesunken, und der Verfall der spanischen Valuta erreichte einen hohen Grad, doch erklärte sich dies nicht aus der Menge und Substanz der spanischen Zahlungsmittel, sondern aus ungünstigen pantopolischen Verhältnissen und dem Mangel an Exodromie. Daß es aber auf den Stoff der Zahlungsmittel nicht ankommt, bewies der Kurs der Peseta; der Kurswert der Peseta hielt sich stets höher als ihr Plattenwert, da die Peseta lytrisch höher beurteilt wurde als platisch. Kam doch für ihre Beurteilung im Auslande schon der Umstand sehr in Betracht, daß man die spanischen Silbermünzen und die ihnen gleichstehenden Banknoten jeder Zeit an den staatlichen Kassen Spaniens in Zahlung geben konnte.

Die Mängel der spanischen Geldverfassung bestanden nicht, wie man noch zu Anfang des 20. Jahrhunderts fast allgemein annahm, in der vollständigen Notalisierung des Geldwesens, sondern darin, daß keine exodromische Verwaltung sich um den intervalutarischen Kurs kümmerte und man diesen sich anarchisch bilden ließ.

Erst nach Beendigung des amerikanischen Krieges wurde die spanische Regierung durch finanzielle Nöte zur Reform getrieben. Nach Herstellung des Gleichgewichts im Staatshaushalt wandte sie sich der Valutaverbesserung zu, um die Auslandsschuldzinsen zu ermäßigen, und strebte eine allmähliche Stabilisierung der Pesetakurse an. Die Bedeutung aller seit dieser Zeit angestrebten Reformen lag darin, daß zum ersten Male die Motive aller neuen Geldgeschichte deutlich zum Ausdruck gebracht wurden, die Sorgen um den intervalutarischen Kurs. Zunächst trat nun das Bestreben nach Einführung des valutarischen Goldgeldes hervor, da man glaubte, die Wechselkurse würden sich dann automatisch regulieren. Man glaubte durch Einstellung der Silberprägung, durch Reduzierung der Notenmenge und eine bessere Golddeckung der Banknote schnell einen Paristand der Peseta und der Valuten der Goldländer erreichen und Goldgeld dann in Zirkulation setzen zu müssen. Die strengen Metallisten forderten auch Beschränkung der Silbermünzen im Zahlungsverkehr und ihre spätere Abschaffung. Die damaligen leitenden Finanzleute übersahen bei ihrem schnellen Vordringen nach der Goldwährung vielleicht aber, daß die wirtschaftlichen Verhältnisse des Landes die Einführung des valutarischen Goldgeldes und einen Paristand der Peseta und des Franken nicht gestatteten.

Die Bankpolitik war jedoch Jahre lang der staatlichen Währungspolitik entgegengesetzt; die Bankleitung war der Ansicht, daß der innerstaatliche Verkehr der notalen Zahlungsmittel durchaus bedürfe, und sie trug darin den Verhältnissen wohl eher Rechnung. Wenn man bedenkt, daß jetzt die Noten der Bank in Spanien fast das einzige Umlaufsmittel bilden, daß etwa 800 Millionen Pesetas Silbergeld in der Bank lagern, welche der Verkehr nicht benötigt, so dürfte die Notenemission von 1700 Millionen Pesetas nicht gar so übertrieben sein, wie von Metallisten und Quantitätstheoretikern stets angenommen wird. Betrug doch die Bargeldzirkulation schon 1874 ca. 1400 Millionen Pesetas.

Während dieses Kampfes der Bank und des Staates um die Währungspolitik wurde man jedoch in den ursprünglichen Plänen, die Goldwährung einzuführen, schwankend; die Projekte der Silberdechartalisierung, der Einschränkung der Notenmenge und der obligatorischen Einlösung der Banknote in Gold gelangten nicht zur Durchführung.

Seit dem Jahre 1906 kam es jedoch dem spanischen Staat endlich zum Bewußtsein, daß er sich zum Herrn über das Geldwesen aufschwingen müsse. Durch Verständigung mit der Bankleitung über eine einheitliche vom Staate zu treibende Währungspolitik wurden die bisherigen Devisenspekulationen auf Gewinn, welche die Bank betrieben hatte, beseitigt. Ferner trat jetzt — und das war das einzig Mögliche für eine Besserung der Währungsverhältnisse —, das spanische Schatzamt als exodromische Behörde auf, welche die Wechselkurse regulierte. Die spanische Regierung konnte jetzt die Opfer, welche eine solche Operation erforderte, bringen, denn durch eine vernünftige Finanzpolitik hatten sich die finanziellen Verhältnisse des Staates bedeutend gebessert, und die Erhebung sämtlicher Zölle in Gold sicherten dem Staate die Mittel zu einer dauernden Beeinflussung der Kurse.

Die pantopolischen Momente, welche sich seit dem Jahre 1906 für Spanien viel günstiger gestalteten als in den früheren Jahrzehnten, gestatteten dem Schatzamt mit geringen Mitteln auf einem neu geschaffenen besseren Niveau durch Devisenverkauf in ungünstigen Tagen den Kurs zu stabilisieren.

Durch die Stabilisierung, welche bereits seit 1½ Jahren in derselben Weise wie zwischen zwei Goldländern vollzogen wird, ist eine der Hauptaufgaben erfüllt, die jede lytrische Verwaltung im Interesse des Geldwesens zu erfüllen hat und deren Erfüllung man bisher nur durch die obligatorische Einlösungspflicht der Banknote sichern zu können glaubte.

Nach dem Beispiele Österreichs, nach dem man sich sowohl in der Erhebung der Goldzölle wie in der Devisenpolitik richtete, hat Spanien, dessen neuzeitliche Währungspolitik geradezu ein aktuelles Gepräge erhält, eine Geldverfassung sich geschaffen mit festen intervalutarischen Kursen ohne valutarische Zahlungen in Gold. Wie eine ganze Gruppe von Nationen, Österreich, Rußland, Italien, Indien, Japan und Peru, hat es ohne Abschaffung oder Einschränkung der notalen Zahlungsmittel durch Devisenpolitik ein Ziel erreicht, nach welchem es Jahre lang gestrebt hat.

Der spanische Staat, welcher im 19. Jahrhundert von gewaltigen politischen und finanziellen Krisen heimgesucht worden war, zeigt uns ein Schulbeispiel dafür, wie aus einem zerrütteten Geldwesen durch exodromische Politik eine Währung geschaffen werden kann, die wohl ebenso ideal ist als die Währung der alten Goldwährungsländer.

Die Stabilisierung der Devisenkurse und die jetzt von

Spanien angewendete Praxis geht auf das Ziel einer geordneten Währung direkter los als die Einführung der Goldwährung, deren Aufrechterhaltung ebenso der Überwachung bedarf als die notale Geldverfassung. Die Konzentration des Goldes bei der Notenbank und die Exodromie durch Devisenpolitik erleichtert aber die Aufrechterhaltung fester Kurse zu einem geringeren durchschnittlichen Zinsfuß, als er in den barzahlenden Ländern üblich ist.

Zweifellos kann die Bank von Spanien, welche mit dem Devisenhandel in neuster Zeit vom Schatzamt direkt betraut ist, die Stabilität der Wechselkurse leichter und mit geringeren Opfern der Allgemeinheit sichern, als wenn sie jedermann und jeder Zeit zu beliebigen Zwecken Gold aushändigen und ihre Banknoten in Gold einlösen müßte. Die Schwäche der barzahlenden Staaten, deren Zentralnotenbanken infolge obligatorischer Abgabe von Gold zu einem oft wechselnden und im Durchschnitt höher liegenden Diskont gezwungen sind, können so in Spanien bei der gegenwärtigen Verfassung des Geldwesens und ihrer Weiterentwickelung bedeutend gemildert werden.

Daß aber Spanien nicht von seiner bisherigen Devisenpolitik abzugehen und etwa zur Goldvaluta überzugehen braucht, beweist wohl der Umstand, daß die Zentralbanken der barzahlenden Goldwährungsländer immer mehr den Goldschatz bei der Zentrale zu konzentrieren suchen und der Beeinflussung der ausländischen Wechselkurse durch Devisenpolitik in neuster Zeit die größte Aufmerksamkeit zuwenden.

Durch seine neuste Währungspolitik erweitert Spanien den Kreis derjenigen Staaten, die gerade wegen ihrer Verschuldung an das Ausland durch ein schlechtes Geldwesen hindurch zu Mitteln gekommen sind, welche ihnen auf die einfachste Weise eine ideale Reform ihrer Währung gestatteten.

Dafür aber, daß Spanien seine jetzige Währungspolitik unter geringen Opfern fortsetzen und ausbilden kann, bildet eine gewisse Gewähr der Reichtum des Landes an noch völlig unerschöpften Bodenschätzen an Erzen und Kohlen, seine günstige geographische Lage und die Zahlungsbilanz, die sich, wenigstens nach dem Urteil spanischer Finanzleute, in den neusten Jahren immer günstiger gestaltet.

Trotz der jetzigen besseren wirtschaftlichen und finanziellen Lage Spaniens ist jedoch die feste Haltung der spanischen Regierung in der Währungspolitik von der größten Wichtigkeit, denn die Geschäfte, von denen der intervalutarische Kurs abhängt, werden nicht allein durch die Zahlungsbilanz bestimmt, sondern es wirken gerade in Spanien eine Menge von Imponderabilien auf den Kurs. Von inneren Unruhen und äußeren Kriegen ist Spanien wie in früheren Zeiten so noch heute mehr heimgesucht als andere Länder, sodaß die Wechselkursregulierung stets große Taktik der Regierung erfordert.

Gäbe die spanische Regierung die Kursbeeinflussung auf und ließe sie zeitweise das Agio wachsen, so würde darin insofern die größte Gefahr liegen, als der Glaube an die Durchführung der Währungsreform im Auslande stark erschüttert würde. Besonders würde das Ausland solches Mißtrauen durch Rückzug von Kapitalien und Abstoßung spanischer Wertpapiere äußern, und in unlösbarem circulus vitiosus würde der Frankenkurs wieder gewaltig steigen; denn bei einem Mangel kursregulierender Tätigkeit der lytrischen Verwaltung würde sich wohl bestimmt die Spekulation, wie es in früheren Jahren der Fall war, der Situation bemächtigen.

Hoffen wir daher im Interesse der spanischen Volkswirtschaft, daß das Finanzministerium bei der bereits geplanten Reorganisation der Bank von Spanien diesen Gesichtspunkt genügend würdigt und die bisher eingeschlagenen Bahnen zur Erzielung einer geordneten Währung weiter verfolgt.

Kolibri 360 GmbH
Ferdinand-Jühlke-Straße 7
99095 Erfurt, Deutschland
produktsicherheit@kolibri360.de